OSTEUROPAFORSCHUNG
Band 18

Gundula Bahro
Umwelt- und Tierschutz in der modernen russischen Literatur

OSTEUROPAFORSCHUNG
Schriftenreihe der Deutschen Gesellschaft für Osteuropakunde
Herausgegeben von Eberhard Reißner
Band 18

ISBN 3-87061-261-4

Umwelt- und Tierschutz in der modernen russischen Literatur

Gundula Bahro

BERLIN VERLAG
Arno Spitz

OSTEUROPAFORSCHUNG ist eine Schriftenreihe der Deutschen Gesellschaft für Osteuropakunde. In ihr erscheinen Sammelbände und Monographien über alle Forschungsbereiche Ost- und Südosteuropas, unter anderem über Geschichte, Politik, Kultur, Literatur, Sprachwissenschaft, Bildungswesen, Wirtschaft, Recht, Gesellschaft. OSTEUROPAFORSCHUNG will wie die Zeitschrift der Gesellschaft "Osteuropa" aktuelle Forschung dem Wissenschaftler und der interessierten Öffentlichkeit vermitteln. OSTEUROPAFORSCHUNG wird in Zusammenarbeit mit dem Vorstand der Deutschen Gesellschaft für Osteuropakunde herausgegeben. Die Verantwortung für den Text trägt der Verfasser des einzelnen Beitrages.

Die vorliegende Studie entstand im Zusammenhang eines von der Stiftung Volkswagenwerk geförderten Projektes zur ökologischen Diskussion in der Sowjetunion und wurde auch mit ihrer Unterstützung gedruckt.

CIP-Kurztitelaufnahme der Deutschen Bibliothek

Bahro, Gundula:
Umwelt- und Tierschutz in der modernen russischen Literatur / Gundula Bahro. — Berlin: Berlin Verlag A. Spitz, 1986.
  (Osteuropaforschung; Bd. 18)
  ISBN 3-87061-261-4
NE: GT

© 1986
BERLIN VERLAG Arno Spitz * Pacelliallee 5 * D-1000 Berlin 33

INHALTSVERZEICHNIS

1. **Einleitung** 9
   Die sowjetische Industriegesellschaft unter der Bedrohung
   der größten Naturkatastrophe aller Zeiten 19
   Zur aktuellen Situation der Umweltzerstörung in der sowjetischen Industriegesellschaft 19

2. **Das ökologisch-literarische Bewußtsein in der russischen Literatur seit der Jahrhundertwende** 25
   2.1 Die Literatur um die Jahrhundertwende 25
   2.2 Die Literatur in den dreißiger Jahren 30
   2.3 Literatur und Publizistik seit den fünfziger Jahren 41
   2.4 Die fünfziger und sechziger Jahre mit den Plänen zur Umgestaltung der Natur und ihre Darstellung in der Publizistik 47

3. **Zwischen Dorf und Stadt — Probleme der modernen Dorfprosa** 64
   3.1 Abschied vom Vergangenen oder Rückkehr ins Gestern? 70
   3.2 Die große Sehnsucht nach der Harmonie mit der Natur 76
   3.3 Tier und Jagd — ein altes Thema in neuer Sicht 88

4. **Das Ökologie-Thema in anderen Gattungen der sowjetischen Gegenwartsliteratur** 110
   4.1 Die Ökologie als Modethema 110
   4.2 Ökologische Themenstellungen im modernen Drama 117
   4.3 Ökologie und Science-Fiction 121

5. **Ökologisches Denken in der Gegenwartsliteratur exemplifiziert an repräsentativen Autoren** 122
   5.1 "Unsere Nachkommen werden ihr Urteil über uns fällen"
       Oles Gontschar 122
   5.2 "Der Fortschritt zielt darauf ab, die Kluft zwischen Natur und Mensch zu schließen!"
       Daniil Granin 128

5.3	"Der Mensch entscheidet über Sein oder Nicht-Sein der Natur" *Sergej Salygin*	132
5.4	"Heute sitzen wir alle in einem Boot" *Tschingis Aitmatow*	139
5.5	Protest gegen die Vernichtung der materiellen Kulturwerte *Wladimir Solouchin*	149
5.6	Sibirien ist kein Erprobungsfeld für Konquistadoren *Valentin Rasputin*	154
5.7	"Je tiefer das Leid, desto näher ist Gott" *Viktor Astafjew*	164
6.	**Schlußbemerkungen**	175
7.	**Anhang** Ausgewählte Beispiele zur Naturzerstörung aus der sowjetischen Presse	179
8.	**Literaturverzeichnis**	
8.1	Allgemein-ökologische Fragestellungen	236
8.2	Primär- und Sekundärliteratur zu den behandelten künstlerischen Texten	242

Personenregister	255
Sachregister	257

Zu den Anmerkungen

Die Transkription entspricht der Dudentranskription. Anmerkungen erscheinen in der wissenschaftlichen Transkription. Bei den Zitaten handelt es sich, wenn nicht eine andere Quelle vermerkt ist, um eigene Übersetzungen. Nicht von allen Autoren konnten Lebensdaten ermittelt werden, auch die Datierung der Bucherscheinungen ist nicht einheitlich.
Die Angaben folgen denen der "Kratkaja literaturnaja ènciklopedija" oder der "Bol'šaja sovetskaja ènciklopedija."   G.B.

Ich danke Herrn Dr. Norbert Franz
Herrn Hubertus Knabe
Herrn Dr. Johann Meichel
und Herrn Prof. Dr. Eberhard Reißner
für ihre Hinweise bei der Abfassung dieser Arbeit.

Hamburg 1986 　　　　　　　　　　　　　　Gundula Bahro

Nicht ruhig und vernünftig, sondern bei höchster Anspannung der Gefühle, mit einem gewissen Anteil berechtigter Übertreibung muß die Literatur dem Menschen einschärfen: Schütze die Natur!

Tschingis Aitmatow

1. Einleitung

> Irgendwann hat die Natur
> Sein oder Nicht-Sein
> für den Menschen beschlossen.
> Jetzt entscheidet der Mensch
> das Sein oder Nicht-Sein
> für die Natur
>
> Sergej Salygin

Auf der ganzen Welt wird heutzutage von der Zerstörung der natürlichen Umwelt gesprochen. Auch in der Sowjetunion, obwohl dort das Problem offiziell immer noch vorrangig den kapitalistischen Produktionsverhältnissen angelastet wird. Ein Umdenkungsprozeß hat eingesetzt. *"Die Erde ist für alle ein und dieselbe"*, schreibt der Schriftsteller Valentin Rasputin in seinem Roman "Abschied von Matjora", und fragt: *Was habt ihr mit ihr gemacht?"*

Vor allem die sowjetischen Schriftsteller sind sensibel geworden für das gestörte Gleichgewicht in der Natur und die negativen Folgen des technischen Fortschritts. Sie sind es, denen der Fortschritt zweifelhaft erscheint, weil er eine ausgeplünderte, zerstörte Erde hinterläßt. Zum ersten Mal wird begonnen, ernsthaft über den *Preis* des Fortschritts nachzudenken. Auch in der Sowjetunion wächst seit zwei Jahrzehnten das ökologische Bewußtsein, was sich besonders in der Literatur niederschlägt.

Auf der Internationalen Buchmesse im September 1981 in Moskau wurden für das vergangene Jahrzehnt über dreitausend russische Buchtitel und mehr als fünfhundert in einer der Nationalsprachen notiert, in denen die Umweltprobleme zum Thema gemacht wurden. Die Zahl der Monographien für Wissenschaftler, die sich mit ökologischen Fragen befassen, hat zugenommen, und viele der im Westen gängigen Titel zum Thema Umweltschutz liegen in russischer Übersetzung vor. Bei 184 Zeitungsredaktionen und Rundfunkstationen gibt es spezielle Abteilungen zu Fragen des Naturschutzes, und der Literaturkritiker S. Jakowlew zählt zu Beginn des "grünen Booms" Anfang der siebziger Jahre schon 80.000 Artikel, Skizzen und Erzählungen.[1] Diese Tatsache ist um so erstaunlicher, als seit der mit großem Aufwand betriebenen Baikal-

---

1. S. Jakovlev, Nachwort in L. Leonov: O prirode načistotu. M. 1974, S. 70.

Kampagne[2] in der Presse der sechziger Jahre – gemäß einem internen Zensurschreiben für die Verlage – die "Vergiftung der Natur" eines der Tabu-Themen darstellte, das keinesfalls grundsätzlich behandelt werden durfte.[3] Den Auftakt zur Diskussion von Umweltschäden in der Presse bildete eben diese Baikal-Kampagne, an der viele sowjetische Autoren Anteil hatten.

In dieser ersten Phase ökologischer Kritik ging es vorrangig um unmittelbare Eingriffe in das Gleichgewicht der Natur, etwa gegen den Raubbau an den Wäldern, und zwar in Form von publizistischen Kampagnen, die zumeist *aktuelle* Fälle aufgriffen, die als mehr oder weniger vermeidbare Fehler behandelt wurden. Trotzdem deutete sich bereits die grundsätzliche Frage nach den negativen Auswirkungen der wissenschaftlich-technischen Revolution[4] an, und nicht zufällig wurde in der literarischen Szene gerade die Physiker-Lyriker-Debatte[5] geführt, in der mit großer Einmütigkeit Ansichten zurückgewiesen wurden, nach denen im Zeitalter der Technik in der Literatur kein Platz mehr sei für Gefühle und schöne Natur.

Die Rückbesinnung auf die Natur wurde in den sechziger und siebziger Jahren besonders in der "Dorfprosa" deutlich, die als führender Zweig der modernen russischen Belletristik in den Vordergrund trat und dem Dorf, seiner Landschaft und seinen Menschen samt ihrer Tradition einen eigenen Wert zuspricht. Sie grenzt sich bewußt von der städtischen Zivilisation ab und ist darin zum Brennglas der wichtigsten geistigen Fragen des modernen Lebens geworden.

2. Die in der sowjetischen Presse betriebene Kampagne zur Rettung des Baikalsees, des größten Süßwassersees der Sowjetunion, fand ihren Höhepunkt in den sechziger Jahren (Vgl. ein separates Kapitel im Anhang).
3. G. Svirskij: Na lobnom meste. London 1979, S. 404.
4. Unter wissenschaftlich-technischer Revolution (NTR) versteht man in der Sowjetunion die Notwendigkeit, den wissenschaftlich-technischen Fortschritt im Zusammenhang mit dem Systemwettbewerb voranzutreiben. Das geschieht in der Tradition des Fordismus und des Amerikanismus ganz analog der Wachstumsideologie im Westen.
5. Die Physiker-Lyriker-Diskussion, die sich im Grunde auf alle sozialistischen Länder bezog, da alle vor ähnlichen Entwicklungsproblemen standen, wurde 1959 von dem Physiker Poletaev angeregt, als er behauptete, daß Wissenschaft und Technik – also die ratio – die Welt beherrschen, Gefühle und Dichtung damit unmodern seien und auf der Strecke bleiben würden. Andererseits wurden an die Schriftsteller die Forderungen gerichtet, sich mit Kybernetik und modernen Naturwissenschaften zu befassen, um besser in den "Gang der gesellschaftlichen Prozesse" eingreifen zu können, was von einem totalen Unverständnis für die Rolle der Literatur zeugte.
Den Streit, der sich bis in die siebziger Jahre hinzog und der im Grunde genommen unfruchtbar war, gewannen die Lyriker, die (unter der Federführung von Il'ja Ėrenburg und mit Unterstützung u.a. auch durch Daniil Granins Roman "Dem Gewitter entgegen") daran erinnerten, daß Technik und Elektronik nicht den Blick auf die tatsächlichen Bedürfnisse der Menschen verstellen dürften. "Die Welt kann nicht nur aus Zahlen bestehen. Verwechseln Sie nicht nutzlos mit unnötig. Die nutzlosen Dinge sind oft die notwendigsten. Hören Sie, wie die Vögel singen?" läßt Daniil Granin in dem o. e. Roman seinen alten Dan, Professor für Physik, sagen.

Die Dorfprosa knüpft an das historische und kulturelle Erbe an und thematisiert den Schutz der natürlichen Umwelt, indem sie ihre Hauptfiguren eine Tätigkeit ausüben läßt, die mit der Natur aufs engste zusammenhängt. Statt sich (wie der russische Marxismus) auf den Westen zu orientieren, suchen viele sowjetische Schriftsteller die eigenen nationalen Wurzeln aufzuspüren und die russische Erde vor Überfremdung zu bewahren. Die sich abzeichnende vorsichtige Distanzierung vom offiziösen Menschenbild in den ethischen Normvorstellungen reicht bis zur Tendenz des kulturellen Isolationismus. In diesem Rahmen wird der Raubbau an der Natur eines der wichtigen Themen der "ökologischen Prosa" (nach einem Begriff von Juri Kusmenko). Und vornehmlich innerhalb der Dorfliteratur nimmt die „grüne" moralisierende Kritik an der Vergeudung des nationalen Reichtums unterschiedlichste Formen an. Die positive Haltung zur Natur wird zu einem sittlichen Kriterium, das besonders in den letzten zehn Jahren in der sowjetischen Literatur relevant geworden ist.

Helen von Ssachno kennzeichnet in ihrem Artikel "Geschändete Erde – die Grünen in der Sowjetliteratur"[6] den neuen Trend folgendermaßen: *"In den siebziger Jahren kam zu dieser russischen Komponente noch etwas Neues hinzu: das Problem der Ökologie ... Die Bauernliteratur wurde grün und grüner ... das Weltbild der Grünen sieht heute folgendermaßen aus: Ablehnung der Stadt und der urbanen Zivilisation als Pflanzstätte der Zersetzung; Ablehnung des Intellektuellen als Archetypus der Charakterlosigkeit und Fremdbeeinflussung; Ablehnung des Westens als jene Giftquelle, aus der sich schon seit Jahrhunderten alles Üble nach Rußland ergießt; Ablehnung des Proletariats als gesellschaftlich repräsentativer Klasse und damit Ablehnung der hochindustrialisierten Gesellschaft im allgemeinen, die am liebsten auch das Dorf in eine Fabrik unter freiem Himmel verwandeln würde; unaggressive Gleichgültigkeit gegenüber der Partei, ihren Institutionen, ihren Repräsentanten, ihren außenpolitischen Ambitionen; schließlich Ablehnung weiblicher Emanzipationsbestrebungen als Zerstörungsfaktor der Familie..."*

Deshalb gibt es auch nahezu keine Äußerungen, die ein ökologischsoziales Denken ähnlich dem der westlichen Grünen erkennen lassen. Allein Michail Agurski, ein Kybernetiker, der jetzt in Paris lebt, hat in einem 1974 veröffentlichten Beitrag "Die sozialökonomischen Systeme der Gegenwart und ihre Aussichten"[7] die Position vertreten, daß zwi-

---

6. Helen von Ssachno: Geschändete Erde. In: Süddeutsche Zeitung vom 20.1.1981.
7. M. Agurskij: "Die sozial-ökonomischen Systeme der Gegenwart und ihre Aussichten." Vgl. Alexander Solschenizyn u. a. – Stimmen aus dem Untergrund – Darmstadt 1975, S. 77 f.

schen dem östlichen und dem westlichen Gesellschaftssystem aufgrund der Industrialisierung mehr Gemeinsamkeiten als Unterschiede vorhanden seien. Er kritisiert darin, daß in den kommunistischen Ländern grundsätzlich dieselbe Bedürfnisstimulierung wie im Westen vor sich gehe, nur langsamer und ineffektiver. *"Beide Systeme vollziehen die räuberische Ausnutzung der Naturressourcen ... gerade jetzt unter dem Einfluß der Energiekrise* (1974 veröff.) *wird deutlich, daß die Naturreichtümer wie Boden, Wasser, Brennstoff, Luft keineswegs unerschöpflich sind und daß eine unbegrenzte Konsumsteigerung diese Reserven unweigerlich in weit stärkerem Maße erschöpft, als die natürlichen Bedürfnisse der wachsenden Bevölkerung."* Über die Zukunft spricht er nur im Sinne eines dritten Weges zwischen beiden Systemen. Seine Alternative gründet sich auf geistige und sittliche Werterneuerung und die Ablehnung von Gewalt bei der Lösung politischer und sozialer Fragen.

Unübersehbar enthält die moderne Literatur zugleich ein starkes slawophil-fundamentalistisches Element,[8] das auf eine Verherrlichung der russischen Erde und alles Russischen abzielt, das mittels einer romantischen Kritik zu den nationalen Wurzeln zurückfinden will, um die sowjetische Gesellschaft von westlichen Einflüssen zu befreien. Die Ursache dafür ist vermutlich darin zu finden, daß der Wandlungsprozeß im russischen Dorf der Gegenwart für den einzelnen noch tiefer gegriffen hat, als die Auswirkungen der Kollektivierung in den dreißiger Jahren. Die antibürgerliche Kritik der Slawophilen vor gut hundert Jahren ähnelt vielfach den unklaren Empfindungen der heutigen Dorfschriftsteller, der modernen "Rechten" der Russophilen und heutigen Nationalisten, die die wissenschaftlich-technische Revolution für die Isolierung und Entfremdung des Einzelnen verantwortlich machen. Deshalb legen sie auch die Betonung auf die *moralische* Entfaltung des Einzelnen als dem wichtigsten Kriterium für den Fortschritt der gesamten Gesellschaft. Al-

---

8. Die Slawophilen und ihr geistiges Erbe spielten in der russischen Ideologiegeschichte der zweiten Hälfte des XIX. Jahrhunderts eine bedeutende Rolle. Die Slawophilen A. Chomjakov, die Brüder K. und I. Aksakov, sowie I. und P. Kireevskij vertraten eine Richtung antiwestlicher, damit im Prinzip auch antikapitalistischer Kritik, die gleichzeitig die Entfremdung des Individuums verurteilte. Der umfangreiche Nachlaß an publizistischen, philosophischen, ökonomischen und literarischen Schriften konnte bislang nur ungenügend erforscht werden. Die Slawophilen hatten wertvollen Anteil an der Bewahrung all des von ihnen als national bedeutsam Anerkannten. (So finden wir bei ihnen die Verteidigung der Priorität Moskaus als eigenständig russischem Zentrum gegen die westlich inspirierte Metropole Peterburg im Norden). Während schon die Slawophilen zu einer Betonung der *moralischen* Entwicklung des Menschen als dem wichtigsten Kriterium für den Fortschritt der Gesamtgesellschaft tendierten, verstärkten ihre Nachfolger, die *Fundamentalisten* (počvenniki, auch "Bodenständler") und F. Dostojewski den Glauben an einen verschwommenen Begriff vom "Volk" als dem Nährboden für eine sittlich-religiöse Erneuerung Rußlands. Die enge Anlehnung einiger Vertreter der modernen Dorfprosa an dieses Ideengut ist unübersehbar.

lerdings sind solche slawophil-mystischen Ideen, wie sie etwa von Alexander Solschenizyn vertreten wurden, durch Stellungnahmen linker Oppositioneller wie Roi Medwedjew oder Lew Kopelew abgelehnt worden; auch Andrej Sacharow charaktersierte etwa Solschenizyns Idee des orthodoxen Kirchenstaates als "patriarchalischen Romantizismus." Die verschiedenen Spielarten des Nationalismus, deren Vertreter manchmal sogar ein Zweckbündnis mit den Vertretern aus dem Staatsapparat eingehen, sind nach dem Siegeszug der russischen Dorfprosa mit den Namen Solouchin, Rasputin, Below, Abramow und Astafjew verbunden. Die Hauptstütze für diese Autoren liegt im Publikationsorgan "Nasch sowremennik", in dem es seit Jahren auch um den Schutz der Natur und der russischen Kulturdenkmäler geht.

Der in den USA lebende Philosoph Alexander Yanov[9] hat für dieses Phänomen eine Theorie entwickelt, nach der nationalistische Ideen in der Sowjetunion auf zwei Ebenen entstehen – im Establishment und in der Opposition, von "oben" und "unten". Dabei vollziehe sich eine Angleichung der Motivation, indem Teile des Apparats sich der „Ideen von unten" bedienen und ihren Trägern Unterstützung zukommen lassen. In gewissem Sinne konservative Autoren wie Rasputin und Astafjew finden zweifellos Unterstützung bei Vertretern des Apparats, denn nicht alle von diesen begrüßen eine Expansion der Sowjetunion, weil sie negative Folgen für die Stabilität des Systems befürchten. Dieser Unterstützung verdankt vermutlich auch Wladimir Tschiwilichin 1982 den Staatspreis für sein Essay "Erinnerung" (Pamjat') über die russischen Dekabristen in der sibirischen Verbannung. Seine Dankesworte ("Literaturnaja gaseta" vom 24.11.1982) enthalten den Hinweis auf sein persönliches, nunmehr ein Vierteljahrhundert andauerndes Engagement für den Naturschutz. Die Beschäftigung mit der Geschichte begreift er als *"gewaltiges sittliches, geistiges und politisches Kapital für die heutige und künftige Generation ..., um heute gegen alles Fremdartige in unserer Gesellschaft zu kämpfen."* Sein ökologisches Engagement ist deutlich mit einer anti-westlichen Haltung verknüpft: Idealisierung der russischen Vergangenheit und Ablehnung der westlichen Dekadenz treffen sich dabei mit dem Großmachtdenken der Partei.

Das slawophile Gedankengut erlaubt jedoch keineswegs den Rückschluß, es handele sich um ausgesprochen reaktionäre Positionen. Die Krise der konkurrierenden Industriegesellschaften einschließlich der militärischen Konsequenzen macht vielmehr ein neues Koordinatensystem für die Bewertung der ideologischen Äußerungen notwendig. Die Reaktion der Schriftsteller auf das Gesamtergebnis der russischen Revolution scheint sich heute in die Kritik der Grundlagen der industriellen

---

9. A. Yanov: The New Russian Right. New York 1972.

Zivilisation und damit der tiefsten psychologischen und materiellen Fundamente der jetzigen Lebensweise zu kleiden. Die kulturelle Krise fällt mit der ökologischen zusammen!

Die Polemik gegen die "Unterwerfung der Natur", gegen sinnlose Prestigeobjekte, wird heute von allen namhaften Schriftstellern der Sowjetunion geführt. Valentin Rasputin wehrt sich dagegen, seine sibirische Heimat als gewaltiges Erprobungsfeld für Eroberungen technischer Art zu betrachten. Sergej Salygin warnt angesichts durch falsche Bewässerung versumpfter und versalzener Böden vor weiteren Experimenten und stellt fest, daß *"in Sibirien die Probleme der Umgestaltung grandios seien, daß dies aber auch bedeutet, daß dabei die Fehler wahrhaft grandios ausfallen können.*"[10] Und aus dieser Haltung heraus ist auch verständlich, daß Juri Bondarew und Wassili Below die geplante Flußumlenkung sibirischer Ströme in den Süden der Sowjetunion ablehnen.

Der Kritiker Juri Surowsew resümiert deshalb: *"Ohne die ökologische Fragestellung kommt heute nicht ein einziges Werk mehr aus, das ernsthaft sein oder als solches gelten will."*[11] Sogar die klassische russische Tier- und Jagderzählung ist jetzt unter der ökologischen Perspektive der vom Aussterben bedrohten Tierarten (der "jüngeren Brüder des Menschen", wie Sergej Jessenin sie nannte) umfunktioniert worden und eher dem Schutz und Verständnis der Tiere gewidmet – so z.B. bei Autoren wie Matewosjan, Aitmatow, Trojepolski, Astafjew und Kasakow.

Den breitesten Raum innerhalb der Belletristik nehmen aber immer noch die konkreten Beispiele der Naturzerstörung ein. Die literarische Qualität ist dabei häufig zweitrangig, und nicht zu Unrecht kritisiert der Literaturwissenschaftler Wadim Kowski, daß die Verteidigung der Natur im letzten Jahrzehnt häufig zur Banalität verkommen sei, nicht nur in der Sowjetunion, sondern auch im Ausland.

Kowski schreibt: *"Banal, weil nicht nur jedermann darüber spricht, sondern auch immer in der gleichen Weise und es dadurch mit der Zeit immer schwerer wird, über den Rahmen allbekannter Weisheiten hinaus zu einer künstlerischen Aussage vorzudringen."*[12] Um so stärker heben sich deshalb die Werke von Tschingis Aitmatow, Valentin Rasputin, Sergej Salygin und Viktor Astafjew heraus, welche die Natur nicht so sehr als Analytiker der ihr zugefügten Schäden betrachten, sondern sich als ihr zugehörig und von ihrem Schicksal mitbetroffen empfinden.

Nicht mit dem Ohr, nicht mit dem Körper, sondern mit der Seele der Natur, die in mir lag, spürte ich die Erhabenheit der Stille ... trat jener kurze Augenblick ein, als über die Welt nur noch Gottes Geist allein

---

10. Sergej Zalygin: Literaturnye zaboty. M. 1972, S. 5.
11. J. Surovcev: Ljudi iskusstva i nauki v sovremennom romane. In: "Družba narodov" 1976, 2, S. 250.
12. V. Kovskij: Preemstvennost'. M. 1981, S. 46.

herrschte, wie man in der Vergangenheit sagte";[13] schreibt Viktor Astafjew in dem Roman "Car'-ryba" (Der Zar-Fisch).

Bei dieser ethisch-philosophischen Haltung werden die Störungen der natürlichen Ordnung um so empfindlicher registriert. Valentin Rasputins gesamter Roman "Abschied von Matjora" beruht auf diesem Motiv: Die Bewohner des Dorfes, in dem die Lebensordnung seit Jahrhunderten festzustehen scheint, werden ausgesiedelt, um für einen Stausee des Angara-Kraftwerkes Platz zu machen, wobei den Siedlungsort für das neue Dorf Leute aussuchen, die dort selbst nicht wohnen werden und folglich die offensichtlichen Standortnachteile mit Gleichmut hinnehmen.

In Sergej Salygins Roman "Die Kommission", der sich mit der Wahl einer Waldkommission in den Jahren des Bürgerkriegs befaßt, erscheint die Oktoberrevolution, die solche Beschlüsse ermöglicht, als die Wiederherstellung der *Ordnung*, als Überwindung des gesellschaftlichen Chaos, als Alternative zur vorherigen kapitalistischen Kahlschlagwirtschaft. Salygin schildert das allerdings fünfundzwanzig Jahre *nach* den Ereignissen und formuliert – im Wissen um die "neue Unordnung" – auf diese Weise seine Kritik.

Viktor Astafjew geht es um die Folgen des wissenschaftlich-technischen Fortschritts, und er fragt, gegen wen man heute eigentlich die Natur verteidigen müsse. Nicht so sehr die Technik macht er verantwortlich, davon ist in dem Buch "Zar-Fisch" nicht die Rede, sondern das *"Natürliche" im Menschen*, das sich nicht durch Verstand im Umgang mit der Natur, sondern durch Barbarei und Zerstörungslust auszeichne.

So verfolgt in den siebziger Jahren – nach vielen Jahren oberflächlicher Naturbeschreibung – die Literatur eine neue Linie, die sich nicht vordergründig gegen den technischen Fortschritt richtet und keine Rechtfertigung für die Zerstörung sucht, sondern die neben dieser Kritik eine prinzipielle Neubewertung des Umgangs mit der Natur, des menschlichen Naturverhältnisses überhaupt, postuliert. Sie appelliert dabei an das Verantwortungsgefühl des Menschen, wenn auch abstrakt, ohne die Namen der Verursacher von Schäden zu nennen, d.h. ohne die Schäden bis an ihre Quelle im sozialen System zurückzuverfolgen.

Anhand der schöngeistigen Literatur lassen sich auch in der Sowjetunion Veränderungen im Umweltbewußtsein der Öffentlichkeit feststellen, was die ökologische Krise anbetrifft, auch wenn sie sich nicht sofort in praktischer Politik niederschlagen. Die Schriftsteller machen die teilweise unreflektierten und unklaren Empfindungen in der Bevölkerung

---

13. V. Astaf'ev: Car'-ryba. M. 1980, S. 59.

durch ihre Umsetzung in Bild und Handlung bewußt und besitzen damit eine gewisse Vordenkerfunktion für die Gesamtgesellschaft.

Die Literatur stellt fest, daß die Kräfte der Technik in vielen Bereichen die menschlichen Gefühls- und Verstandesmöglichkeiten überlasten und die sittlichen Normen hinter der technischen Entwicklung zurückbleiben. Der Schriftsteller Juri Bondarew meint dazu: *"Sittlichen Gesetzen gehorchend, muß der Mensch erkennen, daß das Zeitalter der Elektronik und Kybernetik, die Herrschaft der Maschinen nicht Selbstzweck, nicht Fortschritt um des Fortschritts willen sind, sondern eine Stufe in der Menschheitsgeschichte, eine Phase der Erkenntnis, die er zu durchlaufen hat, wenn der Preis der Zivilisation – die Verschmutzung der Biosphäre (der Grundlagen menschlicher Existenz, der Smog über den übervölkerten Städten, diverse toxische Verbindungen, verseuchte Flüsse und Stauseen und Dezibel-Grenzwerte) – nicht die Existenz der höchstentwickelten biologischen Art auf der Erde in Frage stellen soll. Viele sind rasch geneigt, der Technik den Vorwurf zu machen, vergessen aber dabei, daß die Technik dem Menschen dient, daß diese die eigentlich Verantwortlichen für den Mord an der Natur und folglich auch an sich selbst sind."*[14]

Auch in der Sowjetunion sind sich viele Menschen dessen bewußt, daß technisch bedingte Katastrophen gesellschaftliche Ursachen haben, wenn man sie auch meist auf Versagen von Personen und Gruppen zurückführt, nicht auf die allgemeine Verfassung der Gesellschaft. Doch die Stimmen mehren sich, die der wissenschaftlich-technischen Revolution die Schuld an den Schäden geben, die der Natur zugefügt wurden, und damit geriet auch die Wissenschaft auf die Anklagebank. Daniil Granin beklagt in seinem letzten Roman "Das Gemälde", *"das Undurchdachte, Unverantwortliche bestimmter Projekte, mitunter auch die Selbstzufriedenheit von Wissenschaft und Technik, die sich an die Konsumentenhaltung gegenüber der Natur gewöhnt hat."*[15] Der Literatur weist Granin die Aufgabe zu, die jahrhundertealten Vorstellungen des Menschen vom Kampf gegen die Natur zu ändern."

Tschingis Aitmatow sagte schon 1973 in einem Interview mit dem Kritiker L. Nowitschenko: *"Wir müssen immer auf der Hut sein, und ständig daran denken, daß die wissenschaftlich-technische Revolution nicht nur Segnungen mit sich bringt, daß sie unsere Psyche nicht ausschließlich in der für uns wünschenswerten Richtung beeinflußt."*[16] Allerdings könnten auch mit Hilfe der Wissenschaft bestimmte Schäden an

---

14. J. Bondarev: Dieser Richter heißt Wahrheit. Zit. nach: Willi Beitz: Sowjetliteratur heute. Halle 1980, S. 254.
15. Daniil Granin in: "Literaturnaja gazeta" vom 20.5.1981.
16. Tschingiz Ajtmatow in: "Sowjetliteratur", M. 1974, 2, S. 151.

der Natur korrigiert werden. Es zeigt sich, daß die globalen Probleme der Gegenwart wie Luftverschmutzung, Erschöpfung regenerierbarer und nicht regenierbarer Ressourcen, demografische Disproportionen, die Industrialisierungs- und Urbanisierungsfolgen im weitesten Sinne, wenn auch gebrochen durch die verschiedensten sozialökonomischen Strukturen, allgemein menschliche Interessen betreffen. Die ökologische Krise – so meint E. Girusow – sei durch die existierende Produktionstechnologie vorprogrammiert.[17]

D. Bilenkin und V. Lewin weisen darauf hin, daß ökologische Schäden zunächst für Folgen lokaler Verfehlungen gehalten worden seien, zumal der Begriff "Ökologie" vor rund zwanzig Jahren nur einem kleinen Kreis von Fachleuten bekannt war. Seitdem habe eine ökologische Revolution begonnen, die in der Geschichte nicht ihresgleichen finde. An der dafür notwendigen psychologischen Umstrukturierung im Bewußtsein der Menschen müsse die Literatur Anteil nehmen.[18]

Dies steht im Gegensatz zu den Vorstellungen über die Aufgaben der Literatur, wie sie besonders in den dreißiger Jahren formuliert wurden: Literatur bejahte und verklärte den Antagonismus zwischen Mensch und Natur, sie machte vielfach die ökonomischen Bedürfnisse der Menschen zum alleinigen Maßstab für den Umgang mit der natürlichen Umwelt. Sergej Salygin schreibt, daß man sich bereits daran gewöhnt hätte, daß in der Belletristik eine literarische Figur zum positiven Helden wurde, weil sie für die "Eroberung der Natur" eintrat, und sich darin bewährte, während derjenige, der dagegen opponierte, die negative Rolle zugeteilt erhielt.[19] M.S. Kagan schrieb in seinen "Vorlesungen zur marxistisch-leninistischen Ästhetik": *"In unserer Epoche und desto mehr in der Epoche des Kommunismus verlegt sich die Quelle der tragischen Konflikte aus der Sphäre der zwischenmenschlichen Beziehungen in die Sphäre der Beziehungen zwischen Mensch und Natur."*[20] Bei der in der Sowjetunion betonten Dissonanz zwischen Mensch und Natur gibt es immer noch Autoren, die einem rücksichtslosen Eroberergeist gegenüber der Natur das Wort reden. Als ein Autor, den man zu dieser Kategorie rechnen könnte, gilt Alexander Prochanow, einer der leitenden Redakteure der Zeitschrift "Moloda gwardija". In seinen Romanen "Mittagszeit" (Polden') und "Ort der Handlung" (Mesto dejstvija, 1980) führt er die Linie der unkritischen Verherrlichung der wissenschaftlich-technischen Revolution fort. Im letztgenannten Roman geht es beispielsweise um den Aufbau eines Erdölverarbeitungskombinats.

17. E. Girusov: Sistema – obščestvo – priroda. M. 1976, S. 111.
18. D. Bilenkin u.a.: V poiskach ėkologičeskogo soznanija. In: "Novyj mir" 1979, 1.
19. S. Zalygin: Literaturnye zaboty. M. 1972, S. 81.
20. M. S. Kagan: Vorlesungen zur marxistisch-leninistischen Ästhetik. Bln./DDR 1971, S. 109.

Es heißt dort: *"Die Technik ist nicht tot, wie ihr alle glaubt. Sie sieht, hört und bewahrt alles in der Erinnerung. Alles! Irgendwann wird sie dem Menschen die Rechnung präsentieren, wo geschrieben steht, wie viele Maschinen er vernichtet hat ... Torf von dort, Sand hierher. Wir schlagen den Wald weg, bauen das Werk auf. Schütten den Sumpf zu, bepflanzen das Feld. Mondboden auf die Erde, die irdische auf den Mond!"*[21]

Die moderne Zivilisation, die der Kombinatsdirektor einführen will, geht an den Bedürfnissen der alteingesessenen Bevölkerung vorbei. In demselben Jadrinsk, in dem man bis vor kurzem weder Schloß noch Riegel kannte, steigt die Verbrecherquote; trotz seiner Begeisterung für die Technosphäre kann der Autor nicht verschweigen, daß die Bauleute Naturzerstörung in großem Umfange betreiben und daß die Industrieabwässer den Irtysch vergiften. *"Die ideale Prochanowsche Dorfprosa"* – so äußert sich der Kritiker N. Akimow, *"segelt im Fahrwasser der Ökonomie. Sie ist in einer anderen Sprache geschrieben und bedient sich der eisenharten Begriffe des modernen technisierten Dorfes. Ihr Held ist der Bauer als Technokrat."*[22] Aber diese Art von Literatur ist heute in der Sowjetunion eher eine Ausnahme geworden. In der Mehrheit der Werke findet man eine Tendenz, die Juri Bondarew so artikuliert hat: *"Heute stellen die größten Probleme der Menschheit die Gefahr eines Atomkriegs und die Bedrohung durch eine ökologische Katastrophe dar. Unsern Erdball kann man mittels der modernen Technik in neunzig Minuten umkreisen. Dieses Staubkörnchen im All ist der schrecklichen Gefahr ausgesetzt, dreißigmal durch die Waffen, die sich angesammelt haben, vernichtet zu werden ... Die Gefahr der ökologischen Katastrophe entsteht aus der unvernünftigen Beziehung zu unserer Erde, zu unserer Ernährerin. Das ist eine reale Gefahr, die man bis jetzt bei uns nur unzureichend erkannt hat. Die räuberische Einstellung zu den Wäldern, Feldern, Flüssen, Bodenschätzen, zur Luft, zur Umwelt, führt zu tödlichem Unglück, das man durch nichts wieder gutmachen kann. Es gibt keine Naturreichtümer, die unbegrenzt sind, alles hat seine Grenze, so wie das menschliche Leben. Zum Zwecke momentanen Gewinns die Natur, sein Haus zu zerstören, damit kommt der Mensch immer näher an den Rand des Abgrunds, an die Schicksalsstunde seines Untergangs."*[23]

---

21. A. Prochanov: Mesto dejstvija. M. 1980, S. 175, 193.
22. N. Akimov: Was aber ist Dorfprosa? Zit. nach: Sowjetwissenschaften. "Kunst und Literatur". Bln./DDR 1982, 10, S. 1054.
23. J. Bondarev: Zemnoj dom. In: "Literaturnoe obozrenie" 1982, 1, S. 14.

Die sowjetische Industriegesellschaft unter der Bedrohung der größten Naturkatastrophe aller Zeiten

Zur aktuellen Situation der Umweltzerstörung in der sowjetischen Industriegesellschaft

Die Sowjetunion verbindet mit den klassischen Entwicklungsländern vor allem die schnelle und unausgeglichene Wirtschaftsentwicklung und ihre kulturlandschaftlichen Folgen. Industrielle Ballungszentren im europäischen Teil der Sowjetunion mit relativ dichter Bevölkerungszahl stehen unerschlossene, bevölkerungsarme, aber rohstoffreiche Gebiete gegenüber, die erst jetzt wirtschaftlich genutzt werden. Das wirtschaftliche und kulturelle Gefälle zwischen den großen Industriestädten und dem flachen Lande ist immer noch erheblich und fördert die Abwanderung der ländlichen Bevölkerung in die Stadt. Zugleich hat die Politik eines Wachstums um jeden Preis eine Verschlechterung der Umweltbedingungen herbeigeführt. Die ökologischen Warnzeichen mehren sich:

- Durch Hydrotechnik haben gewaltige Stauseen zwölf Mio. ha kostbaren Ackerlandes verschlungen, die inzwischen bei der Produktion von Nahrungsgütern fehlen.
- Die rapide Verringerung von Forst- und Waldflächen infolge der Holzgewinnung wird nicht durch Anlage neuer Waldareale ausgeglichen. Jährlich geht überdies eine Bodenfläche in der Größe der BRD durch Waldbrände verloren.
- Flüsse fließen infolge des ausgebauten Netzes von Kraftwerken und Kanälen nicht mehr ihren natürlichen Bedingungen entsprechend. Die Eutrophisierung der Gewässer führt zu einem Verlust an Brauchwasser, was durch Verklappung von industriellen Abfällen und Klärschlamm noch verstärkt wird. Ölbohrfelder im Meeresküstenbereich bringen erhebliche Gefahren für die Tier- und Pflanzenwelt, aber auch für die Ernährung des Menschen mit sich. Die geplante Umleitung eines Teils der nördlichen Flüsse in den Süden würde zu Störungen im nördlichen Polarraum führen und die Temperaturverhältnisse riesiger Gebiete aus dem Gleichgewicht bringen.
- Jährlich gehen in der Sowjetunion 10% der landwirtschaftlichen Nutzfläche durch Erosionsschäden aller Art verloren. Darunter leiden die Felder der Schwarzerdezone Mittelrußlands, der Ukraine, Moldawiens, des Nordkaukasus und des Wolgagebiets. Wind-Erosion bringt in Kasachstan, im Süden der Ukraine, im Nordkaukasus, in Mittelasien, Burjatien und Baschkirien große Probleme mit sich. Rund zwei Drittel des Ackerlandes der Sowjetunion müssen vor Was-

sererosion und 30 bis 40 Mio. Ackerland vor Winderosion geschützt werden.
- Der Publizist Wjatscheslaw Palman stellte fest, daß es in den letzten fünfundsiebzig Jahren dreiundzwanzig Dürrejahre gegeben hat, d.h. durchschnittlich alle drei Jahre. Im letzten Jahrzehnt wurden fünf Dürrejahre gezählt, am Ende des Jahrzehnts sogar an drei aufeinanderfolgenden Jahren.[24]
- Experten wie Boris Komarow[25] und laufende Presseberichte (vgl. Anhang) bezeugen, daß nicht nur der Baikalsee, sondern auch der Aralsee, das Kaspische und das Asowsche Meer akut gefährdet sind.
- Die massive Verwendung von Schädlingsbekämpfungs- und Düngemitteln hat zu einer erheblichen Nitratanreicherung im Grundwasser geführt. 80% der Düngemengen werden im Durchschnitt wieder ausgeschwemmt und in die Gewässer geleitet.
- Berechnungen von Wissenschaftlern zufolge liegen die Wachstumsraten des "ökologischen Bedarfs", d.h. der Ansprüche, die der Mensch an die Umwelt stellt, etwa in Form der Entnahme von Bodenschätzen und Rückführung von Abfallstoffen, in der Sowjetunion um ein Vielfaches höher als das wirtschaftliche Gesamtwachstum. Die Wissenschaftler weisen deshalb bereits auf die absehbare Erschöpfung der wichtigsten Rohstoffquellen hin und kritisieren den jährlichen Abbau von sechs Mrd. Tonnen Bodenschätzen (bis zur Jahrhundertwende sollen es sogar 11 Mrd. werden). Sie behaupten, daß die Ausbeutung der nicht erneuerbaren Ressourcen uneffektiv und verschwenderisch vor sich gehe, weil bis zu 30% der Kohle und bis 70% des Erdöls im Boden verblieben. Die moderne Erzverarbeitung verzichte zugleich auf die Verwertung wertvoller Elemente wie Vanadium, Zinn, Aluminium, Phosphor, Gold u.a., die auf die Halden wanderten. Die Wissenschaftler A. Beljawski und W. Lisitschkin schreiben: "Man kann es kaum glauben, aber heute werden aus den gesamten geförderten Rohstoffen nur 2% verwertet."[26] Die übrigen 98% gehen als neue Belastung in den Kreislauf der Natur.

Zugleich ist die Förderung von täglich 1 Mrd. t Erdöl und 1 Mrd. t

---

24. V. Pal'man: Pervoe uslovie sčast'ja. In: "Literaturnoe obozrenie" 1982, 9, S. 16.
25. Boris Komarov ist das Pseudonym des sowjetischen Verfassers *Zev Volfson*, der das umfassende und theoretisch bestens begründete Buch "Das große Sterben am Baikalsee" (russ. "Uničtoženie prirody", Frankfurt/M. 1978) geschrieben hat. Volfson war Reporter des sowjetischen Fernsehens, seine umfangreichen Recherchen zum aktuellen Stand der Umweltzerstörung in der Sowjetunion von 1977 wurden jedoch nicht akzeptiert und aus dem gesamten Material wurde eine in hohem Maße schöngefärbte Sendung gestaltet. Volfson benutzte daraufhin das brisante Material, um ein Manuskript fertigzustellen, das er dem Westen zuleitete. 1982 emigrierte der Autor nach Israel.
26. Zit. nach: I. Adabašev: Sotvorenie garmonii. M. 1982, S. 59.

Erdgas in der Aufgabenstellung des Fünfjahrplans mit steigenden Kosten verbunden, weil die ergiebigen Lagerstätten bereits erschöpft sind und minderwertige Vorkommen ausgebeutet werden müssen. T.S. Chatschaturow behauptet, daß man bereits die Eisenerze aus dem Magnitka-Berg, das Erdöl von Baku und Grosny und die Wälder im Nordwesten der Sowjetunion verbraucht habe.[27] Trotz dieser alarmierenden Umweltschäden wird die Mobilisierung der öffentlichen Meinung für den Schutz der Umwelt dadurch verhindert, daß gezielte Informationen zurückgehalten werden, Beispiele aus den kapitalistischen Ländern werden dagegen in großer Breite und Ausführlichkeit zitiert, mit Ausnahme von Atomenergiefragen und Vorfällen in westlichen Atomreaktoren – vermutlich wegen möglicher Analogieschlüsse. Umweltzerstörungen im eigenen Land werden so gut wie möglich vertuscht. Wenngleich der überwiegende Teil der sowjetischen Bevölkerung den Umweltproblemen gleichgültig gegenübersteht, weil man der Überzeugung ist, daß das Land groß und reich sei, gibt es inzwischen dennoch verschiedene Pressure-Gruppen, die sich des Themas annehmen. B. Commoner schreibt in seinem bekannten Buch "The Closing Circle", *"Als Antwort auf diese Schwierigkeiten scheint sich in der UdSSR eine starke ökologische Bewegung zu entwickeln; die Wissenschaftler kritisieren die industrielle Entwicklung, die die Einwirkung auf die natürliche Umwelt ignoriert oder unterschätzt, und den Bürger erregt, wie überall, die Umweltverschmutzung."*[28]

Es scheint, daß Commoner hier die *"Bewegung"* doch gewaltig überschätzt, denn das Besondere scheint in der sowjetischen Ökologie-Debatte gerade darin zu bestehen, daß sie eine ausgesprochene Vordenkerfunktion erfüllen muß und vorerst noch ohne eine gesellschaftliche Massenbewegung verläuft. Ansätze für einen Bewußtseinswandel in der sowjetischen Gesellschaft seit Beginn der sechziger Jahre sind zuerst unter den Wissenschaftlern zu beobachten, vor allem, wenn sie Zugang zu westlichen Forschungsergebnissen haben. Naturwissenschaftler wie Keldysch, Sacharow, Kapiza oder Gerassimow, aber auch Mediziner, beziehen Stellung zu den ökologischen Problemen, wobei es häufig von dem persönlichen Mut abhängt, ob etwa ein Umweltgutachten negativ ausfällt und sich damit gegen wirtschaftliche Interessen stellt. Solche Wissenschaftler sind dabei nicht zwangsläufig oppositionell, etwa wie der sowjetische Atomphysiker Andrej Sacharow, sondern sie bilden ad hoc-Koalitionen mit Umweltschützern und örtlichen Behörden, um Mißstände anzuprangern und den staatlichen Organen konstruktive Lösungen vorzuschlagen.

27. T. S. Chačaturov: Obščestvo i priroda. M. 1981, S. 18.
28. B. Commoner: The Closing Circle. London 1972, S. 280.

Die Geisteswissenschaftler halten sich demgegenüber – anders als im Westen – in der ökologischen Debatte zurück, bis auf eine 1972 in der Zeitschrift "Woprosy filosofii" geführte Diskussion und das 1982 von den Redaktionen des "Eko" und der Zeitschrift "Nowyj mir" veranstalteten Rundtischgesprächs von Schriftstellern, Journalisten, Ökonomen und Wissenschaftlern der Sibirischen Akademie der Wissenschaften.[29]

Öffentliche Anwälte für eine gesunde Umwelt sind nach wie vor am ehesten die Schriftsteller mit ihren Artikeln in den literarischen Zeitschriften, der "Literaturnaja gaseta" oder in der Tagespresse, wobei man die besondere Rolle der Presse ständig im Auge behalten muß, die einerseits einem starken Informationsstop von oben ausgesetzt ist, andererseits immer wieder auf lokale Verfehlungen hinweisen kann. Schon zu Beginn der sechziger Jahre kam es vor, daß örtliche Presseorgane sich gemeinsam mit überregionalen Zeitungen für ein bestimmtes Projekt einsetzten. Als z.b. die Kalkwerke von Podkumka die Umgebung des Kurorts Kislowodsk mit übermäßigen Emissionen zu zerstören begannen, starteten – ähnlich wie bei der Kampagne zur Rettung des Baikal Sees – die Zeitungen "Trud", "Iswestija", "Literaturnaja gaseta", "Medizinski rabotnik" u.a. eine gemeinsame Aktion, die auch Erfolg hatte.

Auch über Leserbriefe wird die zentrale Presse als Sprachrohr und als Ventil für ökologische Kritik benutzt. Die "Prawda" erhält rund 40.000, die "Literaturnaja gaseta" 7.000 Leserbriefe pro Monat, darunter natürlich auch von engagierten Naturschützern und Publizisten.

Ein gutes Dutzend prominenter Schriftsteller kämpfte auf diese Weise um die Veränderung des Bewußtseins hin zu einer Sensibilisierung für ökologische Anliegen, 1966, auf dem XXIII. Parteitag der KPdSU, hat sich z.B. Michail Scholochow darüber beklagt, daß jährlich 7 Mio. m^3 ungefilterte Industrieabwässer den Don vergiften. Und er forderte sofortige Rettungsmaßnahmen, weil das ehemals überaus fischreiche Asowsche Meer durch die Fehlplanungen des Fischereiministers Ischkow an den Rand der Katastrophe gebracht worden sei.

Eineinhalb Jahre kämpfte der Schriftsteller Sergej Salygin 1962/63 gegen das Projekt eines Wasserkraftwerks am Unteren Ob, das im nachhinein absurd erscheint, damals jedoch nur durch das Engagement von Salygin verhindert werden konnte.

Einen anderen Vorfall schildert Anatoli Agranowski, ein prominenter Publizist, in seinem Buch "Und der Wald wächst" (A les rastet). Im Brats-

---

29. Die Diskussion der Zeitschrift "Voprosy filosofii" (1972) fand ihre ausführliche Würdigung in dem Buch von Wolfgang Harich: Kommunismus ohne Wachstum. Hamburg 1975.

ker Gebiet ging 1 Mio. m³ Nutzholz durch Flößen verloren und wurde weiträumig angeschwemmt. Bauern vom Kuban bemühten sich um dieses Holz, das ihnen die Direktion des Wasserkraftwerkes aus formaljuristischen Gründen jedoch nicht überlassen durfte. Agranowski schreibt: *"Und hier war plötzlich eine Initiative entstanden, die nicht verordnet war, sondern irgend so eine verdächtige, nicht von oben, nicht von unten, sondern von der Seite her."*[30]

Drei Tage nach der Veröffentlichung von Agranowskis Skizze erlaubte das Bratsker Gebietskomitee den Steppenbauern, die 1 Mio. m³ Holz, die sonst ungenutzt geblieben wären, mitzunehmen.

Auch gegen die staatlichen Atomenergieplanungen wird Widerstand laut, so jedenfalls berichtete ein westlicher Korrespondent in Moskau: *"Seit Ende der siebziger Jahre gibt es eine – von der staatlichen Energieplanung ganz ernst genommene – 'grüne Opposition' gegen den hemmungslosen Bau von Atomkraftwerken, die sich mit den Namen der Atomphysiker Doleschal und Kapiza verbindet."*[31]

Dabei haben die sowjetischen Medien bislang keine Meldungen über Atomunfälle publiziert, obwohl es ernstzunehmende Berichte gibt, daß es zu solchen gekommen ist. Der in London lebende Exilrusse Schores Medwedjew hat viele Details über eine Atomkatastrophe in den Jahren 1957/58 am Ostrand des Mittleren Ural veröffentlicht, die ein Gebiet von einhundert bis eintausend km² unbewohnbar gemacht haben soll. Etwa dreißig Ortschaften wurden nach diesen Angaben aufgegeben, Flüsse mußten umgeleitet werden. Unerwähnt blieb selbst die Explosion im Schnellen Brüter von Schewtschenko auf der Halbinsel Mangyschlag, die sich 1973/74 ereignet haben soll.[32]

Auch die Warnungen, die der sowjetische Nobelpreisträger Pjotr Kapiza im Oktober 1975 auf der Jubiläumsveranstaltung der Akademie der Wissenschaften ausprach, wurden offiziell nicht publiziert. Er hatte damals erklärt, daß ein Atomkraftwerk mit einer Leistung von 1.000 Megawatt das tödliche Potential einer Atombombe von 20 Kilotonnen Sprengstoff besitze und bei einem Unglück die entweichende Radioaktivität über viele Quadratkilometer hinweg alles Leben vernichten würde. Atomkraftwerke – so seine Schlußfolgerung – sollten deshalb fern von der Bevölkerung auf unbewohnten Atollen stationiert werden. Auch die Wissenschaftler Doleschal und Korjakin erklärten in der Partei-

30. A. Agranovskij: A les rastet. M. 1973, S. 392.
31. W. Schäfer: Über 270 Kläranlagen blieben Bauruinen. In: "Weserkurier" (Bremen) vom 11.1.1982.
32. Vgl. hierzu Medwedjew, Sh: Bericht und Analyse der bisher geheimgehaltenen Atomkatastrophe in der UdSSR. Reinbek, 1970. Atomkraftwerke und Umweltzerstörung in der DDR, ČSSR, Polen, Sowjetunion und Jugoslawien. In: Sozialistisches Osteuropakomitee, Info 42, S. 41.

zeitschrift "Kommunist" vier Jahre nach den Äußerungen von Pjotr Kapiza, daß die Prognosen für den Ausbau der Atomenergie erheblich zu optimistisch ausgefallen seien und weltweit nur ein Drittel des vorgesehenen Zuwachses zu erreichen sei. Sie warnen vor "Strahlungsgefahr in allen unvorhersehbaren Situationen." Durch die Standortverteilung der Atomkraftwerke südlich von Moskau habe die dortige Bevölkerung bereits unter erheblichen Belastungen durch hohe Abwärme zu leiden, die sich auf die Umwelt auswirkt.[33] Als Reaktion auf diese kritischen Äußerungen erklärte der Präsident der Akademie der Wissenschaften, Anatoli Alexandrow, wenig später, der Atomwissenschaftler Doleschal sei kein Fachmann für die Entsorgung und habe deshalb *"wenig verantwortungsvoll gehandelt und die Gefahren übertrieben."*

Die Umweltkrise in der Sowjetunion erscheint vor diesem Hintergrund vorrangig als ein Produkt der Nachkriegszeit, das seinen Ausgangspunkt in den Stalinschen Plänen zur Umgestaltung der Natur gefunden hat. Besonders aus den Darlegungen Boris Komarows in seinem Buch "Das große Sterben am Baikalsee" wird deutlich, in welchem Maße hinter einzelnen Industrialisierungsvorhaben der militär-industrielle Komplex steht, und daß sowohl die Kernkraftwerke als auch die Wasserkraftwerke oder der Baikalsee vorrangig von strategischem Interesse sind, das Vorrang vor den Bedürfnissen der Bevölkerung oder der Umwelterhaltung hat. *Wenn es sich bei wirtschaftlichen Maßnahmen um sogenannte "strategische Interessen" handelt, scheint es überhaupt keine Instanz zu geben, die der Naturzerstörung Einhalt gebieten könnte.* Komarow kommt sogar zu dem Schluß, daß die von der Oktoberrevolution forcierte Industrialisierung Rußlands unter der bestehenden sozialökonomischen und politischen Ordnung auf die größte Naturkatastrophe aller Zeiten hinausläuft, weil es kein gesellschaftliches Korrektiv für Fehlentwicklungen gibt. Vielmehr steht hinter der Art des Umgangs mit der Natur die globale Konkurrenz mit dem westlichen Industriesystem. Dabei bleibt abzuwarten, ob die von der rüstungsorientierten Industrialisierung ausgehende Naturzerstörung nicht nur die Grundlagen des natürlichen Gleichgewichts in der Sowjetunion, sondern auch die Legitimation des sowjetischen Systems langfristig untergräbt.

---

33. Vgl. N. Doležal, N. Korjakin: Das sowjetische Kernenergieprogramm. In: "Osteuropa"-Archiv 1980, 11 und 1981, 1.

2. Das ökologisch-literarische Bewußtsein in der russischen Literatur seit der Jahrhundertwende

2.1 Die Literatur um die Jahrhundertwende

Zu den frühen Warnern vor den Folgen der extensiven Industrialisierung gehört der Biologie K. Timirjasew, der 1899 in einer öffentlichen Vorlesung mit dem Titel :"Droht der Menschheit der Untergang?"[34] ein düsteres Bild von der Zerstörung der Biosphäre skizzierte.

Kornej Tschukowski weist darauf hin, daß es *Valeri Brjussow* (1873–1924), ein namhafter Vertreter des Symbolismus, war, der einen fundamentalen Widerspruch zwischen Natur und Zivilisation konstatierte und daraus eine apokalyptische Bedrohung für unsere Kultur ableitete. In seinem utopischen Roman *"Die Republik des Südkreuzes"* (Respublika južnogo kresta, 1905) zeigt er eine Endzeitvision der technisch und administrativ durchorganisierten Welt: eine allplanetarische Stadt, ein Heim aus Metall und Ziegeln, erleuchtet von einer künstlichen Sonne und abgeschirmt durch eine Glaskuppel. Diese "Zivilisation" existiert ohne Blumen, Bäume und Vögel, sie ist der Natur sogar feindlich, zu der die Menschen der Zukunft keinerlei Beziehung mehr haben. Für Brjussow ist jegliche Zivilisation schädlich, die sich von der ursprünglichen Natur abhebt. In seinem Roman "Die sieben irdischen Verlockungen" (Sem' zemnych soblaznov) werfen die Bewohner einer solchen teuflisch modernen Stadt, als sie "den Aufstand proben", die Kuppel ein und gehen darauf an den tödlichen Strahlen aus dem All zugrunde.

Auch die russischen kritischen Realisten erkannten die Folgen der übereilten Industrialisierung und schilderten sie mit ihren sozialen und ethischen Folgen für die kommenden Generationen. So werden Auswirkungen der Überbevölkerung bereits bei A. Kuprin, W. Weressajew, S. Sergejew-Zenski und anderen Autoren diskutiert. Das Phänomen des Sauerstoffmangels wird durch A. Kuprin (1870–1938) in dem Kurzroman *"Olesja"* (1898) als Verhängnis für die Bevölkerung in den industriellen Ballungszentren geschildert:

"Furchtbare Häuser mit 5, 6 oder auch sieben Stockwerken ... Und von unten bis oben vollgepfropft mit Menschen. Diese Leute hausen in winzigen Kammern wie Vögel in einem Käfig. Zehn Personen in jedem, so daß die Luft für alle gar nicht ausreicht. Andere wieder wohnen in

---

34. K. A. Timirjazev: Grozit li čelovečestvu gibel' ? M. 1899.

Kellern, tief unter der Erde, manche kriegen das ganze Jahr keinen einzigen Sonnenstrahl in ihren kalten, feuchten Zimmern zu sehen."[35]

So schwebt dem Dichter zwar die Flucht aus der Stadt in die unberührte Natur als Ausweg vor, er ist aber für seinen Literaturhelden nicht gangbar. In einem anderen Kurzroman *"Die Laistrygoner"* (Listrigony, 1907—1911) verwahrt sich Kuprin gegen das Raubfischen. Er läßt seinen Erzähler mit den Fischern ausfahren und an Ort und Stelle den übermäßigen Fischfang als Verbrechen und Störung des Naturhaushaltes kennzeichnen:

"Die Natur ist ärmer geworden. Die Sitten sind verfallen, die Menschen verarmt, der Fisch ist in die Gegend von Trapezunt gezogen."[36]

Die Natur, so wie sie von einigen kritischen Realisten gestaltet wurde, ist niemals allein schöner Hintergrund, sondern stets darüber hinaus mit Emotionen befrachtet. Die große und schöne Natur – die ursprüngliche *"Mutter*-Natur", wird ihren Erben, den lasterhaften Söhnen aus dem Menschengeschlecht, entgegengestellt. Die Harmonie, die der Natur zuerkannt wird, fehlt der Gesellschaft, die sich in sozialen Kämpfen erschöpft.

Die Verteidigung der Natur findet als Thema auch ihre besondere Ausprägung bei den altruistisch eingestellten Literaturhelden *Anton Tschechows* (1860—1904). In dem Theaterstück *"Onkel Wanja"* (Djadja Vanja, 1897), sucht sein Doktor Astrow, der übrigens dem Kuprinschen Waldhüter Turtschenko sehr ähnlich ist, nach einer Beschäftigung, die seinem Leben einen Sinn geben könnte. Als Arzt hat er täglich Bilder entsetzlicher Armut vor Augen und weiß, daß die radikale Raubbauwirtschaft an der Natur für den Bauern letztlich den Kampf ums Überleben bedeutet. Astrow und Turtschenko vertreten die Ansicht, daß sogar das Klima durch die Einwirkungen des Menschen, seine übermäßigen Holzschlagaktionen und die ihnen folgende Austrocknung der Flüsse gelitten habe. In Astrows Expertise steht, daß in seinem Gebiet in den letzten fünfundzwanzig Jahren zwei Drittel des Baumbestandes abgeholzt wurden. Damit sind auch die Tiere ohne den gewohnten Schutz ihres Milieus, und die Äcker können wegen Feuchtigkeitsmangel die erforderlichen Erträge nicht mehr bringen. Im Drama heißt es:

"Die russischen Wälder krachen unter den Axthieben, Milliarden Bäume kommen um, die Wohnstätten der Tiere und Vögel werden verwüstet, die Flüsse verflachen und versiegen, wunderbare Landschaften verschwinden für immer und alles darum, weil der träge Mensch nicht genügend Verstand hat, sich zu bücken und das Heizmaterial von der Erde aufzuheben."[37]

---

35. A. Kuprin: Der Strom des Lebens. Bln./DDR, 1973, S. 76.
36. ebda S. 477.
37. A. Tschechow: Dramatische Werke. Diogenes Zürich, 1968, S. 238.

Kuprins Turtschenko hat neben dem Waldschutz noch eigene Projekte zur Schiffbarmachung der Flüsse. Aber sein Hauptanliegen und die damit verbundenen Appelle an die Bauern bleiben ohne Erfolg: "Am nächsten Tag ließen die braven Landleute wieder das Vieh in den Wald, das das Jungholz kahlfraß, zogen den Bast von zarten, empfindlichen Bäumen, fällten für einen Zaun oder Fensterrahmen hohe, gerade Fichten, bohrten Birken an, um aus deren Frühlingssaft Kwaß zu machen, rauchten im Dürrholz und warfen die Streichhölzer aufs ausgedörrte Moos, das dann wie Pulver aufflammte, verließen Feuerplätze, ohne sie abgelöscht zu haben, und die Hütejungen zündeten ohne Sinn und Verstand die mit Harz gefüllten Löcher und Spalten der Kiefern an, nur um zu sehen, wie das bernsteingelbe Harz lustig und ungestüm brannte ..." 'Unser Ministerium läßt das Übel seinen Lauf nehmen', erwiderte Turtschenko verbittert ... Und wenn ich jetzt unsere Waldflüßchen für Flöße befahrbar machte, ... wissen Sie, was geschehen würde? In zwei Jahren wäre der Kreis ein einziger Kahlschlag. Die Gutsbesitzer würden den Wald auf der Stelle nach Petersburg und ins Ausland flößen."[38]

Im Schaffen Maxim Gorkis (1868–1936) finden wir das Motiv der geschändeten Erde, der vergifteten Flüsse, der ausgerotteten Wälder und der ungesunden Luft. 1895 in der Erzählung "Gubin" zeigt sich der Erzähler erschüttert über die Gleichgültigkeit der Bauern, die schon den fünften Tag um sich herum das Inferno eines Waldbrandes erleben (und wie Gorki schreibt: dabei essen, trinken, beten und sich fortpflanzen). Als Journalist der Lokalzeitung von Samara veröffentlichte er lange Berichte über die Staubstürme in den Wolga-Kuban-Gebieten und kritisierte, daß die Regierungsstellen nicht auf die Forderungen der Bevölkerung nach Waldschutzstreifen reagieren.

In dem Artikel "Die Staaten Westeuropas vor dem Krieg" schrieb er, daß die Menschheit es nicht leicht haben würde, nach einem Weltkrieg die verbrannte Erde zu rekultivieren, die ausgerotteten Wälder neu zu pflanzen und die zerstörte Fauna wieder ansässig zu machen. Für die Bevölkerung sagte er Dürrejahre und Mißernten als Folge des Wassermangels auf dem Planeten voraus. Die Entwicklung der Industrie und weitere Kriege würden seiner Ansicht nach das ökologische Gleichgewicht, das zur Produktion von Lebensmitteln erforderlich sei, erheblich beeinträchtigen.[39]

Aber bereits sehr früh, schon 1897 in der Erzählung "Finogen Iljitsch"[40], schildert Gorki, daß die Bauern Raubbau am Waldbestand betreiben, der letztlich zu Staubstürmen führt. Der Dichter beklagt, daß

38. A. Kuprin: Der schwarze Blitz. In: Kuprin: Strom des Lebens. a. a. O. S. 492-495.
39. M. Gor'kij: Sobr. soč. v 30 tomach. M. 1951. Bd. 24, S. 165.
40. M. Gorki: Unbekannte Erzählungen. Bln. 1955, S. 182.

die Bauern Naturkatastrophen gegenüber derart inert blieben. Seine Vorbehalte gegenüber den Bauern hat Gorki auch später nicht aufgegeben. Er fürchtete bei ihnen das Element des Unkultivierten, Anarchischen.

Aber auch von anderen Störungen im Naturgleichgewicht ist in der Erzählung die Rede. In der Nähe des Dorfes wird eine Fabrik für trokkene Holzdestillation eröffnet. Sofort nach der Aufnahme der Produktion ist das Flußwasser vergiftet, und in P. gibt es Kranke. Daraufhin fährt Finogen Iljitsch in die Stadt und es gelingt ihm, Hilfe herbeizuschaffen. Ein Arzt und eine Untersuchungskommission werden abgesandt, und die Fabrikleitung muß Klärteiche anlegen lassen.

Tschechows Astrow hat noch die Wunschvorstellung, daß an die Stelle der ausgerotteten Wälder Chausseen und Eisenbahnlinien, Schulen und Fabriken – kurz gesagt Zivilisation – in die unberührte Gegend gelangen möge. Gorki setzt in diesem Falle auf ein Proletariat, das in kollektiver Herrschaft über den Planeten eine neue Zivilisation nach wissenschaftlichen Prinzipien gestalten könnte. In diesem Falle wäre der sowjetische Mensch dazu in der Lage, die unvernünftige Natur in vernünftige Bahnen zu lenken; er spricht in diesem Zusammenhang sogar von einer *"Ästhetik des Kampfes mit der Natur"*.

In seinem Roman *"Das Leben des Matwej Koschemjakin"* (Žizn' Matveja Kožemjakina, 1911) und dem gleichfalls 1911 begonnenen Drama *"Jakow Bogomolow"* läßt Gorki die Hauptpersonen einen Plan zur Melioration des Bodens ausarbeiten. Der Wissenschaftler und Ingenieur Bogomolow legt Sümpfe trocken und sucht nach Wasser für die Krimsteppe. Seine Versuche bleiben die eines Einzelgängers; Gorki läßt das Drama unvollendet.

Unter den vielen literarischen Richtungen der zwanziger Jahre in der Sowjetunion gibt es auch die gern verschwiegene poetisierende Bauernliteratur, wie sie sich im Werk der Poeten *S. Klytschkow* und *N. Kljujew*, vor allem im künstlerischen Schaffen von *Sergej Jessenin* (1895–1925), dem begabtesten unter ihnen, darbietet. Auch Jessenin trauerte von konservativ-bürgerlichem Standpunkt aus um das untergegangene „hölzerne Rußland". Die unabwendbare Logik des neuen, "eisernen Rußland" schien ihm das traditionelle Volksleben abzutöten. Die Stadt war seiner Ansicht nach schuld daran, daß die natürliche Bindung Mensch–Natur in die Brüche ging. Nach einer Auslandsreise 1924 schrieb er in seiner Autobiographie: *"Mir gefällt die Zivilisation. Aber Amerika liebe ich gar nicht."*[41] Wie auch die anderen Bauerndichter träumte Jessenin von einem bäuerlichen Land der allgemeinen Gleichheit ohne Industrie und staatliche Bürokratie.

41. S. Esenin: Sobr. soč. v 5 tomach. M. 1962, Bd. 5, S. 18.

Das Motiv vom "Bauernparadies" taucht in der Literatur im 19. Jahrhundert auf. Es läßt sich verfolgen von N. Nekrassows "Wer lebt glücklich in Rußland?" (Komu na Rusi žit' chorošo? 1877), über die Legenden Lew Tolstois und die "Kommune der Habenichtse" (Bruski), geschrieben 1928–1937 von Fjodor Panfjorow, bis hin zu Alexander Twardowskis "Wunderland Murawien" (Strana Muravija) von 1936.

Es hat sogar eine Schrift utopischen Einschlags gegeben, die erst in den letzten Jahren wiederentdeckt und 1981 ins Deutsche übersetzt worden ist. Es handelt sich um ein Werk, das der Professor am Agrarökonomischen Institut Tschajanow unter dem Pseudonym Iwan Kremnjow 1920 verfaßt hat. Er propagiert darin für das Zukunftsjahr 1984 eine fiktive *"Reise des Bruders Alexej in das Land der bäuerlichen Utopie"*, in dem alles auf eine kleine nationale Ökonomie mit dem *Vorteil* der Rückständigkeit ausgerichtet ist und jede Ähre noch individuell gepflegt wird. In diesem literarischen Versuch Tschajanows hat die Stadt ein ganz anderes Aussehen als früher:

"Rechts und links erstreckten sich nach wie vor herrliche Alleen, glänzende einstöckige weiße Häuschen, hin und wieder auch ganze architektonische Ensembles, nur daß sich nun anstelle der Blumen zwischen den Maulbeer- und Apfelbäumen Gemüsegärten, fruchtbare Weiden und dichtgedrängte Getreidefelder ausbreiteten."[42]

Doch die verschiedensten bäuerlichen Wunschvorstellungen enthielten auch ihr eigenes anarchistisches Element, das von der Wirklichkeit nicht erfüllt werden konnte. Jessenin, der "letzte Dichter des Dorfes", wie er sich selbst nannte, mußte einsehen: *"Es kommt ganz und gar nicht der Sozialismus, an den ich dachte.!"*[43]

Er selbst hatte die Revolution zwar bejaht, aber nur als Mittel, um den Weg zurück ins bäuerliche Paradies freizumachen. Die Unvermeidlichkeit der Industrialisierung verstandesmäßig akzeptierend, hat er sich jedoch gleichwohl von dem Dorf seiner Kindheit emotional niemals lösen können. Ein Zusammenstoß zwischen Stadt und Land erschien ihm unausweichlich – und sinnlos wie der Wettlauf des "rotmähnigen Fohlens" mit einer Lokomotive, dem er in einem Gedicht Gestalt verliehen hat.

Ähnliche Empfindungen hegten auch die anderen Bauerndichter. S. Klytschkow sah in der Industrialisierung den "eisernen Teufel", und in den Versen von friedlicher frömmelnder Bauernidylle bei Kljujew gibt es obendrein noch die Stadt – den Moloch.

Während die proletarischen Schriftsteller die Betriebe als "Maschi-

---
42. A. W. Tschajanow: Reise meines Bruders Alexej ins Land der bäuerlichen Utopie. Frankfurt a. M. 1981, S. 38.
43. S. Esenin: Sobr. soč. v 5 tomach. M. 1962, Bd. 5, S. 140.

nenparadies" (A. Maschirow-Samobytnik) oder "eisernen Messias" (-V. Kirillow) feierten, schrieb 1924 *Boris Pilnjak* in dem Roman *"Maschinen und Wölfe"* (Mašiny i volki) über die Unvereinbarkeit der Maschinenwahrheit mit der Wahrheit der Bauern.

Lidija Seifullina stellte in *"Begegnungen"* (Vstreči), einem in Literaturgeschichten unerwähnt gebliebenen Werk, das Dorf der Stadt entgegen. 1928 bemerkte A. Lunatscharski, der Volkskommissar für das Bildungswesen, daß über das Dorf nur ein Teil der Wahrheit, nie aber die ganze geschrieben werde. Vielleicht mußte deshalb die Darstellung des fleißigen und klugen Großbauern (Kulaken) conträr einem faulen und liederlichen armen Bauern in *"Dikol'če"* von *A. Schischkow*, der Vergessenheit anheimfallen.

2.2 Die Literatur in den dreißiger Jahren

1928 begann mit historischer Phasenverschiebung gegenüber dem Westen das Programm der sowjetischen Industrialisierung mit dem Ziel, den Westen möglichst einzuholen und zu überholen. Fast alle industriellen Großanlagen, seien es das Lichatschow-Autowerk in Moskau, die Traktorenwerke von Stalingrad und Tscheljabinsk oder das Eisenhüttenkombinat von Magnitogorsk, wurden aus dem Westen bezogen und der Naturraubbau in großem Umfange dabei eingeplant. Eine damals Ende der zwanziger Jahre populäre Losung lautete: *Vereinigung der amerikanischen Geschäftstüchtigkeit mit russischem revolutionärem Aufschwung!*

Bei *Iwan Katajew* heißt es 1928 in seiner Erzählung *"Das Herz"* (Serdce) über eine neu eröffnete Brotfabrik:

"Das nennt man Mechanisierung! ... Amerika! ... Das merkt man gleich!"[44]

Der Schriftsteller hat 1933 zusammen mit Nikolai Sarudin und Wassili Grossmann in einer Moskauer Fabrik an der Werkbank gestanden, denn damals wurden die Autoren dazu verpflichtet, an den Großbaustellen die Arbeitswelt zu studieren und darüber zu schreiben. (Gorki gab als Ergebnis solcher "Studienreisen" seine Feuilletonserie "Durch die Union der Sowjets" heraus).

Die Autoren reagierten jedoch sehr differenziert auf die neue Situation. *Juri Olescha* konfrontierte in seinem bedeutendsten Kurzroman *"Neid"* (Zavist', 1928) den neuen Managertyp Babitschew und sein menschheitsbeglückendes Würstchenkombinat mit dem Intellektuellen und Träumer Kawalerow. *Andrej Platonow* läßt in seiner 1927 erschie-

---

44. I. Katajew: Der Poet / Das Herz. Bln./DDR 1969, S. 166.

nenen Erzählung *"Die Epifaner Schleusen"* (Epifanskie šljuzy), deren Handlung er in die Zeit Peters I. verlegt, den Versuch, die englische Geschäftigkeit des leitenden Ingenieurs und die russische Bauernmentalität zu vereinigen, scheitern. Der Bau des strategisch wichtigen Schifffahrtsweges wird nicht nur von den zur Zwangsarbeit verurteilten Bauern, sondern auch von der Natur selbst vereitelt.

In die Industrieromane der dreißiger Jahre trat nun der "neue Mensch" ein — meist ein Arbeiter, der auf Großbaustellen beschäftigt war, der ein höheres Prinzip zu vertreten schien und dem alles erlaubt war. Bei den damals verfaßten Romanen *"Die Fabrik im Walde"* (Lesozavod, 1928) von A. Karawajewa, *"Das Waserkraftwerk"* (Gidrocentral', 1930/31) von M. Schaginjan, *"Im Sturmschritt vorwärts"* (Vremja vpered, 1932) von W. Katajew oder A. Malyschkins *"Der dreizehnte Winter"* (Ljudi iz zacholust'ja) von 1937—38 haben wir es mit Romanen zu tun, in denen das, was sein sollte, auf Kosten des Seienden vorherrscht. Und von der Romantisierung der Wirklichkeit zur schönfärberischen Entstellung war nur ein kleiner Schritt. Die bloße Aufdeckung des Abstands zwischen Ideal und Realität ist damals schon problematisch gewesen, hat aber die gesamte Praxis des sozialistischen Realismus bis in die fünfziger Jahre hinein geprägt. Ilja Ehrenburg hat in seinen Memoiren später festgehalten, daß die Verhältnisse und Widersprüche, die er in Kusnezk angetroffen hat, bei weitem härter gewesen sind, als er sie in seinem Roman *"Der zweite Tag"* (Den' vtoroj, 1934) darstellen konnte. Aber der "neue Mensch", dessen Arbeitsanstrengungen dazu beitragen sollten, den Westen einzuholen, konnte der Förderung durch Staat und Regierung sicher sein, während sein "Verbündeter" — der Bauer —, ob er nun in die sibirische Einöde zur Strafarbeit "entkulakisiert" wurde oder zu den einhundert Millionen gehörte, die 1939 in die Kollektivwirtschaften gepreßt wurden, weiter in der Zurückgebliebenheit verharrte. Emanuil Kasakewitsch schilderte 1962 in seiner letzten Erzählung *"Die Reise des Vaters zum Sohn"* (Priezd otca v gosti k synu) einen solchen Mann vom Dorf, dem die Hochöfen von Magnitogorsk als Hexenkessel erscheinen.

In der Retrospektive schrieb 1969 Wassili Schukschin über diese Zeit:

"Die Bauernschaft durchlitt noch nie dagewesene Veränderungen in ihrem Leben: da war Glaube, da war Fatalismus, da war Angst, da waren Freud und Leid — und das alles brach herein über den vertrauensseligen Bauern und ließ seine Seele erschaudern."[45]

Es ist ein wenig in Vergessenheit geraten, daß Wladimir Majakowski, der wie Jessenin 1925 eine Auslandsreise in die USA unternommen

---

45. W. Schukschin. Zit. nach: "Kalina Krasnaja" Bln./DDR, 1981, S. 637.

hatte, anschließend forderte: *"Keine Lobpreisung der Technik, sondern ihre Bändigung im Namen der Interessen der Menschheit!"*[46]

Der "neue Mensch" – Sieger über die Natur, die ihm feindlich erscheint

Der große Sprung in die Industrialisierung verlangte nicht allein die Erschließung der wichtigsten Rohstoffvorkommen, er brachte auch für die Erbauer die Vorstellung, daß sie die Natur in vernünftige, der *menschlichen* Ordnung angepaßte Gesetzmäßigkeiten umstrukturieren könnten. Die Natur wurde zum Prüfstein für die Kräfte des Menschen, und die Idee ihrer Unterwerfung (pokorenie) ist der Grundtenor vieler Industrieromane, wie bei *L. Leonow* in *"Das Werk im Urwald"* (Sot', 1931) oder *M. Schaginjans "Das Wasserkraftwerk"* (Gidrocentral', 1930/31), *P. Pawlenkos "Die Wüste"* (Pustynja, 1931).

In *Leonid Leonows* Roman *"Der russische Wald"* (Russkij les, 1953), wird diese Stimmung in der Rede eines Komsomolsekretärs nachempfunden, wo es heißt:

"Und weißt Du, mir scheint, die Wüste ist das Schönste auf der Welt, ganz kahl, ganz leer ... Und ich komme hin mit einer Armee solcher Draufgänger wie Du und packe sie voll, ja so, daß es eng darin wird von Städten, Bäumen und gehorsam lautlosen Maschinen, die den Befehl des Lebens erfüllen ... Mit was für einer Wucht muß in diese struppige, ungekämmte Natur hineingehauen werden, damit sie dir alle Geheimschlüssel brav auf dem Tablett serviert."[47]

Das vorherrschende Denken jener Zeit, besonders bei der Jugend, hat *Daniil Granin* 1976 im Kurzroman *"Rückfahrkarte"* (Obratnyj bilet), in dem er seine eigene Vergangenheit schildert, in anschaulicher Weise wie folgt wiedergegeben:

"Ich suchte mir etwas unter den – wie es mir schien – gefragtesten, notwendigsten und aussichtsreichsten Berufen aus: Elektrotechnik, Automation, Wasserkraftwerke. Uns faszinierten Zahlen, Elan, Fachwörter: Oberstau, Spitzenbelastung, Abschaltleistung, Netzwerke und Systeme. Zweihundertzwanzigtausend, fünfhunderttausend Volt! ... Uns stand bevor, hunderte, tausende Quadratkilometer Boden für die künftigen Stauseen zu überschwemmen, Dörfer, Wälder, Siedlungen unter Wasser zu setzen, sie zu verlagern, wir veränderten das Antlitz der Erde, wir schufen Meere, stauten Ströme mit tausenden, hunderttausenden Kubikmetern Beton. Wir waren bereit, Schneisen von hunderten Kilo-

---

46. V. Majakovskij. Zit. nach: Oleg Michajlov: Vernost'. M. 1974, S. 34.
47. L. Leonow: Der russische Wald. Bln./DDR 1966, S. 377.

metern Länge für Stromleitungen in die Wälder zu schlagen. *Die schlanken, durchbrochenen Leitungsmasten schienen uns schöner als Fichten und Birken. Masten zu berechnen, war schwierig ... Die Bäume dagegen waren einfach und kosteten nichts. Ströme mußte man bezwingen, bändigen, stauen. Strom und Wald hatten lediglich den Sinn, dem Menschen dienstbar zu sein. Daß sie einen anderen Sinn haben könnten, darauf kamen wir überhaupt nicht ... Zu berücksichtigen waren lediglich das Frühjahrshochwasser, die Tücken der Naturkräfte ... Und wir taten das, sprengten und zerschmetterten und verwandelten Ströme in stille, träge Wasserbecken. Anders ging es nicht. Unrichtig war dabei nur, daß uns nichts leid tat!"*[48]

Aber bereits in den dreißiger Jahren gab es zwei Autoren, Michail Prischwin und Konstantin Paustowski, die eine eigenständige Naturauffassung vertraten und deren Schaffen heute den modernen Autoren wieder zu ethischer und ästhetischer Anregung dient. Bei ihnen erschien die Natur im wesentlichen als von der Zivilisation verschonter Zustand oder sie existierte in Übereinstimmung mit den menschlichen Zielen.

"Die Schönheit der Erde als mächtigster Erziehungsfaktor"
Konstantin Paustowski (1892−1968)

Die Wälder lehren den Menschen, das Schöne zu verstehen.
A. Tschechow

Konstantin Paustowski und Michail Prischwin gehören zu denjenigen Autoren, die die Naturthematik in den Mittelpunkt ihres Schaffens gestellt haben. Mit jedem neuen Werk aus ihrem umfangreichen literarischen Nachlaß wird die Mahnung deutlicher, das Schöne in der Natur zu erkennen und zu schützen.

Der moldauische Autor Ion Druta hat seine Erinnerungen an Paustowski niedergeschrieben, die noch aus der Zeit stammen, als er bei ihm am Literaturinstitut ausgebildet wurde. Paustowski stellte den Studenten die folgende Situation vor: In den fünfziger Jahren wurden einige kleine Länder Zentralafrikas Opfer wütender Elefanten. Herden in der Größe bis zu dreitausend Tieren zogen mit niederwälzender Macht durch die Dörfer. Die Elefanten wurden daraufhin in einem großen Gemetzel umgebracht. Die wenigen überlebenden Tiere begannen zögernd, aus den Blutlachen zu trinken. Erst jetzt wurde den Experten klar, daß die Tiere furchtbaren Durst gelitten hatten und mit wenigen Ka-

---

48. D. Granin: Die Rückfahrkarte. Vgl. "Sowjetliteratur" M. 1977, 5, S. 58.

nistern Wasser wieder in die friedlichen Arbeitselefanten zurückverwandelt werden konnten.[49]

Paustowski selbst hat diese Episode künstlerisch nicht verarbeitet, er trug den Studenten aber auf, Obacht zu geben, wo in der Natur Dissonanzen auftreten, damit der Mensch mit seinem großen Erfahrungsschatz in diesen Situationen regulierend eingreifen könnte.

Paustowskis Bücher *"Kara Bugas"* (1932) und *"Die Kolchis"* (Kolchida, 1934) sind gänzlich der Umgestaltung der Natur und der damit in Beziehung gesetzten Veränderung des Menschen selbst gewidmet. Der Kampf gegen die Wüste steht analog einem Kampf gegen Lüge und Ungerechtigkeit. Am Beispiel der Erschließung von Mirabilit-Vorkommen an der Ostküste des Kaspischen Meeres können Projekte, die in der Vorplanung bereits vor der Oktoberrevolution entworfen worden sind, endlich umgesetzt werden. Und das Feld für die Experimentierfreudigkeit jedes "Helden" ist groß. In "Kara Bugas" steht zu lesen: *"Die Bucht verschlingt eine Menge Wasser aus dem Meer; es verschwindet darin wie in einem bodenlosen Abgrund. Ihnen ist auch bekannt, daß der Meeresspiegel langsam sinkt und daß dadurch an einigen Stellen die Schiffahrt unmöglich zu werden droht. Der Grund dieses Übelstandes ist der Kara-Bugas. Der Fischreichtum unseres Meeres nimmt von Jahr zu Jahr ab. Im Kara-Bugas sah ich eine Menge toter Fische. Ich glaube, daß es dem Staat bedeutende Vorteile bringt, wenn die Bucht abgeschlossen wird und damit die Vernichtung der Fische und der Fischbrut ein Ende findet."*[50]

Auch bei Paustowski dienen die Naturdarstellungen in den dreißiger Jahren fast ausschließlich dem Anliegen, die Veränderung der Natur nach den Vorstellungen des Menschen in *vernünftigem* Rahmen zu vollziehen. Noch ist auch für ihn die Natur blinde Kraft, in der ohne die ordnende Hand des Menschen in sinnloser Weise aufgebaut und wieder vernichtet wird. Also geht es seiner Überzeugung nach darum, die *menschliche* Natur zu schaffen.

Während noch in seinen Frühwerken ferne Länder mit romantischen Namen die Staffage abgeben, kehrt in der Erzählung *"Fieber"* (Lichoradka) die Hauptgestalt von den Kautschukplantagen Brasiliens nach Rußland zurück, um die Wüste und damit das Klima zu verändern.

"Die ganze Welt ist eine azurfarbene Kugel. Wir sind darin eingeschlossen und erreichen, daß wir über die Energie verfügen können, die unter dieser blauen Kuppel eingeschlossen ist. Damit haben Sie die Veränderung des Klimas."[51]

49. Ion Druta: Die Macht eines Künstlers. Aus: Erinnerungen an Konstantin Paustowski. Leipzig-Weimar, 1978, S. 61 f.
50. K. Paustowski. Zit. nach: Die Windrose. Zürich 1979, S. 174.
51. K. Paustovskij: Sobr. soč. v 8 tomach. M. 1967, Bd. 4, S. 344.

Später erläutert der Dichter in seinem Buch *"Die goldene Rose"* (Zolotaja roza, 1955), daß ihm die Idee für "Kara Bugas" gekommen sei, als er durch das Fernrohr den Mars betrachtete; und er fährt fort: *"Wenn die Menschen auf die Ausrottung der Wüste auch nur die Hälfte der Kräfte und Mittel verwenden wollten, die sie jetzt aufwenden, um einander umzubringen, würde es bald keine Wüste mehr geben."*[52] *"Es gibt eine Romantik von Perekop*[53] *und die Romantik der Selektion. Das eine ist dem anderen gleichwertig"*, heißt es in den *"Kolchis"*[54]

In diesem Kurzroman wird durch die Umwandlung der sumpfigen Urwälder in Zitronenplantagen "eine neue Natur für die Menschen der FREIEN Arbeit" geschaffen. Dies ist eine der Lieblingsideen Paustowskis. Die Natur wird nicht nur aus dem Häßlichen in das Schöne umgewandelt, sie wird auch dadurch ganz das Produkt des Menschen. In dem Augenblick, in dem eine soziale Ordnung genügend Kräfte gesammelt hat, wird sie auch den Kampf mit der Natur aufnehmen, meint der Dichter.

In den "Kolchis" sorgt dann der Ingenieur Gabunija dafür, daß ein Pelztierjäger, dem die Trockenlegung des Sumpfgebietes die Existenz geraubt hat, neue Verdienstmöglichkeiten als Topograph findet. Die ursprüngliche Natur soll der "menschlichen" weichen, die Sümpfe den Gärten, die Bisamratten den Apfelsinenhainen. In diesen beiden Werken "Kara Bugas" und den "Kolchis" hat Paustowski offenbar dem Trend der Zeit entsprechen können, das Erstrebte mitunter schon als erreicht auszugeben.

1939 interessierte ihn ganz besonders die Schönheit des mittelrussischen Gebietes von Meschtschora, die schon Turgenew, Lewitan, Bunin und Prischwin geliebt haben. Es handelt sich dabei um ein Waldgebiet, das in der RSFSR zwischen Rjasan und Wladimir gelegen ist. Paustowski erinnert sich, daß Prischwin auf ihn böse wurde, weil nach der Veröffentlichung von Paustowskis *"Meschtschorsker Land"* (Meščorskaja storona, 1939), die *"unheilvolle Aufmerksamkeit der Scharen von Touristen auf diesen stillen Winkel gelenkt wurde. Touristen, die diese einst so frischen Gegenden zerstampften und Brigaden von Leuten mit praktischem Sinn, die dieses Land sogleich der Erzielung größtmöglichen Nutzens anzupassen begannen."*[55]

Nur an einer einzigen Stelle gibt Paustowski seine Distanz auf, als er die Wattefabrik von Spas-Klepiki erwähnt, die ihre Abwässer in den Fluß Pra leitet, der dadurch mit einer dicken schwärzlichen Schicht be-

---

52. K. Paustowski: Die goldene Rose. Bln./DDR 1977, S. 106.
53. Bei Perekop fand 1920 im Bürgerkrieg eine der verlustreichsten Operationen zur Eroberung der Krim durch die Rote Armee statt.
54. K. Paustovskij: Sobr. soč. v 8 tomach. Bd. 6, S. 218.
55. K. Paustovski: Das Buch der Wanderungen. München 1967, S. 94.

deckt zu sein scheint. *"Das dürfte der einzige Fluß in der Sowjetunion mit einem Watteuntergrund sein"*,[56] schreibt er dazu.

Noch im gleichen Jahr, 1939, entstand auch seine Erzählung *"Der alte Nachen"* (Staryj čeln), die beim sowjetischen Leser zu seinen beliebtesten zählt. Hierin läßt der Dichter einen Förster von seinem Kuraufenthalt Abstand nehmen, als er auf der Hinfahrt durch Zufall erfährt, daß der Wald, den er selbst vor fünfzehn Jahren angepflanzt hat, von Schädlingsbefall bedroht ist, seine Nachfolger jedoch nicht dazu in der Lage sind, die Situation zu meistern.

In den Werken, die Paustowski in den fünfziger und sechziger Jahren schrieb, wird die Beziehung Mensch−Natur von ihm noch stärker akzentuiert, indem er jetzt auf der Erhaltung des ökologischen Gleichgewichts besteht. Sein 1948 verfaßter *"Roman über die Wälder"* (Povest' o lesach) ist z.B. gänzlich der vernünftigen wirtschaftlichen Nutzung der Wälder gewidmet. Breiten Raum nimmt deshalb darin auch die Kritik am Waldraubbau der früheren Jahrzehnte ein. Ihm geht es um die Erhaltung der Waldbestände, vor allem der unberührten, weil nur sie in der Lage seien, die seelische Energie des Menschen optimal zu erhöhen.

Den Naturschutz hält Paustowski für die "wichtigste staatliche Aufgabe" und bezieht sich darauf in seinen publizistischen Beiträgen wie z.B. *"Briefe aus dem Dorf bei Rjazan"* (1950), *"Der alte Förster hat recht"* (1959), *"Modern"*, *"Die Welt meiner Entdeckungen"*, *"Solange es noch nicht zu spät ist"*, *"Briefe aus Tarusa"* (1956). In seinem Artikel *"Um der Schönheit der Heimaterde willen"* stehen die folgenden Sätze: *"Wir ahnden Rowdytum ... aber manchmal sind wir gleichgültig gegenüber dem Mord an der Natur ... Nur Menschen, die sich nicht an ihre geistige Herkunft erinnern, Menschen, die stumpf und gleichgültig gegenüber der Kultur ihres Landes und ihrer Vergangenheit sind, können derart grausam die hohen kulturellen Werte vernichten, die Natur und Landschaft in sich bergen. Die Schönheit der Erde muß einer der mächtigsten Faktoren zur Erziehung des neuen Menschen sein."*[57]

In dem schon erwähnten *"Roman über die Wälder"* von 1948 gibt es die große Rede des alten Wissenschaftlers, der dafür plädiert, "den grünen Freund zu hüten, zu lieben und zu mehren". Im gleichen Jahr erschien auch sein Artikel *"Der grüne Waldgürtel"*, worin er am 5.11.1948, also knapp zwei Wochen nach dem von der Regierung beschlossenen Programm zur Wiederherstellung der vom Krieg zerstörten Wälder, Stellung bezog. (Zu gleicher Zeit etwa haben sich auch die Autoren J. Permitin "Das Poem vom Wald" und S. Marschak "Das Buch vom Wald" dazu geäußert.)

56. K. Paustovskij: Sobr. soč. v 8 tomach. Bd. 4, S. 207.
57. ders. Zit. nach: "Literaturnaja gazeta" vom 12.7.1955.

1955 beschwert sich Paustowski in der "Literaturnaja gaseta" über den Raubbau an der Natur, "dem Mord an der Natur", wie er es nennt. Unter den Verfehlungen nennt er das Stammflößen, den Kahlschlag, die verschmutzten Flüsse, besonders im Gebiet an der Oka, und die offenen Steinbrüche, die die Naturlandschaft verunstalten. Für die Zustände macht er vorerst noch die Naturschutzbeauftragten der Akademie der Wissenschaften verantwortlich. Örtliche Verwaltungen erhalten von ihm die Schuldzuweisung für die Ausrottung der Fischbestände durch Raubangeln.[57] In seinem *"Brief aus Tarusa"* stehen auch 1956 die Zeilen:

"Am traurigsten steht die Sache mit dem Naturschutz. Hier gibt es soviel Durcheinander und Mißwirtschaft, daß man nicht weiß, wo man anfangen soll."[58]

Paustowski weiß, daß die Schönheit einer Landschaft für die Volkswirtschaft keinen ausreichenden Parameter darstellt und daß jeder, der sich dafür einsetzt, nur zu den "Verrückten" zu zählen ist. Eben diese "Verrückten" fordert der Schriftsteller zum Protest auf:

"Nicht genug, daß die Ufer der Oka veröden. Mit sadistischem Eifer wird das Wasser ungestraft und systematisch durch die Kalugaer und Aleksinsker Betriebe vergiftet. Der Fisch zieht fort oder verendet in Massen. Seit einiger Zeit beginnt der in der Oka gefangene Fisch nach Eau de Cologne zu riechen, wegen der Abwässer aus der Kalugaer Parfümfabrik. Und nicht allein danach riecht er, sondern auch nach anderen chemischen und tödlichen Substanzen."[59]

Auch im Alter blieb Konstantin Paustowski mit wechselndem Erfolg, aber ständigem Engagement bei seinem Thema – dem Naturschutz. Er zog sich immer mehr zurück, und sein Sohn Wadim berichtet von einem Brief seines Vaters, worin es hieß:

"Meine Sehnsucht nach Luft und Wasser ist unerhört groß. In Moskau spürst du körperlich, wie die Krankheit, der Geruch nach Fäulnis pudweise in dich einströmen!"[60]

Der Dichter Konstantin Paustowski gehörte lange zu den literarischen Außenseitern, obwohl seine "Lesergemeinde", die eine Art von Kaste zu bilden schien, ständig wuchs. Der eingangs erwähnte Ion Druta meint dazu:

"Bei all ihrer Verschiedenheit zeichnen sich die Paustowski-Leser von der Gesamtmasse der Lesenden deutlich ab. In der Regel sind es intellektuelle, sensible, teilnahmebereite Menschen, die an einer heute

---

58. K. Paustovskij: Sobr. soč. v 8 tomach. Bd. 8, S. 292.
59. K. Paustovskij: Sobr. soč. v 8 tomach. Bd. 8, S. 294.
60. Pud ist ein altes russ. Gewichtmaß. 1 Pud = 16,38 kg. Ion Druta. Aus: Erinnerungen an Konstantin Paustowski. Leipzig-Weimar 1978, S. 128.

etwas altmodischen Liebe zur Natur und zu ihrer näheren Heimat leiden."[61]

Viele moderne Schriftsteller bekennen sich zu Paustowski als ihrem Lehrer: Sergej Antonow, Juri Nagibin, Juri Kasakow, Michail Aleksejew und andere, in deren Werk das Wissen um die Natur Vorrang einnimmt.

"Die Menschen, die in das Wesen der Natur eindringen, finden in ihr Verständnis für ihr eigenes Wesen"
Michail Prischwin (1873–1954)

Aus deinen Worten mögen Bäume wachsen!
M. Prischwin

Michail Prischwin ist eine der kompliziertesten Dichterpersönlichkeiten Rußlands. Souverän, individualistisch, läßt sich dieser Zeuge wichtiger gesellschaftlicher Umwälzungen nicht dieser oder jener Strömung des Kulturlebens zuordnen. "Der Sänger der Natur", "der große Pan", das sind überschwengliche Wertungen, und doch gibt es keinen anderen Schlüssel zu seinem Gesamtwerk als die Betrachtung seiner Beziehungen zur Natur.

1902 hatte Prischwin in Leipzig die Landwirtschaftliche Fakultät absolviert, gab aber bald die Arbeit als Agronom auf, um als Hobby-Ethnograph und Naturwissenschaftler seine Heimat in langen Fußwanderungen zu erforschen. Aus den schlichten Tagebuchnotizen entstanden später Miniaturen philosophischer Prägung wie *"Der Kalender der Natur"* (Kalendar' prirody, 1935), *"Augen der Erde"* (Glaza zemli, 1957, posthum veröff.) und *"Vergißmeinnicht"* (Nezabudki, 1966 veröff.).

Konstantin Paustowski erwähnt in seinem Essay über Prischwin, daß dieser aus derselben Gegend stamme wie der Schriftsteller Iwan Bunin, wo die Natur unberührt sei, wodurch sie sich dem Empfinden des Menschen deutlicher erschließe. Er schreibt. *"Keinem war es in den Sinn gekommen, an den Ufern der Dubna wie an den Ufern eines noch unentdeckten Flusses entlangzuwandern. Nur einer war darauf verfallen, nämlich Prischwin. Und unter seiner Feder leuchtete die bescheidene Dubna in ihren Nebeln und glimmenden Sonnenuntergängen als kostbare geographische Neuerscheinung auf.*"[62]

Sein erstes Buch *"Im Land der nicht aufgescheuchten Vögel"* (V kraju nepugannych ptic, 1905), das als Ergebnis seiner ausgedehnten Wanderungen durch Karelien, einem weitgehend noch unberührten und unerschlossenen Gebiet, erschien, steht die folgende Episode, die charakteristisch zu sein scheint: Die Bewohner in Karelien leben größ-

---

61. ebda S. 59.
62. K. Paustowski: Begegnung mit Dichtern. Weimar 1970, S. 116.

tenteils von der Eichhörnchenjagd. Die Tiere springen auf der Flucht von Baum zu Baum. Da ein Eichhörnchenfell zwanzig Kopeken einbringt, der Baum jedoch gar nichts kostet, werden jeweils ein Dutzend und mehr gewaltige Bäume gefällt, bis es gelingt, das Eichhörnchen zu erlegen. Gefällte Bäume gebe es wie Tropfen im Meer, sie hätten keinen Wert![63]

Diese Erlebnisse in Karelien hat Prischwin immer wieder als Thema aufgenommen. Aber bereits seine ersten Skizzen erfuhren als ökonomische und ethnographische Entdeckung eine hohe Würdigung dadurch, daß ihr Schöpfer zum Ordentlichen Mitglied der Kaiserlich-Geographischen Gesellschaft ernannt wurde.

Maxim Gorki, mit dem der Dichter seit 1911 befreundet war, erkannte als erster seine großen Talente. In Briefen nannte er ihn den "herrlichsten, bewundernswert originellen Dichter". *"In Ihren Büchern"*, so heißt es, *"verneigt sich der Mensch nicht untertänig vor der Natur. Ja, meiner Meinung nach schreiben Sie auch gar nicht über die Natur, sondern über etwas Größeres, nämlich über die Erde, unsere große Mutter ... Ihre Worte über die 'Geheimnisse der Erde' klingen in meinem Ohr wie die Worte des zukünftigen Menschen, des unumschränkten Herrschers und Gatten der Erde, des Schöpfers all ihrer Wunder und Freuden. Das ist eben jenes absolut Originelle, was ich bei Ihnen finde und was mir nicht nur neu, sondern auch unendlich wichtig erscheint. Gewöhnlich sagen die Menschen zur Erde: 'Wir sind Dein!'. Sie aber sagen: 'Du bist mein!'"*[64]

Für Prischwin ging es nicht darum, die Natur zu beseelen, sie zu vermenschlichen und sie damit der menschlichen Wesensart anzupassen. Es besteht bei ihm vielmehr das Kräftegleichgewicht Mensch—Natur. Die Entdeckung des Dichters ist aber im Grunde genommen die Wechselwirkung von der Menschlichkeit der Natur und der Natürlichkeit im Menschen. In einer Tagebuchnotiz in *"Vergißmeinnicht"* heißt es deshalb: *"Die Natur ist für mich Feuer, Wasser, Wind, Steine, Pflanzen und Tiere — alles das sind Teile eines zerschlagenen einheitlichen Wesens. Doch der Mensch in der Natur — das ist der Verstand des großen Wesens, das die Kraft zusammengenommen hat, um die ganze Natur in ein Ganzes zu fassen."*[65]

Er lehnt die Herrschaft *über* die Natur als Zeichen mangelnder menschlicher Reife ab. In diese Kategorie fällt bei ihm nicht allein die Sportjagd, er ist auch einer der ersten Autoren, der gegen die Ausrottung der Wale protestiert hat.

Dabei gehörten in den dreißiger Jahren die Bücher der Naturfor-

---

63. M. Prišvin: Izbr. proizv. v 2 tomach. M. 1972, Bd. 1, S. 112.
64. M. Gorki: Über Literatur. Ges. Werke. Bln./DDR, 1968, Bd. 23, S. 139.
65. M. Prišvin: Skazka o pravde. M. 1973, S. 339.

scher und Schriftsteller Prischwin, Sokolow-Mikitow und Bianki über die Natur zu den "für Massenbibliotheken nicht empfohlenen Werken", weil sie für die politisch-aufklärerische Mission keinerlei Bedeutung hätten. In dem 1963 herausgegebenen Band der Reihe "Literarisches Erbe" (Literaturnoe nasledstvo, Bd. 70) befindet sich ein Brief Prischwins an Gorki aus dem Jahre 1927, worin er sich bereits darüber mokiert, daß seine Kindererzählungen vom Igel, die schon in den Klassikerbestand der Kinderlektüre eingegangen waren, plötzlich der Verdammung anheimgefallen seien. *"Es kommt so weit"*, heißt es, *"daß ich über die Nutzlosigkeit von Hasen und Vögeln im Plan des großen Aufbaus nachzusinnen beginne!"*[66]

1932, nach einer Reise in den Fernen Osten, in das Gebiet am Ussuri, bei der er den Spuren des Naturforschers Wladimir Arsenjew folgte, entstand seine wohl bekannteste Novelle *"Die Wurzel des Lebens* (Žen'-šen'). Darin zieht sich ein junger Mann enttäuscht von den Zeitumständen in die Taigaeinsamkeit zurück und lebt bei dem chinesischen Volksmediziner Lu Wen.

Alle Bücher Prischwins sind keine reinen Naturstudien, obwohl bei ihm dieses Moment wie bei keinem anderen Autor in den Vordergrund drängt. Immer wieder steht in seinen Werken der Grundsatz, daß der Weg des Menschen aus der Einsamkeit zu den Menschen zurückführt. Menschen, die in seinen Erzählungen ("Der versunkene Weg", "Die Kette des Kaščej") aus der Zivilisation in die Natur flüchten, werden durch das Naturerlebnis geläutert und zu neuen zwischenmenschlichen Beziehungen fähig.

Die eigentliche Wiederentdeckung Prischwins begann erst in den sechziger und siebziger Jahren. Er war natürlich trotz seiner ganzheitlichen Art der Naturbetrachtung noch kein Ökologe im modernen Sinne. Für eine Expedition, die er mit seinem Sohn auf der Wolga unternehmen wollte, finden wir die folgende Zielsetzung:

"Von den biologischen Wissenschaften interessiert uns beide vor allem die Ökologie, oder die Lehre von der Behausung lebender Wesen." So nennt er im *"Nackten Frühling"* (Neoetaja vesna) 1940 seine neue Forschungsrichtung. *"Ich möchte",* so heißt es weiter, *"daß man sich nicht allein an der Landschaft erfreut, wenn man Lust dazu verspürt, sondern daß sich die Landschaft allen als die Behausung der auf der Erde existierenden Pflanzen, Tiere und Menschen darstellt."*[67]

Man wird hierdurch daran erinnert, daß der Dichter schon 1927/28 auf seinen Wanderungen nach Sagorsk und zum Pleschtschejew-See eine eiszeitliche Reliktpflanze (Claudophora sauteri) entdeckt hatte, die

---

66. Vgl. Literaturnoe nasledstvo. Bd. 70. M. 1963, S. 360.
67. M. Prišvin: Sobr. soč. v 6 tomach. M. 1956, S. 314.

wegen der Trockenlegung der Sümpfe vom Aussterben bedroht war. In seinem 1929 verfaßten Buch *"Kranichheimat"* (Žuravlinnaja rodina) berichtet er davon und zweifelt die Erfolge von eingeleiteten Meliorationsmaßnahmen an. Durch einen Artikel in der *"Iswestija"*, verbunden mit einem Appell an Gorki und der Bitte um Unterstützung seiner Forderungen, erreichte er schließlich, daß das Terrain unter Naturschutz gestellt wurde. (Zehn Jahre später schrieb er erneut wegen des Schutzes der Kulturdenkmäler von Sagorsk, die von der Winderosion bedroht waren, an verschiedene staatliche Institutionen und erreichte die Anpflanzung von Waldschutzstreifen.)

Grundsätzlich lehnte er aber jeglichen großen Eingriff in das Naturgleichgewicht ab, weil dies seiner Ansicht nach der absoluten Weisheit der Natur widerspräche. In seinen vielen Büchern sind die ethischen Fragen, die in den sechziger Jahren die Schriftsteller Georgi Semjonow, Viktor Lichonossow, Jewgeni Nossow, Alexander Jaschin, Eduard Schim und Wladimir Solouchin beschäftigen sollten, unter das Leitmotiv gefaßt: *"... die Menschen, die in das Wesen der Natur eindringen, finden in ihr ... Verständnis für ihr eigenes Wesen."*[68]

2.3 Literatur und Publizistik seit den fünfziger Jahren

Jener Weg, den seinerzeit Autoren wie Prischwin und Paustowski eingeschlagen haben, wird erst Jahre später – 1953 – durch *Leonid Leonow* mit seinem Roman *"Der russische Wald"* (Russkij les) fortgesetzt, einem Buch, das als Anfangs- und Schlüsselwerk moderner ökologistischer Belletristik gewertet werden muß.

"Bei uns in Rußland muß der Wald für alles geradestehen"

Leonid Leonow

Leonid Leonow, 1899 in Moskau geboren, war von der Literaturkritik der zwanziger und dreißiger Jahre mit dem Attribut des *"Mitläufers"*[69] bedacht worden und hatte sich erst nach 1953, als die Angriffe gegen seinen Roman *"Der russische Wald"* verstummt waren,[70] den

---

68. M. Prišvin: Izbr. proizv. v 2 tomach. M. 1972, S. 226.
69. In der sowjetischen Literatur der 20er/30er Jahre wurde mit dem Etikett "Mitläufer" (poputčiki) eine Zahl von Schriftstellern bedacht, die der "proletarischen Literatur" fernstanden und eher an vorrevolutionäre Traditionen anknüpften. Dazu gehörten z. B. I. Erenburg, A. Tolstoj, I. Babel' u. a.
70. Die kritischen Diskussionen um den Roman "Russkij les" fanden 1954 - 1957 statt. Die Vorwürfe bezogen sich auf "Dostoevskijtum", eine gewisse passive Haltung des Haupthelden, Tendenz zur Rhetorik.

Platz im Pantheon der sowjetischen Literatur gesichert. "Der russische Wald" (Russkij les) ist ein Roman, von dem Helen von Ssachno meint, seine "gesellschaftlichen und ökologischen Inhalte" seien auf die Ebene eines Pseudomysteriums gehoben worden. Dennoch habe damit Leonow den Grundstein zur "russisch-grünen" Literatur gelegt, weil er die Vorstellung vom russischen Menschen als dem Heger und Bewahrer von Natur aus apostrophierte.[71]

Das Anliegen, das in diesem Roman vertreten wird und das dem komplexen Naturschutz gewidmet ist, steht in engem Zusammenhang mit Leonows publizistischem Engagement. In fünfundzwanzig Jahren trat er mehr als siebzigmal in den Zeitungen zu ökologischen Problemen an die Öffentlichkeit. Häufig sogar gemeinsam mit anderen Schriftstellern (V. Sakrutkin, A. Karawajewa, V. Nemzow, Je. Permitin, B. Rjabinin, W. Tschiwilichin) und Wissenschaftlern. Der "Literaturnaja gaseta" stand er über Jahre hinaus für die Rubrik "Natur und wir" (Priroda i my) zur Verfügung. Aus Sachkenntnis heraus konnte er 1960 in dem Artikel *"Freimütig über die Natur"* (O prirode načistotu)[72] schreiben, daß fast jede Zeitung im Ton kindlicher Entrüstung über neue Vorfälle schändlicher Mißachtung der Natur berichte, daß aber die Störungen des Naturgleichgewichts eher zunähmen. Inzwischen hätten auch ihn selbst Zweifel an der Effektivität des eigenen Artikels aus dem Jahre 1947 erfaßt und er sehe mit Besorgnis, wie wenige Jugendliche sich für den Naturschutz engagierten.

Leonow, der von sich sagte, er wäre in seiner Jugend am liebsten Gärtner geworden, wenn es ihn nicht zum Beruf des Schriftstellers gedrängt hätte, war ein leidenschaftlicher Pflanzenzüchter, über dessen Kreationen Wissenschaftler ganze Traktate verfaßt haben. W. Tschiwilichin, der Herausgeber des Sammelbandes *"Die Lehrstunden Leonows"* (Uroki Leonova, 1968) lobt seine großen botanischen Kenntnisse. Gorki hatte sich seinerzeit über die seltene Kakteensammlung des angehenden Autors nur lustig gemacht. Bei Leonow sind neben seiner künstlerischen Begabung deshalb auch unbedingt seine wissenschaftlich-technischen Ansätze hervorzuheben. 1936 hatte er in seinem Roman *"Der Weg zum Ozean"* (Doroga na Okean) z.B. die Idee vom Radar ausgesprochen.

Vgl. M. Ščeglov: "Russkij les" in: "Novyj mir" 1954, 5, S. 220 - 241.
— A. Tarasenkov: Bol'šaja udača — bol'šie trebovanija. In: "Literaturnaja gazeta" 1954, 15.4.
— B. Korsunskaja: Polja Vichrova i drugie. In: "Literaturnaja gazeta" 1954, 11.5.
— Opyt odnoj diskussii. In: "Literaturnaja gazeta" 1954, 22.5.
71. Vgl. Helen von Ssachno: Tendenzwende in der Sowjetliteratur? Sendung des WDR vom 7.3.1982.
72. L. Leonov: O prirode načistotu. In: "Literaturnaja gazeta" vom 22.10.1960.

Drei seiner frühen Romane, *"Das Werk im Urwald"* (Sot', 1931), *"Professor Skutarewski"* (1932) und *"Der Weg zum Ozean"*, verfolgen, wie der neue Mensch versucht, sich die Natur im Frontalangriff zu unterwerfen.

Noch in den zwanziger Jahren haben bei Leonow Naturschilderungen zunächst nur ästhetische Funktion, es besteht eine eher romantische Stimmigkeit zwischen dem Zustand der "Helden" und der Handlungsatmosphäre. Von Anfang an gilt die Beziehung zur Natur als Kriterium für die Beurteilung einer Figur, wobei die "Vernunft" des Menschen die ungefesselte Natur in die Ordnung zwingt.

Professor Skutarewski in dem gleichnamigen Roman geht es um viel globalere Probleme als die Herstellung von Zellulose. Er erstrebt die optimale Ausnutzung der Kohleflöze und die Gewinnung von Millionen Kilowatt "aus dem donnernden Wasserschaum der sibirischen Flüsse". Sein Gegenpol im Roman ist der schlichte Badegehilfe, der davon träumt, *"einen geeigneten Berg zu kaufen, samt allem Wald, samt Felsgraten und wilden Tieren, sich auf den Gipfel zu setzen und zu schauen auf die unheimlichen Gewitter rundum, die Blitze, die gebrochen und zerspalten diese Erde in einem fort sengten und in die Knie zwangen."* Passagen jedoch, welche direkt einen behutsamen Umgang mit dem Rohstoff ansprechen, können zeitbedingt auch bei ihm noch nicht vorkommen. Wohl heißt es an einer Stelle in diesem Roman: *"Die Gutsbesitzerversammlung beschloß, bei den Behörden in Hinblick auf den Schaden der Zelluloseindustrie für die Gesundheit der Bauern um Verlegung des Betriebes in eine andere Gegend eine Eingabe zu machen. An der Sot aber sollte ein Schutzgebiet errichtet werden, in dem die Wälder, die Menschen und die frühere Wildheit unberührt erhalten bleiben sollten."* Der Appell an die Vernunft hat jedoch keinen Erfolg: mit aller Macht drängen die Großbauten in die Landschaft, und die Bauherren behalten immer recht.

In anderen Büchern Leonows sind die Ängste der Bauern über den Einbruch des Neuen in ihr Leben als Fabeln versteckt, wie z.B. in dem Roman *"Die Dachse"* (Barsuki, 1924), in dem Jewgraf Podprjatow vom rasenden Kalafat berichtet·

"Einsam und unberührt lebten Tiere und Pflanzen, vermehrten sich, bis ein gewisser Kalafat kam, der meinte, zwanzig Geschlechter vor ihm hätten falsch gelebt. 'Da gibt es doch die Wissenschaft, die Eometrie, danach solltest du leben. Hängen wir jedem Fisch eine Nummer um, jedem Stern, jedem Hälmchen ..." Elf Jährchen brauchte Kalafat, um seine Wissenschaft zu erlernen ... 'Den Fischen hat er einen Stempel aufgeprägt, den Vögeln Pässe gegeben ... Alles ist traurig geworden ringsum ...' Kalafat indessen hat schon einen Turm bis zum Himmel ins Auge gefaßt. 'Ich will doch mal sehen', sagt er, 'wie von droben die Aus-

sicht ist. Da kann ich gleich die Sterne bei abstempeln.' Fünf Jahre ist Kalafat auf seinen Turm geklettert. Schließlich ist er angelangt. Guckt umher – die ganze Eometrie ist für die Katz gewesen ... Die Natur hatte Kalafats Pässe abgeschüttelt. So ist nicht das geringste dabei herausgesprungen."[73]

Die Idee dieser Geschichte bezieht sich in polemisch zugespitzter Weise auf das technokratische Nützlichkeitsdenken Skutarewskis. Die ursprüngliche Natur und der einfache Bauer lehnen sich gegen die "eometrische" Sprache auf und gegen die Tatsache, daß der Mensch seine eigene Biosphäre schafft, ohne an die Folgen zu denken.

In der Nachkriegszeit, 1947, hat Leonow in der Regierungszeitung 'Iswestija" (28.12.1947) einen Artikel zur *"Verteidigung des Freundes"* (V zaščitu druga) veröffentlicht. Unmittelbar nach dem Krieg war seitens der Volkswirtschaft der Raubbau am Wald in großem Stil und mit "wissenschaftlichen Begründungen" betrieben worden. Daß damals Leonow offenbar einen wunden Punkt berührt hatte, bewiesen ihm die Hunderte von Leserbriefen, die ihn über Jahre hinaus erreichten und ihn veranlaßten, zur Beantwortung einen eigenen Sekretär einzustellen.

In dem erwähnten Artikel führt Leonow dem Leser die Folgen des Abholzens vor Augen: Wüsteneinbruch, Trockenwinde sowie andere Naturkatastrophen. Dem Raubbau möchte der Dichter mit Naturschutzgesetzen und einer breiten Initiative der Naturschützer begegnen und dabei besonders an die Schüler appellieren. So wendet er sich gegen die *"lumpenhafte Verbrauchermoral"* im Walde, kritisiert das Abschneiden von Jungholz für Spazierstöcke, die Vernichtung der Vögel mittels primitiver Steinschleudern und das Betäuben der Fische in den Gewässern mittels Sprengstoff.

Und so kommt es zu einem in der Literatur wohl einmaligen Vorgang: Zwei Professoren der Forstwirtschaft, Anutschin und Lopuchow, die später Freunde von Leonow werden, bitten ihn um einen Roman zum Thema Waldschutz und Waldraubbau. Leonow lehnt zunächst das Ansinnen, ein ökonomisches Auftragswerk zu verfassen, rundweg ab, angesichts der sich offenbar verschärfenden Lage entschließt er sich dann doch zu ausgedehnten Studienreisen, um Waldhüter, Holzfäller und Forstfachleute zu befragen.

Der Roman *"Der russische Wald"* erschien dann bald nach D. Schostakowitschs Kantate "Lied von den Wäldern" (1950), und der Wert des Romans muß damals schon vorwiegend in der Absicht gelegen haben, die hier zum ersten Male zugunsten des Naturschutzes offen ausgesprochen wurde.

Hinsichtlich der Einschätzung des Romans kann man sich noch

---

73. L. Leonow: Die Dachse. Zit. nach: "Sowjetliteratur" 1980, 2, S. 122.

heute der Ansicht Gleb Struves anschließen, der diese Epopöe als "interessanten Mißerfolg" bezeichnete.[74]

Leonow versucht, in diesem Roman mehrere Themen zu kombinieren – es geht nicht allein um die Geschichte des Waldraubbaus. Der Wald selbst erscheint als Symbol für alles Gute, Reine und Ewige. In ihm entspringen die Quellen des Lebens, und in ewigem Kreislauf kehrt alles zu den Ursprüngen zurück. Die Handlung wird in den Zweiten Weltkrieg verlegt, als die Studentin Polja nach Moskau kommt, um etwas über ihren Vater herauszufinden, von dem sie aus der Presse erfahren hat, daß er als namhafter Forstwissenschaftler sich dem Fortschritt der Waldrodung und damit auch der Planerfüllung in den Weg stelle. Bei der Spurensuche stößt sie auf den "literarisch zeitgemäßen" Widersacher und Demagogen Professor Grazianski, der sich damit befaßt, durch Gegenartikel und Kritiken Wichrows wissenschaftliche Leistung in Mißkredit zu bringen. Die Wahrheit – daß Wichrow für eine ausbalancierte Walderneuerung eintritt, wobei er fast völlig alleinsteht – wird in breiten Reminiszenzen an die Vergangenheit geschildert. In Grazianski, einem Jugendfreund, hat der Leser den Gegenspieler in künstlerischer Schwarz-Weiß-Technik vor Augen. Denn dieser stößt nicht nur pietätlos seinen Spazierstock in die "heilige Waldquelle", er wird auch in der Folge als Weißgardist, Geheimdienstmitarbeiter, kurz als amoralischer Mensch abgestempelt und stirbt am Schluß gewissermaßen an der moralischen Verdammung durch Wichrows Tochter Polja, die dann das Werk ihres Vaters fortsetzen wird.

Im Zentrum des Kampfes der beiden Widersacher steht, als Vorlesung Wichrows vor Studenten getarnt, ein moralisierend aufklärerischer kulturgeschichtlicher Exkurs von fast fünfzig Seiten über den Waldraubbau. Darin heißt es: *"Ihre Ernte, meine jungen Freunde, wird lange reifen, nur wenige von Ihnen erleben den Schnitt ... Aber dereinst werden Sie bewegt und entblößten Hauptes durch die rauschenden palastähnlichen Säle der Steinsteppe gehen, wo die Malachitwände Bäume sind und blendend weiße Wolken, von Ihnen erzeugt, das Dach bilden ..."*[75]

Diese Passage mag zur Illustration genügen.

Neben der allgemeinen Lobpreisung des Romans in der sowjetischen Kritik sticht deshalb wohltuend eine umfangreiche Analyse des Kritikers Mark Schtscheglow ab. Er ist der einzige, der den mythischen Unterton kritisiert. In der deutschen Übersetzung seines Aufsatzes in der DDR-Zeitschrift "Kunst und Literatur" (1970) heißt es z.B.: *"Die Rolle als Symbol des ewigen Kreislaufs des Lebens, die Rolle als Symbol aller tugendhaften Elemente, die dem Wald und der Waldfrage zugedacht sind, scheint dennoch übertrieben und ekstatisch zu sein. Die Bä-*

---
74. Gleb Struve: Geschichte der Sowjetliteratur. München 1957, S. 514.
75. L. Leonow: Der russische Wald. Bln./DDR 1966, S. 333.

che, Gräser und Bäume vermögen eine solche Last nicht zu tragen. Ist doch für Iwan Wichrow der kühle Quell in der kleinen Schlucht nicht nur der Ursprung der russischen Flüsse schlechthin, sondern eine Art Gral, ein körperloses 'blendendes' Heiligtum, dem man nur dienen kann, wenn man gewissermaßen ein 'Kreuz' auf sich genommen hat."[76]

Weiter ist in der Analyse auch die Rede von überspannter Pathetik, pathologischer Reaktion auf alles, was nicht den abstrakten Ideen von "Wahrheit", "Lauterkeit" usw. entspricht. Intellektuelle und metaphorische Überfrachtung – das sind nur einige der Vorwürfe des Kritikers Schtscheglow. Er hatte seinen Artikel 1954 in der Mainummer der Zeitschrift "Nowyj mir" veröffentlicht. 1964 äußerte sich der Leonow-Forscher V. Kowaljow in seinen schriftlichen Seminaranleitungen für die Studenten dazu mit der Warnung, sich die Ansichten Schtscheglows nicht zu eigen zu machen.

Entgegen ihren Gepflogenheiten brauchte die DDR-Presse diesmal nicht die üblichen sechs Monate, sondern über sechzehn Jahre, um ihren Lesern schließlich doch noch die deutsche Übersetzung des Artikels vorzulegen. Dem Image des Leninpreisträgers Leonow konnte es schon nicht mehr schaden.

Seine Epopöe steht als ein Eckpfeiler der Naturschutzbewegung, da man sie nachahmt oder sich auf sie beruft, wie z.B. Juri Tschernitschenko, der sie in Zusammenhang mit Bodenmeliorationsmaßnahmen anführt. Die Presse fragt gern nach den "Wichrows unserer Tage". Eine Weiterführung einiger Ideen des Leonowschen Romans dürfte man am ehesten in Sergej Salygins Roman *"Die Kommission"* finden, aber die Grundfrage einer ökologisch vernünftigen Waldnutzung wird wohl noch Generationen beschäftigen.

Mit seinem letzten Werk aus dem Jahre 1979, dem Roman *"Das Universum nach dem Schema Dymkows"* (Obrazy logarifmy), hat der Schriftsteller ein philosophisches Kunstwerk auf der fiktionalen Ebene vorgelegt. Ihm geht es hierbei um Ansätze zu einer neuen Auffassung von Humanismus, um die Harmonie, in der Dichter und Natur einander durch Leiden erkennen:

"In den irdischen Statuten ist uns nur die kleinste Genugtuung gegeben, auf der unendlichen Karte des Existierenden einen verschwindenden Punkt zu finden, um uns selbst zuzuflüstern: 'Hier bin ich mit meinem Leid'."[77]

Und er schließt mit dem Gedanken, daß die Menschheit ans Ziel kommen wird, indem sie gegen den Strom ankämpft.

76. M. Schtscheglow: " Der russische Wald von L. Leonow". Zit. nach: "Kunst und Literatur" Bln./DDR 1970, Heft 9,10, S. 948.
77. L. Leonow: Das Universum nach dem Schema Dymkovs. In: "Sowjetliteratur" M. 1980, 2, S. 97.

2.4 Die fünfziger und sechziger Jahre mit den Plänen zur Umgestaltung der Natur und ihre Darstellung in der Publizistik

In der Sowjetunion sind die fünfziger Jahre als eine Periode rigoroser Experimente mit der Natur geschildert worden, die ihren Anfang 1948 mit den "Stalinschen Plänen zur Veränderung der Natur" nahmen. Durch die Anpflanzung von Tausenden Kilometer Waldschutzstreifen sollte die Erosionskraft der Winde in den südlichen Getreidesteppen gebremst werden. Dieses Unternehmen scheiterte wegen des immensen Arbeitsaufwands bei der Pflanzung und Pflege, ber auch schon aus ökologischen Bedingtheiten. Die Literarturwerke, die diese Experimente verewigen sollten, sind zumeist vergessen. Iwan Mitschurins Formel: *Wir dürfen keine Gnadengeschenke von der Natur erwarten, wir müssen sie ihr entreißen!*[78] wurde zum Leitmotiv. In den Büchern ging es immer noch um die Bezwingung der Karakum-Wüste oder die Errichtung des Zimljansker Stausees, der in einer Ausdehnung von 20 mal 200 Kilometern das Ackerland überflutete.

1952 erschien in der gesamten sowjetischen Presse eine Serie von Berichten über den Wolga-Don-Kanal. An der Wolga entstand eine ganze Kaskade von Stauwerken, von der man die Verbesserung sowohl der Energieversorgung als auch des Klimas erwartete. Im Resultat eines derart gewaltigen Einbruchs in den Wasserhaushalt der Natur begann der Wasserspiegel des Kaspischen Meeres zu fallen, was sich bis in die Gegenwart fortsetzt.

Zur Illustration des damaligen Trends sei ein Titel erwähnt *"Turkmenischer Frühling"* (Nebit Dag, 1957) von *B. Kerbabajew,* worin die HAUPTLOSUNG *"Die Unterwerfung der Wüste erfolgt allseitig und planmäßig"* lautet. Bei der Beschreibung des Serenda-Sees wird dann zugegeben, daß er sich wie viele andere in eine schmutzige, salzige Pfütze verwandelt habe, die nach Schwefelwasserstoff und Fäulnis rieche. Aber auch andere Seen trocknen aus und verschwinden vom Erdboden. Nach den Vorstellungen der Erbauer soll innerhalb von fünf Jahren ein Fluß umgeleitet und vom Schaltpult aus durch einen einzigen Menschen reguliert werden.

Aber auch andere Projekte haben den Propagandaaufwand nicht gerechtfertigt, mit dem sie bedacht wurden, wie z.B. die Gras-Futterwirtschaft von *T. Lyssenko.*[79] Der Journalist Anatoli Agranowski berich-

---

78. Ivan Mičurin, Genetiker und Züchter von kälteresistenten Obstsorten, hat sich durch diese Hybridenzüchtungen einen Namen gemacht und übertriebene Hoffnungen in die "Umfunktionierbarkeit" der Natur gesetzt.
79. Trofim Lysenko war von der Ausbildung her Selektionär und Bodenkundler. Seine zahlreichen Experimente zur Hebung des Ertrags der Landwirtschaft, von denen be-

tet in der "Literaturnaja gaseta" vom 23.1.1965, daß Lyssenko an die Färsen Sahne verfüttern ließ, um den Fettanteil ihrer Milch zu erhöhen. Das Experiment mißlang. Dann fütterte er die Kühe mit Hefe – gleichfalls ohne Erfolg. Er gab ihnen Kakaoabfälle aus Konditoreien, und wiederum wurde die Milch nicht besser, sondern nur weniger. Danach kreuzte er seine Kühe mit einem Jersey-Stier aus England. Hier gelang offenbar ein Erfolg, denn der Fettgehalt in der Milch der von diesem Bullen abstammenden Nachkommen war sehr hoch. Lyssenko schloß allerdings mechanisch daraus, daß nun alle männlichen Nachkommen dieses Superstiers diese Eigenschaften vererben würden. Das Ergebnis war aber so deprimierend, daß die Tierzuchtbetriebe, die einen solchen Stier erworben hatten, ihn abschlachteten.

T. Lyssenko stellte auch die Theorie auf, daß Erde, die Tonne für Tonne mit Kunstdünger vermischt würde, die Düngkräfte des reinen Düngers annehmen würde. Das war eines der sogenannten abgekürzten Verfahren, die Lyssenko empfahl, um die Versorgungsschwierigkeiten in der landwirtschaftlichen Produktion zu beheben. Agranowski schreibt über diese Praktiken, die von Chruschtschow begeistert aufgenommen wurden: „Was neu ist, ist nicht wahr – und was wahr ist, ist nicht neu." (Die 1966 veröffentlichte Erzählung des abchasischen Autors *Fasil Iskander "Das Sternbild der Ziegentur"* (Sozvezdie kozlotura) enthält eindeutige Anspielungen auf die Meinungsmanipulation in der Biologie, die in diesem Fall um eine erdachte Kreuzung eines neuen Ziegen-Steinbocks kreist.)

Aber Nikita Chruschtschows Angriff auf den traditionellen Grünfutteranbau erschien zunächst gerechtfertigt. Der Umbruch der Weideflächen und die Anpflanzung von Mais sogar in Ostsibirien führte aber zu erheblichen Ernteverlusten. Neben den Mißerfolgen bei der Maisaussaat gab es auch schon große Rückstände beim Weizenaufkommen. Tschernitschenko schreibt deshalb 1965 in der Dezembernummer der Zeitschrift "Nowyj mir": *"Wir haben unsere vormalige Weltstellung in der Qualität von Weizen verloren. In den letzten Jahren sind wir im Verhältnis zu unseren hauptsächlichen Rivalen Kanada und USA zurückgefallen."* Das Ergebnis ist bis in die Gegenwart die Praxis der Weizenkäufe in den USA.

Die Neulandaktionen jedoch, die mit dem Namen Chruschtschows und Breschnews verbunden sind, müssen heute nicht als völlig gescheitert angesehen werden; auch hätte früher oder später die Ernährungssituation ohnehin die Urbarmachung erzwungen. Von 1954–60 wurden

sonders Stalin beeindruckt war, müssen in den Bereich der Scharlatanerie verwiesen werden. Aufschluß über den von ihm der biologischen Wissenschaft zugefügten Schaden gibt das Buch von Sh. Medwedjew: Der Fall Lyssenko. Reinbek 1971.

über vierzig Mio. ha Neuland in Kasachstan kultiviert, wobei die Mißerfolge eindeutig auf mangelnde Erfahrung mit den Naturumständen, zu wenig Maschinen und Düngemittel sowie hohe Arbeitskräftekosten zurückzuführen sind. Die realen Vegetationsperioden von nur vier Monaten führten anfangs zu Teilerfolgen in der Erntebilanz, kurz darauf aber zu Ertragsschwankungen und schlechten Ernten. 1965 wurde deshalb auf einer Sitzung des ZK-Plenums mitgeteilt, daß während der vergangenen fünfzehn Jahre wieder über sechs Mio. ha Wiesen und Weideland "abgeschrieben werden mußten." An ihre Stelle waren Sumpf, Gebüsch und Jungwald getreten; das Ackerland verwahrloste. Tschernitschenko behauptet deshalb in der Aprilnummer 1965 der Zeitschrift "Nowyj mir", daß allein im Wologdaer Gebiet 400.000 ha Boden verlorengegangen seien.

So kann man abschließend feststellen, daß nicht allein Krieg und Nachkriegszeit den Raubbau an Ressourcen verursacht haben, sondern daß gerade auch das Undurchdachte der verschiedenen Kampagnen in der Landwirtschaft der russischen Natur nicht wieder gutzumachende Schäden zugefügt hat.

Die wirtschaftlichen Schwierigkeiten bei den sozialistischen Produktionsverhältnissen auf dem Lande konnten mittlerweile nicht mehr mit mangelndem Bewußtsein entschuldigt werden. Gerade im sowjetischen Dorf spiegelte sich die Disproportionalität zwischen industriell forcierter Stadt und der mit Investitionen nicht bedachten Landwirtschaft wider, die der Bevölkerung keine materiellen Anreize mehr bieten konnte. Damals begannen die in der Mischform von Dokumentarliteratur und Belletristik angesiedelten *Skizzen* (očerki) von Valentin Owetschkin, Gawriil Trojepolski, Jefim Dorosch, W. Radow und Juri Tschernitschenko ihre politische Aufgabe in Angriff zu nehmen, die von "oben" verordneten Mißbräuche beim Namen zu nennen und Abhilfe zu fordern.

Die publizistische Skizze, die vor allem mit dem Namen *Valentin Owetschkins* (1904−1968) verbunden ist, prangerte anfangs nur Mißstände lokaler Art an, namentlich in der Landwirtschaft. Owetschin, der in den dreißiger Jahren selbst Kolchosvorsitzender gewesen war, nahm sich das Versagen unfähiger Leiter staatlicher und genossenschaftlicher Unternehmen im Lgowsker Bezirk vor (z.B. *"In einer Kollektivwirtschaft"* (Očerki o kolchoznoj žizni, 1953). *Jefim Dorosch* sah die Fehler, die in Jaroslawl gemacht wurden und schilderte sie in seinem *"Dorftagebuch"* (Derevenskij dnevnik, 1955), *Sergej Salygin* kritisierte in *"Sommer 1954"* (Vesnoj nynešnogo goda) die Lage am Irtysch, und *Leonid Iwanow* empörten in *"Neue Horizonte"* (Novye dali, 1974) die Zustände in der sibirischen Viehhaltung.

Der publizistischen Skizze der fünfziger Jahre ist die romantische

Überhöhung, die noch in manchen belletristischen Werken zu finden ist, fremd. Salygin urteilt später, daß die Skizzen Owetschkins, von denen sie alle Impulse empfangen hätten, *"ein lehrreiches Beispiel dafür gewesen sind, in welcher Weise das Schaffen eines Schriftstellers den Grundlagen des gesellschaftlichen Denkens und der gesellschaftlichen Interessen entsprochen hätte."*[80]

Die Autoren haben damals die überlieferten Erfahrungen der Bauern gegen eilfertiges Neuerertum verteidigt und sich gegen destruktive politische Beschlüsse gewandt. Ausgehend von der Kritik an einzelnen und die Hoffnung in neue, befähigte Leiter setzend (Owetschkin), drangen die Skizzenautoren zu der Notwendigkeit von Veränderungen in der sozial-ökonomischen Struktur des Dorfes vor. In der Literaturgeschichtsschreibung ist bisher die Rolle der Publizistik und das Genre der Skizze in ihrer Brisanz nie gewürdigt worden, vermutlich, weil man sich nicht darüber klar ist, daß eine ganze Generation von Publizisten aus der Schule Owetschkins hervorgegangen ist, und daß letztlich die Gruppe der heute schreibenden Autoren, auch besonders diejenigen, die man gemeinhin zu den Dorfschriftstellern zählt, aus dieser Tradition schöpft und mit ihnen konform geht.

Leonid Iwanow, ein Sibirier, schrieb 1963 seine Skizze *"Im Heimatort"* (Na rodine), in der er sich auf dem Höhepunkt der Chruschtschowschen Kampagne für den Maisanbau gegen diesen ausprach und sich für den ersatzweisen Anbau von Klee einsetzte. Als Anhänger der Gras-Futterwirtschaft verleumdet, blieb Iwanow ebenso bei seiner Position wie Juri Tschernitschenko, der sich weigerte, ein hagiografisches Bild einer Schweinezüchterin zu verfassen und statt dessen die realen Probleme beschrieb. Auch Owetschkin leistete Widerstand und war am Anfang der sechziger Jahre nicht dazu zu veranlassen, einen hochgelobten Kolchos im Kursker Gebiet zu beschreiben, weil dort atypische Sonderbedingungen zu Propagandazwecken geschaffen worden waren.

Als 1958 Leonid Iwanow seine Opposition gegen den Maisanbau begann, schrieb Owetschkin an ihn einen Brief, worin es heißt, daß er für ihn kämpfen werde, solange er sich auf den Beinen halten könne, weil es in seinem Falle nicht allein um die Angriffe gegen einen Autor gehe, sondern um das Recht der Literatur, Gedanken auszudrücken. Die Prosa des angehenden Schriftstellers bezeichnete er als "notwendig und nützlich" und verteidigte sie in der Öffentlichkeit.[81]

Auch *Juri Tschernitschenko* verdankt sein Engagement für die Landwirtschaft den Anregungen Owetschkins, der ihm 1965 wiederum in ei-

---

80. S. Zalygin: Interv'ju u samogo sebja. M. 1970, S. 204.
81. Zit. nach: A.I. Rubaškin: Prjamaja reč. L. 1980, S. 269.

nem Brief den Auftrag dazu erteilt hatte, weil die Ökonomen nichts für die Lösung der ökonomischen Probleme der Landwirtschaft täten. Deshalb verfaßte Tschernitschenko Skizzen über Winterweizen, Schwarzerde, Kartoffeln und anderes Alltägliches. Dabei schreibt er in der Form, daß er von einem unangreifbaren Fakt aus der Pressebericht erstattung ausgeht, z.B. daß die Ernteverluste durch Schädlingsbefall etwa jährlich mit 35% (12 Mrd. Rubel) angesetzt werden müßten. Diese bloßen Zahlen werden bei ihm durch eindrucksvolle Situationsschilderungen aus dem ländlichen Alltag transparent gemacht.

Aus seinen Skizzen kann man erfahren, daß z.B. 62% der Kartoffelernte auf die nur 3% der Nutzfläche umfassende private kleine Holzwirtschaft entfallen. Damit verteidigt er natürlich das kleine Gärtchen des Bauern und die freie Handelstätigkeit auf den Kolchosmärkten, die häufig genug staatlichen Restriktionen ausgesetzt waren. Gerade in seinen vielen Skizzen wird deutlich, wie sehr die Grundursache aller Probleme auf die Beziehung des Menschen zu seinem Stückchen Land zurückgeführt werden kann.[82]

Inzwischen haben nicht allein die Publizisten, sondern auch viele Autoren vorwiegend der schöngeistigen Literatur in den Zeitschriften zu aktuellen Problemen der Landwirtschaft, Industrie, aber auch des Naturschutzes Stellung bezogen. Die Journale "Nasch sowremennik", "Nowyj mir", "Sewer", "Awrora", "Newa" und "Moskwa" führen dazu regelmäßige Rubriken. In welcher Weise die ökologischen Verfehlungen von den Publizisten behandelt wurden und werden, soll im folgenden am Schaffen einiger Autoren erläutert werden.

Wladimir Tschiwilichin kämpft für die sibirische Zeder

1928 im sibirischen Marijnsk in einer Arbeiterfamilie geboren, war Tschiwilichin selbst später auch als Arbeiter tätig. Nach Absolvierung der Journalistischen Fakultät der Moskauer Universität konnte man in den Jahren 1957–1967 in der Jugendzeitung "Komsomolskaja prawda" seine Korrespondentenberichte verfolgen. Sein literarisches Werk umfaßt heute zwei Bände Erzählungen über Waldarbeiter, Geologen, Hydrologen und Wissenschaftler, deren Leistungen selten gewürdigt werden. Tschiwilichin bekannte selber: "Man schreibt jetzt viel über die BAM, aber mit überflüssiger Bravour und Sensationslust."[83]

Im Jahre 1957, zu Beginn seiner journalistischen Laufbahn, unter-

---

82. J. Černičenko: Pro kartošku. In: "Naš sovremennik" 1978, 6.
83. V. Čivilichin: Svetloe oko. M. 1980, S. 171. Dieser Band enthält die wichtigsten gesammelten Aufsätze des Autors über den Naturschutz.

stützte er durch eine Artikelserie *"Worüber sie rauschen"* (O čem oni šumjat), die Arbeit der Absolventen und Studenten des Leningrader Waldtechnikums, die getreu ihrem Vorbild, Leonid Leonow, die Zedernbestände im Altai schützen wollten. Auf 300.000 ha versuchten sie, eine rentable Waldnutzung aufzubauen. Die Serie *"Rausche Taiga, rausche"* (Šumi tajga, šumi!), die ganzseitig in der "Komsomolskaja prawda" erschien,[84] berichtet vom hohen volkswirtschaftlichen Nutzen der Zedern und von den Projekten der Leningrader Studenten, die bis nach Moskau fuhren, um bei den Behörden ihre Idee durchzusetzen. Da die Akademie der Landwirtschaftswissenschaften ihnen zu diesem Vorhaben keine finanziellen Zuschüsse gewährte, spendeten viele Professoren Geld, und die Studenten verwandten ihr Stipendium auf freiwillige Expeditionen in das Altai-Gebiet. Ein Professor (dessen Name nicht erwähnt wird) wurde wegen seiner Großzügigkeit, mit der er das Projekt unterstützte, aus der Waldtechnischen Akademie beurlaubt, und das Eintreten der Studenten für ihn wirkte sich negativ auf seine wissenschaftliche Karriere aus.

Allen Schwierigkeiten zum Trotz brachen die Studenten – zuerst waren es nur neun, später vierhundert – in die Taiga auf. Das war 1958, also zu einer Zeit, als selbst Chruschtschow noch die Komsomolzen dazu aufrief, die Wälder zu schützen und für die Erhaltung der Zedernbestände zu kämpfen. In Kedrograd (so hieß der Ort des Projekts) fanden die Studenten eine totale Mißwirtschaft vor. Wilderer und Wölfe dezimierten den kostbaren Bestand an Maralhirschen. Ginsengwurzeln im Werte von 2 Mio. Rubeln verfaulten. Die örtliche Verwaltung ließ über Kedrograd zur Schädlingsbekämpfung 100 t Pestizide ausstreuen, was erheblichen Schaden verursachte (die "Literaturnaja gaseta" berichtete über diesen Vorfall).

Die Studenten, die inzwischen durch die Intervention des Komsomol-Bezirkskomitees vom Studium relegiert worden waren, begannen an Ort und Stelle für eine vernünftige, ökonomische Waldwirtschaft zu kämpfen. Durch den Verkauf von Fellen, Maralgeweihen, Fichtenöl und Nüssen erzielten sie sogar finanzielle Gewinne. Die zuständigen staatlichen Stellen auf höchster Ebene versagten den Studenten jedoch die Genehmigung für das Projekt "Kedrograd" und alle wissenschaftlichen Versuche, die sie planten. Das Ringen zwischen Behörden und Studenten dauerte drei Jahre lang, dann mußten die Studenten aufgeben. Die örtlichen Instanzen verwandelten das 300.000 ha große Gebiet in einen extensiven Waldwirtschaftsbetrieb.

Das gesamte Projekt der Studenten war offenbar zu früh gestartet

---

84. V. Čivilichin: Šumi Tajga, šumi! In: "Komsomol'skaja pravda" vom 14., 16., 17., 18., 19., 20.2.1960.

worden; V. Tschalmajew urteilt darüber: *"Der Versuch hatte besondere Bedeutung in bezug auf die sich verschärfenden ökologischen Probleme und den Naturschutz. Er stellte die ersten praktischen Versuche dar, eine neue, moderne Naturausnutzung anzugehen."*[85]

1979, nachdem Tschiwilichin in regelmäßigen Abständen insgesamt sieben Reisen in das frühere Kedrograd unternommen hatte und durch seinen Kollegen J. Permitin dazu gedrängt worden war, sein Zedernbuch zu vollenden, resümiert er: *"Die Taiga wird jetzt in einem ungeahnten Tempo abgeholzt, in beängstigendem Umfang ... Und die Holzfällerarbeiten werden ohne System geführt, erschöpfend und unüberlegt. Keine Naturkatastrophe kann Wald und Erde so gründlich vernichten, wie die Waldarbeiter mit ihrer Technik, die alle Normen und Regeln außer acht lassen. Wieviel Wald geht dort unnütz zugrunde, wieviel wird zum Verfaulen liegengelassen, wieviel Jungwald wurde im Eifer vernichtet."*[86]

Ende der fünfziger Jahre wurden 10 Mio. m³ Zedern pro Jahr gefällt, fünfzigmal mehr, als der Bedarf des Landes ausmachte. 1973 waren es trotz aller Proteste der Naturschützer immer noch 1 Mio. m³. Zwanzig Jahre später, nach dem Scheitern des Projekts Kedrograd, läßt die "Literaturnaja gaseta" ihren Korrespondenten *"Nochmals über die Zedern"* berichten, anläßlich einer allrussischen Konferenz in Tomsk zu dieser Frage. Fortschritte waren nicht zu verzeichnen. Nach wie vor, so meint der Korrespondent, würde allzu großzügig gefällt, und man sei von einer modernen Lösung weit entfernt, da immer noch die gleichen Kräfte aufeinandertreffen: die einen fällen, die anderen klagen, die dritten fordern die komplexe Nutzung, so wie sie seinerzeit von den Studenten erprobt wurde.[87]

Ein anderes Problem, die Liquidierung der Wasserschutzwälder im Waldai, nannte Tschwiilichin "ein beschränktes, kurzsichtiges Herangehen an die Reichtümer der Erde". Hier wurde auch eine teure Aktion der "Gewässerreinigung" durchgeführt, in deren Ergebnis durch die übermäßige Verwendung von Chemikalien alles Lebendige zugrunde ging und die Gewässer sowohl für Trinkwasserzwecke als auch für die Fischhaltung unbrauchbar wurden. Bereits in den sechziger Jahren waren diese Maßnahme mehrfach praktiziert und etliche Flüsse und Seen durch die Chemikalien verseucht worden.

An anderer Stelle berichtet der Autor über den Fischraubbau, über den sich Leonow in einer Redaktionssitzung der "Literaturnaja gaseta" empört und dabei Fangnetze vorgezeigt hatte, durch die nicht einmal

---

85. Vgl. V. Čalmaev: In: "Naš sovremennik" 1982, 1, S. 181.
86. V. Čivilichin: Svetloe oko. M. 1980, S. 14.
87. Zit. nach: "Literaturnaja gazeta" vom 25.11.1981.

"ein Virus" hätte hindurchschlüpfen können. *"Wie atmet es sich?"* fragt Tschiwilichin ein Jahr später und kann zwar einen Ministerratsbeschluß aus dem Jahre 1949 zitieren, der die Luftreinhaltung fordert, gleichzeitig aber aus der Praxis ein Dutzend Gegenbeispiele anführen. Das Krasnojarsker Chemiekombinat bei Moskau hatte mit seinen Abgasen die Luft verschmutzt. Nach Protesten wurde der Direktor dreimal bestraft und die Produktion eingestellt. Immerhin handelte es sich dabei um den Luftraum von Moskau. Dies, so meint Tschiwilichin, sei an sich schon ein unübliches Verfahren, weil im Ernstfall die Schuldigen immer Deckung fänden. Von Ärzten und Juristen verlange es in diesen Fällen großen Mut, um gesellschaftliche Maßnahmen in Gang zu setzen, geschweige denn, eine juristische Verfolgung zu veranlassen.

Eine ausführliche Dokumentation widmet Tschiwilichin im Artikel *"Erde in Not"* (Zemlja v bede, 1968) den Folgen von Staubstürmen, Winderosionen und schluchtenartigen Auswaschungen des Bodens. Mit M. Scholochow gemeinsam stellt er fest, daß die Schluchten am Don aneinandergereiht den Äquator umrunden würden. 500–700 Meter Schluchten pro km^2 bildeten auch im Kursker und Orlowsker Gebiet keine Ausnahme. (Juri Tschernitschenko erwähnt in seinen Skizzen unter dem Titel *"Winterweizen"*, daß am Don die Verluste durch Wassererosion vierzig Mio. Rubel betragen. Das Ausschwemmen fruchtbaren Ackerlandes bringt jährlich Verluste von 8.000 ha Boden.)

Tschiwilichins ökologische Skizze *"Erde als Ernährerin"* (Zemlja-kormilica, 1968–1976) beweist, daß jährlich Bodenverluste im Werte von vier Mrd. Rubel zu verzeichnen sind. Das bedeutet eine tägliche Zunahme der gefährdeten Flächen von 160 ha. "Ein katastrophales Elend" nennt Tschiwilichin diese Tatsachen und fügt hinzu, daß rettende Schutzwaldstreifen nur in unzureichendem Maße geplant würden. Die Bodenbefestigung des Tschernez-Hügels sei letztlich nur wegen des dort gelegenen Grabes des Dichters Taras Schewschenko ermöglicht worden.

"Man muß sich nur wundern", schreibt der Publizist, *"wie schwerfällig bei uns die sichtbarsten und unaufschiebbaren Maßnahmen, die auf die Erhaltung der Natur gerichtet sind, in Gang kommen."*[88] Er kritisiert, daß die fruchtbare Ebene der Konskie plawni am Dnjepr in der Größe von 70.000 ha durch das Staubecken von Kachowka geflutet wurde, während nur ein einziges Prozent des Energiebedarfs durch dieses Kraftwerk abgedeckt werden konnte. Auf alle Fälle fehlen dem Staat zehn Mio. Pud Getreide, zweieinhalb Mio. Pud Zuckerrüben und zehntausende Zentner Fleisch und Milch aus der Viehhaltung. Er fragt sich besorgt, wieso die Ausbeutung der einen Art von Naturressourcen immer auf Kosten der anderen gehen müsse. Seinerzeit habe es erfolgrei-

---

88. V. Čivilichin: Svetloe oko, S. 145 f.

che Versuche mit dem Ersatzstoff Zellulosefaser aus Schilf gegeben. Das Rohmaterial sei inzwischen ausgegangen, weil durch die Staudämme das Schilf nicht mehr wachsen könne., *"In Sibirien"*, meint er, *"ist bis heute nicht die Flutungsaktion des Bratsker Meeres vergessen worden."* Der Wald von Angara-Fichten wurde in Brand gesetzt und tagelang schwelten die Bäume, ohne zu verbrennen. Dutzende Millionen von Fichtenbäumen sind unökonomisch vernichtet worden. Nicht Naturkatastrophen, sondern in erster Linie unvernünftiges Wirtschaften hätten zu diesen Verlusten geführt.

Die in den Jahren 1972—1977 verfaßten *"Schwedischen Impressionen"* (Švedskie ostanovki) Tschiwilichins gehen über gängige Reiseberichte hinaus, sie sind gänzlich auf den Bericht über die schwedischen Erfolge im Umweltschutz ausgerichtet und unter dem Aspekt verfaßt, in welcher Weise die Sowjetunion davon lernen könnte. Ein charakteristischer Zug an Tschiwilichin ist überhaupt seine Unvoreingenommenheit. Nach einem Besuch in den Vereinigten Staaten berichtet er über sein falsches Bild, das er sich (offenbar aus der Lektüre der sowjetischen Presse) über die angeblich kahle Industrielandschaft gemacht hatte, und daß dieses Bild nicht mit der Realität übereinstimme. Dort wären immerhin schon seit den dreißiger Jahren Naturschutz, Bodenbefestigungsmaßnahmen und Waldschutz an der Tagesordnung. *"Es gibt eine positive Praxis in Amerika, was den Umweltschutz angeht"*, berichtet er.

Wladimir Tschiwilichin, der 1984 starb, ist eine der Autoritäten der Dokumentarprosa. Er hat in den letzten fünfundzwanzig Jahren kein Forum zu Naturschutzfragen in der Hauptstadt ausgelassen. Für ihn gibt es kein nebensächliches Thema — weder Wilddieberei noch Nachlässigkeiten der Behörden oder der Touristen. Der Baikal, die Wolga, die Ostsee, die sibirische Zeder und der rote Fisch, Stadtbegrünung, Steppenbewaldung, saubere Luft, Verbesserung der Arbeitsbedingungen interessierten ihn in gleichem Maße. Dabei unterstreicht er stets das Staatsinteresse an der Lösung der Probleme, um seinen Argumenten gegenüber den Verantwortlichen Nachdruck zu verschaffen: *"Jetzt haben sich die Probleme der Naturausbeutung derart verschärft, daß sich die Staatsmänner damit befassen müssen ... Die Optimierung der Beziehungen Mensch—Natur steht als nächste Aufgabe nach der Erhaltung des Friedens.!"*[89]

Und dieser Aufgabe stellte sich Tschiwilichin mit seinem ganzen staatsbürgerlichen Engagement.

---

89. V. Čivilichin: Izbr. v 2 tomach. M. 1978., Bd. 2, S. 258.

"Die Gleichgültigkeit gegen die Naturzerstörung ist groß"

Boris Moschajew

Boris Moschajew (1923 geboren) ist in der Sowjetunion vorwiegend als Publizist und als Verfasser der Erzählung *"Die Abenteuer des Fjodor Kuskin" (Živoj, 1966)* bekanntgeworden. Er hat die Ingenieurwissenschaftliche Militärhochschule absolviert und war als Marineoffizier und Armeeingenieur in China und im Fernen Osten eingesetzt. Bereits in seiner zwölfjährigen Armeezeit befaßte er sich mit Journalismus, die erste literarische Arbeit erschien 1954. Seine Erzählung *"Der Waldweg"* (Lesnaja doroga) stammt von 1973. Hierin werden die Alltagsprobleme in einem Waldwirtschaftskombinat behandelt. Der Journalist geht einer Information nach, daß ein Brigadier die Laichplätze des Störs beschädige. Der Brigadier gilt jedoch als vorzüglicher Planerfüller und scheint für die Kritik unantastbar zu sein. Bei der Suche nach ihm gerät der Journalist an die verschiedensten Zeitgenossen, die auf den um sich greifenden Raubbau an der Natur recht gleichmütig reagieren. Die miserablen Wege zum Waldstützpunkt, der bereits seit zwanzig Jahren existiert, werden nicht befestigt, allein mit der Begründung, *"daß es dafür keinen Befehl gebe"* ... *"Von oben ist nichts angeordnet worden"*, heißt es auch bei Schäden, die durch nicht aufgestellte Schneefangzäune verursacht wurden. *"Man hat sich daran gewöhnt"*, so heißt es, *"daß der Weg miserabel ist und daß die Brücke über den Fluß in jedem Jahr wieder neu aufgebaut werden muß, weil eine stabile zu teuer werden könnte."*

Der Autor wird in den Teufelskreis der Probleme hineingezogen. Ein Meister empört sich z.B. darüber, daß die Taiga kahlgeschlagen werde und nichts nachwachsen könne. Das gefällte Holz verfaule im Wald und werde vom Borkenkäfer befallen. *"Die Taiga geht zugrunde!"* *"Sterbender Ort"* werden einige Stellen genannt. Dagegen, daß trotz Verbots nur Zedern gefällt werden, weil sie allein sich zum Flößen eignen, wenden die Verantwortlichen ein, daß sie eine Sondererlaubnis hätten. Bei dieser Flößarbeit entstehen wegen der Floßbarrieren die monierten Hindernisse für den Stör, der nicht in die Laichgebiete gelangt und zugrunde geht. Das seichte Wasser ist von sterbenden Fischen übersät. Arbeiter denken nicht daran, die Barrieren zu beseitigen. Im Gespräch mit dem verantwortlichen Brigadier stellt sich auf den Vorwurf des Journalisten hin heraus, daß man der Brigade der Holzarbeiter in den letzten fünf Jahren den Plan verdoppelt hat, die technische Ausrüstung jedoch die gleiche geblieben war. So schließt sich der Kreis, in dem die Menschen gewohnheitsgemäß widerspruchslos die Anordnungen von oben erfüllen.

"Achtung vor der Erde" (Uvaženie k zemle) lautet der Titel eines Artikels über die Probleme im Nicht-Schwarzerdegebiet. Er kritisiert die Meliorationsmaßnahmen der Vergangenheit, bei denen die Feuchtwiesen untergepflügt wurden. Es heißt, daß die Marschgebiete von Mokschansk völlig verwahrlost seien, daß die Seen wider besseres Wissen abgesenkt würden und im Namen der Groschenökonomie ein Sumpf trockengelegt worden sei. Sieben Kilometer Seenkette mit Wiesen, Tieren, Fischen seien auf diese Weise zugrunde gegangen.

Der Wissenschaftler Sobolew hatte festgestellt, daß die Bodenerosion den Staat jährlich 35,7 Mrd. Rubel kostet. Bereits 1934 habe es einen Regierungserlaß gegeben, der das Pflügen der Marschen verbot, nachdem das so gewonnene Neuland aus dem Jahre 1930 zwei Jahre darauf vom Flugsand zugeweht worden war. Im Mai 1962 trat Moschajew in der "Literaturnaja gaseta" gegen das unsystematische Pflügen der Wiesen auf und wurde deshalb von der konservativen Zeitschrift "Oktjabr" der "Panikmache" beschuldigt.

"Dem Fluß wurde eine tödliche Wunde zugefügt"

Gawriil Trojepolski

Unter der Überschrift *"Über Flüsse, den Boden und Übriges"* (O rekach, počvach i pročem) konnte man 1965 einen scharfen Artikel in der Januarnummer der Zeitschrift "Nowyj mir" lesen.

Diese Zeitschriftennummer war insgesamt sehr prononciert auf Gegenwartsthemen ausgerichtet, darin finden sich ein Gedicht J. Jewtuschenkos gegen die Wilddieberei auf allen sozialen Ebenen und ein Bericht von Jefim Dorosch über die Lage auf dem Lande, nachdem man dort von den sinnlosen Maiskampagnen Abstand genommen hat. Außerdem ist ein langer Artikel den Aufgaben der biologischen Forschung gewidmet, die sich inzwischen vom Obskurantismus der Lyssenkoschen "Lehre" freigemacht hat.

Gawriil Trojepolski hatte eine Reise auf dem Flüßchen Tichaja sosna unternommen, um über die Zerstörung der Flüsse zu berichten; als Ergebnis entstand eine heftige Anklage gegen die Wasserwirtschaft im Gebiet von Woronesch, wo der Autor heute noch lebt.

So wie sich Wladimir Tschiwilichin für die Zedern und Leonid Leonow für die Wälder eingesetzt haben, ist Trojepolskis Anliegen die Rettung der Flüsse im Süden der Schwarzerdezone. Der Autor ist Fachmann und erkennt die Absurdität staatlicher Meliorationsmaßnahmen. Bereits am 3. März 1964 hatte er in der "Iswestija" erklärt: *"Ich erinnere daran, daß die Tichaja sosna stirbt, ich wollte sie retten und vermochte es nicht. Das Gefühl der Last und Schuld weicht nicht von mir."*

Zu dem erwähnten Artikel von 1965 äußerte sich Owetschkin begeistert in einem Brief wie folgt: *"Haben Sie in Nummer 1 von 'Nowyj mir' den Artikel von Trojepolski über die Vernichtung der Flüsse im Woroneschsker Bezirk gelesen? Ein hervorragender Artikel ... kämpferisch, mit gewaltiger Sprengkraft, eine echte Publizistik mit Großbuchstaben geschrieben ... Wie gut, daß es im Gebiet von Woronesch diesen Autor Trojepolski gibt, der Alarm schlägt!"*[90]

Trojepolski berichtet, daß die Tichaja sosna und ein Teil ihrer Nebenflüsse versiegt seien. Wo noch Peter I. seine Schiffstransporte hindurchlenkte, ist jetzt nur noch ein ausgetrocknetes Flußbett vorhanden. Innerhalb von zwei Jahren sank der Wasserspiegel des Flusses um zweieinhalb Meter ab. Das natürliche Wehr wurde zerstört, die Landschaft verwüstet, und der Fisch mußte abwandern. "Dem Fluß wurde eine tödliche Wunde zugefügt." Der Fluß selbst ist verloren, der Sumpf aber, den man trockenlegen wollte, blieb, weil er aus unterirdischen Quellen gespeist wird. Die Beschwerden der Bauern und der Bevölkerung dreier Dörfer an die staatlichen Stellen wurden zurückgewiesen. Trojepolski setzt sein historisches Fachwissen als Agronom ein, um seinen Gegenargumenten Gewicht zu verleihen. Bereits 1929–30 hat man nämlich schon einmal die gleichen Fehler gemacht. Damals war der Fisch fortgezogen und die Bevölkerung hatte sich empört. Deshalb nahm man von weiteren Experimenten Abstand, und der Fluß konnte noch einmal gerettet werden. Das nun abermals hervorgeholte Projekt – so meint der Autor – wäre ohne die Deckung durch eine höher gestellte Persönlichkeit nicht durchgekommen. Er stellt die Verantwortlichen als wissenschaftlich absolut inkompetent hin. Wegen einiger hundert Hektar Land dürfe man keinen Fluß vernichten.

Unwillkürlich wird man dabei an die Ausführungen Komarows erinnert, der die Überzeugung vertritt, daß es besser wäre, *keine* Gelder für den Naturschutz auszugeben, als sie in unsinnige Projekte der Naturvernichtung zu investieren.

Nach diesen doch recht brisanten Schilderungen wurde 1966 ein Plenum des ZK der KPdSU abgehalten, das sich speziell mit allen Problemen befassen mußte, die mit der Melioration zusammenhingen. Der Erfolg war derart gering, daß schon am 4. und 5. September 1966 Trojepolski in der "Prawda" seine Artikel *"Wieviel Erde braucht der Mensch?"* und *"Über Trockenlegungen und ihre Durchführung"*, veröffentlichte. Dabei kam auch der paradoxe Zustand zur Sprache, daß der Fluß Tawrowka, der gerade mit großem finanziellen Aufwand trockengelegt worden war, sich inzwischen auf dem Grunde des Stausees von Woroneschsk befand.

90. Zit. nach: I. Rubaškin: Prjamaja reč'. L. 1980, S. 269.

Flüsse in verwüsteter Landschaft

Wassili Peskow

Leninpreisträger Wassili Peskow (1930 geboren) ist seit 1956 Korrespondent der "Komsomolskaja prawda". *"Das Drama der verbrannten Landstriche von Kurba"* wurde zum ersten Signal, das auf die Folgen übertriebener Verwendung von Chemikalien hinwies. Seine Reportage *"Lebendiger Fisch"* wurde Anlaß einer Erörterung des Ministerrates der UdSSR, der damals eine Reihe von Maßnahmen zur Wiederbelebung der Fischwirtschaft beschloß. Boris Pankin berichtet in seinen Essays ausführlich über die Persönlichkeit Peskows:
"Er kann nicht leben, ohne ständig und aufmerksam die ihn umgebende Welt der Natur zu beobachten, denn alles in ihr ist von seinem Standpunkt aus bedeutungsvoll. Peskow versteht es, für jedes seiner Gespräche über die Natur ein Thema zu wählen, das es erlaubt, unmerklich zur Welt der menschlichen Gefühle und Beziehungen überzugehen. Die zwanzigzeiligen Recherchen in der 'Komsomolskaja prawda' dienen der sittlichen Erziehung Die in ihnen enthaltenen Lehren wirken weder aufdringlich noch dozierend."[91]

Mit ähnlichem Engagement für ökologische Problemlösungen arbeiten außer ihm auch L. Iwanow, B. Gusew und A. Kalinin. "Die Erde ist in Gefahr!" signalisieren die Autoren in der Tagespresse und schreiben in den siebziger Jahren ihre Skizzen zur Verteidigung des "grünen Freundes" und der "blauen Niederungen". Die Skizzen sind darauf ausgerichtet, die Bevölkerung aufzuklären und gegen jeglichen Raubbau zu mobilisieren.

Die meisten von Peskows Skizzen, außer denen, die er über die USA verfaßte, sind in dem Band *"Das Flüßchen meiner Kindheit"* (Rečka moego detstva, 1978) enthalten. Darin ist die Rede von einer Wanderung, die Peskow entlang dem Fluß Usmanka im mittelrussischen Meschtschora-Gebiet von der Quelle bis zur Mündung unternommen hat. Lebens- und farbenfroh sind die Schilderungen über das Flüßchen der Kinderzeit, als von allem noch Überfluß herrschte. Inzwischen ist der Fluß jedoch über vierzig Kilometer hinweg eine tote Zone. Allein innerhalb des Naturschutzgebietes gibt es noch einen unversehrten Abschnitt.

Sachlich und nüchtern verläuft der Bericht darüber, wie die Wiesen untergepflügt wurden, so daß heute dort nichts wachsen könne und der Staub in der Luft stehe. Ebenso systematisch wurde der Wald abgeholzt, der Fluß vernichtet. 66 ha umgepflügter Marschwiesen geben keinen Er-

---

91. Zit. nach: Boris Pankin: Essays. Bln./DDR 1976, S. 262.

trag mehr. Während 1967 noch 130 Zentner Gurken pro Hektar geerntet wurden, wuchs dort zwei Jahre später nichts mehr. Das Projekt wurde wider besseres Wissen durchgeführt. *"Man kann eine zerstörte Stadt wieder aufbauen, man kann einen Wald aufforsten, einen Teich ausbaggern, aber wenn ein lebendiges Flüßchen erst einmal stirbt, dann kann man es nicht neu herstellen."*

In einem Bericht von Peskow und V. Deschkin *"Der Fluß und das Leben"* (Reka i žizn') erläutert Peskow, in welcher Weise das Trinkwasser heute schon eine Kostbarkeit darstellt — wie Erdöl, Kohle und Eisenerz — und daß man seine Hoffnung nicht auf den Wasserreichtum der Ozeane setzen dürfe. Die Skizze handelt vom Fluß Woronesch, der zwei wichtige Industriezentren zu Anliegern hat. Er fließt inzwischen durch eine ausgedörrte Landschaft. Die Hauptschläge wurden gleich von drei Seiten aus gegen den Fluß geführt: durch Abholzen des Schutzwaldes, das Unterpflügen der Wiesen und durch falsche Meliorationspolitik.

Großer Schaden entstand dem Fluß infolge der Industrialisierung in Lipezk, weil dadurch zuviel Wasser verbraucht wird und die ungereinigten Industrieabwasser auf vierzig Kilometer hinweg die Fische im Fluß vergiften. Es gibt keinen Anhaltspunkt dafür, so die Autoren, daß der Fluß in Zukunft nicht weiter vergiftet werden wird. Die Bevölkerung wurde vorerst durch die Bestrafung der Verursacher beschwichtigt. In den Jahren 1972—1974 habe es regelmäßige Vorfälle der Flußvergiftung gegeben, weil die Planerfüllung nach wie vor oberste Priorität hat. Dagegen ist der Fluß kostenlos! Die Wirtschaftsfunktionäre erschienen bei einer Produktionsstockung sofort, aber bei Kontrollen würden sie nie einen Blick auf den Fluß werfen, so daß er "ohne Hüter" fließt.

Bei Woronesch sollte auch der Betrieb von Motorbooten verboten werden, aber die Proteste von 4,5 Tausend Motorbootbesitzern ließen die Aktion im Sande verlaufen. Außerdem sei der Fluß durch zahllose Wochenendhäuser und Laubenkolonien entlang der Ufer bedroht, obwohl es in diesem Gebiet weder Trinkwasserversorgung noch Kanalisation gebe. Man habe zwar den Fluß inzwischen zum Naturdenkmal erklärt, das bedeutet aber lediglich, daß er auf eine größere Strecke hin einbetoniert wurde. Zwei Betriebe, so berichtet Peskow, hätten erst unlängst Gift in den Fluß geleitet und damit die Biber ausgerottet. Peskow kann auch nur auf seinen Vorgänger Trojepolski verweisen, dessen Warnungen schon zehn Jahre zurückliegen, ohne daß man auf ihn gehört habe. Und er fragt sich mit Recht, ob ihm und den Ökologie-Gruppen von Woronesch Ähnliches widerfahren könnte.

Sein Bericht *"Betrachtungen an der Desna"* von 1976 weist wieder auf die gleichen Mängel hin. Auch die Desna ist versandet, und das Brjansker Kombinat gilt als der größte Umweltverschmutzer. Die Wälder und Sümpfe von Brjansk – legendär aus dem Zweiten Weltkrieg – gibt es nicht mehr, vor allem, weil man den Holzeinschlagplan auf fünfzehn Jahre im voraus erfüllt hat. Seit 1968 besteht ein Desna-Komitee, das koordinierende Rettungsaktionen in Gang setzte. Darin sind einhundert Spezialisten und Persönlichkeiten des öffentlichen Lebens vertreten, die ohne Entgelt dafür ihre Zeit opfern.

Peskow ist Journalist und genießt Popularität in der Bevölkerung, weil er in den sechziger und siebziger Jahren als Korrespondent der Massenzeitung häufig "heiße Eisen" anfaßte. Er ist gleichzeitig Fotograf und versieht seine Reportagen mit eigenen Aufnahmen. In den letzten Jahren wurde er auch als Fernsehmoderator bekannt; er hält die Verbreitung ökologischer Kenntnisse in den Massenmedien für ebenso wichtig wie guten Schulunterricht im Fach Biologie. Im Unterschied zu Tschiwilichin und Trojepolski betrachtet er die Natur unter sittlichem Aspekt. Die Zerstörung der Natur macht den Menschen in seinen Augen ärmer. Deshalb zeigt er in den Reportagen auch stets die Schönheit der Naturlandschaft, um erst danach die Verantwortlichen wegen der Zerstörungen anzuklagen. Peskow hat weite Auslandsreisen unternehmen dürfen, und seit 1972 schrieb er auch über den Naturschutz in den USA bzw. die dortige Naturzerstörung; *für ihn* kennen die ökologischen Probleme keine Staatsgrenzen.

Eines seiner letzten Bücher *"Mit den Augen des Waldes"* (Glazami lesa, 1979) besteht aus lauter Berichten über Naturbedingungen im Gebiet von Meschtschora. Vor allem die große Zahl der Episoden, die der Naturzerstörung gewidmet sind, machen den Leser betroffen. Der Wald von Jaroslawl wurde trotz besseren Wissens sieben- bis achtmal mit Pestiziden behandelt, so daß die Tiere, darunter auch Elche, zugrunde gingen. Die warnenden Eingaben, die noch vor der Aktion nach Moskau gerichtet worden waren, lösten nur abschlägige Antworten aus: Für uns steht der Plan im Vordergrund – auch bei der Verwendung von DDT!

Zwar wisse man, so lautet nach dem Schadensfall die salomonische Antwort aus Moskau, über die toxischen Wirkungen des DDT auf Kühe und Menschen Bescheid, bislang sei aber von Elchen in den Instruktionen nie die Rede gewesen.

Daß dieses Unglück sich täglich wiederholen könnte, ist das Problem für Peskow, denn die Pestizide lagern gewöhnlich frei verfügbar in der Landschaft und können zu Mißbrauch verführen.

Gegen die Zerstörung der Naturparks

Oleg Wolkow

Oleg Wolkow (geboren 1900) ist Journalist, Landeskundler und begeisterter Jäger. Er kennt den europäischen Norden und die sibirische Tundra. Am Baikalsee, am Jenissei und der Wolga ist er entlanggereist. Auch er schreibt vorwiegend Skizzen und philosophische Betrachtungen, wobei er sich mit Vorliebe der Erkenntnisse vorrevolutionärer Biologen bedient.

Seine Skizze *"Ein Wort über den Baikal"* (Slovo o Bajkale. Vgl. Anhang) gehört zu den besten Aufsätzen, die zur Verteidigung des Baikal verfaßt wurden. Wolkows Berichterstattung fällt in dieselbe Zeit wie die von Peskow und Tschiwilichin, aber er versucht, in noch stärkerem Maße zur Schaffung einer vernünftigen Zivilisation aufzurufen und allgemeine Zusammenhänge aufzudecken. Er spricht davon, daß das unbewußte Gefühl von dem Verlust der Bindungen an die Natur mit der Entwicklung der städtischen Zivilisation noch wachsen wird. In den Skizzen *"Schilfinseln"* (Kamyšovye ostrova) und *"Taiga am Jenissei"* (Tajga u Eniseja) berichtet er von dem verderblichen Einfluß der Angara-Wolga-Kraftwerks-Kaskaden auf die Flora und Fauna. Er wendet sich gegen die räuberische Jagd, die vielen Spielarten der Wilddieberei und die Tatsache, daß die Wälder nicht allein durch unachtsame Touristen, sondern auch durch inkompetente Waldarbeiter in Brand gesteckt werden, die sich davon eine Gesundung der Natur versprechen.

Sein bekanntestes Buch *"Halt! Naturschutzgebiet!"* (Čur – zapovedano!) von 1976 ist eine Sammlung von Skizzen über zehn Naturschutzgebiete der Sowjetunion. Er schildert die Tätigkeit der dort Beschäftigten als selbstlose Pionierarbeit. Dabei müßten sie sich nebenbei häufig genug dem Ansturm der Touristen widersetzen, was besonders auf den Naturschutzpark am Baikal zutreffe. Deshalb auch immer wieder die Appelle, in den Naturparks Zonen für ungestörtes wissenschaftliches Arbeiten zu schaffen. Mit Betroffenheit muß Wolkow davon berichten, daß im Astrachaner Naturschutzgebiet, einem der ältesten, das gesamte biologische Gleichgewicht gestört worden sei, seitdem sich durch den Bau der Staudämme an der Wolga das Niveau des Grundwasserspiegels verändert habe. Vom Woronesch-Naturpark berichtet er, daß hier der Plan des Holzeinschlags mit 30.000 m^3 Nutzholz übererfüllt wurde. Wozu, so fragt er, ist dieses Experiment nötig für einen Baumbestand, der unberührt erhalten bleiben soll? Denn für Wolkow sind die Überührtheit und die natürliche Regeneration der Kreisläufe gewissermaßen heilig. Jetzt aber, so Wolkow, sei das Gleichgewicht in allen beschriebenen Naturschutzgebieten gestört, was eindeutig Schlüsse auf die Lage in ungeschützten Gebieten zulasse.

Die ökonomischen Gesetze sind stärker als die ökologischen

Andrej Bitow

Zu den modernen Autoren, die sich der ökologischen Betrachtungsweise nicht verschließen, gehört auch der 1937 geborene Andrej Bitow. Er ist Leningrader, Geologe, der seit 1963 größere Erzählungen und vor allem Essays verfaßt. Zunächst wurde er von der Literaturkritik als ein Autor "festgelegt", der sich ganz auf die Darstellung der Innenwelt des Menschen konzentriert. Seine Werke erscheinen etwas unrussisch, an der westeuropäischen Literatur orientiert, in gewisser Weise elitär. In seinen etwas unüblichen Reisebildern *"Armenische Lektionen"* (Uroki Armenii) von 1969 schreibt er z.B. in einer Fußnote, daß er sich auf dem Grunde des Sewan-Sees befände. *"Über das katastrophale Absinken des Wasserspiegels ist schon viel geschrieben worden. Die Uneigennützigkeit zahlreicher Enthusiasten, die Pläne zur Rettung und Erneuerung des Sewan-Sees entworfen haben, verdient Bewunderung. Bis zur Stunde ist das Problem jedoch weit davon entfernt, gelöst zu werden "*[92]

In seiner Filmerzählung *"Naturschutzgebiet"* (Zapovednik) äußert er den Gedanken: *"Jetzt reden alle über die Natur, vom Schutz der Umwelt. So als ob irgend etwas außerhalb von uns zugrunde geht, aber nicht in uns selbst!"*[93]

Im Jahr 1976 offenbart Andrej Bitow einen neuen Blick für die ökologischen Probleme in seinem phantastischen Essay *"Vögel – oder neue Erkenntnisse vom Menschen"* (Pticy ili novye svedenija o čeloveke). Den Anlaß bietet der fiktive Besuch in einer Forschungsstation für Vögel. In einem philosophischen Dialog äußert er Gedanken wie diese: *"Die ökonomischen Gesetze lenken uns mit größerer Unmittelbarkeit als die ökologischen. Diese Verirrung ist tragisch, denn die ökologischen Gesetze hören währenddessen nicht auf zu wirken, sogar, wenn wir ihnen zweitrangige Bedeutung zumessen."*[94]

Damit ist die moderne Ökologie für ihn keine wissenschaftliche Disziplin, sondern eher eine Reaktion auf die Wissenschaft. *"Die Menschheit wird von ökonomischen und nicht von biologischen Gesetzen geleitet. Ökonomisch ineffektiv sind sogar die Schutzmaßnahmen, die jetzt unternommen werden. Sie haben insgesamt gesehen nicht mehr Effekt als die Tätigkeit von alten Engländerinnen im Tierschutzverein!"*[94a]

92. A. Bitow: Armenische Lektionen. Bln./DDR 1975, S. 71.
93. A. Bitov: Voskresnyj den'. M. 1980, S. 244.
94. A. Bitov: Dni čeloveka. M. 1976, S. 293.
94a ebda., S. 300.

3. Zwischen Dorf und Stadt – Probleme der modernen Dorfprosa

> Was möchten Sie sein, wenn Sie nicht Schriftsteller geworden wären?
> – "Ein Bauer! Ich würde pflügen, säen ... Die bäuerliche Arbeit vermittelt ständig ein Gefühl besonderer Freude; eine mit nichts zu vergleichende Befriedigung!"
>
> *Viktor Astafjew* 1977 in der "Literaturnaja gaseta"

Nach dem Willen der Führung des Landes sollte sich das Rußland des "hölzernen Pfluges" in möglichst kurzer Zeit in eine industrielle Großmacht verwandeln. In einem Land, in dem fast neun Zehntel der Bevölkerung zu der Bauernschaft zählten, mußten daher notgedrungen breite Schichten der Bauernschaft zu Industriearbeitern "umfunktioniert" werden. Sollte die Aktion der sogenannten "Entkulakisierung", d.h. der Ausschaltung der wirtschaftlich erfolgreichsten und erfahrensten Bauern, als Beitrag zur industriellen Erschließung Sibiriens gedacht gewesen sein, so endete er in einer Katastrophe. 1929/30 kamen dabei viele Millionen Menschen, meist in der Taiga-Verbannung, ums Leben.

Andererseits bot die Stadt den Bauern zunehmend die Möglichkeit, sich der Monotonie des Landlebens zu entziehen: zwischen 1926 und 1939 taten dies fast fünf Millionen Familien. Und so blieb es in den nächsten Jahrzehnten. Der Weg vom Dorf in die Stadt war attraktiv, wenngleich in den dreißiger Jahren die Lebensumstände auch in den Städten noch außerordentlich schlecht waren, so war das Kolchosleben auf dem Dorf doch noch schlechter. Zurück blieb auf dem Dorf eine überalterte Bevölkerung (durch den Zweiten Weltkrieg weiter reduziert). Was zunächst in den dreißiger Jahren, etwa in *Alexander Malyschkins* Roman *"Der dreizehnte Winter"* (Ljudi iz zacholust' ja), als eine Möglichkeit der "Selbstverwirklichung" erscheint, ist dreißig Jahre später für den einzelnen zu einem zweifelhaften Wert geworden: Der Moloch Stadt-Betrieb hat die ehemaligen Dörfler aufgesogen und sie entwurzelt. Je. Malzew beschreibt die Lage auf dem Dorf nach dem Krieg wie folgt:

"Das Leben in unserem Dorf verlief auf komplizierten und widersprüchlichen Wegen. Das Dorf hat auf diesem Weg nicht wenig erduldet und durchgemacht, wurde dabei mehr als einmal zum Objekt undurchdachter ökonomischer Experimente und manchmal verschiedentlicher voluntaristischer Neigungen und mal auch grob willkürlicher Entscheidungen, die mit den sozialistischen Prinzipien von Wirtschaftsführung nichts gemein hatten."[95]

Diese ganze Vielfalt von Problemen reflektiert die moderne Literatur in den Büchern der Dorfprosaisten.

Der Schriftsteller Fjodor Abramow hat 1979 gegenüber dem DDR-Literaturwissenschaftler Heinz Plavius die folgenden Gedanken ausgesprochen:

"Das Dorf ist unsere Mutter. Heute verschwindet dieses in vielem noch patriarchalische Dorf, das unter anderem die klassische Literatur des 19. Jahrhunderts hervorgebracht hat, eine Literatur, die durch ihre ethische Kraft die ganze Welt beeindruckte. Es stellt sich die Frage: Was ist denn das Dorf, das unsere Mutter war? Was hatte es für Werte? Es stirbt. Gehen aber nicht mit ihm auch wichtige ethische und geistige Werte unter? Das ist eine ernste Frage, und es erweist sich, daß die Generation, die heute betagt ist, Träger sehr wichtiger ethischer Werte ist, die wir für die Gegenwart und Zukunft übernehmen müssen. Wir sprechen sehr viel von der Erhaltung der natürlichen Umwelt. Das Problem der Ökologie betrifft heute die ganze Erde. Aber es gibt auch noch das der geistigen Werte, die in Jahrhunderten, ja in Jahrtausenden wuchsen. Sie sind durch die wissenschaftlich-technische Revolution, durch die Urbanisierung einer Art Erosion unterworfen. Wie soll man die geistigen Werte, Qualitäten wie Freundlichkeit, Herzlichkeit, Gewissenhaftigkeit, Geduld, Mut, die Moral der Dorfgemeinde erhalten, wie sie in die heutige geistige Kultur und in die Zukunft einfügen? Wie vermittelt man all diese Qualitäten, die die Schönheit jedes Nationalcharakters ausmachen? Die sog. Dorfproblematik überschreitet bereits ihre Grenze. Es geht schon darum, was Fortschritt ist. Fortschritt hat zwei Seiten. Einerseits ist er eine Wohltat. Er bringt den Menschen die Zivilisation, materielle Annehmlichkeiten. Aber er hat auch negative Seiten. Er nivelliert die Sprache, bringt Klischees ins Leben und Sattheit, und diese Sattheit führt häufig zu einer Verfettung des Herzens und der Seelen. Diese Sattheit endet oft in Konsumdenken."[96]

In der sowjetischen Gegenwartsliteratur beherrschen Themen, die die Grenzsituation des Menschen zwischen Dorf und Stadt erfassen, weite Bereiche. Die Novellen W. Schukschins, F. Abramow und G. Ma-

---

95. E. Malcev: Pravo i dolg pisatelja. In: "Vosprosy literatury". 1971, 1, S. 19.
96. Gespräch mit F. Abramow. Aus: "Sinn und Form". Bln./DDR 1979, 2, S. 457.

tewosjans zeugen davon. R. *Ibrahimbekow* hat die Erzählung *"Dienstreise"* (Služebnyj rejs) verfaßt, worin ein Bursche vom Land zum ersten Mal in die Stadt kommt und dort auf eine völlig andere als die gewohnte bäuerliche Moral stößt. Er möchte nur für eine kurze Zeit in der Stadt bleiben, kann ihr aber nicht mehr entrinnen, zumal seine Wurzeln zum Dorf schnell gekappt sind. Er ist kein Wanderer zwischen zwei Welten, denn der Migrationsprozeß ist vermutlich schon in der ersten Generation nicht mehr umkehrbar.

Jewgeni Nossow schildert in der Erzählung *"Der fünfte Tag der Herbstausstellung"* (Pjatyj den' osennej vystavki, 1975), wie eine Viehzüchterin vom Dorf, wo sie sich besondere Verdienste erworben hat, zum Besuch einer Ausstellung in die Stadt delegiert wird. Dort trifft sie eine ehemalige Kollegin, die seinerzeit an den Verhältnissen im Kolchos gescheitert ist und jetzt als Kellnerin arbeitet. Mit geheimem Neid schaut diese Frau auf die einfache Viehzüchterin und empfindet desto stärker, daß sie als Mensch in der Stadt verlorengegangen ist.

Fjodor Abramows Erzählungen *"Pelageja"* (1969) und *"Alka"* (1971) spiegeln ebenfalls solche Prozese. Pelageja hat während der Kriegsjahre und in der Nachkriegszeit erreicht, einen relativen Wohlstand für ihre Tochter Alka aufzuhäufen. Diese verläßt jedoch bei der ersten Gelegenheit das Dorf, um in der Stadt als Kellnerin zu arbeiten.

Der bäuerliche Mensch, der vom Dorf in die Stadt übersiedelt, ist nach wie vor ein Thema für Schriftsteller wie für Soziologen. Seit 1961 erreichte die früher überwiegend bäuerliche Bevölkerung den demographischen Gleichstand mit der städtischen, während es seit 1972 bereits 63% der Bevölkerung sind, die in den Städten leben. Jährlich ziehen etwa 4 Mio. Menschen in die Stadt. Jeder von ihnen muß den komplizierten Prozeß der Anpassung durchmachen und wird mitunter demoralisiert, weil er in der Stadt nicht "ankommt".

I. Bestuschew-Lada schreibt dazu: *"Die Sache ist die, daß neben dem 'Land-Syndrom' auch ein 'Stadt-Syndrom' existiert, das zwar einen diesem diametral entgegengesetzten Inhalt hat, für die Menschen jedoch sozial ebenso unausbleiblich ist. Eben dieser Umstand verleiht dem betreffenden Problem einen derart akuten sozialen Charakter von globalem Ausmaß."*[97]

Eine sozialpsychologische Adaptation, die nicht funktioniert und besonders den Grundtenor in Schukschins Erzählungen bildet.

Zahlreiche Autoren widmen sich in ihren Erzählungen der Einsamkeit und Anonymität des Stadtmenschen (Ju. Trifonow, A. Bitow, W. Tendrjakow). *Pjotr Krasnows* Erzählung *"Kalinas Kummer"* (Goreč' Kaliny) aus dem Jahre 1977 handelt von einer Stadtrandsiedlung, in der

---

[97] I. Bestushew-Lada: Die Welt im Jahr 2000. Freiburg 1984, S. 89.

nur noch alte Leute wohnen. Als ein Alter Interesse an seinem Nachbarn bekundet, wird er fast als abnorm angesehen. Was in seinem Dorf noch möglich ist, daß die tausend Einwohner einander alle noch persönlich kennen, ist bei zehn Parzellen am Stadtrand ausgeschlossen. Die Nachbarn sterben, ohne einander je kennengelernt zu haben, und der Alte findet deshalb auch keine Mitstreiter für seine Aktion gegen das Fällen der Straßenbäume.

Die Stadt hat aufgehört, eine positive soziale Erscheinung zu sein.

Die Lyriker, besonders die "Wologdaer Schule" — Nikolai Rubzow, Oleg Tschuchonzew, Nikolai Trjapkin, Nikolai Sidorenko — schreiben nostalgische Verse über das Dorf und die Empfindungen des Städters, der versuchte, das Dorf hinter sich zu lassen.

Ein Beispiel aus der Prosa bietet der Roman *"Zu Hause"* (Doma) von dem moldauischen Autor *Wladimir Beischljage*. Bei ihm ist der Bauernsohn Aleksandr nach seinem Studium erfolgreich aufgestiegen und vergleicht auf der Höhe des Erreichten die beruflichen Erfolge mit seinem eigenen gestörten seelischen Zustand, Gewinn und Verlust abwägend. Erst die Rückkehr ins Heimatdorf und Wiedereingliederung in die bäuerliche Lebensweise und Mentalität tragen dazu bei, daß er die verlorengegangene Harmonie wiederfindet.

Die Umkehr von der Stadt ins Dorf vollzieht auch *Widadi Balanda* mit dem Roman *"Wenn das Gewissen schweigt"* (Kogda sovest' molčit, 1974). Bei dem aserbaidshanischen Autor kehrt ein Wissenschaftler auf das Land und in die Natur zurück, um neue kreative Kräfte zu gewinnen. Auch er wird auf diese Weise wieder ein glücklicher Mensch.

Durch die teilweise schon veröderten Dörfer ist eine solche Möglichkeit nicht immer gegeben. In *Wassili Belows "Drei Wegstrecken von hier"* (Za tremja volokami, 1965) kehrt ein Oberst in sein Heimatdorf zurück und muß erkennen: Ringsum nur Gras und Feld. Das Dorf gibt es nicht mehr! *"Unsere Generation ist die letzte"* — so meint der Dichter Salygin, *"die mit eigenen Augen den hundertjährigen festgefügten Kanon kannte, aus dem wir hervorgegangen sind!"*[98] Und der Verlust wird desto schmerzlicher empfunden, weil es ein Abschied auf immer ist.

Viktor Lichonossow, 1936 geboren, war Lehrer und ist seit 1966 Berufsschriftsteller in Sibirien. In seiner Erzählung *"Tschaldoninnen"* (Čaldoncy, 1965) wählt der Städter Mischadas das Studienfach Landwirtschaft, weil er dahinter das Schöne und Poetische des Umgangs mit der Natur vermutet. Sein Erntepraktikum lehrt ihn die harte Realität.

Im Jahre 1978 führte die Zeitschrift "Literaturnoe obosrenie" mit Soziologen und Schriftstellern der sozialistischen Länder ein Rundtischgespräch. Von besonderem Interesse ist der Beitrag des sowjetischen Au-

---

98. S. Zalygin: Literaturnye zaboty. M. 1972, S. 129.

tors *Anatoli Kim*. Er spricht von einer "geistigen" Migrationsbewegung zurück aufs Dorf, die im Schaffen Belows, Rasputins, Lipatows und Astafjews eine Flucht zurück in die begrenzte Heimeligkeit auf dem Lande bedeute. Bei anderen Autoren, z.B. A. Jaschin, sei dieser Zug nur tendenziell ausgeprägt. Kim bekennt sich zur Dorfprosa von Schukschin und Rasputin. Für ihn sind die alten Frauen bei Rasputin keine Relikte der Vergangenheit, sondern überaus modern, weil sie den Schmerz des Dichters nach einem starken, sittlich geschlossenen Menschen spiegeln, einem Menschentyp, der heute in der Stadt nicht mehr zu finden ist.

Der Literaturwissenschaftler W. Surganow konstatierte, daß die Erkenntnis, daß der Mensch zur allgemeinen ökologischen Ganzheit von Erde und Weltall gehöre, ein Fortschritt sei.

"Wir wissen, daß die Störung ganzheitlicher Prozesse der Natur zur Zerstörung der Energie und zu unwiederbringlich Verlorenem führt." Viele voluntaristische Lösungen, das ist die Ansicht von Kim, hätten dazu geführt, *"daß ein gewisser Automatismus des natürlichen Wechselwirkens zwischen Mensch und Umwelt gestört wurde und dadurch der Mensch nur unglücklicher geworden ist."*[99]

Für ihn ist es unvernünftig, im Namen des Fortschritts eine ständige Umsiedlung von Arbeitskräften vorzunehmen, weil sie nicht den menschlichen Anspruch auf Glück und Wohlbefinden erfüllen kann.

"Ich glaube" (Veruju!) heißt eine Erzählung von *W. Schukschin*, in der er den Ortsgeistlichen sagen läßt: *"Es gibt einen Gott und der heißt Leben. Womit alles endet, ich weiß es nicht. Wohin alles strebt, ich weiß es nicht. Ich glaube ... an das Flugwesen, die Chemisierung, an die Mechanisierung der Landwirtschaft, an die wissenschaftlich-technische Revolution, an den Kosmos und die Schwerelosigkeit! ... Ich glaube, daß sich bald alle Menschen in den großen stinkigen Städten zusammenfinden werden. Ich glaube, daß sie dort keine Luft mehr kriegen werden und wieder zurücklaufen werden ins freie F-e-e-l-d!"*[100]

Wassili Schukschin (1929–1974), der bekannte Regisseur, Schauspieler und Schriftsteller, konnte gewissermaßen von sich selbst behaupten: "Ich bin doch Bauer! Von der Familie her. Überhaupt liebe ich die Natur!" Diese Worte sagt seine Hauptgestalt in dem Film "Kalina Krasnaja". Schon 1963, in seinem ersten Erzählband *"Leute vom Lande"* (Sel'skie žiteli), begann er mit der Überprüfung all dessen, was vom alten Dorf mit in die neue Gesellschaft hinüberzuretten ist. Und er verstand unter der bewahrenswerten "Patriarchalität" manche "im Verlaufe der Jahrhunderte ausgeprägten Sitten und Bräuche", sowie die

---

99. A. Kim: Vgl. "Literaturnoe obozrenie" 1978, 6, S. 38.
100. W. Schukschin: Gespräche im hellen Mondenschein. Bln./DDR 1979, Bd. 2, S. 55.

"Achtung vor dem Vermächtnis der Vergangenheit". So hat natürlich auch Schukschin seine Zweifel an den modernen Agrostädten. Der Dichter verlangt, daß es dem Bauern überlassen bleiben müsse, ob er sich lieber ein Haus frei von Typenvorgaben, ein Haus mit geschnitzten Simsen und bemalten Fensterläden bauen will. In einem solchen Haus könnte sich auch der einzelne wiederfinden, so wie der Bauer in der Erzählung *"Der Meister"* (Master), der eine alte Dorfkirche restaurieren will, deren Anblick ihn in seinen tiefsten Emotionen angerührt hat. Schukschin verlangt, daß in den Menschen, die in die Stadt ziehen, Kräfte erhalten bleiben sollten, die sie daran hindern, in die Sphäre unbegrenzten Konsumstrebens und explosionsartig ausbrechender Konsumbedürfnisse einzutreten. Er weiß, daß es sich dabei nicht um einen Zugewinn von Kultur und Bildung beim einzelnen handelt, sondern daß immer ein Halb-Dörfler, Halb-Städter dabei herauskommt, der sein altes bäuerliches Wertsystem verloren und ein neues nicht gefunden hat: ein im Grunde entwurzelter Mensch. Für sich selbst hat Schukschin diesen Prozeß, das Dorf zu verlassen und in der Stadt nicht "anzukommen", mit den Worten ausgedrückt: "Mit einem Bein am Ufer, mit dem anderen noch im Boot!" In seiner autobiografischen Erzählung *"Aus den Kinderjahren Iwan Popows"* hat er beschrieben, wie er nach dem Krieg von der Stadt feindlich aufgenommen und in die Opposition gegen sie getrieben wurde.

In seiner Erzählung *"Ich möchte auf dem Dorf wohnen"* (Vybiraju derevnju na žitel'stvo) gibt es einen Städter, der an jedem Samstag zum Bahnhof geht, um mit den dort wartenden Bauern über ihre Dörfer zu reden. Wer vom Dorf stammt, so heißt es, den zieht es früher oder später dahin zurück!

Die wenigen Beispiele zeigen die Probleme, die immer wieder auf das gleiche hinauslaufen. Die sowjetischen Literaturwissenschaftler sind der Dorfprosa gegenüber häufig skeptisch in der Bewertung.

Bei *W.W. Faschtschenko* heißt es in dem unlängst erschienenen Buch *"Charaktere und Situationen"*: *"Die naiven Verteidiger der Natur ... bringen den Menschen nicht vorwärts, sondern zurück, weil sie für unsere Zeit sonderbare patriarchalische Illusionen pflegen und über die 'schlechte' Stadt lamentieren, die die guten Dorfbewohner zugrunde richtet."* Unter dem Schleier des Pantheismus – so lautet die Formulierung – werde die Verachtung gegenüber der Stadt, die Natur und Menschen verkrüppele, verherrlicht. Das betreffe vor allem ukrainische und armenische Autoren.[101]

Ein Beispiel für diese Ansichten bietet der Roman *"Der einsame Walnußbaum"* (Krik nemoj gory, 1980) des armenischen Autors Wardges

---

101. V. Faščenko: Charaktery i situacii. M. 1982, S. 179.

Petrosjan (1932 geboren). Er schildert Gegenwart und Vergangenheit eines Dorfes, das alle, bis auf sechs Einwohner, verlassen haben. Allein der Lehrer widersetzt sich dem dramatischen Exodus des Dorfes und versucht, den Behörden klarzumachen, welch große volkswirtschaftliche Potenzen im Dorf verborgen liegen. "An unserem Dorf hat sich die Stadt nur bereichert!" sagt er. Und in dem hartnäckigen Kampf des einsamen Lehrers klingt immer wieder an, welche ethischen Werte und Traditionen aufgegeben wurden, ohne daß Zugewinn erfolgte. Selbst der Erdboden ist tot: *"Um eine Erdschicht von fünfzehn Zentimetern Stärke zu schaffen, arbeitet die Natur 20.000 Jahre. Wenn Sie nach Lernas kommen, werde ich Ihnen zeigen, wie kahl unsere Hänge geworden sind, so daß die Natur gezwungen ist, ihre Blöße mit Dornen zu verdekken. Jetzt aber ist der Boden ums Dorf voller Steine, weil er nicht bestellt wird!"*[102]

Der Dichter kann in seinem Roman keinen positiven Schluß vorführen, aber er vermag mit großer Tiefe und Eindringlichkeit seinen eigenen Schmerz um das ausgestorbene Dorf zu vermitteln.

3.1 Abschied vom Vergangenen oder Rückkehr ins Gestern?

Der Abschied vom Dorf ist in der gegenwärtigen Umbruchphase verstärkt mit nostalgischen Stimmungen befrachtet. Bei Below und Rasputin ist diese Trauer um den Verlust der Kontinuität deutlich spürbar. Das Dorf erscheint als Zufluchtsort der Humanität, und die alten Frauen bei Astafjew, Rasputin und Below verkörpern etwas von dem harmonischen Typus "Mutter Erde". Ihr Gedächtnis und ihr Urteil werden zum absoluten ethischen Wert, an dem das Moderne gemessen wird.

In der Miniaturskizze Belows *"In der Heimat"* (Na rodine) heißt es: "Ich trete auf den grünen Abhang und blicke dorthin, wo noch vor kurzem so viele Dörfer waren und jetzt in ihrem Weiß allein die Birken stehen ... Doch vielleicht muß es so sein? Daß die Dörfer verschwinden und an ihre Stelle fröhliche, lärmende Städte aus dem Boden wachsen?"[103]

Das Unausweichliche der Veränderung verbindet sich mit emotional bitterem Empfinden des Verlusts. Es wäre widersinnig zu glauben, daß in einem Land mit festgefügter Bauerntradition, wo selbst noch die Großväter der heutigen Städter pflügten, der Übergang in einen städtischen Lebensstil leichthin vollzogen werden könnte. Vielleicht gerade, *weil* die Agrostädte nicht aufzuhalten sind, erhalten die traditionelle Art

---

102. W. Petrosjan: Der einsame Walnußbaum. In: "Sowjetliteratur", 1983, 4, S. 96.
103. W. Below: Frühlingsnacht. Bln.-Weimar 1982, S. 7.

der Arbeit und die Lebensweise auf dem Dorf auch künstlerisch die Überbewertung einer "Schutzzone" für den emotionalen Habitus des Einzelnen. Die Vorahnung einiger Autoren, darunter Schukschins, die eine kulturelle Nivellierung befürchten und Teile der nationalen Kultur als Gegengewicht erhalten möchten, ist nur zu verständlich. Valentin Rasputin hat in dem Roman *"Abschied von Matjora"* eine eindrucksvolle Szene der Heumahd in dem schon geräumten Matjora-Gebiet beschrieben. Dabei werden die wenigen Alten, die noch geblieben sind, von einem erhabenen Gefühl weihevoller ländlicher Arbeit erfaßt, gerade, weil sie wissen, daß sich dies nie wiederholen läßt. (Eine Szene, die auch *Jewgeni Nossow* in der Erzählung *Es rauscht der Wiesenschwingel"* von 1976 beschreibt.)

Innerhalb der Belletristik, die sich lange Jahre für den Zug in die Ferne, die Aufbautaten im fernen Sibirien begeistert hat, tritt plötzlich das *Haus* als neues und altes Bild wieder in den Vordergrund. *F. Abramov* und *W. Afonin* haben 1981 *"Das Haus"* (Dom), *Al. Ebanoidse* und *S. Woronin "Das Elternhaus"* direkt zum Titel ihrer Bücher gewählt. In *Juri Kasakows* Erzählung *"Die kleine Kerze"* (Svečečka) heißt es: *"Ein glücklicher Mensch bist du, Serjoscha, du hast ein Haus! ... Verstehst du, Junge, du hast ein Haus, in dem du aufgewachsen bist. Das hält dann fürs ganze Leben ... Nicht ohne Grund heißt es 'Vaterhaus'! ... Bitter ist das, Söhnchen, wenn man kein Vaterhaus hat!"*[104]

W. Litschutin, ein Autor aus Archangelsk, läßt in dem Roman *"Der letzte Zauberer"* (Poslednij koldun) einen alten Bewohner im Norden um nichts in der Welt sein Haus verlassen. *Wladimir Anikanow* (1938 geboren) äußert sich zu seinem Roman *"Das Vaterhaus"* (Otč'ij dom): *"Ich wollte, daß in dem Roman die Suche nach dem geistigen Haus zu verstehen sei."*[105]

Um den Abschied vom Dorf und vom Haus geht es *Wassili Below* in seiner stärksten, philosophisch geprägten Erzählung, die er seinem Lehrer und Freund Alexander Jaschin gewidmet hat.

"Hab Dank für deine Freundschaft, für unser letztes ländliches Obdach. Und dieses Obdach ist das Haus am Biberhügel. ("Biberhügel" – Bobrišnyj ugor – lautet auch der Titel. G.B.) Denn man kann nicht ohne diesen engsten Fleck Heimat, ohne die kleine Heimat leben. Glücklich ist, wer eine Heimat hat ... Und wir haben eine solche, solange es den Biberhügel gibt."[106]

In dem Bemühen, die wirtschaftliche Situation des Dorfes darzustellen, wuchs auch das Vermögen, tiefer bis zur Substanz dessen vorzu-

---

104. J. Kazakow: Svečečka. In: "Naš Sovremennik" 1974, 6, S. 4.
105. Zit. nach: Buch und Kunst in der UdSSR. 1983, 1, 36, S. 40.
106. W. Below, ebda S. 288.

dringen, was das Volksleben ausmacht – die unlösbare Verbundenheit mit der Erde und die Arbeit im Kreislauf der Natur. Das seien Werte, meinen die Kritiker F. Kusnetzow, W. Surganow und L. Terakopjan[107], aus denen seit Jahrhunderten auch die ursprüngliche Kollektivität des Dorfes erwachsen sei. Besonders seit der Mitte der sechziger Jahre öffnet sich die Dorfthematik der Sphäre sittlich-philosophischer Intentionen und der lyrisch gesetzten Akzente. 1972 finden wir bei dem Literaturkritiker L. Arutjunow zum Schaffen Belows und Rasputins z.B. den folgenden Ausspruch: *"Diese Prosa bemerkt die Kolchoswirtschaften im Dorf nicht oder sie will sie nicht konkret darstellen, weil sie sich das Ziel gesetzt hat, sittliche Probleme 'rein' aufzuwerfen."* Und diese Tendenz nimmt zu.[108]

In den sechziger bis hin zu den achtziger Jahren ist eine Tendenz des *"Bewahrenwollens"* in die Literatur eingedrungen, die sich auch wieder auf die nationale Eigenheit, die Nähe zur Natur, die Arbeitsgewohnheiten und die bäuerliche Ethik verläßt.

In diesem Zusammenhang ist unbedingt *Wassili Belows* neuestes Werk *"Einklang"* (Lad) zu nennen. Der Dichter Below wurde 1932 in einem nordrussischen Dorf 172 km von Wologda entfernt geboren. Seine Kriegskindheit in dem abgelegenen Ort war sehr schwer, denn die Mutter mußte ihn mit seinen vier Geschwistern allein großziehen. Below erlernte nach der Schulzeit das Tischlerhandwerk und ist heute noch stolz darauf, daß er nicht nur alle landwirtschaftlichen Tätigkeiten bis hin zum Bierbrauen beherrscht, sondern daß er auch das alte Haus seiner Mutter ebenso selbständig reparieren kann wie ein Musikinstrument bauen. Nach dem Armeedienst und fünfjährigem Studium am Moskauer Gorki-Literaturinstitut fand er zu seiner Berufung als Schriftsteller.

Er selbst hat den Bruch in der dörflichen Lebensweise erfahren müssen, denn von den dreiundzwanzig Gehöften der Vorkriegszeit sind in seinem Timonicha nur noch sechs bewohnt. "Man muß es im Gedächtnis bewahren", sagt Below und entsinnt sich all dessen, was es zu bewahren gilt. Dabei spielt bei ihm die bäuerliche Kultur als die "erste Kultur" die wichtigste Rolle, während die "zweite Kultur", eine Schöpfung der Stadt, aufgepfropfte Zivilisation darstellt, deren Träger nicht das Volk, sondern die Intelligenz ist. Und gerade bei Below finden wir ganz ausgeprägt die Züge, die Helen von Ssachno als typisch für den neuen

---

107. Vgl. F. Kuznecov: Samaja krovnaja svjaz'. M. 1977.
    V. Surganov: Čelovek na zemle. M. 1975.
    L. Terakopjan: Pafos preobrazovanija. M. 1978.
    M. Minokin: Sovremennaja sovetskaja proza o kolchoznoj derevne. M. 1977.
108. Zit. nach: V. Kovskij: Preemstvennost'. M. 1981, S. 23. Auch bei Boris Možaev stellt sich der findige Selbsthelfer Fedor Kuskin aus der Erzählung "Die Abenteuer des Fedor Kuskin" (Živoj, 1965) weder als Einzelbauer, noch als Kolchosmitglied dar.

Trend gekennzeichnet hat. In mehreren von Belows Erzählungen scheitern die männlichen Figuren an der städtischen Zivilisation, und ihre Unfähigkeit, sich neuen Gegebenheiten zu stellen, stempelt sie zu Psychopathen. (Vgl. den Zyklus *"Erziehung nach Dr. Spok"* – Vospitanie po doktoru Spoku, 1974–1980). Und der Schriftsteller hat die Frauen, die in der ersten Generation Städterinnen sind und sich voller Abscheu und Verachtung an ihre dörfliche Herkunft erinnern, mit allen Zügen oberflächlicher Verhaltensweise und pseudo-emanzipatorischen Eigenarten ausgestattet, die sie zu Puppen statt lebenden Menschen werden lassen. Die harmonische, aufopferungsfreudige Gestalt der Katerina aus der Erzählung *"Sind wir ja gewohnt"* (Privyčnoe delo), ist einer seelenlosen mechanischen Figur mit Anpassung an die städtische Moral gewichen.

"Einklang" oder *"Harmonie"*, mit dem Untertitel "Skizzen über die volkstümliche Ästhetik" in den Jahren 1979–1981 in der Zeitschrift "Nasch sowremennik" veröffentlicht, bietet in gewisser Weise Wassili Belows eigene Definition des Nationalcharakters. (Es ist interessant zu wissen, daß gleichzeitig 1981 der Kulturhistoriker *D.S. Lichatschow* in der Märznummer von "Nowyj mir" seine *"Bemerkungen über das Russische"* (Zametki o russkom) veröffentlichte.) Für Lichatschow wie für Below steht fest, daß die Beziehungen zur Vergangenheit den nationalen Typ ausmachen. Belows *"Einklang"* ist eine mit wissenschaftlicher Exaktheit verfaßte publizistische Darstellung der Lebensweise, der Folklore und der geistigen Kultur der russischen Bauern. Der Schriftsteller hat in seinem Wologdaer Gebiet, das in der Nicht-Schwarzerdezone liegt, diverse landwirtschaftliche Experimente erlebt und feststellen müssen, daß die anderswo funktionierenden Maßnahmen zur Produktionssteigerung hier ins Leere liefen. Deshalb war sein Anliegen, die Kompliziertheit oder "das Universum" der früheren Bauernarbeit zu studieren. In acht größeren Kapiteln behandelt er den Ablauf der bäuerlichen Arbeit, den Rhythmus der Jahreszeiten, die Berufe der Heimat, die Rolle der dörflichen Gemeinschaft und das Brauchtum. Die traditionelle russische Bauernarbeit und das ländliche Handwerk bilden eine eigene Kultur, die mit der materiellen und der geistigen in Wechselwirkung steht.

Hinter der bäuerlichen Tätigkeit stehen gewichtige ethische Kategorien, wie die Beziehung zur Arbeit, zu Leben und Tod, zur Familie, Verwandtschaft und zur Natur. Das sind Kategorien, die in jedem Leben einen unterschiedlichen Stellenwert besitzen. Für W. Below ist die Liebe des Bauern zu seiner Arbeit nur in Einklang mit dem Rhythmus der Natur zu verstehen.

Der Lebensalltag, durch die Naturalwirtschaft geprägt, hatte seine eigenen kulturellen Werte und Handwerke hervorgebracht. Der Bauer kaufte nicht gern, was er selbst herstellen konnte. Und dieser geschlossene Produktionszyklus, in dem der Bauer noch dazu in der Lage war, seinen eigenen Schlitten und Rechen herzustellen, konservierte auch eine besondere ästhetische Eigenart des bäuerlichen Handwerks. In der örtlichen Abgeschiedenheit bildeten sich wahre Meister der Holz- und Beinschnitzkunst heraus, die als Tradition weitergegeben wurde.

Und so gestaltet Below in "Einklang" den Kreislauf des Lebens von der Geburt bis zum Tod.

Das Buch hat viele Intellektuelle begeistert (zumal es in einer typographisch erstklassigen Ausgabe erschienen ist). Sergej Salygin schrieb darüber in der "Literaturnaja gaseta" vom 14.10.81: *"Das russische Wort 'Einklang' ist ein Begriff für Harmonie zwischen Mensch, Arbeit und Natur und der inneren Harmonie des Menschen in sich selbst. Alles das braucht unser Zeitgenosse!"*

Über den russischen Nationalcharakter hat neben Below und Lichatschow auch der Schriftsteller *Fjodor Abramow* (1920–1983) nachgedacht. Er gerät ins Schwärmen, wenn er berichtet: *"Seither vergeht kaum ein Tag, an dem ich dort nicht hineinschaue ... Neu ist für mich die Schönheit des geschnitzten Holzes und des Basts, das nahm ich früher nicht wahr. Ihr Leben lang hat meine Mutter den birkenen Flachsschwinger, mit dem der Flachs gefasert wird, nicht aus den Händen gelassen. Aber habe ich jemals bemerkt, daß er selbst flachsfarben ist? Genauso sanft, träge und mattfarben mit Silbergleiß? Oder der Brotkorb ... und ich habe mir nur gemerkt, was darin lag und wann. Und so geht es mir mit allem, was ich betrachte: mit der alten verrosteten Sichel mit ihrem auf Hochglanz polierten Griff, mit der weichen, gleichsam mild nach Honig duftenden Schüssel, geschnitzt aus kernigem Birkenwindbruch. Die Gegenstände erschließen mir eine Welt besonderer Schönheit, einer Anmut von russischer Art, unauffällig, etwas verlegen sogar, die Beil und Messer schufen."*[109]

Abramow entstammte einer Bauernfamilie aus dem Gebiet von Archangelsk. Sein Studium wurde durch den Krieg unterbrochen, an dem er bis zum Ende teilnahm. Danach kehrte er an die Leningrader Universität zurück, schloß sein Studium mit einer Dissertation über Scholochow ab und war dann zehn Jahre lang Leiter des Lehrstuhls für Sowjetliteratur. 1949 wurden seine ersten Rezensionen in der Presse gedruckt. 1958 erschien der erste Band eines umfangreichen Zyklus *"Die Prjaslins"* (Prjasliny, beendet 1974), in dem er das russische Dorf der Kriegs- und Nachkriegszeit ohne Beschönigung zeichnet. Für das Dorf, von dem der Kritiker F. Kusnetzow sagte, daß es kraft seines patriarchalischen Wesens immer an Passivität gelitten hätte, formulierte Abramow auf dem VI. Schriftstellerkongreß als Zielstellung:

109. F. Abramow. Zit. nach: Alka. Berlin-Weimar 1978, S. 23.

"Die Zeit verlangt gebieterisch nach einen anderen, dem Hausherrentyp, einem Menschen mit entwickeltem Selbstbewußtsein, ausgeprägtem Staatsbürgerwissen und historischem Weitblick, der nicht nur staats- und verantwortungsbewußt zu denken vermag, sondern auch auf alles, was in diesem Land geschieht, zu reagieren weiß."[110]

Am 17. November 1979 veröffentlichte Abramow sowohl in der örtlichen Presse als auch in der "Literaturnaja gaseta" einen – wie er es nannte – "Offenen Brief an die Landsleute". Darin steht: "Gleichgültigkeit, Passivität, die Scheu davor, es mit den eigenen Landsleuten zu verderben ... Und die ewige Hoffnung auf einen strengen, gerechten Leiter, der von irgendwo außerhalb kommt und Ordnung schafft. Wie bei Nekrassow!"

Und in einem Interview für die Zeitschrift "Nasch sowremennik"[111] kritisiert er von neuem eine verbreitete Auffassung, die da lautet: "Wir vermögen ohnehin nichts, wir können nichts entscheiden!" Das sei die für ihn verhaßteste Denkungsart. Deshalb sei auch seiner Meinung nach der russische Charakter für das praktische gesellschaftliche Leben wenig befähigt. "Bereitschaft zur Langmut, zur Selbstbeschränkung und Selbstaufopferung" sind als Eigenschaften abzulehnen.[112]

Und um den Menschen geht es ihm letztlich auch, wenn er sagt: "Der technische Fortschritt schreitet heute über zerwühlte Feldwege und mit Rübsen bewachsene Felder, über die ertragsarmen sandigen Lehmböden und die Bleicherde des Nichtschwarzerdegebiets. Hüten muß man sich nicht vor der wissenschaftlich-technischen Revolution, vor der Technik, sondern vor Beamten und Übereifrigen mit einem zwergenhaften Horizont, vor Menschen, die sich gleichgültig sowohl zu den Maschinen wie auch zur Erde verhalten, vor jenen, die imstande sind, das eine wie das andere zugrunde zu richten."[113]

Für ihn hat die wissenschaftlich-technische Revolution tiefer gepflügt als die Kollektivierung: das russische Dorf nimmt seinen Abschied, denn die Dörfer veröden. Abramow hat in dem "Brief an seine Landsleute" deutlich ausgesprochen, daß in den Dörfern die gesamte Initiative der staatlichen Leitung überlassen bleibt. Die Bauern verlören folglich jegliches Interesse an der landwirtschaftlichen Tätigkeit, und der persönliche Stolz des früheren Bauern auf gepflegte Äcker und gesundes Vieh sei verlorengegangen. Natürlich gebe es noch immer Bauern, die diese Mißstände störten, aber sie zögen es vor, sich nicht einzumischen.

110. F. Abramow: Vom täglichen Brot und vom geistigen Brot. Zit. nach: Willi Beitz: "Sowjetliteratur heute". Halle-Leipzig 1980, S. 159.
111. F. Abramov. Zit. nach: "Naš sovremennik" 1980, 7, S. 182.
112. ebda S. 183.
113. Zit. nach: Anton Hiersche: Sowjetische Dorfprosa. In: "Weimarer Beiträge" 1980, 4, S. 23.

In seinen Texten bevorzugt Fjodor Abramow den aktiven Menschen. In der Erzählung *"Kiefernkinder"* (Sosnovye deti) schildert er seine Reiseeindrücke von einer Landschaft, die durch weit abgeholzte Flächen verunziert wird. Dieser Wald wurde über die Norm gefällt, weil dafür Prämien gezahlt wurden.

Als Kontrastfigur zu den Vertretern der Raubwirtschaft wird der Förster Igor eingeführt. Für ihn hat der Wald im Norden an der Pinega besondere Bedeutung, weil er den eisigen Polarwinden den Weg verstellt. Der Traum des Försters ist die "grüne Revolution", und mit seiner Frau gemeinsam widmet er sich der Pflanzung und Zucht von Zirbelkiefern. Für ihn hat jede Baumart ihren besonderen Charakter: die Fichte überempfindlich, die Birke listig ..., und bei diesem Engagement für seine Bäume erregen ihn die Mißstände in seinem Waldrevier desto mehr:

"Wer Bäume runterholt, der kriegt Vergünstigungen wegen Fortschritt und so und Prämie und was weiß ich noch alles. Und wer Wald pflanzt, den haben sie auf Bewußtsein umgepolt. Warum bloß? Ich kapier's nicht, kapiere gar nichts. Jedes Jahr diese Waldbrände. Und dieses Jahr brennt der ganze Norden. Sie sagen, in Archangelsk können die Leute vor Rauch nicht richtig atmen. Soll vielleicht der Kosmos beheizt werden? Was das den Staat kostet! Und daß in den Forstbetrieben die Leute wochenlang nicht zum Arbeiten kommen! Und die Kolchosbauern hetzen von einem Brand zum nächsten ... Wir Förster schreien: verstärkt die Schutzmaßnahmen! Dann gibt's auch nicht mehr so viele Waldbrände. Aber es nutzt und nutzt nichts. Milliarden schmeißen wir ins Feuer, darum tut's uns nicht leid, aber noch einen Förster anstellen – nein, wir müssen sparen. Warum ist das so, Alexej? Ich habe ans Kreiskomitee geschrieben, ins Gebiet, nach Moskau sogar. An wen soll ich denn nun noch schreiben?"[114]

3.2 Die große Sehnsucht nach der Harmonie mit der Natur

Aus den erwähnten Dorferzählungen wird deutlich sichtbar, daß das Thema Mensch–Natur nicht allein einen arbeits-ethischen Sinn, sondern auch einen naturphilosophischen Aspekt hat, weil es hier auch um die natürlichen Bindungen an das Leben geht. Der verstorbene Skizzenautor Jefim Dorosch sagte einmal:

"Das dörfliche Leben ist von der Natur untrennbar. Arbeit, eng verbunden mit der Natur, wie sie die bäuerliche Arbeit darstellt, ist besondere Arbeit. Es mag sein, daß es altmodisch klingt, aber Bauernarbeit macht meines Erachtens den Menschen gütiger ... "[115]

---

114. F. Abramow. Zit. nach: "Alka" Berlin-Weimar 1978, S. 359.
115. E. Doroš. In: "Voprosy literatury" 1967, 2, S. 128.

Deshalb kritisiert er auch in seinem *"Dorftagebuch"* (Derevenskij dnevnik) den Bauern, der seine Beziehung zur Natur eingebüßt ha Und in *"Gelbe Taubnessel"* (Lipjagi) von S. Krutilin findet sich der Vo wurf, daß die Jugend die Liebe zur heimatlichen Erde nur ungenüge vermittelt erhalten habe.

Von besonderem Interesse ist eine Kurzerzählung Alexander Jä schins (1913 – 1968) *"Ich bewirte mit Vogelbeeren"* (Ugoščaju rjabinoj 1965). *"Ich bin ein Bauernsohn"*, heißt es darin, *"Mich geht alles an was auf diesem Boden geschieht, wo ich mit bloßen Füßen mehr als ei nen Pfad ausgetreten habe, auf den Feldern, wo ich mit dem Pflug ak kerte, auf den Wiesen, über die ich mit der Sense gegangen bin."*[116]

Der Autor zeigt sich beunruhigt, daß sich ein Konflikt zwischen den dem Bauernstand entstammenden Vätern und ihren Söhnen anbahnt, die ohne Berührung mit der Natur großwerden und damit wesentliche psychische Eigenschaften einbüßen.

"Irgendetwas unfaßbar Gutes geht an ihrer Seele vorüber!" meint Jaschin. Ein Zweig von gefrorenen Vogelbeeren – in die städtische Redaktion mitgebracht – wird zum Symbol ländlichen Lebens, und der Autor führt vor, wie sich die einzelnen Mitarbeiter dazu stellen. Ein alter Schriftsteller erinnert sich sofort an seine Jugend, als die Vogelbeeren vor jedem Haus wuchsen und man "alle Krankheiten" damit heilte. Ein anderer Mitarbeiter kennt nur noch das populäre Lied von der Vogelbeere, läßt sich aber über Ernte und Verarbeitung der Früchte aufklären. Eine emphatische Journalistin begeistert sich für den Zweig als Raumschmuck, ist aber nicht dazu zu bewegen, auch nur eine Beere zu kosten. Der Dichter weiß, daß seine Söhne noch nie Vogelbeeren gesehen haben, aber selbst bei Menschen aus seiner Generation ist die ursprüngliche Beziehung zur Natur verlorengegangen.

"Wer die Natur nicht liebt, liebt auch nicht den Menschen!", heißt es in einer Erzählung Gawriil Trojepolskis. Der in Kursk lebende Autor Jewgeni Nossow (1925 geboren) hat seine Erzählung *"Hinter Tälern und Wäldern"* (Za dólami za lesami, 1967) Wassili Below gewidmet. Sie hat direkten Bezug zu Belows "Biberhügel". Nossows Erzählung ist eine sehr gelungene Komposition der besonderen Bindung des Menschen an die unberührte Natur. *"Im Morgengrauen weckten mich die Kraniche"*, lautet ihr erster Satz, und die Kraniche bleiben das Leitmotiv der Erzählung wie ein Symbol des Stetigen in der Natur. Nossows Erzähler reist nach Wologda und kommt in ein Dorf, wie es so häufig bei Below beschrieben worden ist. Das Haus, das er von einem Chauffeur gemietet hat, steht seit vielen Jahren leer, denn der Erbe ist der Ansicht, daß es sich nicht lohne, auf dem Lande zu leben. Der Erzähler widerspricht

---

116. A. Jaschin: Ich bewirte mit Vogelbeeren. In: "Sowjetliteratur" 1966, 9, S. 118.

ihm und findet im Dorf viel Unerwartetes und Poetisches. Schließlich entdeckt er für sich selbst noch eine Aufgabe, die darin besteht, den acht noch im Dorfe verbliebenen Einwohnern bei der Bewältigung ihrer alltäglichen Probleme zu helfen, seit der Kolchos mit der Mehrheit der früheren Dorfgenossen fortgezogen ist.

Aus der Nossowschen Biographie geht hervor, daß Kindheit und Jugend bei ihm an der Nahtstelle zwischen Stadt und Land, Natur und Zivilisation, Krieg und Frieden verlaufen sind.

Aus dem Krieg als Invalide zurückgekehrt, mußte er sich mit zwanzig Jahren um die Wiedergewinnung des inneren seelischen Gleichgewichts bemühen, um wieder einen Platz im Alltag zu finden. Seine ersten literarischen Arbeiten von 1958 umfassen Naturbetrachtungen und Naturstudien. Sie sind eng an die Betrachtungsweise der Kinder geknüpft. Dabei überwiegt die Darstellung kindlichen Entdeckerdrangs und der Kreativität, gepaart mit inniger Begeisterung für die Natur. Das Urteil des Schriftstellers Nossow über richtiges menschliches Verhalten schließt den Umgang mit der Natur und den aktiven Naturschutz immer mit ein. Er plädiert für die Erziehung zum Naturschutz von frühester Kindheit an, wo dieses Gefühl noch Aussicht auf Umsetzung im weiteren Leben des Menschen hat. Nossows Überzeugung lautet:

"Die Natur ist nur hart gegen diejenigen, die ihre Augen vor der einfachen, klugen und heilsamen Schönheit verschließen. Tritt man der Natur mit Vertrauen entgegen, so öffnet sie schnell die erstaunlichen Seiten ihrer Lehrbücher."[117]

Das Spektrum der Naturempfindungen der Schriftsteller, das sie gestalten, ist ungewöhnlich breit, es wird fast kein Thema ausgelassen. *Below* spielt dabei, wie schon erwähnt, eine zentrale Rolle. Sein Kurzroman *"Sind wir ja gewohnt"* ist eines der "grünen Schlüsselwerke" des Jahres 1966 gewesen. Während der Kritiker Tschalmajew die Hauptfigur Iwan Afrikanowitsch als die ideale Verkörperung nationalen Geistes ansah, kritisierten F. Kusnetzow und andere "die romantische Begeisterung für den Kult patriarchalischer Ansätze im Leben."[118] So sahen viele in der Gestalt des einfachen Bauern den passiv leidenden Naturphilosophen mit der naiven Hingabe an die Natur ohne Begabung zur Reflexion, einen Menschen, der sein Leben auslebt, ohne auf soziale Bindungen Wert zu legen. Und es nimmt nicht wunder, daß dieser Bauer nach drei Tagen der Stadt (in die er nach leichter Verdienstmöglichkeit suchend gezogen war) wieder den Rücken kehrt. Denn dieser Mann kann im Grunde genommen nur auf dem Dorf und in der Natur leben.

1968 schrieb W. Below seine *"Zimmermannsgeschichten"*

---

117. E. Nosov. I uplyvajut parochody. M. 1975, S. 385.
118. F. Kuznecov. Zit. nach: "Novyj mir" 1973, 6, S. 233.

(Plotnickie rasskazy). Darin kommt der Erzähler aus der Stadt in sein Heimatdorf zurück, um während des Urlaubs das Badehaus reparieren zu lassen. Er versucht, sein Urteil neu zu bilden, denn der Haß auf das Dorf, das ihn einst durch die Verweigerung des Passes (den er für das Studium in der Stadt benötigte) zwingen wollte, auf dem Lande zu arbeiten, ist verflogen.

"*Dem Städter fehlt irgend etwas, sein Leben ist nicht vollwertig*", sagt Below. "*Für die harmonische Entwicklung der Persönlichkeit ist die Natur unerläßlich, die sich in meinen Vorstellungen mit dem Dorf verbindet. In der Stadt fehlt dem Menschen die Natur. Wenn aber die Natur wirklich unentbehrlich ist, werden wir früher oder später zwangsläufig in das Dorf zurückkehren, denn die Stadt kann dem Menschen nicht das geben, was ihm das Dorf zu geben vermag.*"[119]

Georgi Semjonow (1931 geboren) verfaßt seit 1961 Erzählungen und in seinen 1977 geschriebenen "*Phrygischen Kornblumen*" (Frigijskie Vasil'ki) liest man über die Hauptgestalt: "*... er wußte nicht mehr, wie sich Erde oder eine selbstgepflückte Erdbeere anfühlten, wie frisch gemolkene Milch oder Brunnenwasser schmeckten, das er in seiner Kindheit getrunken hatte. Er hörte, sah, roch und fühlte nichts ...*"[120] Ein sehr realistisches Bild des modernen Städters.

In dem Sammelband "*Blauer Rauch*" (Goluboj dym, 1979) stellt Semjonow fest, daß die Menschen, die in der Stadt leben, in ihren seelischen und ethischen Qualitäten weit hinter der Dorfbevölkerung zurückstünden.

Eine ganze Anzahl seiner Erzählungen ist offensichtlich der Jagdleidenschaft dieses Autors entsprungen, und der Leser vermerkt mit gewissem Befremden die Szenen von "Mord" auf freier Wildbahn. Jagd ist für Semjonow ein Lebenselement, und er kennt dabei kein Mitleid. Die Gegensätze zwischen Natur und Zivilisation werden bei ihm aus der Psychologie der Figuren heraus erklärt, ein Verfahren, dem wir bei Salygin, Rasputin und Astafjew wiederbegegnen werden.

Die Schriftstellerin Galina Nikolajewa (1911 – 1963) ist vor allem jahrelang durch ihren Industrieroman "*Schlacht unterwegs*" (Bitva v puti) von 1957 bekannt gewesen. Am Ende ihres Lebens verfaßte sie Miniaturskizzen im Stile Prischwins, die 1966 posthum unter dem Titel "*Unser Garten*" (Naš sad) erschienen sind. Darin schildert sie, in welcher Weise der Mensch in der Natur wieder zu sich selbst finden kann und wie er – und das ist zweifellos autobiographisch – dadurch für den nahenden Tod sensibilisiert wird.

---

119. V. Belov: Derevenskaja tema obščenacional'na. In: "Družba narodov" 1970, 9, S. 254.
120. G. Semjonow: Phrygische Kornblumen. In: Eine einzige Nacht. Berlin-Weimar 1980, S. 267.

Juri Sbitnjew hat sich für sein *"Lagerfeuer in weißer Nacht"* (Koster v beloj noči, 1975) das schon von A. Kuprin vorgegebene romantische Motiv der Liebe eines "zivilisierten Städters" zu einem Naturkind gewählt. Nachdem der über dreißigjährige Biologe Michail Iwanowitsch in der Natur eine spontane Liebesbeziehung zu einem Ewenkenmädchen angeknüpft hat, kehrt er nach zwei Jahren in die Großstadt, zu seiner Karriere und der Ehe mit einer renommierten Redakteurin zurück. Neun Jahre später erwarten den Mann bei einem Besuch in der Einöde erneut das Ewenkenmädchen und zwei Kinder. Die frühere Konstellation stellt sich sogleich wieder her; der Schluß wird vom Autor offengelassen.

Sergej Woronin (1913 geboren), ein Journalist, der auch vielbeachtete Erzählungen verfaßt hat, begann als Schriftsteller erst mit vierzig Jahren, an die Öffentlichkeit zu treten. Er ist ein Meister der Natur- und Jagderzählung. In der Erzählung *"Der neue Jäger"* (Novyj eger', 1968) schildert er die Begeisterung, die ein Fabrikarbeiter für die Natur empfindet. Hier verbringt er die gesamte Freizeit und glaubt, nur hier als Mensch leben zu können. Als es ihm sogar gelingt, den Posten eines Wildhüters am Ladoga-See zu erhalten, scheint alles in bester Ordnung zu sein. Aber die Wochenendbesuche der Hobby-Jäger und ihre Berichte von ihrer täglichen Betriebsarbeit verunsichern ihn. Als die Waldaufsicht ihm zur Routine geworden zu sein scheint, kehrt er in die Industrie zurück, sich die Waldeinsamkeit für Mußestunden bewahrend.

Es gibt auch literarische Beispiele für eine ironisch überhöhte Darstellung der Mensch-Natur-Beziehung, z.B. die des 1938 geborenen *Viktor Safronow "Der Zugereiste"* (Priezžij, 1976). Der Autor lebt als Journalist in Saratow. Das Sujet ist folgendes: Ins Dorf kommt ein auffällig mit Hut und Krawatte ausstaffierter Fremder. Wegen seiner Neugier und Besserwisserei vermuten die Dorfleute, daß er ein Revisor sein muß, einer von denen, die nach dem Krieg die Dörfer unsicher machten. Sein ständiger Ausspruch lautet: "Es mangelt an Kontrolle!" Das führt automatisch dazu, daß im Ort die Post sorgfältiger zu arbeiten beginnt und der Service in der Gaststube besser wird. Der Fremde selber lebt nach einem minutiös eingeteilten Tagesablauf, und es stellt sich heraus, daß er ein Hypochonder ist, krankhaft um sein Wohlergehen besorgt. Die noch unvergiftete ländliche Natur schient ihm die geeignete Überlebenschance zu bieten. Inzwischen büßt er aber im Dorf immer mehr an Achtung ein, weil es auf dem Dorf niemandem einfallen würde, aus Besorgnis um seine Gesundheit ein Schmarotzerleben zu führen. Die Erzählung hat ein symbolträchtiges Ende, denn der Zugereiste stirbt an einer Überdosis giftiger Hahnenfußgewächse, die in der Volksmedizin – in minimalen Gaben – Verwendung finden.

Das philosophisch-ironische Genre wird auch von *Wladimir Krupin*

(1941 geboren) gepflegt. Sein Bauer Zjukin in der Erzählung *"Lebenswasser"* (Živaja voda, 1982) gibt nach Jahren reumütig das Trinken auf und zieht sich als Amateur-Diogenes in seinen Keller zurück. Sein Beispiel wirkt auf die anderen Dorfleute so überzeugend, daß sie ebenfalls dem Alkohol den Kampf ansagen und die "Bekehrung des gesamten Planeten" ins Auge fassen. Das erscheint um so einfacher, weil sich plötzlich im Dorf eine heilkräftige Quelle gezeigt hat, der alle mit Gewinn zusprechen. Das märchenhafte Sujet führt an den Ausgangspunkt zurück. Die "Lebenswasser-Quelle" verwandelt sich in eine Spritfontäne, und die Behörden, die sich nicht auf den Preis für das Quellwasser einigen können, lassen vorsichtshalber die Quelle versiegeln.

Als ein Beispiel für die ironisch distanzierte Schreibart soll noch die Beschreibung eines Naturschutzgebietes bei *Alexander Rekemtschuks "Der Fluß ist ein Spiegel"* (Skudnyj materik, 1975) dienen:

"Dort in Kedratschi gab es eine Naturschutzfiliale, einen kleinen Vorposten der Wissenschaft. Die Filiale zählte ungefähr zehn festangestellte Mitarbeiter, außer den Streifen und Wächtern an den Grenzposten. Zehn alte Männlein und alte Weiblein ... die alten Männlein waren Oberassistenten, die alten Weiblein Unterassistenten. Sie lebten dort schon viele Jahre und schrieben Dissertationen in der freien Natur. In den Wäldern des Naturschutzgebietes lebten Zobel und Marder, Biber und Elche, Birk- und Auerhähne, und in den Flüssen laichten dort Salm und Lachs. An sich bestand die wissenschaftliche Arbeit darin, daß die alten Männlein morgens mit dem Gewehr in den Wald zogen oder mit der Angel ans Flüßchen gingen und versuchten, Wild oder Fische zu fangen. Da außer ihnen niemand im Naturschutzgebiet das Recht hatte, auf Jagd zu gehen, und alles Getier nicht verschreckt war und von selbst in die Falle ging, so kehrten die alten Männlein mit reicher Beute zurück. Die alten Weiblein weideten die Beute nach allen Regeln der Kunst aus, untersuchten dabei die Mägen der Birkhähne und Lachse und notierten in Heften, was sie dort fanden. Diese täglichen systematischen Angaben waren für die Wissenschaft von Interesse. Damit das Gute aber nicht verkam, brieten, schmorten und salzten sie dann alles zum Verzehr. Mitunter waren unter der Ausbeute beringte Exemplare von Vögeln und Fischen. Das war jedesmal ein großes Ereignis. Die Inschriften wurden entziffert, der Beringungsort festgestellt, und man schickte entsprechende Nachrichten in jene Gegenden."[121]

Die Autoren A. Kim, Juri Kasakow und A. Tkatschenko vertreten ebenfalls eine eigene Auffassung zur Wechselbeziehung von Mensch und Natur.

---

121. A. Rekemtschuk: Der Fluß ist ein Spiegel. Bln./DDR 1977, S. 172.

Der 1939 geborene *Anatoli Kim* ist der Herkunft nach Koreaner. Er ist ein Autor, der in besonderem Maße die Literatur philosophischer Ausprägung vertritt, die sich seit den siebziger Jahren durchzusetzen beginnt. Sergej Salygin behauptet von ihm, daß es derzeit keinen originelleren Autor als ihn gebe. Im Jahre 1976 veröffentlichte er seine erste Erzählsammlung *"Blaue Insel"* (Goluboj ostrov). *"Der Kräutersammler"* (Sobiratel' trav), eine Erzählung, die darin enthalten ist, hat ihre eigene Dimension, die vom Leben in den Tod hinüberreicht. Ein prominenter Arzt kommt als unheilbar kranker Mann anonym auf die Insel Sachalin. In einer halbverfallenen Hütte findet er bei einem alten Kräutersammler zur inneren Einkehr und zum wahren Sinn des Lebens.

"Wenn wir sehen, wie eine Krähe ihre Flügel schwingt, müssen wir vor Glück weinen!" Die gegenseitige Fürsorge der beiden Menschen gibt ihnen die Kraft zum Überleben. *"Ich bin an deiner Seite zur Ruhe gekommen, Alter, denn Ihr seid dem Leid von Asche und Staub näher als andere und Ihr wißt besser als andere, was das Leben wert ist!"* Der alte Koreaner existiert, indem er alles Fremde, Objektive als Subjektives akzeptiert. Er gehört in einen eigenen ewigen Kreislauf mit der Natur und hat z.B. die Fähigkeit zum Besitz oder Geldzählen völlig eingebüßt. Alle Krankheiten des Menschen – und das ist eine wichtige Aussage der Erzählung – wurzeln in der verlorengegangenen natürlichen Lebensnorm. Die Umgebung, Himmel, Gräser und Tiere sind eine Realität eigener Ordnung und alles gehört in einen ewigen Kreislauf. So taucht aus dem ausgebreiteten Mythos von Kim keine Klage, keine Kritik an den Umständen auf, sondern die große Harmonie des Seienden ist der Wert an sich.

1982 rief seine Erzählung *"Lotos"* im sowjetischen Kulturleben Diskussionen hervor. Es geht darin um die Gefühle, die den bejahrten Künstler Lochow ergreifen, als er hilflos dem Sterben seiner gelähmten Mutter zusehen muß. Zum ersten Mal berührt ihn die Frage von Leben und Tod. *"Wenn die dem Menschen gegebene Frist abgelaufen ist, können wir, seines zurückgelassenen Lebens gewahrwerdend, uns zu beliebiger Zeit in dieses Leben hineinbegeben, ohne seinen Gang zu stören."* Ein symbolträchtiger, von buddhistischer Philosophie getragener Mythos der Hoffnung, daß im Leben nichts umsonst gewesen sein möge und alles auf ein Ewiges hinziele.

Der Schriftsteller *Juri Kasakow*, der von 1928–1982 lebte, ist Moskauer. Er liebte die Natur Mittelrußlands, begeisterte sich für den Hohen Norden und lebte bis zu seinem Tod in Abramzewo. Nach Absolvierung des Moskauer Musikinstituts war er eine Zeitlang als Lehrer und Orchestermusiker tätig, bis er sich 1952 mit den ersten Erzählungen gänzlich der Literatur verschrieb. Juri Nagibin hat einmal gesagt, daß die russische Literatur wie keine andere der Welt durch ihre Landschaftsschilderungen geprägt sei.[122] Diese Einschätzung trifft auf das Schaffen Juri Kasakows in besonderem Maße zu. Seine frühen Erzählungsbände, die Kasakows Vorliebe für Bunin und Tschechow nicht verbergen, zeigen in Episoden und Charakterstudien die innersubjektive Kultur seiner Figuren.

Seine Erzählungen fallen durch die poetische Sicht auf die Natur, den Wald und den Fluß, die Winter- und Herbstlandschaft auf. Es sind Schilderungen voller Töne, Farben und Gerüche in nostalgischer Schwingung. Bei ihm finden wir wieder die Entdeckung der Naturumwelt und des einfachen naturgemäßen Lebens. Die Haltung, die er der Natur gegenüber einnimmt, ist mit seinem ethischen Credo identisch. Natur ist der ewige Kreislauf, der Tempel oder eine Messe. Es gibt bei ihm keine Erzählung, die auf die gängige Formel von der "Eroberung der Natur" abzielen würde. Selbst in seinen Jagderzählungen *"Im Nebel"* (1970) oder *"Ich weine und schluchze"* berühren sie nicht die Sujets der *Jagdleidenschaft*, sondern sind Charakterstudien von Jägern. Grobe Szenen schildert Kasakow im *"Tagebuch aus dem Norden"* (Severnyj dnevnik, 1973), wenn es um Lachsfänge und Waljagd geht.

"Das Stöhnen der Wale, denen von ihren Peinigern unerträglicher Schmerz zugefügt wird, gleicht einem unterirdischen, gramvollen, gedämpften, obschon sehr stark vernehmbaren Geheul, und das Aufschlagen der Walschwänze auf die Meeresoberfläche, das diese Tiere in ihrer Qual vollführen, macht diesen Lärm vollends auffällig und versetzt die Luft in bebende Schwingungen."[123]

Kasakow zitiert hier einen anderen Autor, aber er selbst bringt ähnliche Bilder. Seine Erzählungen hatten bereits den ökologisch warnenden Unterton zu einer Zeit, als noch niemand die Gefahren der Vergiftung und Vergeudung der natürlichen Umwelt wahrhaben wollte. Kasakow sieht deutlich, daß Wissenschaft und Technik nicht den Fortschritt gebracht haben, den die Menschen im Hohen Norden, die unter einfachsten Bedingungen und noch teilweise archaischen Kooperationsformen in der unwirtlichen Natur arbeiten, erwartet hatten. Kasakow selbst hat jahrelang unter den Menschen am Eismeer gelebt, wo er einen Blick für die elementaren psychologischen Verhältnisse bekam. Er berichtet: *"Und ich werde, wer weiß warum, jäh von der scharfen, uralten Sehnsucht überfallen – der Sehnsucht nach einem Leben im Walde, nach einer derben, primitiven Arbeit, nach Jagd.*

Schon aus unausdenkbaren Zeiten ersteht vor mir manchmal ein Bild, sucht mich heim, schwebt mir vor, verlockend und lautlos – das Bild vom Meer oder Fluß, von einem Haus am Ufer oder in einer

---
122. J. Nagibin: Razmyšlenija o rasskaze. M. 1964, S. 92.
123. J. Kazakow. Zit. nach: Der Duft des Brotes. Stuttgart 1965, S. 202.

Schlucht, aus guten Bohlen gefügt, mit einem Herd und einer braunen, rauchgeschwärzten Balkendecke, und mein Dasein in diesem Haus und an der Küste des Meeres, und meine Arbeit – sei es Lachsfang, sei es das Fällen von Bäumen oder das Flößen der Stämme den Fluß hinab … Wäre es nicht mehr wert als meine Erzählungen … Wahrscheinlich würde das Geschriebene kräftiger, aromatischer und wahrheitsgetreuer. Denn ein Mann muß den Schweiß und das Salz der Arbeit kennenlernen, muß selber einen Baum fällen oder pflanzen, einen Fisch fangen können, um den Menschen die Früchte seiner Mühe zeigen zu können – greifbare und so sehr notwendige, viel notwendiger als alle Erzählungen!"[124]

Aus solcher Motivation heraus schreibt Kasakow über das Beständige – die *"Alte am Meer"* (1957) –, eine neunzigjährige Frau.

Kasakow ist einer der ersten gewesen, der das schwere alltägliche Heldentum der Arbeit unter den Naturumständen am Weißen Meer geschildert hat, und dabei glaubt er immer noch daran, daß für den Norden die Zeit erst noch kommen werde. So gewann Kasakow, der sich in den Abschlußpassagen des *"Nördlichen Tagebuchs"* in einer schöpferischen Krise befand, für sich selbst besonders in der Reflexion der Tolstoischen *"Philosophischen Schriften"* einen neuen Standpunkt, den er schon in den Erzählungen *"Kerzchen"* (Svečečka, 1973) und *"Im Schlafe hast du bitterlich geweint"* (Vo sne ty gor'ko plakal, 1977) formulierte. In einem Interview schließt er ganz in der alten Einsicht: *"Erhebt uns das nicht, lehrt es nicht das Gute, überzeugt es uns nicht ständig, daß wir nicht sündigen, nicht töten sollen, sondern daß wir die Welt mit ihren Wäldern und Gewässern und Bergen, mit ihrem Himmel unendlich lieben sollen!"*[125]

Anatoli Tkatschenko kommt in fast jeder Erzählung auf das beglückende Gefühl des Lebens in der unberührten Natur zurück. Er wurde 1926 in einer Bauernfamilie geboren, wuchs am Fluß Amur auf und lebt heute auf Sachalin. Er gehört zu den eigenwilligen Talenten, und die Kritik hat ihm schon mehrfach Neo-Rousseauismus vorgeworfen. Sein 1976 veröffentlichter Roman *"Der See des Schnellen Wassers"* (Ozero begloj vody) hat zum Thema, daß drei fünfzehnjährige Jungen und ein Mädchen aus der Stadt nach Sachalin in die Taiga-Einsamkeit übersiedeln, um dort das Leben als quasi Ureinwohner zu versuchen. Ihr Experiment ist ein freiwilliger Verzicht auf jegliche Zivilisation, verbunden mit der Notwendigkeit, die Nahrung selbst zu erjagen, zu fischen und den Unbilden der Witterung im Zelt zu trotzen. Die Jugendlichen, die über einen ganzen Ballast an Informationen aus der modernen Welt ver-

---

124. dass. S. 226.
125. Interview mit Juri Kazakow. Zit. nach: "Kunst und Literatur" 1979, 8, S. 849.

fügen, sind hier zum ersten Mal auf sich selbst und ihre Gefühle gestellt. Der körperlich stärkste kapituliert als erster. Auf die Vorschläge seines Freundes, der schon in der Einöde gelebt hat und das Experiment fortsetzen will, reagiert er hysterisch. Alle philosophischen Gespräche, die die Jugendlichen miteinander führen, enden immer in Vergleichen zur normalen menschlichen Gesellschaft. Und die läßt sie nicht los. Ein Jäger besucht sie (später erfährt man, daß er von einem einflußreichen Elternteil auf die Spur der Jungen gesetzt wurde) und bemüht sich, sie durch Verbote und Strafandrohungen auf den rechten Weg zurückzubringen. Es gelingt ihm sogar, daß ihn drei von ihnen besuchen, um ihm beim Bau einer Staumauer für ein Stromaggregat zu helfen. Sie versuchen zwar, beim Förster ohne die Errungenschaften der Zivilisation auszukommen und weisen sogar standhaft sein Brot zurück – aber dann hat die Welt sie wieder: sie kapitulieren. Nur ihr Anführer bleibt noch eine Zeitlang allein im Zelt, bis auch ihn von dort ein Bär vertreibt. Er hat versucht, bis zuletzt seiner Überzeugung treu zu bleiben, aber ihn ergreift etwas wie Neid beim Anblick des Mini-Kraftwerks, das seine Freunde ohne ihn errichtet haben. Er geht mit der Überzeugung in die Stadt zurück, daß man heute nicht ohne Technik und Zivilisation leben könne. Aus der Natureinsamkeit nimmt er dennoch ein Gefühl mit, das ihm helfen wird, in der Stadt zu leben und bei jeder Gelegenheit wieder in die Natur zurückzukehren.

Ein ähnliches Sujet hat er für seinen Kurzroman *"Tretet ein, die ihr leidet"* (Vojdite straždušćie, 1979) verwendet. An einem Flüßchen in einer Landschaft, die von der Steppe zur Wüste übergeht, stehen vier Hütten, Reste des Dorfes "Der siebente Viehauftrieb". In den vier Hütten leben vier Menschen: Gurtow, der Älteste, dessen gesamte Familie in die Stadt gezogen ist, die alte "Zauberin" Werunja, die daraufhin zu dem Alten zurückkehrte, den sie schon in der Jugend geliebt hatte, der Hirtenjunge Lonja, der hier ein Trauma ausheilen will, das er sich während der Armeeausbildung zugezogen hat, und Marusja, die in der achten Klasse aus dem Internat davonlief, weil sie die ständigen Tätlichkeiten eines Debilen nicht mehr ertrug.

Jeder der vier Menschen hat sich an diesen Ort zurückgezogen, um Ruhe zu finden. Nur mit großen Bedenken nehmen sie drei Menschen bei sich auf, die sich verirrt haben und sich am Rande der Erschöpfung befinden. Es sind städtische Intellektuelle, ein Biophysiker, eine Geobotanikerin und ein Ökologe, die zwar in Moskau wohnen, sich aber einen "naturverbundenen" Beruf gewählt haben.

Der Autor macht aus seiner Sympathie für die Bewohner des "Siebenten Viehauftriebs" keinen Hehl. Sie leben in urchristlicher Harmonie, sind frei von Neid und Mißgunst. Die Idylle ist aber nicht ungeschützt, denn die drei Intellektuellen vermögen sie zu erschüttern.

Das Mädchen Marusja verliebt sich in den Städter Awenir, der ihr jedoch nicht entgegenkommt, weil er mit seinem Kollegen um die Geobotanikerin Yvetta kämpft. Marusja geht daraufhin in die Stadt zurück, und der Hirtenjunge Lonja folgt ihr. Zunächst hat es den Anschein, als ob diese Erzählung mit dem exotischen Einschlag und den schönen Landschaftsschilderungen in die Kategorie der Trivialliteratur gehört. Aber in der Erzählung ist wesentlich mehr Substanz enthalten. Als der Städter Awenir fortgeht, sieht er sich um und erblickt die zwei Alten – genannt ER und SIE; damit verweist Tkatschenko auf das biblische Motiv, das schon im Titel anklingt. Diese Erzählung führt zu Gott, wenn auch in eigenwilliger Manier. Awenir sagt: *"Gott ist der Sinn und die Wahrheit der Welt!" "Glücklich macht nicht das Gebet, sondern der Glaube an den Sinn und die Wahrheit des Lebens!"*[126]

Für Tkatschenko steht fest, daß es nur den einen Weg gibt: durch Leiden in einen neuen Naturzustand zu gelangen! Dies ist auch der Hintergrund für zwei eingefügte Episoden, die Dorf und Stadt als zwei Lebenssphären charakterisieren sollen. Die erste zeigt einen Sonderling, der unter Delphinen, Bären und anderen Tieren wie ihresgleichen gelebt hat und der sich im "Siebenten Viehauftrieb" in eine Antilopenhaut einnähen ließ, um in der Herde zu leben. Er wird jedoch von der Wildherde der Antilopen nicht akzeptiert, und die Tiere zerstampfen ihn – damit die äußersten Grenzen für solche Experimente demonstrierend.

Die zweite Episode handelt von einem fünfundachtzigjährigen Archivar in Moskau, an dem gezeigt wird, daß der Mensch in der Stadt ohne Natur- und Naturprodukte kaum existieren kann. *"Die Stadt wird sterben, wenn sie die Natur und das Dorf vergißt, wenn sie nur sich selbst lebt – sich selbst und ihrer Erhabenheit aus Eisenbeton."*[127]

In der Erzählung laufen aber alle Handlungslinien und alle Argumente gegen die Stadt. "Der Stadt muß geholfen werden", heißt es sogar, und die Kontraste reichen von der – in der Einöde – selbstgebauten Harmonika bis zur städtischen Stereoanlage, vom selbstgewebten Leinenkittel bis zu unpraktischen Jeans und schließlich sogar zu der Feststellung, daß die Zivilisation Körperkultur und Sport als Ersatz für physische Arbeit hervorgebracht habe.

Am Schluß der Erzählung bleiben nur die Silhouetten des Alten und der Alten, aber auch ihre Ruhe wird nur noch von kurzer Dauer sein. Auf der Suche nach den drei verirrten Wissenschaftlern gerät ein Milizionär, der ihren Spuren gefolgt ist, auch in diese einsame Gegend, die ihm als Paradies für Jagd, Schafzucht und Fischfang erscheint. Er deutet an, daß in Kürze dieses Paradies "für die Allgemeinheit erschlossen werden müßte".

---

126. A. Tkatschenko: Tretet ein, die ihr leidet. Bln./DDR 1982, S. 155.
127. dass. S. 122.

"Goethe-Blume" (Cvetok-Gete, 1982) ist eine ebenfalls originelle Erzählung Tkatschenkos. Darin versucht eine alte Bäuerin, die sich auch nach Jahren nicht an das Stadtleben bei ihren Kindern gewöhnen konnte, auf alle Art und Weise, sich ein Stückchen Land für ein paar Pflanzen zu beschaffen, das ihr aber regelmäßig von den Administratoren wieder fortgenommen wird. Schließlich blieb ihr nur noch ein Blumentopf-Zimmerparadies, mit dessen Pflanzen sie auf dem Markt handelt. Ihre Tochter, eine Ärztin, hält eine derartige Beschäftigung für würdelos und sorgt dafür, daß die Blumen aus der Wohnung entfernt werden. Beim Anblick der letzten vier verbliebenen Pflanzen erfaßt sie Reue. Das Leben der Alten geht damit auch zu Ende, aber zehn Jahre später steht wieder auf dem Markt eine Frau, die Topfblumen anbietet – es ist die vereinsamte, pensionierte Ärztin.

Die Kurzerzählung *"Der Gerichtstag"* (Sudnyj den', 1982) ist insofern lehrreich, als man daraus erfährt, wieso Naturschutz mangelhaft funktioniert. Es wird die Geschäftemacherei eines gewissen Kotschkin geschildert, der ins Gefängnis geraten ist. Sein Verfahren war so einfach wie erfolgreich. Er ging zu einem Kolchosvorsitzenden, der gewöhnlich immer Mangel an Bauholz hatte, und schlug ihm ein Geschäft der Holzbeschaffung vor. Für eine erhebliche Geldsumme und die fiktive Anstellung im Betrieb schuf er die Verbindung zu einem Holzschlagunternehmen, das ständig im Planrückstand lag. Durch einen fingierten Auftrag für den Kolchos und das Versprechen, eine eigene Holzfällerbrigade zu stellen, erhielt er auch vom Holzschlagunternehmen eine große Geldsumme. Die Arbeiter wurden dann auf dem nächsten Bahnhof angeheuert und das Geschäft florierte zur Zufriedenheit aller. Obwohl Tkatschenko hier satirisch überhöht (am Schluß wird Kotschkin zwar aus dem Provinzgefängnis als irrtümlich verhaftet freigelassen, bald darauf in der Hauptstadt aber endgültig hinter Gitter gebracht), so mag doch vieles den realen Gegebenheiten im Umgang mit dem kostenlosen Rohstoff Holz durchaus entsprechen.

Tkatschenkos Einstellung tritt uns mit den Worten eines Jägers deutlich entgegen: *"Das Wichtigste in unserem Beruf ist Anteilnahme. Mitgefühl mit der Erde, den Pflanzen und besonders mit den Lebewesen ... Der Mensch kann nicht allein auf der leeren Erde zurückbleiben. Denk einmal: Vor einhundert Jahren gab es Bärenrobben in allen Meeren zu Millionen. Jetzt gibt es bei uns und in Amerika nur noch drei bis vier Herden. Wo sind die anderen geblieben? Für Kragen draufgegangen? Nein, für Geld. Wegen der Gier und aus Eile, so denke ich mir das, hat man auch die Pelzkragen nicht ordentlich gefertigt ... Das ist es. Wir beide aber beschließen für uns: eine zusätzliche Bärenrobbe wird nicht umgebracht, ein überzähliger Baum nicht abgeholzt."*[128]

---

128. Zit. nach: A. Klitko: Glubina fokusa. M. 1981, S. 23.

Der Mutterboden des ökologischen Protestes gegen die Naturzerstörung ist ein Protest gegen die Naturzerstörung durch den Industrialismus. Es geht dabei um den Verlust der Identität des Menschen. Der russische Wald, die russischen Birken stehen für die "Russische Seele", die bei der Zerstörung mitbetroffen ist. Als erste erkannten das die Künstler: Das Erscheinen der Dorfprosa in der Literatur ging der breiten Ökologiedebatte voraus, die sich auch als Bewegung für kulturelle Restauration, für die Bewahrung des von der Industrialisierung bedrohten Nationalcharakters begreifen läßt.

3.3 Tier und Jagd – ein altes Thema in neuer Sicht

Mit der zunehmend nostalgischen Sehnsucht der Städter "nach blütenreichen Gräsern und nach der Vielfalt von Naturwäldern"[129] läßt sich seit den siebziger Jahren auch eine Neubewertung des Verhältnisses zwischen Mensch und Tier beobachten.

Auf jede sentimentalisierend vermenschlichende Darstellung verzichtend, erfaßt heute eine gute Tiererzählung auch sittliche Kernprobleme der Gesellschaft. Der Schriftsteller Daniil Granin meinte in diesem Zusammenhang, daß die Einstellung des Menschen zum Tier gegenwärtig das sittliche Niveau des Menschen spiegele, da es nicht mehr erforderlich sei, beim Anblick eines Tieres zum Gewehr zu greifen, um sich Nahrung zu verschaffen.

Als Begründer der klassischen Tier- und Jagderzählung Rußlands gilt *Sergej Aksakow* (1791–1859), ein leidenschaftlicher Jäger und Angler. Er ist auch der erste, der sich von der vorwiegend exotischen Betrachtung der Naturlandschaft, wie sie noch für seine Zeitgenossen, z.B. M. Lermontow ("Mcyri"), eine Rolle gespielt hat, freimachte und eine in gewissem Sinne schon ökologische Sicht in seinen Texten offenbart:

"Ich sagte vom Wasser, es sei 'das Schönste an der Natur', fast dasselbe könnte man vom Wald behaupten. Die ganzheitliche Schönheit jedes Ortes besteht eben in der Vereinigung von Wasser und Wald. Die Natur macht es ebenso: große Flüsse, Flüßchen, Quellen und Seen sind fast immer von Wald und Gebüsch umwachsen, Ausnahmen sind dabei selten. In der Vereinigung von Wald und Wasser birgt sich ein anderer großer Zweck der Natur. Wälder sind die Hüter des Wassers: Bäume schützen den Boden vor den brennenden Sommersonnenstrahlen und den Trockenwinden. Kühle und Feuchtigkeit herrschen in ihrem Schatten und lassen die fließende und stehende Feuchtigkeit nicht verdun-

---

129. Zit. nach: Kirill Sykow: Die ökologische Bildung der städtischen Bevölkerung. In: Gesellschaftswissenschaften, Moskau 1984, 2, S. 224.

sten. Das Versiegen der Flüsse, das sich schon in ganz Rußland bemerkbar macht, entsteht nach allgemeiner Ansicht durch den Raubbau an den Wäldern."[130]

Es ist interessant, daß die Aksakowsche Art der Naturbetrachtung, die Begeisterung für die Schönheit der Natur und die Überzeugung, daß der Mensch auch über diesen Reichtum herrschen müsse, lange für die Literatur im Vordergrund stand. Als sich in Rußland die Darwinschen Lehren durchzusetzen begannen und die Naturwissenschaftler und Philosophen heftig darüber stritten, schwieg die Literatur.

Aber auch bei Aksakow gibt es den Ausspruch, daß "ein Gewehr auf eine bestimmte Distanz ihn zum Herrscher über Leben und Tod in der Tierwelt machen würde."[131]

Aksakow hat selber eine Anleitung für Jäger und Angler geschrieben und ein Exposé über das Pilzesammeln vorgelegt, das vor wenigen Jahren der sowjetische Schriftsteller Wladimir Solouchin wieder hervorholen und zu Ende führen sollte.

Die *"Aufzeichnungen eines Jägers aus dem Gouvernement Orenburg"* (Zapiski ružejnogo ochotnika) von 1852 wurden noch durch weitere Episoden des Jagderlebens ergänzt, so daß insgesamt drei Jagdberichte von Aksakow überliefert sind. Das Erstaunliche dabei ist, daß er selbst in seinen Schilderungen mit Begeisterung und in allen Details die Tiere, z.B. einen Schwan, beschreibt, um darauf mitzuteilen, wie er ihn mittels Entenschrot vom Leben zum Tode befördert hat.

Der Schriftsteller *Iwan Turgenew* (1818–1883) hatte sich in der führenden Literaturzeitschrift "Sowremennik" sofort begeistert zu Aksakows "Aufzeichnungen .." geäußert. *"Wir lieben alle in gleicher Weise die Natur"*[132] heißt es, denn auch er streifte gern als Jäger durch die Wälder. Die Natur nahm in seinem Schaffen einen bedeutenden Platz ein, und sein Gefühl für den ewigen Kreislauf des Lebens steigerte sich bis zum Empfinden erdrückender Macht der Natur über den Menschen, besonders in seinen letzten Lebensjahren. Es heißt dann z.B.: *"Ich habe dir das Leben gegeben – ich nehme es zurück und gebe es anderen, den Würmern oder Menschen ..."*[133] In seinen berühmten *"Aufzeichnungen eines Jägers"* (Zapiski ochotnika) sticht vor allem die Liebe des Bauern zur Natur hervor, und im Schriftsteller selbst muß in diesen Jahren ein innerer Wandlungsprozeß begonnen haben, denn wir lesen: "Seit der Zeit wurde es immer schwerer und schwerer zu töten und Blut zu vergießen."[134]

---

130. S. Aksakov: Sobr. soč. v 11 tomach. M. 1956, Bd. 2, S. 157.
131. ders. Sobr. soč. v 5 tomach. M. 1955, Bd. 1, S. 24.
132. I. Turgenev: Polnoe sobr. soč. v 28 tomach. M. 1961, Bd. 4, S. 134.
133. ebda Bd. 13, S. 123.
134. ebda Bd. 16, S. 24.

Während in der Rezension zu Aksakows Werk noch die Überzeugung vertreten wurde, daß die Jagd, die zu Geduld und manchmal auch zu Kaltblütigkeit erziehe, dem Körper Gesundheit und Kraft, dem Geist Kühnheit und Frische verleihe[135], distanziert sich Iwan Turgenew später völlig hiervon. Die Jäger und Angler in der klassischen russischen Literatur sind in erster Linie Sportjäger, die auch echten Genuß an der Naturschönheit empfinden. Sie sind noch keine gewissenlosen Wilddiebe und Raffer, von denen die Belletristik hundert Jahre später zu berichten weiß.

Für eine zunehmend wachsende Bevölkerung in den zwanziger Jahren unseres Jahrhunderts änderte sich dann die Wertigkeit der Jagd, auch wenn keine Rücksicht auf ökologische Belange genommen werden konnte. Bei M. Prischwin finden wir neben der Verneigung vor der Schönheit der Natur durchaus auch schon haushälterische Betrachtungsweisen. Und diese Besorgnis – das Patrimonium – verschwindet nicht mehr aus der Belletristik. Aus dieser Motivation heraus waren für den Schriftsteller Sokolow-Mikitow in den dreißiger Jahren nicht mehr die Jagderfolge als solche wichtig, sondern die Blumen, die er von seinen Streifzügen in der Jagdtasche mit nach Hause brachte. Auch der Autor *Nikolai Sladkow* wurde sehr früh zum Gegner der Hobby-Jagd. Er selbst wurde in der Stadt als Sohn eines Arbeiters geboren, und erst die Lektüre von Brehms Tierleben hat ihm die Begeisterung für die Natur vermittelt. Er wurde mit dem Naturschriftsteller W. Bianki bekannt, und seitdem interessierte ihn vor allem das Schicksal der unberührten Natur in einer urbanisierten Welt. Nikolai Sladkow schreibt immer wieder darüber, wie froh er sei, daß er nie im Leben Tiere getötet habe und er viel lieber mit der Kamera durch den Wald streife. Seine Dokumentarbände über die Wüste, das Hochgebirge und die Tiefsee begeistern nicht nur die Kenner.

"Die Natur verstehen lernen" – so lautete eine Losung, die in den dreißiger Jahren die Schriftsteller animieren sollte, besonders für das kindliche Publikum populärwissenschaftliche Bücher über den Menschen und seine Umwelt zu schreiben. Und dieser Appell hatte Erfolg. Jedoch in der Belletristik dauerte es noch Jahrzehnte, bis die Erzählungen von den in ihren Eigenschaften vermenschlichten Tieren (sogar Autoren wie M. Prischwin oder N. Sladkow haben dies nicht vermieden), durch eine neue realistische Sicht (Boris Rjabinin, Igor Akimuschkin, Gennadi Snegirjow) abgelöst wurde.

So finden wir in den Büchern der Autoren aus allen Sowjetrepubliken die Mahnung, daß man heute auch zu den Tieren einen anderen Umgang pflegen müsse – "ein gutes Verhalten zu Pferden" – wie W. Majakowski in einem seiner besten Gedichte gefordert hat.

---

135. ebda Bd. 11, S. 163.

Zehn Jahre nach dem Erscheinen der berühmten "Roten Liste" der bedrohten Tierarten wurde sie 1976 auch ins Russische übersetzt. Sie ist seitdem zu einem Renner des sowjetischen Buchmarktes geworden und in den letzten Jahren immer wieder aktualisiert und erweitert worden. 1975 erschien eine Ausgabe für Kinder von Juri Dmitrijew. In zwei Bänden *"Mensch und Tiere"* (Čelovek i životnye) legt er in umfassender Weise alle ethischen Fragen im Zusammenhang mit der bedrohten Tierwelt dar.

Alexander Winogradow bekannte 1975, daß er schon fünfzehn Jahre lang an einem ähnlichen Buch gearbeitet habe und, weil die Zeitgenossen noch an den Fortschritt im Überfluß glaubten, als Sonderling betrachtet worden sei. Er meint, in erster Linie müsse man den Kindern die Liebe zu allem Lebendigen einimpfen, damit bei ihnen die Grundlagen für einen echten Humanismus gelegt würden. Im Lebenswerk des ukrainischen Pädagogen *Wassili Suchomlinski* spielt diese Komponente eine wesentliche Rolle. Er hat seine Schule nicht nur in die Natur verlegt und von früh bis abends die Umwelt beobachten lassen, sondern er hat wie schon sein Vorgänger, der Pädagoge Anton Makarenko, große Gärten anlegen und von den Schülern pflegen lassen. Diese Aufgabenstellung war besonders in den fünfziger Jahren für die Kinder, die das Trauma des Krieges zu verwinden hatten, von unschätzbarem Wert. In seinem frühen Werk *"Mein Herz gehört den Kindern"* (Serdce otdaju detjam) schrieb der 1970 verstorbene Suchomlinksi: *"Der Mensch ist und bleibt immer ein Kind der Natur. Alles, was ihn mit der Natur verbindet, muß genutzt werden, um die menschlichen Werte in ihm zu entwickeln und ihn an den Reichtümern der geistigen Kultur teilhaben zu lassen. Die Welt, in der das Kind lebt, ist vor allem die Welt der Natur mit ihrem ungeheuren Reichtum an Erscheinungen und ihrer unerschöpflichen Schönheit. Hier in der Natur, in den Feldern und Wiesen liegt der ewige Quell, der Verstand, Sprache und Vorstellungen wie Gefühle des Kindes bereichert."*[136]

Alle Literaten und Kritiker sprechen dieser Art von Literatur eine erkenntnisfördernde und begütigende Wirkung auf den Leser zu, die sein Interesse an allem Lebendigen wecken soll, zumal den Kindern die Brisanz der Umweltzerstörung noch verborgen bleibt.

Natürlich kämpfen in solchen Erzählungen viele Einzelgänger und Sonderlinge, denen es um den Schutz der Tiere und die Bloßstellung von Frevlern aller Couleur geht. Doch hierzu einmal ein Beispiel aus der Presse:

S. Schwarz, B.P. Kolesnikow und B. Rjabinin gehen in ihrem Buch *"Dialog über die Natur"* (Sverdlowsk 1977) auf die Jagdspielautomaten

---

136. Wassili Suchomlinski: Mein Herz gehört den Kindern. Bln./DDR, 1974, S. 17.

ein, die von der Zeitung "Komsomolskaja prawda" für Kinofoyers, Klubs und den Zirkus empfohlen werden. In der Anleitung dazu heißt es: "Der Schütze beobachtet das Auftauchen eines Tieres auf dem Bildschirm, drückt ab, und es ertönt der Schrei eines verwundeten oder sterbenden Tieres." Nicht nur die Jagd auf Hirsch, Bär und Wildschwein werde damit "kinderleicht", auch weitere Serien für die Jagd auf Wasservögel seien bereits konzipiert.

Der Publizist Anatoli Agranowski berichtet in seinem Buch *"Und der Wald wächst"* (A les rastet — nach der gleichnamigen Reportage) darüber, daß 1964 während seines Aufenthaltes im Naturschutzpark Askanija Nowa dort gerade ein Brief einer Jagdgesellschaft von der Krim eingetroffen wäre, worin sich die Jagdliebhaber darum bewarben, an einem "Massenabschießen von Großwild aus Asien und Afrika" im Naturschutzgebiet (wovon Gerüchte zu ihnen gedrungen wären) teilnehmen zu dürfen. Sie äußern die Bitte, ihnen unverzüglich einen Abschußtermin zukommen zu lassen.

In den Werken von Astafjew, Abramow, Below, Kasakow, Solouchin, Auesow oder Timur Pulatow wird einerseits das Leben der Tiere in ihrem ursprünglichen Milieu getreu wiedergegeben, andererseits daraus fast immer eine philosophische Aussage abgeleitet. In vielen Erzählungen begegnet man dem alternden und sterbenden Tier (T. Aitmatow "Proščaj Gul'sary", Oralchan Bökejew "Kerbugu", M. Aleksejew "Karjucha" u.a.). Der kasachische Autor *Bökejew* erzählt die Geschichte des *"Bura"*, eines Arbeitskamels, das im Kolchos durch die Anschaffung von Traktoren überflüssig geworden ist. Das Tier entflieht an die Bahnstrecke, an der es in seiner Jugend beim Streckenbau Schwerstarbeit geleistet hat. Beim ungleichen Wettlauf mit einer Lokomotive kommt es um, wird sinnbildlich von der modernen Zeit überholt. In der Erzählung *"Kerbugu" (1972) zeigt er das Schicksal des alternden Maralhirschens, der sich zwar der Natur und ihren Gesetzen, nicht aber der Freiheitsberaubung von seiten der Menschen unterwirft. Bökejew hat mit beiden Erzählungen und ihren gleichnishaften Warnungen vor der Zerstörung der Natur existentiell bedeutsame Fragen aufgeworfen.*

Fjodor Abramow hat in einer seiner Erzählungen aus dem Zyklus *"Aus den Erzählungen der Olena Danilowna"* (Iz rasskazov Oleny Danilovny" 1970–1980) die Hauptgestalt Olena als eine Frau dargestellt, die mit übersinnlichen Fähigkeiten ausgestattet ist und die Sprache der Tiere versteht. Als junges Mädchen wurde sie in Dienste gegeben, wo Tiere ihr einziger Trost waren. Nach ihrem Austritt aus dem Arbeitsverhältnis richtet sie ein Tierheim ein. Sie hat fast keine Beziehungen zu ihren Mitmenschen, sondern geht völlig im Mitleid für die Tiere auf.

Eine andere Erzählung Abramows *"Es war einmal ein Salmmädchen"* (Žila-byla semužka) berichtet vom Leben eines Salms. In reinem

Süßwasserfluß zur Welt gekommen, vollzieht der Fisch seine abenteuerliche Wanderung ins salzige Meer – um sein Leben am Dreizack eines Wilderers zu beenden. Die Erzählung legt nahe, tiefer in die Geheimnisse biologischer Rätsel, wie sie die Fischzüge auch heute noch für die Wissenschaft darstellen, einzudringen, darüber eigene Betrachtungen anzustellen und die Überlebensbedingungen für einzelne Tierarten stärker ins Bewußtsein zu rücken. Ausgehend vom biologischen Faktum und gebunden an eine nördliche Legende wird Abramows Warnung überdeutlich, mit den natürlichen Kostbarkeiten der Flüsse und Meere sorgfältiger umzugehen.

Auch in einer anderen Erzählung *"Die letzte Jagd"* ("Poslednaja ochota", 1973) greift der Mensch in einen geschlossenen mythischen Kreis ein. Es geht um einen Zweikampf zwischen Mensch und Wolf, die einander verfolgen. Der Sieg des Menschen über die Kreatur wird nicht von vornherein vorgegeben. Der Mensch wird in den kalten Nächten, während er dem Wolf zum Todesschuß auflauert, zum Krüppel. Als es ihm endlich gelingt, den Wolf zur Strecke zu bringen, bezeugt die Dorfgemeinde dem Sieger plötzlich die bis dahin verweigerte Achtung als erfahrenem Jäger. Der Jäger aber ist in den Nächten des Wartens sehend geworden und hat einen neuen, distanzierten Blick für seine Mitmenschen gewonnen.

Diese Erzählungen Fjodor Abramows zeugen von seiner großen künstlerischen Meisterschaft in der Entdeckung spannender Sujets und ihrer ethisch geschlossenen Darstellung.

Der Schriftsteller *Juri Nagibin* (1920 geboren) ist einer der prominentesten Erzähler in der Sowjetunion. Er ist auch Verfasser zahlreicher Jagderzählungen und schrieb z.B. das Szenarium für den preisgekrönten Film "Dersu Usala – der Taigajäger" nach dem gleichnamigen Buch von Wladimir Arsenjew (1872–1930).

Juri Nagibin wurde populär, als er sich 1955 mit den Erzählungen *"Licht im Fenster"* (Svet v okne) und *"Das Chasarische Ornament"* (Chazarskij ornament) in dem umstrittenen liberalen Sammelband "Literaturnaja Moskwa" an die Öffentlichkeit wandte.

In der letztgenannten Erzählung bringt er drei Männer, einen Jagdaufseher, einen Jäger und einen Bauern auf der Jagd mit einem jungen, liberal gesinnten Bezirkssekretär der Partei zusammen, der jedoch zunächst sein Inkognito wahrt. Dadurch kann er die Jäger und den Bauern über die Wichtigkeit des Artenschutzes und die Beachtung der Schonzeiten belehren. An Beispielen aus der Geschichte des Bezirks zeigt er die Einbußen an Bibern, Elchen und Fischottern. Es gelingt ihm dabei, den Bauern und seine Nachbarn, die zuerst seine Warnungen mit dem Hinweis auf den Naturüberfluß zurückweisen, doch von seinen Ansichten zu überzeugen. Die Version, nach der ein Parteisekretär, statt hinter seinem Schreibtisch zu hocken, durch die Wälder streift, um Volksaufklärung zu betreiben, wich offenbar zu sehr von dem Klischee ab, das für die Kritiker heilig war.

Nagibin gestaltet weniger Schicksale als vielmehr Episoden, in denen er das Alltägliche hervorhebt. Seinem Vorbild Paustowski folgend, beschreibt er bevorzugt die mittelrussische Landschaft von Meschtschora. Dabei treten seine Figuren in Grenzsituationen ihrer Bewußtseinswandlung ein, wenn die Natur für sie neue Farben und Werte annimmt. Zu einem Zyklus von annähernd zwanzig Jagderzählungen war ihm Ernest Hemingway zunächst unmittelbares Vorbild. An ihn erinnert z.B. die folgende Stelle aus der Erzählung *"Das Forsthaus"* (Na kordone).

"K. überkam wohlige Mordlust, die in Wirklichkeit Liebe ist. Der Jäger liebt sein Opfer – scheu, zärtlich und leidenschaftlich und der mörderische Schuß gleicht befreiender Glückseligkeit."

"Wenn dein Speer den Feind nicht trifft, wenn dein Pfeil am Ziel vorbeifliegt, dann hast du deinen Platz unter den Männern, unter den Lebenden verwirkt."[137]

Den meisten seiner Erzählungen ist ein elegischer Grundton eigen. Ein guter Jäger muß nach der Überzeugung des Autors ein guter Mensch sein, sonst rächt sich die Natur an ihm.[138]

Ausführlich befaßt sich Juri Nagibin auch mit den Wilderern, die für ihn zu den schlimmsten Parasiten der Gesellschaft gehören. In seiner 1965 geschriebenen Erzählung *"Der Wilderer"* (Brakon'er) schildert er die komplizierte Psyche eines solchen Mannes, die aus Gewinnsucht, moralischer Ambivalenz und Gleichgültigkeit gegenüber der Natur zusammengesetzt ist. Als der Wilderer gestellt wird, soll ein Musterprozeß die anderen abschrecken. Das ungerechtfertigt hohe Strafmaß von fünf Gefängnisjahren läßt den Mann zusammenbrechen. Ist sein Tun denn gar so schlimm?

"Ein zugereister gelehrter Mann hatte Petristschew einmal erklärt, das Angeln sei für den Kaschtschej-See nützlich. Finge man keine Plötzen, vermehrten sie sich derart, daß der Sauerstoff im Wasser knapp würde und ein großes Fischsterben begänne. Das Fischstechen aber sei schädlich. Viele angestochene Fische entwichen, erkrankten; und falls nicht Fischotter sie erbeuteten, erstickten sie, faulten und steckten alles in der Nähe an, verdürben Rogen und Fischbrut. Das Verschwinden von Plötze und Hecht im Kaschtschej-See sei vor allem auf das Fischstechen und auf chemische Fangmethoden zurückzuführen. In der Tat gab es jetzt weniger Fisch, vor allem im Vergleich zu den Vorkriegsjahren.

---

137. Ju. Nagibin. Zit. nach: Ein Prophet wird verbrannt. Bln./DDR 1979, S. 76 und 95.
138. Ju. Nagibin: "Entenzeit" In: Ju. Nagibin Rasskazy, M. 1963 Bd. 1.

Damals fingen die alten Frauen und die kleinen Bengel die Plötzen im Frühjahr mit den Händen: für erwachsene Männer war das nichts. Aber wie sagt man doch? Solange wir leben, reicht's!"[139]

Nagibin erwähnt aber nicht nur diese kleinen Störungen des Naturhaushalts, er vergißt auch die großen keineswegs; über eine Filmfabrik heißt es: *"Wie ein Bewässerungsgraben zog sich der Fluß die Straße entlang. Sommers trocknete die Schtotolka bis auf den steinigen Grund aus, jetzt aber brodelte sie und spielte mit einem Wassersaum von unnatürlicher giftrosa Farbe ... In diesen Fluß leitete die Filmfabrik ihre Abwässer. Auf der anderen Seite des Hügels floß ein smaragdgrüner Fluß, und in den mündete ein violetter Bach. Freigebig schenkte die Fabrik allen hiesigen Wasserstraßen ihre vielfarbigen giftigen Abfallstoffe. Besonders stürmisch erblühte die Landschaft wegen des Frühlingshochwassers. Selbst in Peterhof gibt es zu den Feiertagen, da verschiedenfarbige Scheinwerfer die Brunnen anstrahlen, kein solches Kunterbunt wie in dem schlichten Lichoslawl und seiner Umgebung...*
Alle anderen Seen, Flüsse und Bäche des Landes waren schon gänzlich leergefischt, in den Teichen aber gab es nur schlechten Fisch, kranken, der sogar gebraten nach allerlei Essenzen roch – auch die unterirdischen Wsser waren vergiftet. In diesen Gewässern war alles Leben ausgestorben, nicht nur die Bisamratten, Fischotter und Nutrias – nein, selbst die einfachen Wasserratten, Frösche und Käfer."[140]

Hatte Juri Nagibin in den 60er Jahren der Jagdleidenschaft noch Verständnis entgegengebracht, so vollzieht er Anfang der 70er Jahre eine Kehrtwendung.

In seiner Erzählung *"Die Heimkehr des Akira Kurasawa"* (Vozvraščenie Akiry Kurasavy, 1974) verurteilt er die Jagd und bekennt später in seinen "Literarischen Betrachtungen" (Literaturnye razdumja, 1977), daß ihn dazu die publizistischen Auftritte und Polemiken des Australiers Alan Marshall veranlaßt hätten. Inzwischen zweifelt Nagibin sogar an der Berechtigung von Jagderzählungen jeder Art. Er schreibt:

139. J. Nagibin: Ein Prophet wird verbrannt. Bln./DDR 1979, S. 9.
Das Thema der Raubfischerei wird auch bei V. Tendrjakov in seiner Erzählung "Der Fund" (Nachodka) behandelt. Der prinzipienfeste, bis zur Unmenschlichkeit den Wilderern nachstellende Oberinspektor Trofim wird erst durch den Fund eines hilflosen Säuglings für die Belange seiner Mitmenschen sensibilisiert.
Petr Krasnov hat die Erzählung "Ein folgenschwerer Fund" (Po pričine duši, 1981) verfaßt. Timofej entdeckt beim Angeln eine fremde "gesetzwidrige" Fangleine mit einem großen Stör. Als er ihn sich aneignet, wird er vom Fischereiinspektor und dessen städtischem Vorgesetzten beobachtet. Der Städter braucht wieder dies Vergehen, um ein Exempel zu statuieren, und trotz aller Unschuldsbeteuerungen lautet die Gefängnisstrafe auf zwei Jahre. Der gleichgültige Funktionär Belenki hält zwar eine Philippika für den Naturschutz und gegen ihre Zerstörer, im Urteil gegen den Bauern Timofej macht er sich allerdings schuldig, wirft ihn aus dem Geleis.
140. Ju. Nagibin: Ein Prophet wird verbrannt. Bln./DDR 1979, S. 34 - 35.

"Ich habe immer die Natur geliebt, in der Kindheit unbewußt, in reiferem Alter bewußt bis zur Zweckmäßigkeit. Wenn es mir schlecht geht, die Seele schwer ist, drängt es mich physisch, einen Baum anzusehen, seinen Stamm, seine Blätter zu berühren."[141]

Juri Nagibin, der sich 1955 als einer der ersten für den behutsamen Umgang mit den Naturressourcen auch literarisch engagierte, und der inzwischen als Gegner der Jagd auftritt, gilt es als einen Autor zu würdigen, der sich um einen vernünftigen Schutz der Natur Sorgen macht und darüber schreibt.

In *Nikolai Nikonows* Erzählung *"Auf Wölfe"* (Na volkov, 1979) hat sich eine Jagdgesellschaft zur Jagd auf die letzten Wölfe zusammengefunden. In erster Linie geht es dem Wildhüter darum, etwas an den Jägern zu verdienen. Außer ihm sind ein selbstgefälliger Direktor des Holzverarbeitungskombinats, sein "ewiger" Stellvertreter, der von Magengeschwüren geplagte Parteisekretär des Betriebes und der "Künstler" des Werkes, ein unscheinbarer junger Mann, mit von der Partie. Bei abendlichen Gesprächen werden einige makabre Jagd"methoden" enthüllt:

"Ich scheuche die Jungen mit 'nem Draht aus dem Bau. Bind ihnen die Pfoten zusammen und stoße sie in den Bau zurück. Die Wölfin rühr' ich nicht an, solange sie die Jungen säugt. Für einen Welpen gibt's ja keine Prämie ... Die Welpen wachsen also mit gefesselten Pfoten auf. Wenn sie groß genug sind, daß man sie für ein erwachsenes Tier ausgeben kann, schlage ich sie tot und kassiere meine Prämie."

Eine andere Passage lautet: *"Auch das Tier läßt sich leichter mit Hilfe der Technik einfangen ... Wir haben einen Burschen, der schafft es, mit dem PKW Hasen plattzuwalzen. Nachts ... Oder nehmen wir die Mode mit den Dachsfellen. Frauen und Männer tragen Dachsfellmützen. Sie bestellen sie sogar ..., aber wo soll man das Fell hernehmen, der Dachs lebt unter der Erde ... Nimmst das Motorrad, einen Schlauch an den Auspuff, das andere Ende in den Bau ... und dann das Motorrad anlassen und warten. Der Dachs, sogar wenn er im Winterschlaf liegt, kriecht heraus, kann den Gestank nicht ertragen. Du ziehst ihm eins mit dem Stock über, und das ist alles."*[142]

Als der sensible Werkskünstler gegen den Verkünder solcher Methoden tätlich vorgeht, verlangt man, daß er sich wegen seines Protestes gegen die Jagdbräuche entschuldigt; anderenfalls drohe ihm die Entlassung aus dem Betrieb.

Die *"Erzählung über die letzte Jagd"* (Povest' o poslednej ochote, 1977) von *Wladimir Saposchnikow* beginnt folgendermaßen: *"Ich war

---

141. Ju. Nagibin: Literaturnye razdumja. M. 1977, S. 21.
142. N. Nikonov: Na volkov. In: "Naš sovremennik" 1979, 9, S. 28.

einmal ein leidenschaftlicher Hobby-Jäger und hielt diese Beschäftigung für meinen männlichen Vorzug. Jetzt, sobald ich jemanden prahlen höre: 'Ich liebe die Jagd', so klingt das bei mir immer wie: Ich bringe gern Kinder um! Ich begann so zu denken, nachdem ich drei Tage auf der Herbstjagd in einem reputierlichen Kollektiv verbracht hatte. Unter Menschen, die sich als leidenschaftliche Naturliebhaber bezeichneten."[143]

Acht Pkw und Lkw stellten die Ausrüstung dar, dazu einige Hundert halbautomatischer Gewehre ausländischer Fabrikation. Die Gruppe fährt im Morgengrauen an den See, ein Kommandeur wird bestimmt, und die Jagd beginnt nach genauem militärstrategischem Plan. Die Tiere werden eingekesselt und abgeschossen. "Der Oberst war ein akkurater Mann, er ließ den Vögeln keine Chance zur Rettung", heißt es im Text. Einer der Teilnehmenden, noch ein Schüler, hat bereits zwei Jahre das Zielschießen geübt, um sich jetzt als treffsicherer Schütze hervortun zu können. Nach zwei Stunden sind zehnmal mehr Tiere erlegt, als erlaubt. "Hier herrscht eine andere Moral – raubtierhaft, grausam, zynisch", schreibt Saposchnikow, "fern von den Sälen mit den Bildern großer Männer". Allein der Schüler hat 73 Enten geschossen und wird dafür belobigt. Der Erzähler wendet sich in der Erzählung gegen den organisierten Mord und wird belehrt, "daß sich das Kollektiv nur in der Natur habe erholen wollen." *"Wir fürchten niemanden, wir sind ein Kollektiv und schützen die Natur. So steht es im Kollektivvertrag!"*

Und deshalb wird es im kommenden Jahr an diesem See kein Wild mehr geben. Nach der ausführlichen Darlegung der Bedrohung für die Naturumwelt wird die Erzählung in die Richtung geführt, daß der Erzähler dem Jagdleiter droht, ihn anzuzeigen, falls er die Beute nicht bei den offiziellen Stellen abliefere. So wird schließlich ein Kraftfahrer dazu gezwungen, einen Teil der Beute – als den Wilderern abgenommen deklariert – zur Miliz zu transportieren, die den Jägern ihren Dank ausspricht.

Saposchnikow versichert, daß es sich bei dieser Geschichte um ein wahres Erlebnis gehandelt hat.

Der Schriftsteller Anatoli Tkatschenko, der diese Erzählung sehr lobt, schreibt: *"Vielen anderen steht die letzte Jagd noch bevor, dann, wenn sie verstehen werden, daß der gefährlichste Wilderer nicht derjenige ist, der wie ein Tier durch Felder und Sümpfe schleicht, sondern derjenige, der in jedem von uns ist. Diesen muß man bekämpfen. Zum Nutzen für sich selbst und für die Natur."*[144]

"Lebendiges Geld" (Živye den'gi, 1972) heißt die Erzählung des 1939 geborenen Autors *Andrej Skalon*, die viel stärker als seine später verfaß-

---

143. V. Sapožnikov: Povest' o poslednej ochote. In: "Sibirskie ogni" 1977, 3, S. 134.
144. A. Tkačenko, Zit. nach: "Literaturnoe obozrenie" 1978, 1.

ten Werke die Aufmerksamkeit der Leser auf sich zog. Sogar Wassili Schukschin, der selten als Rezensent in Erscheinung trat, widmete ihr bei Erscheinen eine begeisterte Besprechung.

Andrej Skalon ist in Sibirien (Ulan-Ude) geboren, hat das Landwirtschaftsinstitut sowie die Filmhochschule besucht und auf einem Walfangschiff gearbeitet. "In einem Atemzug geschrieben", sagt Schukschin über diese Erzählung und bezieht sich dabei in seiner Rezension auf die reiche und kultivierte Sprache, auf das geschlossene Sujet und das strenge Urteil, das über die Zeitgenossen gefällt wird. Es passiert so gut wie überhaupt nichts in der Geschichte. Arkanja, ein Schlosser mit Spezialausbildung in einem Chemiekombinat, nimmt in jedem Jahr während der Jagdsaison zwei bis drei Monate Urlaub, um in die Taiga zur Jagd auf Zobel und Eichhörnchen zu fahren. Nachdem er eine Menge Felle erbeutet hat, gelangt er wieder in die Stadt zurück, indem er mit einer hohen Summe einen Hubschrauberpiloten besticht. Sein Leben in der Taiga, das auch Entbehrungen und Gefahren einschließt, teilen zwei Hunde, die er jeweils vor der Jagd kauft und die detailliert in ihren Eigenheiten geschildert werden. Diese Gefährten, in denen die Jagd erneut Urinstinkte erweckt, damit sie ihm beim Aufspüren des Wildes helfen, läßt Arkanja nach Abschluß der Saison in der Taiga zurück, dem sicheren Tod überantwortet. Die Hunde waren für ihn "lebendiges Geld", sie verhalfen ihm zu Gewinn, und er befreit sich wieder von ihnen, blickt aus dem Hubschrauber auf sie herab und bedauert sie.

Boris Wassiljew, 1924 in Smolensk als Sohn eines Offiziers geboren, erhielt ebenfalls eine militärtechnische Hochschulausbildung. Seit 1954 arbeitet er als Dramatiker, Szenarist und Romancier. Der 1973 verfaßte Roman *"Schießt nicht auf weiße Schwäne"* (Ne streljajte v belych lebedej) hat nach Ansicht des DDR-Slawisten Anton Hiersche große Parallelen mit T. Aitmatows "Weißem Dampfer", dem Kurzroman, der drei Jahre später entstand.

Wassiljew schrieb seinen Roman über den Zimmermann und Waldhüter Jegor Poluschkin, der mit seiner Frau und dem Sohn Kolka im Norden lebt. Der naive, gutgläubige Mann hat schon mehrfach die Arbeitsstelle gewechselt, weil er Wert darauf legt, daß ihm jede Arbeit Freude bereitet. Er ist ein fast christlicher Mann mit einer gewissen Tendenz zur Volksgestalt "Iwan – der Dummkopf" aus dem russischen Volksmärchen, der alles nach seinem Gutdünken vollzieht und am Schluß als der Klügste dasteht. Er gehört mit zur literarischen Tradition der Einfaltspinsel, wie sie auch Schukschin schildert. Mit seinen seltsamen, unüblichen Auffassungen kollidiert Poluschkin häufig mit den Vorgesetzten, zumal er über Eigenschaften verfügt, die ihn für das praktische Leben wenig tauglich erscheinen lassen. Seine Maxime versucht er stets durchzusetzen. Als ein Mensch, der in der Natur großgeworden ist, kann er es nicht mit ansehen, daß beim Ausschachten von Kanalisationsgräben ein Ameisenhaufen zerstört wird, und er lenkt die Gräben im Bogen herum. Dadurch gerät er immer stärker als Sonderling in die Isolierung, und die Versuchung, im Alkohol Trost zu finden, liegt nahe. In solchen Situationen wird er vollends willensschwach und schlägt sogar den Sohn, um sich vor Touristen großzutun, denselben Leuten, die soeben seinen Ameisenhaufen in Brand gesetzt haben. Seinen geringen Lohn versucht Poluschkin durch Lindenbastverkauf aufzubessern, aber auch hier hat er Pech, weil sein geschäftstüchtiger Schwager die Bäume vor ihm entrindet hat. Dieser Schwager spielt eine wichtige Rolle, weil er dem lebensuntüchtigen Jegor hilft, ihn auf der anderen Seite aber ausbeutet.

Er selbst ist Forstwart in einem Naturschutzgebiet und geht mit dem staatlichen Reichtum ebenso großzügig um wie Oroskul in Aitmatows Kurzroman "Der weiße Dampfer". Für ihn ist charakteristisch, daß er die Hunde, die er für die Arbeit nicht mehr gebrauchen kann, eigenhändig abschießt.

Vom Schwager zu einer Zusammenkunft der Förster in die Stadt geschickt, hält sich Jegor nicht an das mitgegebene Redemanuskript, sondern ruft zum sorgsamen Umgang mit der Natur auf. Statt der ihm aufgetragenen Einkäufe für die Dorfbewohner bringt Jegor aus der Stadt Schwäne mit, die er auf dem heimischen Schwanensee aussetzt. Nach kurzer Zeit findet er diese Schwäne getötet. Als er eine Gruppe von Menschen des Mordes verdächtigt und sie der Miliz übergeben will, wird er fast totgeschlagen. Aber er bleibt sich selbst treu, auch auf dem Sterbebett gibt er die Namen seiner Mörder nicht preis. Im Gegenteil, er verzeiht ihnen öffentlich, damit die Macht des guten Beispiels die Erschütterung zur Umkehr in den Mördern auszulösen vermag.

Von *Wassili Below* gibt es einen Zyklus von *"Erzählungen über alles Lebendige"* (Rasskazy o vsjakoj živnosti, 1978). Es sind Beobachtungen über das Leben der Haustiere auf dem Lande, die mit hervorragender Sachkenntnis und Beobachtungsgabe erfaßt worden sind. Ich bin davon überzeugt, meint Below, daß einige Kühe, Hunde und Katzen den Charakter ihrer Besitzer annehmen. Zu diesen Tiertüden hat Jewgeni Nossow ein Vorwort verfaßt und Belows Buch besonders den Stadtkindern als Lektüre empfohlen, die kaum noch die Möglichkeit haben, ein Pferd in natura kennenzulernen. Nossow sagt, daß der Mensch nicht allein mit Maschinen und Technik lebe; er würde gütiger und besser, wenn er sich wie früher nicht gleichgültig dem Lebenden gegenüber verhielte.

Aus einem früher verfaßten Zyklus von *Wassili Below* stammt die Erzählung *"Im Walde"* (V. lesu, 1963). Ein Förster findet im Wald Fangschlingen und einen ausgeweideten Elch. Er übernachtet im Dorf bei einem Invaliden und muß erkennen, daß sein Quartierwirt offenbar selber der Übeltäter war. Angesichts der großen Familie dieses Mannes regt sich das Mitleid des Försters und er sieht von der Anzeige ab.

Juri Kasakow hat in den Jahren 1963–1972 an der Erzählung *"Weißwal"* (Belucha) gearbeitet. Gerade in dieser Erzählung tritt Kasakows Einstellung zur Jagd besonders deutlich hervor. Es heißt darin: *"Vor rasender Leidenschaft zu töten bat auch ich um ein Gewehr und hielt es fest, genußvoll seine Schwere fühlend ... Als ich aber die Weißwale genauer betrachtet hatte, wurde ich gleichgültig, legte das Gewehr zur Seite und begann zu beten, daß die Tiere gerettet würden."*[145]

Denn Die Wale haben ihn durch ihre Schönheit, ihre geheimnisvoll atlasweiche Haut, die von ihnen ausgehende Verzauberung vor dem Töten bewahrt. Die Erzählung endet jedoch mit einem realistischen Bild: Nach einer Stunde waren die Weißwale erlegt. Man holte sie an die Oberfläche und schoß sie in den Kopf – zur Sicherheit, damit die angeschossenen Tiere nicht flüchten konnten.

Der Tschuktsche *Nikolai Schundik* (1920 geboren, Absolvent des Pädagogischen Instituts in Chabarowsk, danach als Redakteur tätig), ist Autor mehrerer Romane über sein kleines Volk. In dem Roman *"Der weiße Schamane"* (Belyj šaman, 1979) schreibt er, daß der Mensch auch in bezug auf die Natur Henker oder Zerstörer ohne Verstand sei. Hunderte von Walrossen seien getötet worden, um die Gier der Beinsammler zu befriedigen. Der Autor versichert, persönlich nie einen Bären getötet zu haben.

Leonid Pasenjuk verfaßte 1980 einen Roman in drei Teilen über das Leben der Bevölkerung auf Kamtschatka, wo die Bevölkerung dafür kämpft, eine Herde von Bärenrobben zu retten und zu vermehren. Die Trilogie unter dem Titel *"Das Ufer der spärlichen Sonne"* (Bereg skupogo solnca) ist in erster Linie ein dokumentarischer Bericht über Naturschutz in Aktion. Fragen der ungereinigten Industrieabwässer, der Wilddieberei, des Vogelschutzes oder des Massentourismus werden aufgeworfen.

Es gibt eine erhebliche Anzahl von Erzählungen, die sich mit der Mörderjagd auf Tiere befassen und die besonders von jüngeren Autoren verfaßt wurden. *Iwan Oganow* nannte seine erste Erzählung, die in der Januarnummer der Zeitschrift "Druschba narodow" 1982 erschien, *"Der Hund unseres Sommers"* (Sobaka našego leta). Er beschreibt einen Hund, der durch den Kurort streunt und die Menschen dabei meidet. Früher, so heißt es, lebte er auf einer Datscha. *"Jedes Jahr zu Beginn der Saison nahm der Vermieter einen Welpen auf. Wenn im Herbst keine Mieter mehr im Haus waren, die den Hund fütterten, tötete er ihn."*

---

145. Ju. Kazakov. Zit nach: Severnyj dnevnik. M. 1973, S. 334

Detailliert schildert der Autor, wie die Familie freudig jubelt, wenn der Hausherr das Gewehr holt. *"Sie warten das ganze Jahr auf dieses Ereignis."* Der Sohn sehnt die Stunde herbei, wenn er selbst das Gewehr in die Hand nehmen und das Tier erschießen darf. Diesmal war es nicht gelungen, den Hund umzubringen, und so verjagt man ihn.

Ebensolche Grausamkeiten schildern auch *Albert Lichanow* – in seinem Kurzroman *"Mein General"* werden Eichhörnchen durch Steinwürfe getötet – und *Wassili Tendrjakow* mit *"Verwandlungsspiele des Frühlings"* – hier werden Frösche getötet, indem man sie gegen eine Betonwand schleudert. Der armenische Autor *Ramis Röschan* urteilt darüber in einer Art Resümee: *"Verdreschen müßte man diese Banditen! Heute schlagen sie einen Frosch tot, morgen ein Huhn. Übermorgen murksen sie ein Schaf ab, und dann kommen die Menschen dran."*[146]

Eine andere Konstellation in dem Kurzroman *"Sterne sehen"* (Nebo s ovčinku, 1960) hat *Nikolai Dubow* parat. Gegen den Rowdy, der im Dorf am hellichten Tag alle Hofhunde mit dem Gewehr erschießt, setzt er eine kleine Gruppe von Kindern, die aktiv für den Umweltschutz kämpfen und versuchen, auch die Touristen zu dieser positiven Einstellung umzuerziehen.

Um *"Streunende Hunde"* geht es in der gleichnamigen Erzählung (Šatochi, 1978) von *Pjotr Krasnow*. Der Autor wurde 1950 in einem Dorf im Orenburger Bezirk geboren, beendete das Landwirtschaftsinstitut und arbeitet gegenwärtig in einem Sowchos der Mari-Republik. Seine erste Erzählung erschien 1975. Er gilt als einer der begabtesten jungen Autoren. Ihm liegt besonders die harmonische Beziehung zwischen Mensch und Natur am Herzen und es heißt in seiner Erzählung *"An der Grenze"* (Na grani): *"Die Erde ist stärker als alles. Ihr Ruf lebt für immer im Menschen und erwacht beim ersten Zeichen des Lebens und der Natur selbst."*[147] Deshalb kehren seine Städter amn Wochenende auch immer auf das Dorf zurück, um eine Herde zu weiden oder in der Landwirtschaft zu helfen. Seine Erzählung *"Streunende Hunde"* ist ungewöhnlich eindrucksvoll.[148]

Der Schüler Grischa wird eines Tages von streunenden Hunden angefallen. Als daraufhin die Erwachsenen einen furchtbaren Rachefeld-

---

146. Zit. nach: Der Granatapfelbaum (Anthologie) Bln./DDR 1981, S. 386.
147. Petr Krasnov: Na grani. Zit. nach: Saškino pole. M. 1978, S. 36.
148. Bei der Aussetzung von Hunden muß es sich um ein verbreitetes Phänomen handeln. Askol'd Jakubovskij, ein sibirischer Topograph, schreibt in seinem Erzählband "Die Rückkehr Caesars, 1977) über ein ganzes Rudel solcher Hunde, die im Wald leben und von Jägern verfolgt werden. Den Schilderungen kann man entnehmen, daß sich Rudel bis zu 200 Tieren bilden, die dann Tiere und sogar Menschen anfallen. Fedor Abramov sagt seinem Artikel "Wovon wir leben, wovon wir uns ernähren" (Literaturnaja gazeta, 17.11.1979) – die herrenlosen Hunde, die Kinder auf dem Schulweg überfallen, stellten ein großes Problem dar, das schnell gelöst werden müsse.

zug unter militärischer Strategie beginnen, hat er Mitleid mit den Hunden, an deren Verwahrlosung die Besitzer selbst schuld sind. Die Tiere wurden von ihnen verprügelt und fortgejagt. Die Dorfbewohner gehen mit System gegen das Rudel vor, und selbst der Freund Grischas bittet um ein Gewehr, um einen Hund umbringen zu dürfen. Nur ein einziger aus der Menge versucht, den Schlachtplan zu vereiteln: Der Mensch soll vor der Natur rein sein! So lautet seine Devise, aber er wird als "komischer Heiliger" nicht weiter beachtet. Das Entsetzen über die Mordgier der Erwachsenen läßt Grischa opponieren – allerdings ohne Erfolg, er kann die Hunde nicht retten. Über die Bauern, die systematisch alle Tiere töten, schreibt Krasnow: *"Sie alle schauen und warten mit heidnisch dumpfem und gierigem Interesse, und in ihren Augen steht nicht der Schatten der Grausamkeit, der Verzweiflung und des Hasses, von dem jetzt Grischas ganzes Leben erfüllt ist. Nur dumpfe, nicht vergängliche Neugier an fremdem Tod."*[149]

So bleibt am Ende für den Jungen die kindliche Verzweiflung über das Handeln seiner Mitmenschen, die viel schmerzhafter ist als es die vorher erlittenen Hundebisse waren.

Die bedeutendste Erzählung über einen Hund, *"Weißer Bim-Schwarzohr"* (Belyj Bim černoe ucho) von 1971 (auch verfilmt), stammt von *Gawriil Trojepolski* Wie Tschingis Aitmatow versichert, hat Dmitri Schostakowitsch diese Erzählung sehr geschätzt. Die hier gewählte Sicht der Wirklichkeitserfassung aus der Sicht von Tieren geht auf die Tradition von L. Tolstoi, A. Tschechow, A. Kuprin und M. Gorki zurück. Trojepolskis Erzählung steht in dieser Tradition russischer Prosa mit den höchsten ethischen Forderungen und einem Aufruf zur Vervollkommnung des Menschen, versetzt in eine konkrete sozio-kulturelle Umwelt der heutigen Sowjetunion.

Trojepolski berichtet über einen Gordonsetter, der im Hause eines Kriegsinvaliden zu einem klugen und zutraulichen Jagdhund heranwächst. Als sein Besitzer für längere Zeit im Krankenhaus bleiben muß, ist der Hund, der bislang nur die besten Eigenschaften an Menschen kennengelernt hat, auf sich allein gestellt. Der vereinsamte Hund macht sich auf die Suche nach seinem Herrn, und sein Vertrauen wird dabei harten Belastungsproben unterworfen. Bim verkörpert das Gute und Reine, worauf die symbolische Kennzeichnung "weiß" anspielt.[150] Einen optimistischen Zug bekommt die Erzählung dadurch, daß es vor allem Kinder sind, die sich immer wieder des einsamen Tieres annehmen und großen Eifer auf der Suche nach ihm an den Tag legen.

---

149. P. Krasnov: Saškino pole. M. 1978, S. 78.
150. Auch andere Autoren, Č. Ajtmatov mit dem "*Weißen* Dampfer" und B. Vasil'ev mit den "*Weißen* Schwänen" haben m.E. ganz bewußt auf diese Volkstradition eines Mythos Rücksicht genommen.

Trojepolski ringt in seiner Erzählung um eine neue Beziehung zur Natur; er schuf nicht allein die Gestalt des liebenswerten Bim, sondern flocht mehrfach philosophische Betrachtungen oder Appelle zum Naturschutz mit ein. Davon einige Beispiele.

"Und noch etwas. Mir tut es leid, das Wild zu töten. Das ist gewiß das Alter. Es ist so schön ringsum und dann plötzlich ein toter Vogel ... Ich bin kein Vegetarier und auch kein Heuchler, der das Leiden getöteter Tiere beschreibt und mit Vergnügen ihr Fleisch verzehrt, doch bis ans Ende meiner Tage mache ich mir zur Bedingung: ein, zwei Waldschnepfen pro Jagd, nicht mehr ..."

"Es gab eine Verordnung des Vorstandes der Jagdgesellschaft zur Bekämpfung von Elstern als schädlichen Vögeln, und das beruhte angeblich auf Beobachtungen von Biologen. Und alle Jäger töteten ruhigen Gewissens Elstern. Es gab eine ebensolche Verordnung, Habicht und Sperber betreffend. Auch sie wurden getötet. Ebenso Wölfe. Die hat man fast gänzlich ausgerottet. Für einen Wolf wurde eine Prämie von dreihundert Rubeln (altes Geld) gezahlt, und für ein Paar Elsternfüße oder Milanfänge, wenn man sie in der Jagdgesellschaft vorlegte, fünf oder fünfzehn Kopeken ..."

"Aber für die Vernichtung der Vögel in Steppen- und Waldsteppengebieten mit Chemikalien ist keiner verantwortlich. Indem wir Wälder und Felder vor Schädlingen bewahrten, vernichteten wir die Vögel, und indem wir sie vernichteten, richteten wir die Wälder zugrunde. Ist etwa die Schuld der Nebelkrähe, die von jeher die menschliche Gesellschaft begleitet und Altes und Schwaches vertilgt, erwiesen? Die Nebelkrähe ist schuld! Sichere, einfachste Rechtfertigung der am Tode der Vögel Schuldigen!"[151]

Oder eine andere Passage:

"Das einzige Wesen auf der Erde, das der Wolf haßt, ist der Mensch. Die letzten Wölfe ziehen über die Erde, und man bringt sie um, diese freiheitsliebenden Wald- und Flurschützer, die die Erde von Unreinem, Aas und Krankheit säubern und das Leben so regeln, daß nur gesunde Nachkommen übrigbleiben. Die letzten Wölfe ... Sie streifen durch Wald und Flur, um räudige Füchse zu beseitigen, und bewahren so andere vor Ansteckung, ... sie streifen durch Wald und Flur, um in Jahren, wo die Mäuse, Verbreiter der Tularämie, sich stark vermehren, diese in großen Mengen zu vertilgen. Es ziehen die letzten Wölfe über die Erde."[152]

"Weißer Bim – Schwarzohr" ist seit ihrem Erscheinen die beliebteste Tiererzählung für Kinder und Erwachsene. Der Schriftsteller selber for-

---

151. G. Troepolski: Weißer Bim Schwarzohr. Bln./DDR 1973, S. 43.
152. ebda S. 167

mulierte seine darin verfolgte künstlerische Absicht in folgender Weise: *"Güte, Vertrauen, Hingabe, Treue, Freundschaft, Pflicht, die Fähigkeit, den anderen zu verstehen und den Kummer des anderen mitzuempfinden – das alles sind Gefühle, die einen hohen Intellekt auszeichnen."*[153]

Trojepolski ist mit seiner Erzählung einer der leidenschaftlichsten Anhänger der Freundschaft zwischen Kindern und Tieren, und er zeigt auch, wie Kinder Opfer derselben Gleichgültigkeit und derselben Boshaftigkeiten werden können, unter denen auch der Hund Bim leidet.

Von Kindern und Tieren ist auch in einem anderen Buchtitel die Rede. *Juri Kowal* schrieb den Kurzroman *"Der kleine Polarfuchs"* (Nedopesok, 1975). Ähnlich wie in Juri Kasakows Erzählung *"Teddy"*, in der ein entlaufener Zirkusbär im Wald seine Überlebensinstinkte mühsam durch Erfahrung wiedererwerben muß, geht es bei Kowal um entlaufene Füchse aus einer Farm.

Kowal stellt die neue Auffassung einer jüngeren Generation unter dem Aspekt der Achtung eines ursprünglichen ökologischen Gleichgewichts in den Mittelpunkt. Einige der entflohenen Füchse kehren nach kurzer Zeit, erschöpft und den Bedrohungen der Straße nicht gewachsen, an den sicheren Futternapf in der Tierfarm zurück. Andere werden zufällige Opfer des Straßenverkehrs, und einzig der Fuchs "Napoleon III." überlebt. In der Erzählung werden die Reaktionen des Tiers in der Freiheit ausführlich geschildert. Es nimmt nicht wunder, daß ein kleiner Junge das Tier, das man in eine Hundehütte gesperrt hat, befreit und ihm die Flucht in den Hohen Norden ermöglichen will. Während der Suchdienst der Farm auf Hochtouren läuft – handelt es sich doch um das kostbarste Tier – sind die Schüler dabei, mit allen Mitteln zu verhindern, daß der Fuchs wieder auf die Farm zurückkehren muß und dann "zu einer Pelzmütze verarbeitet wird." Die Kinder haben anders als die Erwachsenen ein romantisches Verhältnis zu dem Tier. Die Doppeldeutigkeit der Versprechungen der Erwachsenen, ihre Bestechungsversuche führen dazu, daß die Kinder den Fuchs ausliefern. Die emotional anrührend geschriebene Erzählung gibt den Kindern recht. Der Fuchs, erneut eingesperrt, entflieht nach kurzer Zeit – diesmal für immer.

Noch stärkeren Symbolwert weisen die Erzählungen von *Matewosjan*, *Schestalow* und *Rytcheu* auf. *Hrant Matewosjan*, ein armenischer Autor, 1935 geboren, war zunächst als Journalist und Drehbuchautor tätig, bis er 1962 das Romanwerk *"Wir und unsere Berge"* (My i naši

---

153. G. Troepol'skij Zit. nach: "Literaturnaja gazeta" vom 30.1.1980.
Von Eduard Šim stammt die kurze Erzählung "Gewitterregen". Auch hierin geht es um einen Hund, den treuen Beschützer einer Halbwüchsigen. Bei einem Gewitterguß ist das Mädchen zwar darum besorgt, den Zaun des Grundstücks abzustützen, vergißt aber den Hund von der Kette zu befreien, so daß er unter den Schlammassen erstickt. "Wie schade", ist die Reaktion des Mädchens, "dreihundert Rubel haben wir für ihn gezahlt!".

gory) veröffentlichte. Eine seiner Erzählungen von 1968, *"Die Büffelkuh"* (Bujvolica), berührt mittelbar die Mensch-Natur-Thematik. Wie Andrej Bitow in seinen "Armenischen Lektionen" unternimmt Matewosjan den Versuch, sein Land, die Kultur und Lebensweise der Armenier Fremden vorzuführen. "Es gibt keine Dorf- oder Stadtliteratur, sagt er, sondern nur eine humanistische Sicht auf die Welt und die Natur."

In der Erzählung beschreibt er, wie eine Büffelkuh aus einem Dorf, in dem es keine männlichen Büffel mehr gibt, ihrer Besitzerin davonläuft, um auf beschwerlichen Märschen durch die Berge und von einem Dorf zum anderen nach einem Büffel zu suchen, mit dem sie sich vereinigen kann. Der Weg, symbolisch verfremdet, führt sie über viele Hindernisse zur Erfüllung. Wie Faulkner, Marquez, Melville und Thoreau vorgegeben haben, folgt Matewosjans Naturstudie der Logik der Natur, dem "Selbstempfinden" des Tieres – ein Weltgefühl, das weitgehend spontan und unabhängig von menschlicher Zivilisation existiert. Hürden wie Asphaltstraßen, Steinwälle, bösartige Hunde, ein alter Pflugochse, eine hungrige Wölfin oder ein Pfahl mit einem Strick halten sie nicht auf. Die Reaktion der Menschen, denen sie begegnet, sind (wie schon bei Trojepolski geschildert) zwiespältig zu bewerten. Es gibt welche, die sie sofort für ihre Zwecke einspannen wollen, andere, die sie von dem Strick befreien und schließlich auch – fast könnte es den Gegensatz Stadt – Land auf neuer Ebene provozieren – junge Leute, die – über den Sinn des Lebens und europäische Philosophie lustlos am Strand diskutierend – das Leben (und sei es nur in Gestalt einer Büffelkuh) gleichgültig an sich vorüberziehen lassen. Es scheint, daß die zivilisierten Menschen nicht mehr zu spontanem Lebenshunger und reicher Lebensgestaltung imstande sind. Ihre Diskussionen haben folgenden Tenor: *"Das heißt, daß ich nicht auf Selbstbehauptung angewiesen und darum auch nicht gewillt bin, zur Vermehrung und Entwicklung der Spezies, der ich angehöre, beizutragen, und darum mag sie ruhig vergehen, meine Spezies, sie ist doch keineswegs die beste von allen."*[154]

Matewosjan verteidigt die Natur, den Erdboden und die Menschen. Er wendet sich nicht gegen den technischen Fortschritt, sondern fordert dazu auf, den ökologischen Zusammenhängen mehr Aufmerksamkeit zu widmen und nicht an dem Ast zu sägen, "auf dem die Zivilisation selber sitzt."

Die Apotheose der natürlichen Sinnlichkeit kontrastiert die Gleichgültigkeit zwischenmenschlicher Beziehungen, die dem Natürlichen zuwiderlaufen.

Juwan Schestalow (1937 geboren), ist der erste Berufsschriftsteller seines ca. 6.000 Menschen umfassenden Mansi-Volkes, das in der

---

154. H. Matewosjan: Die Büffelkuh. Zit. nach: Erlesenes 2. Bln./DDR 1975, S. 243.

nordsibirischen Taiga lebt. Jagd und Fischfang haben über Jahrhunderte hinweg die Lebensgrundlage für diese Menschen ausgemacht, und ihre Beziehung zur Natur ist noch heute eng, urtümlich, "heidnisch" – bis zum Glauben an die Seelenwanderung. Schestalow berichtet, daß er selbst, als er noch zur Schule ging, die Hausaufgaben unterbrechen mußte, um zu bestimmten Zeiten die Gesichter der Hausgötter mit Blut zu bestreichen, damit sie den Bewohnern des Hauses ihren Schutz nicht versagten. Er ist der Sohn eines Schamanen, dessen Phantasie den heimatlichen Wald mit guten und bösen Geistern besiedelt hat und für den die Welt der Fischer und Jäger das Universum bildete. Schestalow hat ein gebrochenes Verhältnis zur Schamanentradition seiner Familie und fühlt sich verpflichtet, sie zu verwerfen. Er erinnert sich aber daran, daß es für seinen Großvater keinen Unterschied zwischen sich selbst, den Lebewesen und der Natur gab. Deshalb werden in seinen Erzählungen die Tiere vermenschlicht und haben Eigenschaften, die sie vor den Menschen auszeichnen, z.B. dadurch, daß die Vögel fliegen können, der Mensch jedoch nicht. Zu diesen Zeiten, sagt Schestalow, war die Welt für Tier und Mensch noch überschaubar.[155] Inzwischen, bedauert der Dichter, sei in nur wenigen Jahren die enge Übereinstimmung des Menschen mit der Natur zerstört worden. Er bringt dazu Beispiele der Raubjagd, des mangelnden Schutzes des Wassers als Quelle des Lebens und meint, daß eine neue Naturphilosophie geschaffen werden müsse.

Seit 1961 verfaßt Schestalow Verse, die er aber auch in seine Prosatexte mit einbezieht. Da heißt es z.B. (im Lied des Hechtes): *"Mich, den friedlichen Zaren im Reich unter dem Wasser, rettet mich!"* Und im Lied vom Zobel: *"Zwingt ihr mich mit Flammenstrahlen, Unterschlupf zu suchen schnell, müßt ihr teurer noch bezahlen Zobels seidenweiches Fell!"* Diese Zitate stammen aus seiner 1971 verfaßten Erzählung, die seiner Kindheit und der Geschichte seines Volkes gewidmet ist und die den Titel *"Als mich die Sonne wiegte"* (Kogda kačalo menja solnce) trägt."[156]

Schestalow läßt den Taigageist mahnende Worte an die Menschen richten, die der Zorn der Taiga getroffen hat, weil sie in unvernünftiger Weise Vögel, Elche, Bären und andere Tiere erlegt und damit ganze Arten ausgerottet haben. Die sterbende Taiga verbreitet Furcht und Schrecken unter den Menschen, die selber ihre Nahrungsgrundlage zerstört haben und nun dem Hungertod preisgegeben sind. Auf die Bitte eines "guten Menschen" – es handelt sich dabei um Passagen aus einem Märchen – läßt der Taigageist Tiere, Pflanzen und frisches Wasser in die Taiga zurückkehren, nicht ohne die Menschen zu ermahnen: *"Nur eine Erde gibt's und eine zweite gibt es nicht!"*

155. Ju. Šestalov. Zit. nach: "Zvezda" 1981, 9.
156. Ju. Schestalow: "Als mich die Sonne wiegte". Aus: "Sowjetliteratur", 1972, 3, S. 153.

Seine Erzählung *"Sorni Nai, die goldene Göttin"* (Sorni Nai, zolotaja boginja, 1976) reflektiert erneut die Einbrüche in die Tradition seines Volkes. Denn auch in diesen Regionen wurde Erdöl und Erdgas gefunden. *"... und seitdem gibt es weniger Fische. Und wenn man die Fische kocht, dann schmecken sie manchmal nach Maschinen.*

"Wer, wenn nicht wir", fragt er in "Sorni Nai", *"die wir mit Eisen und Stahl ausgerüstet sind, sollte sich um diese lebendige und gefährdete Welt kümmern? Schlimm genug, wenn Fischer und Jäger infolge des fröhlichen Lärms der Maschinen an der Berechtigung ihrer urewigen Tätigkeit zu zweifeln beginnen"*[157]

Und in einem Aufsatz, den er zu gleicher Zeit veröffentlicht hat, äußert er den Gedanken: *"Aber darf die Menschheit aufhören, vom grünen Wald zu träumen? Sollte sich in meinen Nachkommen nicht mehr die Seele des Fischers regen?"*[158] Schestalow versucht, getreu seinem Vorbild Tschingis Aitmatow, die enge Verbindung und die Harmonie des Menschen mit seiner natürlichen Umgebung und der Tradition zu gestalten.

Der Schriftsteller *Juri Rytcheu* stammt gleichfalls aus dem Hohen Norden. Er wurde 1930 auf der Tschuktschenhalbinsel Tschukotka als Sohn eines Jägers geboren. Er schrieb einmal, für die im Norden lebenden Volksstämme sei die Natur als Existenzquelle das Allerwichtigste und verlange von jedem einzelnen ausgezeichnete Kenntnisse aller Naturerscheinungen. Wie auch Viktor Astafjew ist er der Überzeugung, daß im Bewußtsein der Ureinwohner des Nordens die Natur nicht beseelt und nicht vermenschlicht werde, sondern daß sie einfach existiere. Seit 1950 hat Rytcheu zahlreiche Werke über das Leben seines Volkes veröffentlicht, die aus der Tschuktschensprache ins Russische übersetzt werden. Der Schriftsteller selbst wohnt freilich in Leningrad.

1975 schuf er die moderne Legende oder den Kurzroman *"Als die Wale fortzogen"* (Kogda kity uchodjat). Es ist keine historisch getreue Nacherzählung alter Überlieferung und keine reine Allegorie, sondern der Kurzroman fußt auf einer modernen philosophischen Konzeption. Eine Überlieferung der Vorzeit besagt, daß in der Art primitiven Animismus sich Meer und Land in den Figuren des Wals und eines Menschenmädchens vereinigt hätten, daß sie Kinder zeugten und die Wale damit zu Menschen wurden. Aus der Vereinigung von Reu und Nau entstanden nach der Legende die Festlandbewohner. Die Erzählung berichtet, daß die alte Nau, die Urmutter des Geschlechts, noch in ihrer Sippe weiterlebte und die Mär von der "Liebe des Wals zu den Menschen" als Grundlage der Brüderlichkeit weiterverbreitete. Der Wald gilt von jeher

---

157. ders. "Sorni-Nai, die goldene Göttin" In: "Sowjetliteratur" 1976, 1, S. 24.
158. ders. "Schwingen" In: "Sowjetliteratur", 1976, 1, S. 136

als der Beschützer der Sippe; mit seinem Erscheinen waren Traditionen, Riten und Tänze verbunden. Durch die Verbindung von Reu und Nau entsteht die Liebe als vermenschlichende Kraft, und sie bleibt das Leitmotiv für die Wale, die von ihren Zügen immer wieder auf das Eiland zurückkehren müssen.

Der sterbende Wal Reu kann nur das Vermächtnis hinterlassen: "Wenn ihr einander liebt, eure Brüder liebt, werdet ihr immer Menschen bleiben!"

Und in der Folge zeigen schon das Absterben des naiven Glaubens, die Zweifel, die mit der Ablösung von Ritualen und den Überlieferungen der alten Nau verbunden sind, daß eine neue Stufe der gesellschaftlichen Entwicklung erreicht ist. Einer der Nachkommen, Emu, neidet der Frau die höhere Weisheit und Geschlossenheit ihrer Natureinsicht und will hinter ihr Geheimnis kommen. Der Glaube wird noch ein einziges Mal erneuert, als er mit einigen Männern auf See verunglückt und von Walen gerettet wird. Die Einsicht zwingt ihn, hinter den Walen her in ferne Länder zu ziehen, dorthin, wo die Sonne herrscht. Emu kehrt als alter weiser Mann zurück, mit dem Mythos von der Heimat erfüllt. Sein Enkel Giwu wird erneut von Zweifeln erfaßt, denn er ist schon nicht mehr eins mit der Natur, sondern maßt sich eine Eliterolle an und stellt sich über die anderen Bewohner. Auch er kommt nicht hinter das Geheimnis des langen Lebens der Nau, obwohl er sogar geneigt ist, mit einem Mord ihre Unsterblichkeit zu beenden. Sein Tod leitet den dritten Teil des Kurzromans ein, der zu einem dramatischen Ende führt. Während sein Vorfahr noch versteckt, im Geiste, eine Art Selbstüberhebung betrieb, geschieht das bei dem Enkel Amagirin offen und brutal. Er verkörpert den primitiv handelnden Tatmenschen: "Ich bin höher als alles auf der Welt." Und aus dieser Überzeugung heraus kann er auch die Natur nur unter utilitaristischen Aspekten betrachten: – *"Die Berge von Fleisch, die Wale, können nicht mit Menschen verwandt sein."* – Also tötet er einen Wal.

Gleichzeitig empfindet er Genugtuung über diese, seine menschliche Kraft. Jetzt ist der Glaube der Menschen an die Wale endgültig gebrochen, und auch die alte Nau stirbt, ohne ihre Weissagung zu vollenden, was sein wird, wenn ..., wobei sich die Weissagung schon erfüllt:

"Wenn ihr tötet ..., dann wird das Eiland zu einer trostlosen Wüste, es herrscht Nahrungsmangel, denn die Wale sind fortgezogen ..."

Die Störungen im ökologischen Gleichgewicht machen sich bemerkbar, die Rache der Natur ist furchtbar. Eine Tradition, die einstige Tabuisierung, der Schutz eines Jagdreviers oder einer Tierart, ist verlorengegangen. Der Wald als Schutzzone war häufig genug mit religiösen Sanktionen verknüpft. Mit Rytcheu bedauern Astafjew, Aitmatow und Gontschar den Tabuverlust.

Symbolisch und doppeldeutig wird von Rytcheu nun die Beziehung Mensch – Wal erfaßt. Als die Walfänger ans Ufer zurückkehren, um den gefangenen Wal zu erlegen, liegt an seiner Stelle ein toter Mann – das ist die unausbleibliche Rache für den Einbruch in die Natur. Die Forderung, die von Nau an Armagirin gestellt wurde, sich selbst "von der Seite" und "mit den Augen der anderen" zu sehen, setzt die Kenntnis des eigenen Ich und seiner Umwelt voraus.

Die Geschichte ist zeitlos in der "Bucht der Vorsehung" angesiedelt, wie aus dem einordnenden Nachsatz folgt. Und die Einsicht in die Natur als Auftrag steht bei Rychteu an erster Stelle. Die poetische Legende über die Wale gehört zur großen Literatur und könnte der Legende von der "Gehörnten Hirschmutter" in Aitmatows "Weißem Dampfer" an die Seite gestellt werden.

Die Schonung der bedrohten Tierwelt fordert nachdrücklich *Daniil Granin* in seiner Reiseskizze über Japan, *"Der Garten der Steine"* (Sad kamnej, 1971). Ihn haben dort Sikahirsche, Affen und andere Tiere in Parks beeindruckt, wo sie dem Menschen ohne Scheu begegnen.

"Niemand tat ihnen etwas, sie galten gleichfalls als heilig. Genaugenommen haben alle freien Lebewesen das Recht, als heilig zu gelten. Eines Tages werden es auch die Menschen besitzen .... Wie wunderbar könnte die Welt sein, die Erde mit allen ihren Naturschönheiten, wenn der Mensch sie nur hegte und pflegte. Vielleicht ist der Traum vom einträchtigen Miteinander von Mensch und Tier eine bis heute erhalten gebliebene Legende über das Paradies?"[159]

Aus all dem wird verständlich, daß sich die meisten sowjetischen Schriftsteller besonders mit ihren Tiererzählungen an die Kinder wenden, weil bei ihnen noch Mitgefühl mit allem Lebendigen zu finden ist, das bei den Erwachsenen schon versteinert, ins Wohlstandsdenken eingepaßt wurde. Die Natur ist gerade der natürliche Partner der Kinder, die damit auch für ihre Rettung am ehesten gewonnen werden können.

---

159. D. Granin: Der Garten der Steine, Bln./DDR 1976, S. 424.

4. Das Ökologie-Thema in anderen Gattungen der sowjetischen Gegenwartsliteratur

4.1 Die Ökologie als Modethema

Eine ganze Reihe sowjetischer Autoren reagiert auf die aktuellen Probleme wie den Naturschutz entweder mit der Forderung nach einem Patrimonium oder mit naivem Utilitarismus und emotional moralisierender Empörung. Juri Trifonow begann seinen Dialog mit dem Kritiker Lew Anninski mit der Bemerkung, ein bekannter Autor habe ihm kürzlich auf die Frage nach dem Stoff seines neuen Buches geantwortet, es befasse sich mit Naturschutz! *"Die Liebe zur Natur hat sich irgendwie in einen Fetisch verwandelt!"* meint Trifonow.[160]

Man muß sich darüber klar sein, daß in der Sowjetunion bestimmte Themen zu bestimmten Zeiten offizieller oder offiziöser Auftrag für Autoren werden können. Insofern besagt dann das Aufgreifen eines Stoffes an sich noch gar nichts über den Charakter des Engagements. Deshalb bilden ökologische Fragen bei einigen Autoren oft nur Beiwerk, sie sind modisches Vehikel beim Transport anderer Fragen, die an beliebige Sujets angeschlossen werden können. Es gibt kein Genre, das davon verschont bliebe, weder das Drama noch die Lyrik.

Die Zahl der Lyriker, die sich dem schon immer beliebten Naturthema jetzt unter dem Aspekt der Ökologie zuwenden, ist enorm. Dabei gab es natürlich auch echte Metamorphosen wie bei dem Dichter *Nikolai Sabolotzki*. In den dreißiger Jahren verkündete er, daß er "in der Natur keine Harmonie suche", 1949 beschrieb er den Menschen, der in die "Werkstatt der mächtigen Natur als Meister eintritt", um am Ende der fünfziger Jahre in seinen Gedichten zu einem behutsamen Umgang mit der Natur aufzufordern. *Andrej Wosnessenski* veröffentlichte 1974 den Band *"Laß den Vogel frei* (Vypusti pticu), in dem die Klage eines Bibers zu lesen ist, dessen Lebensraum vom Schreitbagger eingeengt wird. An Majakowski erinnert ein Vers- *"Dialog eines Bürgers mit dem Dichter über die wissenschaftlich-technische Revolution"*, worin es heißt: "Meine Großmutter ist eine Altgläubige, aber eine wissenschaftlich-technische Revolutionärin. Sie füttert den Eber mit Hormonen!"

In Wosnessenskis *"Dreieckiger Birne"* (Treugol'naja gruša, 1962),

---
160. J. Trifonov. Zit. nach: "Novyj mir", 1981, 11, S. 233.

Juri Kasakow gewidmet, steht ein eindrucksvolles Gedicht über die Hasenjagd mittels LKW und über den Todeskampf der überfahrenen Tiere.

Sergej Wikulow schreibt in seinem Zyklus *"Mutter Natur"* (Priroda mat') von 1976: *"Wir verbrennen, was uns unterkommt, das Auge ist gierig. Wir zerschlagen, zersprengen und rotten aus. Mutter Natur erwartet Gnade von uns, sie uns zu entreißen, ist sie nicht fähig."*

Ähnlich äußert sich auch der weißrussische Autor *Igor Schkljarewski* in *"Eifersucht"* (Revnost', 1974): *"Ich glaube an die Harmonie von Natur und Wissenschaft. Irgendwann wird die Rechnung durch die Natur präsentiert, für jedes vernichtete Blatt, für jeden Schluck Wasser".* Ein anderes Gedicht (bei ihm ohne Titelzeile) handelt vom Holzeinschlag in der Wasserschutzzone: *"Die Natur wird sich rächen – leider an den Unschuldigen!"* In einem Gedicht äußert er seine Freude darüber, daß wieder Wölfe aufgetaucht seien, und daß man unbedingt mit der Jagd auf sie Schluß machen müsse.

Zusammenfassen könnte man alle diese Appelle unter der Gedichtüberschrift von Lew Kuklin *"Ökologisches Gebet"*.

Oft erfolgt die Behandlung des Themas rein plakativ und oberflächlich moralistisch. Der eben erwähnte Igor Schkljarewski, dessen Verse voller abstrakter Didaktik sind, schreibt auch Prosa. 1976 veröffentlichte er eine Erzählung *"Pilzherbst"* (Gribnoj osen'). Darin wird ein Lehrer, vom Beruf frustriert, zum Waldhüter. Er schützt die Waldbestände, verbrennt die Reusen der Fischfrevler und bekämpft zahlreiche Verbrechen an der Natur – im wesentlichen in Gesprächen. Schließlich gelangt er zu der Einsicht, daß an allen Fehlern, die gemacht werden, die Unwissenheit des Menschen schuld sei, und er kehrt in den Lehrerberuf zurück, da man nur noch in der Schule erfolgreich Naturschutz propagieren könne.

In der zweiten Erzählung *"Schatten eines Vogels"* (Ten' pticy, 1974) werden Grausamkeiten an Vögeln geschildert und Erwachsene vorgestellt, die aus Jagdleidenschaft mehr Forellen angeln, als ihnen erlaubt ist und den Fischereiinspektor durch die Behauptung, sie seien Kosmonauten, davon abhalten, ihnen eine Geldbuße abzufordern. Es heißt, daß es zwei Jahre später keine Fische mehr in dem Gewässer gegeben habe. So bleibt dem Autor die vage Hoffnung auf ausgesetzte Jungfische und einen kompetenten Inspektor, der mit den Fischdieben nicht gemeinsame Sache macht.

In das ökologisch-literarisch fruchtbare Jahr 1976 fällt auch die kleine Erzählung von *W. Kolychalow "Dröhnende Parallele"* (Gulkaja parallel').[161] Auch hier versucht der Autor, einen weiten Themenkreis zu umfassen: das Schicksal der sibirischen Zedern, durch deren Terrain die

---

161. V. Kolychalov: Gulkaja parallel'. In: "Sibirskie ogni" 1976, 5, S. 131.

neue Erdölleitung verlaufen soll, die Verteidigung der Waldmassive, der Kampf gegen die Wilderer, Leichtsinn, der zu Waldbränden führt, Vergiftung der Flüsse. Allerdings gelingt es dem Autor nicht, die Vielzahl der aufgeführten Probleme in irgendeiner Weise in eine künstlerische Komposition zu fassen. Etwas gewaltsam wird die Idee der Einheit von Erdölleitung und Taiga, die Harmonie zwischen Technik und Natur bemüht. Gemeinsame Beschlüsse und Aktionen wie z.B. während eines Waldbrandes genügen dem Autor schon als Lösungsmodell. Die Widersprüche lösen sich wie von selbst und die hartgesottenen Wilderer werden vor dem Kameradschaftsgericht lammfromm.

Insgesamt gesehen steht diese Erzählung höchstens für Kolychalows gutgemeinte Absicht. Sicher gibt es in der ökologisch orientierten Literatur mehr Aspekte als diejenigen, welche in dieser Erzählung vorkommen. Vor allem sind neben Kenntnissen auch Mut und Initiative seitens der Autoren vonnöten, um einen Konflikt auch literarisch gestalten zu können.

Am Anfang der ernsthaften literarisch-philosophischen Auseinandersetzung, die in der Sowjetunion nach alter russischer Tradition fast immer einen stark moralistischen Einschlag hat, stand Leonid Leonows "Russischer Wald". Ohne die ideologischen Akzente zu identifizieren, könnte man sagen, daß Autoren wie Aitmatow, Gontschar, Rasputin und Astafjew die begonnene Linie fortsetzen. Auf der anderen Seite gibt es eine große Zahl an Buchtiteln mit naiv-emotional dargebotenen Einfällen für den unmittelbaren Schutz fast jedes Baumes und Lebewesens. Einige davon sollen kurz erwähnt werden.

Gleb Goryschin (1931 geboren) hat 1976 zum ersten Mal veröffentlicht. Er ist Leningrader und hat während seines journalistischen Praktikums in Altai gelebt, Waldtrassen am Baikal geschlagen, geodätische Arbeiten bei Bratsk durchgeführt und an geologischen Erschließungen auf der Kola-Halbinsel teilgenommen. In seinem Buch *"Schnee im Oktober"* (Sneg v oktjabre) läßt er einen Korrespondenten zu Wort kommen, dessen Szenarium mit der Begründung, es verbreite "Rosseauistische Ideen", abgelehnt worden war. Der Korrespondent fährt darauf mit dem Dampfer von Bratsk nach Irkutsk; über die Gruppe, die eine Waldtrasse legt, wird gesagt: *"Wir verlegen die Trasse durch die hiesigen Zedernbestände, durch Kiefern- und Laubwälder. Die Auerochsen gehen fort, die Taiga unterwirft sich, verarmt und stirbt. Die Raupenketten der Traktoren reißen den lebenspendenden Bodenbelag herunter. Fische und Vögel gibt es nicht mehr. Die Zeder verschwindet. Und auch die Menschen wandeln sich. Wenn man die Schönheit der Erde zerstört, werden auch die Menschen gröber und härter."*[162]

---

162. G. Goryšin: Sneg v oktjabre. Aus: Povesti i rasskazy. L. 1976, S. 100.

In seinem Buch erwähnt er auch den industriellen Versuchskomplex Kedrograd (vgl. bei W. Tschiwilichin) und die Hoffnungen, die damit verbunden waren. Seinerzeit wollte keine Institution dafür Geldmittel zur Verfügung stellen. Anstelle der geplanten Stadt stünden nur fünf Häuser. Seit der Gründung hätten sich allein vier Direktoren an der Leitung des Komplexes versucht.

Ein weiteres Kapitel befaßt sich mit dem Versiegen des Ob und der Landschaftszerstörung um das Wasserreservoir. Der Journalist, der darüber eine alarmierende Skizze an seine Redaktion schickt, wird zwar von den Kollegen bewundert, die Chefredakteure dagegen sind verärgert: "Man muß die Waldfrage heute anders stellen, nicht wie Leonow und Paustowski".[163]

Ein von *Dmitri Konstantinowski* 1978 veröffentlichter Roman *"Jakonur"* unternimmt gleichfalls den Versuch, sich mit den Fragen des Naturschutzes auseinanderzusetzen. Die Ausgangssituation, die Vergiftung des Sees Jakonur durch die Abwässer eines Chemiebetriebs, wird hier bis zur Antithese Natur-Zivilisation hin entwickelt, wobei naturphilosopische, ethische und psychologische Fragen handlungsbestimmend werden. Der Literaturkritiker Anatoli Botscharow meint freilich: "Der Roman wurde nicht zu einem bedeutenden Ereignis, bei aller Bedeutsamkeit des aus dem Leben genommenen Konflikts; denn die Intention des Autors ließ sich nicht in künstlerische Bilder umsetzen."[164] In der Tat sind die Figuren, die sich um den Wissenschaftler Gerasim, den Retter des Sees, gruppieren, entweder engagierte Naturschützer oder an ihre Machtpositionen gebundene Karrieristen. Mit Besorgnis spricht Konstaninowski von jenen Wissenschaftlern, die nur an technischen Lösungen interessiert sind und allen Möglichkeiten alternativer Lebensformen verständnislos gegenüberstehen. Er fordert dazu auf, hinter die Zusammenhänge zu schauen und dabei nicht immer den Menschen zum Maß aller Dinge zu erheben.

Eligii Stawski (1927 geboren) ist der Initiator der Kommission Naturschutz in der Leningrader Filiale des Schriftstellerverbandes. 1974 erschien sein rund sechshundert Seiten starker Roman *"Röhricht"* (Kamyši), dessen Schwächen unübersehbar sind. Das Thema ist die Rettung des Asowschen Meeres, das noch vor rund fünfzehn Jahren einer der fischreichsten Fanggründe der Sowjetunion war. Der Hauptheld des Buches, der Leningrader Schriftsteller Galuso, trennt sich von seiner Frau, um im Süden die Orte früherer Kriegskämpfe zu besuchen und sich mit Regimentskameraden zu treffen. Die dramatische Kollision bildet die Ermordung des Fischereiinspektors Nasarow. Verdächtig ist ein

---

163. ebda S. 112.
164. Zit. nach: "Oktjabr'" 1979, 9.

Kriegskamerad, und Galuso setzt sich für dessen guten Ruf ein. So wird er in die Aktionen zur Rettung des Asowschen Meeres hineingezogen. Mit Hilfe des Kriminalstoffes gelingt es dem Schriftsteller zwar, seine Leser ständig zu verwirren, doch kommt so die plausible Darstellung der ökologischen Probleme zu kurz. Nur ganz nebenbei hört man von Anzeigen wegen Raubfischerei und Klagen darüber, daß das Asowsche Meer zu wenig Süßwasser führe.

Der Kritiker Lew Anninski schreibt über diesen Roman: "Und mit Recht wird gefragt, wozu dieser ganze Kriminalaufwand und Bewußtseinsstrom innerhalb des Romans. Die Lösung ist am Schluß ohnehin einfach: Stepanow ist eines natürlichen Todes gestorben, Nasarow wurde von einem zufälligen Angler oder Jäger – dem früheren Mann der Vera – getötet. Alle anderen sind unschuldig. Und warum hat man es dann nicht mit einer schlichten Schilderung der Gedanken und Ängste eines Inspektors bewenden lassen, der nachts auf Streife auszieht und bewaffneten Wilderern entgegentreten muß?"[165]

Gedanken, die der prominente Kritiker F. Kusnetzow teilt und Stawski eines "niederen Niveaus sozial-philosophischer Wirklichkeitserfassung" beschuldigt.[166]

Dennoch darf nicht übersehen werden, daß die Probleme der zunehmenden Versalzung des Asowschen Meeres und der dezimierten Fischbestände (sie sind in kurzer Zeit auf ein Fünftel zurückgegangen) aktuell sind, weil vor allem die Fischer kaum noch eine Existenzmöglichkeit haben.

In seinem Artikel *"Mit den Maßstäben des Landes"*[167] meint Stawski, daß der Reichtum an natürlichen Ressourcen eher eine Belastung für die Sowjetunion darstelle, weil man nicht gelernt habe, sorgsam damit umzugehen.

"Am Ufer sind Ziegel, Autoteile, Kisten, Fässer ... und was nicht alles auf dem Werksgelände herumliegt und unter freiem Himmel verrostet. Außerdem gibt es am Feldrain noch die Düngemittel. Im Frühjahr wird dieses giftige Pulver in die Schluchten und Flüsse getragen. Die tote Herde an Maschinen und Traktoren, die herumsteht, wächst ständig. Es scheint, daß dieses scheinbar herrenlose Gut, in das menschliche Arbeit investiert wurde, keines Menschen Verantwortung weckt. Das beweist auch der Reichtum an Müllhalden, wo alle Metalle bis hin zu Silber zu finden sind ... Handeln wir etwa in dem Bewußtsein, daß die Reichtümer begrenzt sind? Die wissenschaftlich-technische Revolution ruft ebensoviel Positives wie Probleme hervor. Wurden vorher hundert

---

165. L. Anninskij. Zit. nach: "Družba narodov" 1975, 4, S. 273.
166. F. Kuznecov. Zit. nach: "Literaturnoe obozrenie" 1975, 11.
167. E. Stavskij: Masštabami strany. "Zvezda" 1981, 7, S. 117.

Tonnen verbraucht, so sind es jetzt TAUSENDE. So verläuft die Kettenreaktion der Quantität."

Nahezu dramatisch stellt sich für ihn die Wassersituation dar. Ein Ingenieur aus Pjatigorsk wäre bereit, sein Haus mit Garten und beste Arbeitsbedingungen für einen Platz in der Stadt einzutauschen, in der kein Wassermangel herrscht. Während das Wasser in den bewässerten Gebieten zum Teil nutzlos verdunste, trockne der Aral-See aus. Alles das geschieht nach Stawskis Ansicht nur, weil das Wasser ein kostenloser Rohstoff ist, mit dem umzugehen man nicht gelernt habe.

Besonderer Beliebtheit in der Belletristik erfreuen sich die Figuren der Wilddiebe aller Schattierungen. Der Astrachaner Autor *Adichan Schadrin* nannte seine, in der Julinummer der Zeitschrift "Moskwa" im Jahre 1976 veröffentlichte Erzählung *"Der Hausen"* (Beluga). (Im Jahre 1977 erhielt sie als Buchausgabe den Titel "Eine lehrreiche Geschichte" (Poučitel'naja istorija" und wurde um zusätzliche Einfügungen über den Fischreichtum des Kaspischen Meeres in früheren Zeiten erweitert.) In der Erzählung geht es also um den Fang von Hausen und die Kaviargewinnung. Der Wiegemeister Anochin tätigt ab und zu seine Privatgeschäfte, indem er den Fisch kistenweise verschwinden läßt. Diese Tatsache wird bemerkt, als ein Fisch, dem der Rogen entnommen wurde, das zweite Mal halbtot ins Netz gerät und nun versucht wird, Anochin auf frischer Tat zu ertappen. Die Fischereiinspekteure müssen dabei mit ansehen, daß er offenbar mit dem zuständigen Milizionär, der seine nächtlichen Besuche auf dem Fangstützpunkt für den illegalen Erwerb von Kaviar ausnutzt, gemeinsame Sache macht.

Schadrin fügt noch verschiedene kriminalistische Passagen ein, in denen die diverse Menschen versuchen, den Betrügern das Handwerk zu legen.

Erst als ein zweites Mal ein verwundeter Fisch ins Netz geht und als "lebendiger Vorwurf menschlicher Grausamkeit und Gier auf dem Trokkenen liegt", geht die Meldung an die zentralen Stellen weiter. Da schon lange ein Verdacht besteht, wundert sich nur der Bezirksverantwortliche der Miliz, verspricht aber strenge Bestrafung auch seiner Untergebenen. Es wird nicht deutlich, ob das Urteil gegen den Wiegemeister aus sozialen Rücksichten auf seine große Familie relativ mild ausfällt. (Wie der Schriftsteller Below geschildert hat, kommt es vor, daß soziale Gründe auch bei dunklen Geschäften als Begründung voll akzeptiert werden.)

Bei diesem Roman sind in den sehr einfachen Gang der Handlung viele Passagen eingestreut, die den Kampf des Fischereiministeriums gegen das Energieministerium darstellen. Es geht unter anderem auch darum, daß die Schleusen der Staumauern in den Wasserkraftwerksanlagen ungeglättete Betonwände haben. Die Fische können sich daran bei ihren Laichzügen verletzen, und selbst die auf dem Grunde des Sees nicht fortgeräumten Armierungen bringen vielen den Tod. Die Beseitigung solcher Fahrlässigkeiten ist für Schadrin noch eine Sache der Zukunft.

"Der Weg auf der Wolga endet jetzt für viele Fische beim Wolgograder Wasserkraftwerk, wo der Fisch in drei bis vier Schichten zugrundegeht."[168]

Krimielemente sind auch in dem Kurzroman von *Wjatscheslaw Martschenko "Bind einem Vogel die Flügel"* (Poslednij nonešnij deneček) enthalten. (Der deutsche Titel bezieht sich auf die von der DDR im Jahre 1980 vorgelegte Ausgabe.)

Prochor Lowzow, ein Soldat, wird zum Fischereiinspektor ernannt, nachdem sein Vorgänger auf rätselhafte Weise ertrunken ist. Es geht diesmal um das Fischen im Ilmensee und den illegalen Verkauf der Beute.

"Wie man's macht, ist es falsch. Siehst du dem Wilderer durch die Finger, verletzt du das Staatsinteresse. Beachtest du die Vorschriften, so mußt du den einen oder anderen greifen. Als wählt man von zwei Übeln das geringere."[169]

Die guten alten Zeiten sind ohnehin vorbei:

"Früher hatte es hier Renken gegeben – sie sind verschwunden. Auch den Aland gibt es nicht mehr, dafür blüht das Wasser von Jahr zu Jahr mehr, und an manchen heißen Tagen riecht es am Ufer dermaßen nach Verwesung, daß man sich am liebsten die Nase zuhält und davonrennt."[170]

Der Kampf gegen die Wilddiebe spielt nach wie vor eine große Rolle. *Anatoli Pristawkin* berichtet[171] von einem Fischereiinspektor, den er schon 1960 auf einem Autorenseminar getroffen hatte. Damals hatte dieser Mann große Schwierigkeiten, nicht nur mit den zahllosen Wilderern, sondern vor allem mit seinen Vorgesetzten zu bestehen, die ebenfalls dieser Leidenschaft frönten. Der Inspektor war aus seiner Dienststellung entlassen worden und saß nun in der Redaktion der "Literaturnaja gaseta" und kämpfte um sein Recht. Boris Komarow kennt dieses Problem auch recht gut: *"Die Untersuchungen von Naturparks, in denen Wild und Raubtiere gehalten werden, strotzen von Beispielen dafür, daß das Jagdverbot gerade von den politischen Repräsentanten der Gesellschaft verletzt wird. Und diese Tatsache erklärt zum Teil die lasche Haltung der Behörden gegenüber den Wilderern."*[172]

168. A. Šadrin: Beluga. In: "Moskva" 1976, 7, S. 134.
169. W. Martschenko: Bind einem Vogel die Flügel, Bln./DDR 1980, S. 166.
170. ebda S. 121.
171. A. Pristavkin. In: "Znamja" 1981, 2, S. 124.
172. B. Komarov a. a. O. S. 99.

In der Zeitschrift "Moskwa" (1973, 4) legt *Anatoli Martschenko* den Kurzroman *"Gleichgewicht" (Ravnovesie)* vor, in dem es um die Rettungsaktion für ein Sumpfgebiet geht. Auch hier findet man wieder viele Passagen gegen Waldfrevler und Wilddiebe, wobei Anleihen bei Leonid Leonow nicht zu übersehen sind. Besonders dramatisch wird das Löschen eines Waldbrandes beschrieben, den die Erdölförderer verursacht haben, weil sie für die Starkstromleitungen ungeeignete Kabel benutzt haben. Neben dem akuten Widerstand gegen die Fortsetzung des Ölbohrens in der Region, das auch Schaden am Flußverlauf verursacht, wird schließlich eine Untersuchungskommission aus Moskau, bestehend aus Wissenschaftlern und Erdölexperten bemüht, und wie ein deus ex machina siegt am Ende des Buches die Vernunft über die Planerfüllung. Die Erdölerschließungsarbeiten werden eingestellt, und der Autor resümiert ziemlich platt: *"Es schien, als ob die Natur selbst sich des Roten Sumpfes erbarmt hätte!"*

4.2 Ökologische Themenstellungen im modernen Drama

Sergej Gerassimov (1906 geboren) ist einer der bekanntesten sowjetischen Regisseure. Die Verfilmungen der "Jungen Garde und des "Stillen Don" gehören zu seinen Arbeiten. In den sechziger bis hin zu den siebziger Jahren verfaßte er die Trilogie *"Menschen und Tiere"* (Ljudi i zveri, 1962) – *"Der Journalist"* (1968) und *"Am See"* (U ozera, 1970). Das Sujet des letztgenannten Films ist die Baikaldebatte. Es geht hierbei um den Bau des Zellulosekombinats am Baikal, wozu das sauberste Wasser und die besten Holzvorräte Voraussetzung sind.

"Ja, mal'n bißchen Zug in die verschlafene Gegend bringen. Wir stellen Ihnen hier 'ne Effeff-Zivilisation in die Gegend!"[173] meint der junge Bauleiter.

Im Mittelpunkt des Filmszenariums stehen der Bauleiter des Zellulosekombinats Tschernych, ein Praktiker, und sein Gegenspieler, der Leiter der Biologischen Station und Baikalforscher Barmin. Dieser muß natürlich Gegner des neuen Kombinats sein: *"Um die Natur ist es mir bitter leid!"*

Er kämpft bis zuletzt in den verschiedensten Instanzen, weil er den Baikal für schutzwürdig und unantastbar hält. *"Ihr wollt zwar nichts vernichten"*, sagt er, *"werdet es aber doch tun!"*[174]

In dieser Auseinandersetzung mit den Leitern bleibt Barmin auf der Strecke; er stirbt. Seine Überzeugungen werden aber von seiner Toch-

---

173. S. Gerasimov: Am See. Zit. nach: "Sowjetliteratur" 1970, 11, S. 29.
174. ebda S. 30.

ter Lena, die im Szenarium eine Schlüsselstellung hat, weiter vertreten. Lena verteidigt die "Schönheit" – gleichgesetzt mit Reinheit, Moralität –, die den Zweck des Lebens gegen das Nützlichkeitsdenken bei Tschernych symbolisieren soll. Lena als Vertreterin der jüngeren Generation hat ihre eigenen Idealvorstellungen, sie ist noch nicht auf materiellen Wohlstand programmiert. Nicht unwesentlich in ihren abstrakten Vorstellungen ist die häufige Erwähnung von Rousseaus "Bekenntnissen".

Am Schluß verläßt Lena den Ort. Andere Dimensionen gewinnen die aufgeworfenen Fragen durch Nebenfiguren, wie den seinem Lehrer Barmin schülerhaft ergebenen Assistenten und die Journalistin Walja. Durch die Einführung der Figur einer Reporterin hat Gerassimow z.B. die Möglichkeit, die Ansichten anderer Wissenschaftler im Film aussprechen zu lassen. *"Eine Industrie am Baikal wäre mir höchst unsympathisch. Das ganze Vorhaben ist meiner Meinung nach nicht gerechtfertigt. Dafür kann es unabsehbaren Schaden anrichten. Man darf in der Natur nicht bloß eine Quelle von Gewinn sehen, vor allem ist sie die Quelle der Moral"* äußert sich der Mathematiker Alexandrow ganz in Lenas Sinn.[175]

Aber auch Tschernych ist mittlerweile zu der Ansicht gelangt, daß die Natur unberührt erhalten bleiben sollte, und verlangt ökologisch abgesicherte Industrieanlagen, damit das Abwasser in den Baikal optimal gereinigt wird. Bei einer Betriebsbesichtigung mit einer Gruppe ausländischer Skeptiker des Anlagenbaus kann er ihnen gefiltertes Industrieabwasser demonstrieren, das sogar trinkbar ist. Doch mit dem scheinbar superreinen Abwasser hören die Probleme nicht auf; es geht weiter mit der Zerstörung der Uferwälder, dem Einzelstammflößen und der Massenvernichtung der Fische. Natürlich können im Szenarium nicht alle Fragen einer Lösung zugeführt werden, aber Gerassimow schafft es immerhin, mit diesem Film zum Nachdenken anzuregen.

Wie notwendig das ist, beweist eine Skizze, die *Valentin Rasputin* erst 1981 unter dem Titel *"Baikal, Baikal ..."* verfaßt hat. Darin stehen die Zeilen: *"Der Baikal ist als Krone und Geheimnis der Natur geschaffen worden und nicht für die Produktionsbelange. Er ist geschaffen worden, damit wir daraus Wasser trinken können, seinen hauptsächlichen und kostenlosen Reichtum, damit wir uns an seiner erhabenen Schönheit erfreuen und seine geschützte Luft atmen können ... Er ist schon lange zum Symbol für unsere Beziehungen zur Natur geworden, und davon, ob er in seiner Reinheit und Unversehrtheit als Baikal erhalten bleibt, hängt jetzt ziemlich viel ab."*[176]

Mit dem Sterben des "Blauen Sees" in Sibirien befaßten sich 1980

---

175. ebda S. 34.
176. V. Rasputin: Bajkal, Bajkal. In: Vek živi – vek ljubi. M. 1982, S. 217.

auch die bekannten Autoren *Georgi Markow* und *Eduard Schim* in dem Theaterstück *"Die Herausforderung"* (Vyzov), das mit großem Erfolg in mehreren Städten der Sowjetunion aufgeführt wurde. Auch hier kämpfen in einem wissenschaftlichen Komitee die Fachleute um die Errichtung eines Chemiekombinats an einem See in der sibirischen Taiga. Die Ingenieure, Industrievertreter und Karrieristen unterschiedlicher Couleur wissen sich durchzusetzen, da es sich *nur* um einen See handelt und Sibirien an Seen außerordentlich reich ist. Dennoch behalten wider Erwarten die wahren Naturfreunde recht. Das Stück handelt – und das ist wichtig zu wissen – in der Gegenwart mit dem Blick auf Ereignisse, die zwanzig Jahre zurückliegen.

Die Forderung, daß es nicht mehr um Erdölausbeute um jeden Preis gehen sollte, sondern daß der auf dem Territorium stehende Wald einen wesentlich höheren Wert repräsentiert und geschützt werden müsse, steht in einem Zweiakter von *Iwan Akulow "Die Schamanen"* (Šamany). Auch dieses 1979 publizierte Stück ist handlungsmäßig in Sibirien angesiedelt. "Erdöl, und nur Erdöl rechtfertigt uns!" sagen die Geologen. Der Zedernwald wird abgeholzt und als schwimmende Brücke über den Sumpf gelegt, die Saaten werden im Rahmen dieser Arbeiten niedergetreten.

Die Eingaben der Bevölkerung und einiger Behörden werden von der Bezirksverwaltung zurückgewiesen. Die einheimische Bevölkerung erkennt das Urteil nicht an, und am Schluß bleibt nichts als die vage Hoffnung, daß die Zerstörungen nicht noch gewaltiger ausfallen mögen.

Der ukrainische Autor *Juri Schtscherbak* ist der Verfasser des Dramas *"Die Untersuchung"* (Sledstvie), in dessen Verlauf die Zuschauer die Arbeit einer Untersuchungskommission verfolgen können, die sich mit den Ursachen für eine Havarie im Chemiekombinat befaßt, wobei ungereinigte Industrieabwässer in den Fluß gelangen und die Wasserversorgung für eine ganze Großstadt eingestellt werden muß. Dieses Theaterstück ist in erster Linie eine Auseinandersetzung auf der psychologischen Ebene, bei der es um Mut, Verantwortungsbereitschaft und Feigheit geht.

Von allen Dramen der letzten Jahre ist zweifellos *Ignati Dworezkis "Die Veranda im Wald"* (Veranda v lesu) von 1977 das bedeutendste. Dworezki, der mit dem Theaterstück *"Der Mann von draußen"* (Čelovek so storony, 1972) jahrelang als Propagandist der wissenschaftlich-technischen Revolution in der Industrie galt, hat eine große Zahl von Problemen des aktiven Naturschutzes im Drama aufgelistet und seine Figuren als Altruisten eingeführt, die sich bis zuletzt treu bleiben. Im Drama ist davon die Rede, daß seit Jahren im Naturpark ein Kolchos die Natur zerstört. Dazu gehören das Pflügen des geschützten Bodens ebenso wie die Asphaltierung der Wege und der Bau von Wochenendhäusern für hohe Funktionäre. Die Wilderer spielen im Drama gegenüber den Touristen eine untergeordnete Rolle, und der Tenor lautet: "Säe und fälle Bäume. Los, der Plan steht und damit das Geld!" Auch die Tiere im Naturpark werden industriemäßig verwertet, die Felle und Geweihe devisenträchtig ans Ausland verkauft. "Alle wollen, daß die Natur etwas hervorbringt, das man verkaufen kann." In diesem in jeder Hinsicht ohnehin belasteten Gebiet wird durch einen Mitarbeiter Kupferkies entdeckt. Nun beginnt ein heftiger Streit, weil einige dieses Vorkommen verschweigen wollen, damit nicht noch zusätzlich Industrie eindringt und Schaden anrichtet. Dieser Plan mißlingt. *"Die wissenschaftlich-technische Revolution fordert ihr reguläres Opfer"*, heißt es im Drama. *"Sie ist aber für die Menschen zu früh gekommen"*, sagt eine der Mitarbeiterinnen, *"wir sind nicht auf sie vorbereitet. Je mehr Entdeckungen, desto weniger wissen wir über unsere Erde. Über dieses kleine Schiffchen, auf dem wir alle unbekannt wohin, fliegen ... Das irdische Spiel an der Grenze des Risikos beginnt im Menschen ein beunruhigendes Gefühl auszulösen."*[177]

Im Drama sind alle Bemühungen der Beteiligten, ihre Schutz- und Forschungsvorhaben im Naturpark weiter durchführen zu können, vergeblich. Deshalb ziehen sie daraus ihre Schlüsse und verlassen das Gebiet, "gehen dorthin, wo keine Industrie ist, wo nicht auf dreißig Kilometer im Umkreis Industriebetriebe mit ihren Schadstoffen den wertvollen Baumbestand vernichten. Dort im Norden gibt es noch viel Schützenswertes! Dorthin muß man fahren und etwas dafür tun!"

Nicht unerwähnt sollte das Theaterstück von *Alexander Arbusow* "Abendlicht" (Večernij svet, 1973) bleiben. In der Redaktion einer Gebietszeitung kommt es zu heftigen Auseinandersetzungen, die bis zu einer Entlassung führen, weil während der Abwesenheit des Chefredakteurs dessen Stellvertreter den kritischen Artikel eines jungen Mitarbeiters veröffentlicht hat. Er wendet sich dagegen, daß ein vor Jahren mühsam kultiviertes früheres Müllhaldengelände zugunsten eines Baubetriebs abgeholzt und mit privaten Garagen zugebaut werden soll. Fehlentscheidungen der Behörden werden auf diese Weise in das Licht der öffentlichen Aufmerksamkeit gerückt.

---

177. I. Dvoreckij: Veranda v lesu. In: Trassa. L. 1978, S. 377.

4.3 Ökologie und Science-fiction

In den dreißiger Jahren bis hinein in die fünfziger Jahre setzte sich auch in der wissenschaftlichen Phantastik (die sowjetische Literaturwissenschaft bevorzugt den Terminus naučnaja fantastika) der Buchtyp durch, der die Umgestaltung der Natur und des Klimas in den Weiten der Arktis, in Sibirien und Mittelasien zum Thema wählte. Großen Aufschwung nahm die Einbeziehung ökologischer Themen zu Beginn der sechziger Jahre in den Werken jüngerer Autoren, die sich nicht mehr allein auf technische Experimente festlegen wollten, sondern die in stärkerem Maße an der Darstellung "moralischer Auswirkungen" des Fortschritts interessiert waren. Die utopisch-phantastische Literatur besteht schon seit längerem aus einem ganzen Strom sogenannter Warnungsromane, die auf die Folgen von verantwortungslosen Experimenten hinweisen. Die Brüder *Arkadi* und *Boris Strugatzki* denken in ihren Romanen *"Es ist schwer ein Gott zu sein"* (Trudno byt' bogom, 1964) und *"Picknick am Wegesrand"* (Piknik na obočine, 1973) über die Gefahren der ausufernden Zivilisation nach. So wird auch hier die Wechselbeziehung zwischen Wissenschaft und Ethik zum Hauptansatzpunkt. Der Untergang der lebenden Natur tritt dabei immer wieder als Vision auf, ebenso wie das Ersetzen der natürlichen Sphäre durch eine künstliche. *Ilja Warschawski* (1909 – 1974) verfaßte 1966 die Erzählung *"Veilchen"* (Fialka), in der die Kinder einer Superstadt in das unterirdische Naturmuseum geführt werden, in dem nur noch wenige Pflanzen erhalten geblieben sind. Der Gärtner schenkt einem Jungen ein duftendes Veilchen, das zu dessen Leidwesen am nächsten Tag verwelkt ist. *"Die Wiese"* (Lug, 1979) heißt eine Erzählung von *Karen Simonjan* (1935 geboren), in der es in einem Raumschiff eine künstliche, imitierte Natur, die Erinnerungen an die Heimat weckt, gibt.

Sergej Drugal führt sogar ein "Institut zur Wiederherstellung der Natur" vor, und *Gennadi Gor*, ein philosophisch orientierter Autor, beschwört in dem Roman *"Die Statue"* (Izvajanie, 1972) eine künftige Erde, auf der es den Menschen gelungen ist, die verlorene Harmonie mit der Natur wiederzufinden.

Das sind nur wenige Beispiele aus einem sehr speziellen Bereich der modernen Belletristik, der sich aber den ökologischen Fragen stellt, wenngleich wir seit Mitte der siebziger Jahre hier anscheinend eine Stagnation zu verzeichnen haben.

5. Ökologisches Denken in der Gegenwartsliteratur exemplifiziert an repräsentativen Autoren

5.1 "Unsere Nachkommen werden ihr Urteil über uns fällen"
Oles Gontschar

Die moderne sowjetische Literatur, die sich den "grünen" Themen zugewandt hat, ist undenkbar ohne das Romanwerk *"Die Kathedrale"* (Sobor) von *Oles Gontschar*.

Er wurde 1918 in der Familie eines Bauern in der Ukraine geboren. Nachdem er die siebenklassige Dorfschule beendet hatte, wurde er in der Redaktion einer Kreiszeitung eingestellt. Danach delegierte ihn der Komsomol an die Charkower Fachschule für Journalistik. Nach deren Abschluß nahm er das Studium der Philosophie auf und begann, seine ersten Werke zu publizieren. Sein Lebensweg verlief wie der vieler sowjetischer Autoren seiner Generation. In den ersten Kriegstagen ging er freiwillig an die Front und erlebte den gesamten Krieg bis zum Sieg über Deutschland. 1946 konnte er dann eine Promotions-Aspirantur in Kiew aufnehmen. Im gleichen Jahr erschien der erste Band seiner Trilogie *"Die Bannerträger"* (Znamenoscy), die er 1953 beendete und die die Offensive der sowjetischen Truppen vom Frühjahr 1944 bis Kriegsende zum Thema hat.

Neben zahlreichen Erzählungen und Romanen, die das Thema des Krieges immer wieder aufgreifen, hat Gontschar in den fünfziger Jahren auch das Alltagsleben in dem ukrainischen Dorf vor und nach der Revolution dargestellt.

In den Jahren 1958 — 1972 war Gontschar Vorsitzender des Schriftstellerverbands der Ukraine. Eine zentrale Rolle in seinem Schaffen spielen ökologische Fragestellungen, die er in der unterschiedlichsten Weise artikuliert. In den frühen Erzählungen geht es noch um Einzelfälle. In der Erzählung *"Das Zauberschiff"* (1957) wird über den Jagdausflug von Arbeitern eines Großbetriebes berichtet. Bei den abendlichen Gesprächen am Lagerfeuer wird dann eine breite Palette von Themen berührt; es geht um Jagdfrevel (früher habe es in den Wäldern Hirsche gegeben, aber sie seien vertrieben worden, als man die Sumpfgebiete für das Meer von Kachowka vernichtet hat), um die Gewässerverschmutzung und die gesundheitlichen Schäden, die japanische Fischer durch Atombombenversuche erlitten haben. Interessant ist dabei, daß sogar das Austrocknen eines Teiches von den Leuten mit Atomversuchen im Pazifik in Zusammenhang gebracht wird. Wörtlich heißt es dort: "'Das haben wir nun von diesen ganzen Versuchen', sagte Petrowitsch schließlich unwirsch, und wir schreckten auf, wie aus einem bleiernen Schlaf. Wir wußten, was Petrowitsch meinte."

"Jegliche Unordnung in der Natur, wie er es nannte, plötzliche Abkühlungen und ebenso plötzliche Hitzewellen, unerhörte Schneeverwehungen in Italien und schreckliche Taifune über den japanischen Inseln – all das führte Petrowitsch, ohne sich beirren zu lassen, auf ein und dasselbe zurück, auf diese verfluchten Atombombenversuche mitten im Ozean. Auch daß es bei uns seit Frühlingsanfang nicht geregnet hatte und das Land unter einer Hitze litt, wie sie selbst die ältesten Leute nicht erlebt hatten, erklärte er damit: Die Spielereien mit den Atombomben machen sich bemerkbar."[178]

In dem 1963 veröffentlichten Roman in Novellen "Tronka", für den Gontschar den Leninpreis erhielt und der in breiten Kreisen der literarisch Interessierten Diskussionen ausgelöst hat, ist der eigentliche Ansatz für die letzte wesentliche Etappe im Leben des Schriftstellers zu sehen. In diesen Novellen "Tronka" (d.h. Hirtenglöckchen) fragt er nach dem Verhältnis des Menschen zur Natur und mißt daran die Zukunftsaussichten für die menschliche Zivilisation. Auch hier nimmt er das Motiv der Atombombenversuche am Beispiel des Atombombenabwurfs auf Hiroshima wieder auf, den eine seiner Hauptgestalten erlebt und dabei Sehschäden davonträgt. Dieser Mann vermutet dann auch, daß die Erbschädigungen, die bei den heimatlichen Viehherden auftreten, wohl auf ähnliche Experimente mit Atombomben zurückgehen. "Was für eine Verschwendung – wieviel Geld allein für die Bombe vergeudet wird", heißt es in einer Passage.

Die zwölf Novellen in "Tronka" sind sowohl der Vergangenheit als auch der Gegenwart gewidmet. Der Ort der Handlung ist ein alter Steppenkolchos mit der einheimischen Bevölkerung, den Hirten und ihren Nachfahren, die in Düsenflugzeugen als Piloten aufsteigen. In der Nähe des Kolchos mit der friedlichen Schafzucht als Existenzgrundlage liegt ein strategisch wichtiger Militärflugplatz, zu dem auch ein Bombenabwurfzentrum gehört. Auf See, in unmittelbarer Nachbarschaft, lagert seit dreißig Jahren, noch aus dem Krieg, ein Schiffswrack, das als Bombenziel dient. Die Bedrohung ist für die Einwohner Tag und Nacht präsent. Sie stellt den Kernpunkt der Novelle "Der Übungsplatz" dar. Der Kommandant des Raketenflugplatzes, Uralow,, ist glücklich, als ihm und seiner Frau ein Mädchen geboren wird, das seinen trostlosen

---

178. Oles Gontschar: Das Zauberschilf. Kiew 1966, S. 160.

Dienst verschönern kann. Aber das Kind erkrankt und stirbt. Die heilkundige Alte, die versucht hat, dem Kinde zu helfen, warnt den Vater: Der ewige Bombenlärm und die Raketen seien nichts für ein Kind. Gontschar, der einen lyrisch-romantisierenden Stil bevorzugt, läßt darüber hinaus dem Vater das tote Kind im Traum erscheinen und sich beklagen: *"Papa, ich habe nichts anderes gesehen als deine Raketen ... Nur diese schrecklichen glänzenden Raketen habe ich kennengelernt."*[179]

Uralow sieht ein, daß nur *"unter stillen Sternen ein Kind gedeihen"* könne!

Auch in "Tronka" gibt es zahlreiche Anspielungen auf Eingriffe in die Natur: Klimaverschlechterungen, heftige Sandstürme, das Auftauchen verstümmelter Vögel im Naturschutzgebiet Askanija Nowa, öldurchtränkter Sand am Kaspischen Meer, vergiftetes Wasser. Und selbst über das Meer von Kachowka wird nur abfällig als über ein Beispiel falscher Projektierung gesprochen:

"Es bringt wenig Nutzen. Einen großen Sumpf haben sie angelegt. 140.000 ha Wald an den Flußinseln unter die Axt gebracht. Soll das gut gewirtschaftet sein? Könnte man nicht gut die Hälfte der Insel durch Dämme schützen? Die Leute beschweren sich. Sie wohnen dicht am neuen Ufer und können nirgends Trinkwasser entnehmen. Die Wellen unterspülen die Ufer immer mehr, den Schwarzerdeboden schwemmt es hinweg und niemand weiß, wie es enden wird."[180]

Den wichtigsten Beitrag zur ökologischen Diskussion lieferte Oles Gontschar allerdings 1968 mit dem zunächst veröffentlichten, dann verbotenen Roman *"Die Kathedrale"* (Sobor), 1970 ins Deutsche mit dem Titel *"Der Dom von Satschiplanka"* übersetzt. Die Kritik wandte sich gegen Gontschars starkes Beharren auf dem Wert der Traditionen, wie sie es bezeichnete. Der Roman wurde zwar später zur Veröffentlichung in der Sowjetunion wieder freigegeben, aber noch nicht in die Werkliste der Lexika und Literaturgeschichten aufgenommen.

Die Bedeutung dieses umfangreichen Romans ist auch heute kaum zu überschätzen. Seine Ablehnung hemmungslosen Fortschrittsglaubens legt Gontschar in drei Gestalten an, die die geistige Auseinandersetzung in der Sowjetunion exemplarisch spiegeln.

Loboda, ein emporgekommener Funktionär, der sich nicht scheut, seinen Vater, einen verdienstvollen Stahlschmelzer, ins Altersheim abzuschieben, ist der Typ des Parteibürokraten. Stets um sein Image und den Aufstieg in der Parteihierarchie besorgt, macht es ihm persönlich nichts aus, einen herrlichen Dom abzureißen, um an diesem Platz eine

---

179. Oles Gontschar: Tronka. Bln./DDR 1964, S. 274 f.
180. ebda S. 254.

langweilige, gesichtslose Kaufhalle aufzustellen. Sein Vater warnt: *"Laßt ihr ihn, dann wird er euch noch viele Dome abreißen und viele solche künstliche Seen herstellen, die so stinken, daß ihr nicht wißt, was dagegen zu tun ist."*[181]

Der Kampf um den Dom und seine Erhaltung ruft die Gegenpartei auf den Plan, einen jungen Architekten, der es sich zum Ziel gesetzt hat, überall für die Erhaltung der Altertümer einzutreten. Die dritte Fraktion, die den Ambitionen des Architekten am nächsten steht, wird von der Zentralfigur, dem Studenten Mikola, angeführt. Er ist leidenschaftlicher Bastler, Erfinder von Industriekläranlagen und ebenfalls ein Liebhaber alles Alten. Die Kunst stellt für ihn einen Zufluchtsort dar. Er kämpft dafür, daß die Betriebe moderne Filtrieranlagen in die Schornsteine einbauen müssen, weil es ihm um die Gesundheit der Menschen geht. Am Schluß des Romans, als der Kampf um die Erhaltung des Doms auf dem Höhepunkt angelangt ist, wirft Mikola – wie Jesus die Wechsler – eine Bande von Jugendlichen, die eine nächtliche Fête im Dom veranstalten, hinaus und wird dabei von ihnen verprügelt. Letztlich gewinnen im Buch die Verteidiger des Doms den Kampf, aber Gontschar verbirgt dabei nicht, daß es sich um einen Teilerfolg auf einem noch langen Weg handelt.

Der Roman besteht aus einem spannungsgeladenen Wechsel zwischen reflexiven Passagen und Erinnerungen an die Vergangenheit, die mit dramatischen Auseinandersetzungen, aber auch mit einer Liebesgeschichte verbunden sind.

Einige Passagen, die kein beschönigendes Bild von den sowjetischen Betriebs- und Umweltproblemen bieten, sollen ohne Kommentar vorgestellt werden. Über die Hochöfen heißt es:

"Die Filtrieranlagen sind immer noch ein Traum. Die Realität, das ist dieser Rauch ... Geraucht haben unsere Öfen, das stimmt, aber das taten sie, wie sich's gehört, alles mit Maßen. Aber eure, mit der Sauerstoffzufuhr, die qualmen doppelt soviel, zum Gotterbarmen. Dieser Rauch jetzt, der dreckigrote, der eiserne, wem seiner ist der? Eurer! Und der stinkende von der Teerchemie. Und der vom Stickstoffdünger, wo das Laub auf den Bäumen ganz gelb wird. Alles von euch ... Und eure Abwässer in den Dnjepr, da schwimmen die Fische gleich mit dem Bauch nach oben. Geldbußen zahlen sie ja, die Direktoren, zwanzigtausend pro Fabrik, auch dreißigtausend, aber was nützt das? Das Geld wandert ja nur von einer Tasche in die andre. Immer mehr Rauch, den Dnjepr immer mehr verschmutzt, und die Maschinen machen euch schon taub mit ihrem modernen Krach."[182]

---

181. Oles Hontschar: Der Dom von Satschiplanka. Reinbek 1970, S. 382.
182. ebda S. 30 f.

"Wer dort neben dem Betrieb wohnt, der kriegt nie weißen Schnee zu sehen. Die frischgewaschene Wäsche – besser nicht aufhängen! Im Nu wird sie schwarz. Ich hab dort früher auch gewohnt. Hab genug davon geschluckt. Morgens, wenn man zur Arbeit geht, lassen die Sohlen ihren Abdruck auf dem Ruß: auf den Bänken, auf dem Laub – überall. Davon regnen Tonnen und Tonnen jeden Tag auf die Stadt runter. Schon lange reden sie davon, daß man Abfanganlagen hinsetzt, diese – wie sagt man doch gleich? – die Filter. Aber bis jetzt filtrieren sie mehr mit den Zungen."[183]

"Der Rauch aus den Rohren ist erhitztes Gas mit Staub. Das dem Auge nicht sichtbare Stäubchen, das ist dein größter Feind. Erst bei vierhundertfünfzigfacher Vergrößerung sieht man dies Stäubchen, das eigentlich ein Eisensplitter en miniature ist. Darum fliegt es so gut und wird so leicht vom Organismus aufgenommen ... Vierhundert Tonnen Staub in vierundzwanzig Stunden, das heißt, dreihundert Tonnen reines Eisen in Gestalt dieses schmutzigbraunen Rauches."[184]

Aber das sind nicht die einzigen Verfehlungen

"Eine Fabrik hatte giftige Abwässer in den Dnjepr fließen lassen und einn großes Fischsterben begann. Daraus entwickelte sich eine ganze Geschichte. Aus der Gebietshauptstadt kam eine Kommission. ... Wie lange wollen Sie eigentlich noch den Dnjepr vergiften? Und auch die Luft verpesten – wie lange? Der Staat stellt Mittel für Reinigungsanlagen zur Verfügung, aber Sie halten sich jahraus, jahrein an die gleiche Praxis, daß Sie aus derselben Westentasche des Staates nur die Strafgelder bezahlen."[185]

Aber die Beschuldigungen des alten Metallarbeiters betreffen auch den Bereich der Wasserkraftwerke:

"Es brauchte nur jemandem einzufallen, und da werden sie schon beginnen, den Auwald in der Niederung abzuholzen, ein sogenanntes Meer wird statt dessen hier stinken, glibberig wie Haferschleim, Millionenbeträge wird es verschlingen, die Manganerzvorkommen bedrohen. Legen sie es trocken, dann wird in Skarbne nichts mehr sein. Keine Nebel werden sein ..."[186]

Das alles sind Themen, die zu dieser Zeit von keinem anderen sowjetischen Autor in solcher Ausführlichkeit behandelt wurden. Gontschar hat in den folgenden, in den siebziger Jahren geschriebenen Romanen das Thema der vergifteten Umwelt zwar aufgenommen, aber nicht in der gleichen Intensität wie in "Tronka" und der "Kathedrale" weiter ausgeführt.

183. ebda S. 70.
184. ebda S. 330.
185. ebda S. 328.
186. ebda S. 324.

Im *"Ufer der Liebe"* (Bereg ljubvi, 1977) erwähnt er die Weisheit der Natur, die gerade zu der Zeit, als eine Mäuseplage die Weizenerträge zu vernichten drohte, dafür sorgte, daß Schwärme von Adlern auftauchten, die die Mäuse ausrotteten, um dann ebenso spurlos wieder zu verschwinden. Über undurchdachte Meliorationsmaßnahmen heißt es:

"Der wissenschaftlich-technische Fortschritt ist natürlich eine große Sache, eine Notwendigkeit. Aber man darf nicht vergessen, daß der Knüppel zwei Enden hat. Nimm zum Beispiel die Melioration, das Bewässerungssystem für die Steppe. Es sind Kanäle gebaut worden, eine feine Sache ... Von allen Seiten hat man damals den Melioratoren geraten: Verkleidet den ganzen Hauptkanal, gießt die Sohle mit Beton oder einer anderen Schutzmasse aus. Sie haben nicht darauf gehört, und nun wird's teuer. Ergebnis: Chlibodariwka ist ausgetrocknet, und in Iwanowka steht das Wasser in den Kellern ... Zweihundert Hektar goldenen Bodens haben sie uns versalzen und vielleicht für hundert Jahre brachgelegt! Jetzt kannst du dort keinen 'Kawkas' und keine 'Aurora' mehr säen, jetzt ist das der reinste Salzboden, der bei jedem Schritt dröhnt."[187]

Bereits 1970 aber, in dem Roman *"Der Zyklon"* (Ciklon) finden sich Sätze, die Gontschars Position sehr klar werden lassen:

"Früher haben die Menschen meiner Meinung nach mehr an die Nachkommen gedacht. Heutzutage dagegen benimmt sich mancher, als wäre das Leben mit ihm zu Ende und es käme die Sintflut. Dabei muß man doch an die Zukunft denken. Unsere Nachkommen werden ihr Urteil über uns fällen."[188]

Auch in seinem 1979 geschriebenen Roman *"Die Morgenröte"* (Tvoja zarja) spricht der Dichter von der Kollektivsünde der Menschheit und der Verpflichtung, den Planeten zu hüten.

Sein vorletzter Roman *"Dein Stern"* (Tvoja zvezda, 1980), ist bereits durchgängig philosophisch angelegt. Ist die Technosphäre dem Menschen feindlich? Wird er das Opfer eines Molochs, den er selbst geschaffen hat? Gontschar sucht immer noch nach einem Mittelweg. Sein Erzähler in diesem Werk ist Ökologe und ein weltbekannter Wissenschaftler. Ihn müssen die wachsenden Widersprüche zwischen Mensch, Natur und Technik besorgt machen. Die "Autonomie des Eisens" das "Guernica der Trasse", die sich der Gewalt des Menschen entziehen — dies wird als Drohung, als Katastrophe in eine urbanistische Hölle in die USA verlegt. Bienenschwärme genügen, um hier den Verkehr zum Erliegen zu bringen. Die Natur selbst rebelliert. Und so verschwindet in den Weiten des Bermuda-Dreiecks ein Flugzeug der Trans-

---

187. O. Hontschar: Das Ufer der Liebe. In: "Sowjetliteratur" 1977, 8, S. 25.
188. O. Hontschar: Der Zyklon. Bln.-Weimar 1976, S. 129.

atlantiklinie mit dem Diplomaten Sabolotny an Bord. Aber er hinterläßt den Nachfahren seine Ängste über die Weltkatastrophe und den Traum von einem friedlichen Leben auf einer blühenden Erde. Daraus entsteht das Bekenntnis zu Mensch-Natur-Beziehungen, die von der Vernunft und der Idee des Friedens getragen werden.

Die gesamte Problematik der Ökologie in unserer Zeit, in der ganzen Spannweite der wissenschaftlichen und ethischen Aufgabenstellung, kann kein Autor aufarbeiten. Gontschars künstlerische Eigenart besteht auch in seinem bewußt gewählten Stil lyrischer, psychologisch geprägter Prosa. Damit appelliert er vor allem an das *Gefühl* des Lesers mehr als an seinen Verstand und drängt ihn auf solche Weise, an Veränderungen mitzuwirken, die auf eine vernünftige Beziehung zwischen Mensch und Umwelt gerichtet sind.

5.2 "Der Fortschritt zielt darauf ab, die Kluft zwischen Natur und Mensch zu schließen!"
Daniil Granin

Der Leningrader Schriftsteller mit dem ursprünglichen Familiennamen German wurde 1919 in Wolyn geboren. Sein Vater war Waldhüter. Daniil Granin erlernte den Beruf eines Elektroingenieurs, nach dem Studium war er Oberingenieur im Kirow-Werk in Leningrad und Gruppenleiter des Laboratoriums. Seine erste Erzählung erschien bereits 1937. Jahrelang arbeitete er als Wissenschaftler, bis er gänzlich zur Literatur überwechselte.

1949 erschien seine Erzählung aus dem Wissenschaftlermilieu *"Variante B"*, und seither steht die Wissenschaft im Brennpunkt seines literarischen Interesses. Sein Roman über die Atombombenforschung in West und Ost bot die Vorlage für den Film *"Wahl des Ziels"* (Vybor celi, 1976). In einem früheren Roman mit dem Titel *"Bahnbrecher"* (Iskateli, 1955) liest ein gewisser Lobanow in einer Zeitschrift über die amerikanischen Atombomben und meint, sie wären schon längst in Aktion, "wenn wir nicht ebensolche hätten"; und sogar mehr davon, damit die ganze Welt ruhig arbeiten und leben könne.[189] In dem Roman "Wahl des Ziels" sagt der sowjetische Physiker Kurtschatow, er sei froh darüber, daß er sein Leben der Atomwissenschaft der Sowjetunion gewidmet habe. Er glaubt, daß die Regierung sie nur zum Wohle des Volkes zur Anwendung bringen würde! Gewissermaßen als Rückversicherung steht dann noch der Satz: "Wenn wir die Bombe haben, können wir verhandeln und Übereinkünfte schließen!"

---

189. D. Granin: Izbr. proizvedenija v 4 tomach. L. 1978, Bd. 1, S. 175.

Neben Oles Gontschar ist Daniil Granin der einzige, der versucht, sich literarisch mit der Bedrohung durch die Atomwaffen auseinanderzusetzen, wenn er es auch völlig auf der Ebene des Systems tut.

Der Kritiker Anatoli Botscharow hat sich 1954, als Granins erster Roman erschien, für ihn interessiert und ist immer auf's neue von jedem seiner Werke überrascht worden.

"Kaum hat man sich an den Gedanken gewöhnt, daß der Sänger des wissenschaftlich-technischen Fortschritts Granin ist, da hat er sich plötzlich in der 'Rückfahrkarte' (Obratnyj bilet) in einen Patriarchen verwandelt, der nur noch seinen Erinnerungen lebt. Dann wieder stellt er sich als Meister der Dokumentarprosa in der Kriegserzählung 'Klavdija Vilor' ... vor (schreibt Reiseskizzen über Deutschland, Japan, Australien). Dann wieder erscheint der Autor für urbane Stoffe plötzlich mit einem Roman 'Das Gemälde' (Kartina) in der Öffentlichkeit, worin er sich den Dorfschriftstellern solidarisch fühlt. Und er nimmt sie nicht nur an, sondern er führt ihre Ambitionen sogar noch weiter durch einen Aufruf zur Erhaltung der natürlichen städtischen Umgebung."[190]

Daniil Granin legte 1962 seinen Roman *"Dem Gewitter entgegen"* (Idu na grozu) als einen polemischen Beitrag zur Diskussion um die Neuorientierung der sowjetischen naturwissenschaftlichen Forschung im Fachgebiet Physik vor. Ein Beispiel moralischen Mutes, sich der Wahrheit über die Vergangenheit zu stellen, behandelt er in der Erzählung *"Der Bataillonskommandeur"* (Naš kombat, 1968). Und dann kam im Jahre 1980 sein Roman *"Das Gemälde"* (Kartina) heraus, der eine lebhafte literaturkritische Auseinandersetzung auslöste. Der Autor hat der Veröffentlichung des Werkes mehrere Interviews vorausgeschickt.[191] Nach seinen eigenen Aussagen war der Anstoß zu diesem Roman die Beobachtung, daß gerade die Kunst den Menschen befähige, sich gegenüber vorgeprägten Denk- und Verhaltensschemata als Persönlichkeit zu erkennen und zu begreifen. Sobald der Mensch Impulse durch ein Kunstwerk empfange, beginne er die Welt in anderem Licht zu sehen. Das bedeute schließlich, das Gewissen anzurühren, die Leute aus dem seelischen Komfort herauszutreiben, sie die "Verteidigungswälle" auf dem Wege zu menschlichem Bewußtsein überwinden zu lassen.

Der Bürgermeister einer fiktiven Kleinstadt ist zufällig in eine Moskauer Kunstausstellung geraten, wo ihm ein Bild des Malers Astachow – "Am Fluß" – auffällt, auf dem ihm genau der Blick aus seinem Arbeitszimmer dargestellt zu sein scheint: Silbergrüner Wasserspiegel, ein

---

190. A. Bočarov. Zit. nach: "Literaturnaja gazeta" vom 6.10.1982.
191. D. Granin. Interviews. Veröffentlicht in: "Literaturnaja gazeta" vom 15.10.1975, ebda 7.11.1979, 2.4.1980, 25.7.1979. "Pravda" vom 21.1.1980, ebda 16.1.1979. "Nauka i religija" 1979, 11.

Haus mit zwei Etagen und einem Dach aus Kupferplatten – ohne Zweifel das Haus des Holzhändlers Kislych! Und der Bürgermeister muß erkennen, daß dieses Bild in seiner Kindheit gemalt worden ist, als die Farben noch satter, die Wälder dichter waren. Losew erhält das Bild von der Witwe des Malers sogar geschenkt, aber sie warnt ihn vor der seelenraubenden Kraft des Bildes, die seinen weiteren Lebensweg in eine neue Richtung drängen wird.

Die abgebildete friedliche Landschaft mit dem Kislych-Haus soll gemäß der Planung, für die sich auch der Bürgermeister eingesetzt hatte, einem Computerwerk weichen. Kann sich Losew im Namen des künftigen Wohlstands für die Bevölkerung von der schönen alten Landschaft lossagen? (Anfang der fünfziger Jahre wäre dies für Granin keine Frage gewesen. "Die Natur ist hundertmal schöner, wenn der Mensch sie verändert!" schreibt er damals in einer Skizze über das Kuibyschew-Wasserkraftwerk.)

Losews Opponent, der medaillengeschmückte Veteran Polivanow, der mit radikalem Eifer in den dreißiger Jahren Ikonen und Kirchenbücher den Flammen überantwortet hat, ist im Alter zu völlig neuen Einsichten gelangt:

"*Vor uns hat die Stadt fünfhundert Jahre gelebt. In dieser Zeit haben die Menschen nicht nur rebelliert und geweint, es gab auch Feste, kluge Werke, Schönes. Wir aber glauben, früher herrschte nur Rückständigkeit. Man muß seine Vorfahren respektieren, nicht sich selber! Von hier aus wurde Rußland mit Leder versorgt, hier gab es Salzsiedereien. Die Leute hatten auch Grips im Kopf. Fünfhundert Jahre unermüdliche Arbeit! Die gesamte russische Geschichte ist durch unsere Stadt gegangen.*"[192]

Poliwanow setzt sich für die Umwandlung des Kislych-Hauses in ein Museum ein und legt bereits umfangreiche Sammlungen dafür an:

"*Während in seinem Haus früher wacklige Hocker knarrten und Blechschüsseln auf dem Tisch standen, summte nun der figürliche gelbe Samowar wie eine Schalmei, seine blank geputzten Medaillen funkelten, daneben standen Sammeltassen, jede einzelne ein Kunstwerk, auch einen Zuckerhut hatten sie aufgetrieben, er wurde mit einer altmodischen, gemusterten, langstieligen Zange zerkleinert ... Das Brot lag auf einem bemalten Brett, die Konfitüre wurde mit einem Silberlöffel aufgetan, der einen gedrehten Stil hatte. Auf dem Untersatz des Salzfasses prangte die Inschrift: 'Ohne Salz steht der Tisch schief.'*"[193]

Schließlich organisierte er zur Rettung des Hauses gar eine Demonstration und stirbt an der Aufregung. Losew sieht das "Beschämende sei-

---

192. D. Granin: Das Gemälde. Bln./DDR 1981, S. 79.
193. ebda S. 82.

nes Verrats" ein und beginnt, sich höheren Ortes für die Erhaltung des Hauses einzusetzen. Sein Vorgesetzter Uwarow, ein Technokrat, dessen Büro mit der neuesten amerikanischen Büro- und Computer-Einrichtung ausgestattet ist, beurteilt aber die Situation allein vom utilitaristischen Standpunkt aus: "Bei der heutigen Technik brauchst du mir nur genügend Geld zu geben und ich setze dir jede Landschaft hin ... auch Gebirge und Wälder und Wasserfälle."[194]

Uwarow nennt Losew in dem entscheidenden Gespräch einen Phantasten und beschließt, ihn um jeden Preis von seiner Idee der Betriebsverlegung abzubringen. Dazu scheint ihm die Berufung Losews auf einen höheren Posten, als sein Stellvertreter, das richtige Mittel.

Währenddessen ist aber auch ein junger Mitstreiter Poliwanows nicht untätig geblieben. Der Schriftsteller hat ihn mit Hippie-Attributen versehen. Er ist langhaarig, trägt Armbänder und Jeans. Gegen die Aktionen der Landvermesser und Holzfäller setzt er sich zur Wehr, indem er sich an einen Weidenbaum beim Kislych-Haus anbindet. Mit seinem Protest verursacht er zwar einen Volksauflauf, ohne jedoch aus der Bevölkerung Zustimmung für sein Vorhaben zu erhalten. Im Gegenteil, er wird verhaftet, aber später auf Losews Fürsprache hin wieder freigelassen. Diese Art von Protest ist in der sowjetischen Belletristik völlig neu und ruft den erwähnten Kurzroman über Granins Kindheit *"Rückfahrkarte"* (Obratnyj bilet, 1976) in Erinnerung, wo sich der Schriftsteller über das Verhältnis der Menschen zur Natur wie folgt äußert:

"Irgendwo im Wald standen Bäume, die Vater vor dem Aushieb gerettet und erhalten hatte. Mittlerweile gewaltige Baumriesen. 'Abgeholzt, alle abgeholzt', sagte Adrian. 'Nichts übriggeblieben. Alles wird erbarmungslos umgehauen. Vorerst ist ein guter Holzhauer gefragter als der beste Forstmann. Wir erobern immer noch die Natur, bezwingen sie. Weißt du, manchmal hasse ich die Natur wegen ihrer Ohnmacht und Hilflosigkeit. Sie wehrt sich durch Selbstmord. Hofft auf unsere Barmherzigkeit. Wir aber ... Da sitzt so ein Rotzbengel auf einer grellgelben Wucht von Trecker und genießt seine Überlegenheit dem Wald gegenüber. Klar, er walzt alles nieder, daß es nur so kracht. Man hat ihm weisgemacht, daß er die Natur regiert. Aber Regieren heißt noch lange nicht, die Natur zu verstehen. Was berechtigt uns überhaupt, die Natur zu regieren? ... Glaubst du, Fortschritt heißt Selbstbedienungsladen? Fortschritt zielt darauf ab, die Kluft zwischen der Natur und dem Menschen zu schließen. Bisher haben wir die Kluft aufgerissen, jetzt fangen wir an, sie zu überbrücken, eben das ist der Anfang des Fortschritts. Es gilt, alles Lebende zu verstehen, unsere Verwandtschaft mit allem Lebendigen zu begreifen.'"[195]

---
194. ebda S. 244.
195. D. Granin: Rückfahrkarte. Zit. nach: "Sowjetliteratur" 1977, 5, S. 12.

Losew lehnt Uwarows Angebot ab, sein Stellvertreter zu werden und verläßt den Ort. Er beginnt als Bauleiter anderswo ein neues Projekt. Es heißt, daß die Einwohner sich nicht gern an ihn erinnern. Nur der örtliche "Philosoph" prophezeit seine baldige Wiederkehr, denn die Zeit brauche solche Leute wie ihn.

Der Roman endet mit der Rettung des Kislych-Hauses, in dem das von Poliwanow erträumte "Ortsmuseum" eingerichtet wird.

Der Prototyp für die Gestalt des Bürgermeisters Losew, so berichtet Granin, der Bürgermeister von Malojaroslawetz, hat auf dem schönsten Platz seiner Stadt die Errichtung eines ausdruckslosen hohen Betriebsgebäudes mit einem Gerümpelhof nicht verhindern können!

5.3 "Der Mensch entscheidet über Sein oder Nicht-Sein der Natur"
Sergej Salygin

Dieser Schriftsteller gehört wie sein Kollege Daniil Granin zu den Wissenschaftlern, die ihre Bestimmung letztlich doch in der Literatur gefunden haben.

Er wurde 1913 im Gouvernement Ufa in Sibirien geboren. Sein Vater war Bibliothekar. Sergej Salygin, der Herkunft nach Städter, wollte gern sein ganzes Leben lang als Agronom auf dem Lande arbeiten. Doch zunächst wurde er als Hydrotechniker eingesetzt, bis er in den Bergen von Chakasien auf Melioratoren traf, deren unabhängiges Leben ihm ausnehmend gut gefiel. Er promovierte danach zum Dr.ing. und leitet zehn Jahre lang einen Lehrstuhl für Melioration, wobei ihm seine praktischen Kenntnisse bei den Projektierungsarbeiten an den Stauseen des Mittleren Irtysch und des Niederen Ob, aber auch bei der Station Salechard, wo er 1942 gearbeitet hat, zugute kam. Im Jahre 1955, als man ihn in das Wissenschaftlerstädtchen bei Nowosibirsk[196] berufen wollte, wechselte er gänzlich in die literarische Tätigkeit über.

Bereits in den fünfziger Jahren fand man ihn an der Seite von Owetschkin und Dorosch, als er mit seinen engagierten Skizzen für den sorgsamen Umgang mit dem Naturgleichgewicht plädierte.

In seinem 1952 erschienenen Roman *"Pfade des Altai"* (Tropy Altaja), der die Probleme einer wissenschaftlichen Expedition mit ihren

---

196. Das Wissenschaftlerstädtchen Akademgorodok liegt 25 km südlich von Nowosibirsk. 1957, als die beschleunigte Erschließung der Produktivkräfte und Naturschätze Sibiriens in Angriff genommen wurde, kam es zur Gründung der Sibirischen Abteilung der Akademie der Wissenschaften; ganze Teams von Forschern siedelten aus dem Zentrum nach Akademgorodok um. Das Städtchen umfaßt heute etwa 21 vorwiegend naturwissenschaftliche Forschungszentren.

Ambitionen und den Karrierismus eines Leiters zum Thema hat, äußert sich ein Geograph kritisch über die Großprojekte wie die Überflutung gewaltiger Landflächen für Wasserkraftwerke (allein am Niederen Ob waren es 150.000 km^2). Seine Argumentation lautet: Momentan sind die Wiesen zwar nutzlos, aber wird man sie nicht vielleicht im Jahr Zweitausend brauchen? (Eine ähnliche Position nimmt Salygin heute zu dem umstrittenen Projekt der Umleitung der sibirischen Ströme nach dem Süden ein. Sollte das Projekt durchgesetzt werden, meint er, wäre dies zwar ein Sieg der Pragmatiker, aber keine vernünftige Lösung.)

Aber es scheint, daß sich in den letzten zwanzig Jahren fast nichts geändert hat. Am 26.6.1962 hatte Salygin in der "Literaturnaja gaseta" seinen Artikel "Über den Wald, den Boden, das Wasser und die Zuständigkeiten" veröffentlicht. Darin wurde das Projekt des Wasserkraftwerks am Niederen Ob bei Salechard ad absurdum geführt. Schon damals behauptete Salygin, daß die Durchsetzung eines solchen Vorhabens, das besonders von der Hauptabteilung Hydroprojekt in Moskau verteidigt wurde, großen Schaden im Naturgleichgewicht hervorrufen würde. Seine Mahnungen erhielten in der Presse große Resonanz, und etliche Wissenschaftler unterstützten den Dichter.

"Eineinhalb Jahre habe ich mich mit nichts anderem als mit diesem Problem befaßt. Ich bin durch die ganze Sowjetunion gefahren, denn man mußte nicht nur über dieses Projekt, sondern auch über analoge Fälle von Überflutungen sprechen." Salygin hat Expertisen zu diesem Projekt ausgearbeitet, die einige Tausend Seiten umfassen. Er sah sich veranlaßt, 1962 noch zwei weitere Artikel in gleicher Sache in der "Literaturnaja gaseta" zu publizieren, weil gegen ihn eine Expertenkommission von achtzig Wissenschaftlern in Moskau angetreten war und sich für das geplante Stauseenprojekt aussprach.

Nachdem Salygin einen Aufschub von zwei Jahren erkämpft hatte, wurde im Gebiet von Tjumen Erdöl gefunden, woraus sich neue, aber ebenso verheerende Wirtschaftsperspektiven ergaben.

Der Schriftsteller Salygin braucht allerdings diese Art von Tätigkeiten, so aufwendig sie auch sein mögen, *"damit die Natur ihre Zuflucht in unserem seelischen Bewußtsein findet, wohin sie sich vor unseren Errungenschaften retten kann."*[197]

Wenn man von der Natur Sibiriens redet, kommt man um die großen Probleme der Umgestaltung der Natur nicht herum. Salygin hat einen größeren Artikel mit dem Titel *"Der Schriftsteller und Sibirien"* verfaßt, worin es heißt, daß sich die Natur nicht selten grausam am Menschen räche, wenn er eine Umgestaltung an ihr vorgenommen habe. Er nennt dafür Beispiele der Versumpfung und Versandung des Bodens als

---

197. S. Zalygin. Zit. nach: "Literaturnaja gazeta" vom 24.12.1980.

Folgen undurchdachter Bewässerung und Verfahren des Pflügens, die eine Bodenerosion verursacht haben. Die Natur selbst, sagt er, bestimmt, in welcher Folge Umwandlungen vorgenommen werden können.

"In Sibirien sind die Probleme der Umgestaltung gewaltig, das heißt aber auch, daß die Fehler dabei in der Tat grandios sein können. Und wenn die Rede davon ist, das Wasser des Jenissei und des Ob in den Aral-See zu leiten, so stellen wir uns doch nicht klar genug die Folgen dieser Umgestaltung vor. Für uns sind sie noch unklar, aber wieviel Lobgesänge sind schon von den Literaten auf dieses Projekt angestimmt worden. Und alles im Bereich des Grandiosen! ... Ich bin nicht gegen das Projekt, sondern gegen die Leichtfertigkeit, mit der man es behandelt."[198]

Und der Schriftsteller meint: *"Gemäß der Entwicklung unseres Landes, seiner Ökonomie und Kultur brauchen wir nicht jedes Wasserkraftwerk, nicht jede Umgestaltung der Natur, nicht jedes Werk, sondern nur die, die in bester Weise den Bedürfnissen und Perspektiven des Landes entsprechen."*[199]

Großen Anklang fand in der gesamten Sowjetunion sein Artikel *"Literatur und Natur"* (Literatura i priroda), den er am 10.3.1980 in der "Prawda" veröffentlichte und der allenthalben (auch in Publikationsorganen für das Ausland) nachgedruckt wurde.

Er spricht davon, daß es die Sache der Literatur sei, das eigene Verhältnis zur Natur zum Ausdruck zu bringen. Die Beziehungen der Menschen zueinander seien nicht von den Beziehungen zu trennen, die der Mensch zur Natur anknüpft. Deshalb lobt er auch Rasputins Roman *"Abschied von Matjora"*, weil in diesem Roman nicht so sehr von den Hektaren überfluteter Landstriche und der vergifteten Natur, sondern von den geistigen Verlusten für die Menschen die Rede ist.

Das letzte bekanntgewordene Auftreten Salygins geschah im März '82 beim Rundtischgespräch der Zeitschriften "Novyj mir" und "EKO". Die letztere Zeitschrift ist ein Fachjournal für Wirtschaftsfunktionäre und erscheint in Nowosibirsk. Darin wurden auch die Diskussionsbeiträge veröffentlicht. In der Diskussion über die ökonomischen und ökologischen Probleme Sibiriens meinte Salygin, daß der Bau der Wasserkraftwerke in der Sowjetunion wie in keinem anderen Land forciert werde. Diese Tatsache stimmt ihn äußerst bedenklich. Die Wiederherstellung der überschwemmten Gebiete geschehe nicht vorschriftsmäßig. Die Bauern der betroffenen Gebiete würden auf Staatskosten in weit ungünstigere Gebiete umgesiedelt, die erst landwirtschaftlich zu

---

198. ders. Literaturnye zaboty. M. 1972, S. 70.
199. ebda S. 81.

erschließen seien, hätten ihr produktives Ackerland und ihre gewohnten Lebensumstände verloren, so daß sich für sie selbst nur Einbußen ergäben. Niemand berücksichtigt zudem, daß sich der einmal im Stausee untergegangene Ackerboden nie wiederherstellen lasse.[200] Der Wissenschaftler Salygin findet bei der aktuellen Lage der Naturzerstörung ein breites Feld für naturschützerische Betätigung. So wird zum Beispiel auch seiner Initiative zugeschrieben, daß an allen Philosophischen Fakultäten in der Sowjetunion eine Vorlesung "Literatur und Ökologie" gehalten wird und damit die Lehrer ein ökologisches Rüstzeug erhalten, das sie den Schülern vermitteln können.

In einem Selbstinterview bekannte Salygin schon 1970, daß er die Wurzeln seiner Nation gerade im Dorf suchen wolle und daß seine Generation die letzte sei, die die jahrtausendealte Lebensweise, aus der sie alle mehr oder weniger hervorgegangen seien, noch mit eigenen Augen gesehen habe.

Deshalb schreibt er auch über die Bauernschaft in Sibirien in den verschiedenen Etappen der Geschichte. Sein jüngster Roman *"Nach dem Sturm"* (Posle buri) wurde 1980 publiziert. Er beginnt die Handlung chronologisch mit dem Jahre 1921 (dem Jahr der Neuen Ökonomischen Politik [NEP], die zur Lösung der Produktions- und Ernährungskrise in Rußland nach der Revolution die privatkapitalistische Initiative in kleinem Rahmen wieder zuließ).

Zu der bedeutendsten Leistung des Schriftstellers Salygin zählt seine sibirische Trilogie *"Am Irtysch"* (Na Irtyše, 1964), *"Republik Salzschlucht"* (Solenaja Pad', 1967) und *"Die Kommission"* (Kommissija, 1975).

Die Erzählung *"Am Irtysch"* spielt im Jahre 1931, in der Zeit der durchgängigen Kollektivierung der Landwirtschaft. Die Episoden beziehen sich auf die Ereignisse, die Salygin – damals noch Student am Barnaulsker Landwirtschaftstechnikum – während seines Praktikums am Ufer des Ob im Dorf Belmesow selber erlebt hat. Der Mittelbauer Stepan Tschausow hat auf seiten der Sowjetmacht im Bürgerkrieg gekämpft, dann ist er im heimatlichen Dorf als einer der ersten dem Kolchos beigetreten. Es kommt zur Auseinandersetzung zwischen ihm und dem Großbauern Udarzew, der das Kolchosgetreide angezündet hat. Udarzew wird enteignet und verbannt, und in dieser Situation nimmt Tschausow dessen Frau und vier Kinder in seine Familie auf. Das verzei-

---

200. Zalygin schätzt an gleicher Stelle auch die Arbeit der Melioratoren, die er aus eigener Erfahrung kennt, sehr kritisch ein. Er erwähnt einen namhaften Meliorator, der bedeutende Bodenverbesserungen im Gebiet von Baraba auf 350 000 Desjatinen Boden vorgenommen hatte, und zwar mit insgesamt nur sieben Mitarbeitern. Das Gegenstück lieferte ein Ingenieur für Melioration, dem 300 Mitarbeiter unterstanden, dessen unvernünftiges Vorgehen aber zur Versalzung des Bodens und zu ungeheuren Verlusten führte.

hen ihm die örtlichen Vertreter der Sowjetmacht nicht. Mit der ihnen eigenen "Gradlinigkeit" wird Tschausow wegen seines Beistandes für die Familie eines "Klassenfeindes" aus dem Dorf gewiesen. Diese Erzählung Salygins unterscheidet sich in ihrer tief humanistischen Grundprägung vorteilhaft von dem ursprünglich für das Genre maßgebenden Scholochowschen Roman "Neuland unterm Pflug", in dem die Konflikte in Harmonie aufgelöst worden waren. Salygin dagegen schuf eine tragische Epopöe.

Die sibirischen Bauern kannten keine Leibeigenschaft in der Form, in der sie in Zentralrußland verbreitet war. Sie hatten einmal freiwillig den weiten Weg nach Sibirien unternommen, um ihre Zukunftsvorstellungen zu verwirklichen. Ein weiteres wichtiges Bevölkerungspotential waren die "Politischen", die vom zaristischen Regime nach Sibirien verbannten Intelligenzler, die einen dynamischen Kern bildeten, der für eine vernünftige Wirtschafts- und Lebensweise eintrat. Es war in der Tat möglich, daß jemand in Sibirien, der sich mit acht Jahren beim Bauern verdingte, es mit 18 Jahren, ehe er zum Militärdienst einberufen wurde, bereits zum Mittelbauern gebracht hatte. Diesen recht wohlhabenden Bauern begegnet man in Salygins *"Republik Salzschlucht"*. Der Schriftsteller hat dieses Material in jahrelanger intensiver Archivarbeit zutage gefördert. Dem Roman liegt die Tatsache zugrunde, daß es 1919 selbständige Partisanenrepubliken gegeben hat, die etwa zwei Drittel der gesamten Bauernhöfe im Gouvernement Jenissei umfaßten. Am längsten existierte die selbstverwaltete Tasejew-Republik mit 85.000 Personen – nämlich ganze 14 Monate lang. Die Handlung schildert den erbitterten Kampf der Partisaneneinheiten gegen die Weißgardisten. In die Fabel ist aber auch der komplizierte Prozeß der Auseinandersetzung in den eigenen Reihen um die Eigenschaften der Bürgerkriegsführer integriert.

Den Dichter interessieren die Psyche und die soziale Determinierung von Führergestalten, wobei er in der Figur des Meschtscherjakow den legendären Partisanenführer Jefim Mamontow wiedererstehen lassen wollte. Salygin hat ihn selbst als Kind gesehen und einen unauslöschbaren Eindruck von seiner Persönlichkeit bewahrt. Sein Gegenspieler im Roman ist der revolutionäre Despot Brjusenko. Er will Gutes tun, ihm schwebte die Republik "Gleichheit und Brüderlichkeit" vor, doch erweist sich seine Gerechtigkeit als diktatorische Willkür, als das angemaßte Recht, eigenmächtig über das Schicksal anderer zu entscheiden.

Mit diesem Roman und dem folgenden hat sich Salygin den von der Revolution provozierten und bis heute weiterwirkenden Problemen Volksmacht und Führer, Macht und Demokratie, Gewalt und Humanismus gestellt. Daran orientiert er seine Position zu Gegenwart und Zukunft – sein eigenes Sozialismus-Modell. Er richtet einen Blick zurück und hebt vor allem die moralischen Aspekte bei der Widersprüchlichkeit der Prozesse heraus, die zwischen den Revolutionären und der Bauernschaft verliefen.

Und er hat damit einen äußerst wichtigen Zug in den Menschen erkannt, der auch im Umgang mit der Natur seine Folgen zeitigen sollte. Die Vergangenheit hatte die Menschen mit Haß erfüllt.

"Sie kannten nur noch ein Ziel, die Zerschlagung des Gegners. Selbst wenn dieser Gegner in Gestalt von Flüssen, Wäldern oder der unwiederbringlichen Unnachahmlichkeit der Natur auftrat."[201]

Seinen für die Thematik des Naturschutzes wichtigsten Roman *"Die Kommission"*, den er Alexander Twardowski gewidmet hat, schrieb Salygin in zwei Jahren nieder, wobei er sich auf Archivmaterialien stützte, die er in früheren Jahren nicht verwendet hatte.

Die Ereignisse spielen sich 1918 ab, ein Jahr vor den Geschehnissen der *"Republik Salzschlucht"*, beruhen aber auf den gleichen örtlichen Quellen. Wieder geht es um demokratisch organisierte sibirische Bauern zu einer Zeit, als es noch keine reguläre Sowjetmacht gab.

Im Mittelpunkt des Romans steht die Tätigkeit einer Waldkommission. In einem Gespräch erläutert Salygin, daß es bereits im vorrevolutionären Sibirien solche Kommissionen gegeben habe.

"Im Omsker Landwirtschaftsinstitut gab es einen Kurs für Bodenverteilung. Die Umverteilungen wurden im vorrevolutionären Rußland alle fünf Jahre vorgenommen. Auf Dorfversammlungen wurden diese Umverteilungen entschieden. Schon damals haben sich die Bauern beim Bezirk beschwert, daß diese dauernden Versammlungen bei der Arbeit stören würden. In Westsibirien existierten die Genossenschaften zur gemeinsamen Bearbeitung des Bodens (TJUZ), die die Landmaschinen gemeinsam erwarben. Es gab auch eine Ertragsverteilung. Man schüttete die Ernte in gemeinsame Speicher. ... Es gab in der Tat auch Waldkommissionen."[202]

In dem Ort Lebjaschka gibt es also eine selbsternannte Waldkommission, die kollektiv den Schutz der gemeinsamen Wälder übernimmt:

"Der Wald mußte geschützt werden. Es galt, genaue Bestimmungen für das Einschlagrecht sowie Preistafeln für Brenn- und Bauholz auszuarbeiten. Den umliegenden Dörfern mußte klar gezeigt werden, daß der Lebjascher Wald für alle Zeit der Wald von Lebjasch und nicht Gemeingut war ... Mit dem Raubholzen im eigenen Wald mußte ein für allemal Schluß gemacht werden. An die 300 Werst nördlich von Lebjasch, wenn da der Wald brannte, ließ man ihn seelenruhig brennen,

---

201. Vgl. B. Komarow: Das große Sterben am Baikalsee. a. a. O. S. 85.
202. Zit. nach: G. Kolesnikova: Ot žizni k čudožestvennoj vymysli. M. 1979, S. 90.

bis das Feuer von selbst erlosch. Dort gab es Wälder noch und noch, und sie galten den Leuten nichts. Aber im Steppenland, nicht weit von den kirgisischen Ödsteppen, war der schmale Streifen Wald eine unermeßliche Kostbarkeit."[203]

Mensch und Natur in gegenseitiger Anpassung ist das Hauptthema des Romans, eines Romans der Monologe und Gespräche über die Selbstbestimmung des Menschen. Wie in fast allen Büchern des Schriftstellers tritt auch hier die tragische Lösung in den Vordergrund, wird zum konzeptionellen Zentrum. Die Tätigkeit der Kommission ist nur von kurzer Dauer und auf drei Aktionen beschränkt: die Auswahl der Kandidaten für die Waldkommission, die übereilte und undurchdachte Verhaftung von Waldfrevlern und der gemeinsame Bau einer Schule. In der Waldkommission können sich die unterschiedlichsten Persönlichkeiten artikulieren. Am überzeugendsten ist das Schicksal ihres intellektuellen Kopfes, des Bauern Ustinow, geschildert, eines Utopisten, eines zu früh Gekommenen, der an der eigenen Auffassung von humaner Gerechtigkeit zugrunde geht, und, weil er selbst nicht töten will, ermordet wird. Es ist ein Opfertod, den schließlich auch alle Mitglieder der Waldkommission erleiden, als sie von Weißen Offizieren ermordet werden. Obwohl zerstritten in den unterschiedlichsten politischen und ethischen Überzeugungen, steht ihr Widerstand doch als Symbol für die Gerechtigkeit und für den Schutz der Natur. Am deutlichsten ist das in der Figur Ustinows ausgeprägt. Er ist der gute Hausherr und vorsorgende Bauer.

"Er kannte nichts, was für ihn wesentlicher gewesen wäre als seine Ackerei. Was gibt es auch Wichtigeres als das Korn, das tägliche Brot? Doch am meisten gefiel Ustinow ein anderes, mit Bauer gleichbedeutendes Wort – Pflüger. Pflügen, das war die Grundlage des Bauerntums, es lag jeglicher menschlichen Existenz zugrunde. Sein Pflügen bedeutet dem russischen Bauern dasselbe, was dem Kirgisen das Weiden seiner Pferderudel auf den endlosen Steppen ist, dem Norweger das Auswerfen seiner Netze im unermeßlichen Ozean, dem Ostjaken, wenn er dem Zobel nachstellt, dem Goldsucher in aller Welt, wenn er Unmengen Sand wäscht, um ein Körnchen Gold zu gewinnen."[204]

Der Grundgedanke, daß man die Natur schützen und bewahren müsse, organisiert das gesamte Sujet, und breiten Raum nehmen deshalb auch Schilderungen des sibirischen Waldes und Gespräche über die Natur ein. Es heißt dort:

"Sofern der Mensch die Mißachtung von Herz und Verstand, die ganze Unvernunft auch auf die Natur überträgt, schwindet jegliche

---

203. S. Zalygin: Die Kommission. Zit. nach "Sowjetliteratur" 1977, 1, S. 9.
204. ebda S. 64.

Hoffnung auf das Fortbestehen des Menschengeschlechts. Sein unvermeidliches Ende wird schmählich und entsetzlich sein ... Sinn und Zweck einer jeden Macht ist, Recht und Ordnung durchzusetzen. Das wird aber nur möglich sein, wenn der Mensch die Natur und die Erde, auf der er lebt, schützt und schont. Und gerade das bezweckt unsere Kommission. Wer sollte denn auch dafür sorgen, wenn nicht der Bauer, der die gesamte Menschheit ernährt, darunter auch die Machtorgane und Regierungen? Wir sind überzeugt, ... daß der Mensch in einer vernunftgelenkten Zukunft zunächst vom einen oder anderen Naturgesetz ausgeht und ihm sodann seine menschlichen Gesetze anpaßt."[205]

Und über all den Leidenschaften, die den Roman prägen, steht am Anfang und am Ende die schweigende Natur. Zu Beginn heißt es: "Über den Hütten stieg hier und da säulengerader Rauch in die stille Luft. Es sah aus, als hebe er die verschneiten Dächer ein wenig an und hänge sie am Himmel auf. Der Winter horchte in sich hinein, in sein inneres Wesen, die Sterne erwachten!"

Und der Roman schließt dann mit den Worten:
"Im Sternenbild des großen Bären funkelten die beiden äußersten, östlichen auf!"[206]

5.4 "Heute sitzen wir alle in einem Boot"
Tschingis Aitmatow

Die Kirgisen wurden durch die russische Revolution – so schien es zunächst – von dem Druck ihrer schon im Verlauf der eigenen Geschichte und durch den Kolonialismus des Zaren deformierten Verhältnisse befreit. Der Vater Tschingis Aitmatows war Sekretär des Bezirkskomitees der Partei, wurde dann aber aufgrund falscher Beschuldigungen in den dreißiger Jahren verhaftet und kam um. Die Desillusionierung und Enttäuschung gerade auch solcher Kommunisten durch die Ergebnisse der Umgestaltung vor allem im menschlichen Bereich sind es, die das Werk Aitmatows bestimmen.

Tschingis Aitmatow, der Schriftsteller eines kleinen Landes mit ca. drei Millionen Einwohnern, davon die Hälfte Kirgisen, wurde 1928 in einem Aul geboren, im selben Jahr, als sein Volk eine eigene Schriftsprache bekam. Er lernte zuerst in einer Dorfschule, und als Fünfzehnjähriger, als der Krieg dem Dorf alle männlichen Arbeitskräfte entzogen hatte, wurde er Sekretär des Dorfsowjets von Scheker. 1946 besuchte er in der Stadt das Veterinär-Technikum und das Landwirtschaftsinstitut.

205. Zit. nach: "Sowjetliteratur" 1977, 2, S. 98.
206. Zit. nach: "Sowjetliteratur" 1977, 3, S. 102.

1953 legte er die Examina ab und begann auf einer dem Institut für Tierzucht unterstellten Versuchsfarm zu arbeiten.

1956 — 1958 absolvierte er das Moskauer Literaturinstitut, aber seit 1952 erschienen bereits Erzählungen von ihm, die an seiner künstlerischen Begabung keinen Zweifel ließen. Er war noch nicht dreißig Jahre alt, als seine Abschlußarbeit, die Erzählung *"Djamilja"*, das lebhafte Interesse Aragons hervorrief, der sie als "die schönste Liebesgeschichte der Weltliteratur" bezeichnete. Seitdem sind mehr als ein Dutzend Werke von Aitmatow erschienen, mit denen er immer tiefer zu den Grundproblemen dieses Jahrhunderts vordringt.

Dabei wurde der Kreis seiner Anhänger, wie er selbst sagt, kleiner und exklusiver: Der Stoff ist dem Durchschnittsleser zu komplex geworden, und Aitmatows Wertorientierung provoziert oft.

1966 demonstrierte seine Erzählung *"Abschied von Gulsary"* (Proščaj Gul'sary) am tragischen gesellschaftlichen Abstieg des Kolchosmitbegründers Tanabai Bakasow die Konflikte der Stalinzeit mit äußerster Rücksichtslosigkeit und Tiefe. Der Hirt Tanabai begegnet in dem Staatsanwalt seines Rajons dem Typ des neuen Unterdrückers, der nur allzusehr dem alten gleicht. Das Buch schloß noch versöhnlich mit der Wiederanpassung der Hauptfigur. Das hing mit einem Rest von Illusionen über die Erneuerung der kommunistischen Parteimoral in der Chruschtschow-Ära zusammen.

Unversöhnlich endet Aitmatows Erzählung *"Der weiße Dampfer"* (Posle skazki, 1970). Dieses märchenartig angelegte Werk spielt in Sowjetkirgisien; es hat die Form einer Parabel, die nur in einer Gesellschaft der Ausbeutung und Klassenherrschaft spielen kann. Der böse Oroskul, zum Hüter des Naturschutzgebietes bestimmt, mit dessen Holz er seine Privatgeschäfte tätigt, zwingt den von ihm zum Knecht erniedrigten Schwiegervater Momun dazu, eine Maralhindin zu töten. Diese Marale waren dem kirgisischen Stamm einst als Totemtiere tabu und durften nicht getötet werden. Daran ist eine alte Überlieferung von der Gehörnten Hirschmutter gebunden, die als Urmutter der kirgisischen Stämme gilt. In diesem Tier wird damit auch zugleich eine Erinnerung an urgesellschaftliche Gleichheit getroffen.

Die Vorhersage der Stammesmutter, der Maralhindin, erfüllt sich in der Erzählung im Spannungsfeld von Schuld und Sühne. Aitmatow hat in einem Gespräch mit dem Literaturkritiker L. Nowitschenko gesagt, er habe diese Erzählung geschrieben, *"um den Menschen von undurchdachten Handlungen in der Beziehung zur Natur abzuhalten."*[207]

Das Verbrechen treibt die dritte Hauptfigur des Werkes, einen siebenjährigen Knaben, der den Erzählungen des Großvaters über die

---

207. Č. Ajtmatov. Zit. nach: "Sonntag" Bln./DDR 1981, 1, S. 10.

Stammesgeschichte und über die Marale gelauscht hat, dazu, sich in einen Fisch zu verwandeln und in den Bergfluß zu stürzen, um zu dem weißen Dampfer zu entkommen, der unten auf der Issyk-Kul, dem großen See der Kirgisen, seine Runden zieht.

Die drei Gestalten – das Kind, der Mann und der Greis – bilden eine gleichnishafte Konstellation. Momun, der Alte, dessen natürliche Demut bis zur Devotion unterdrückt worden ist, repräsentiert die Vergangenheit. In der Mitte haben wir als machtbesessenen Ausbeuter den vierzigjährigen Oroskul, der "mitten im Leben steht". Und schließlich ist da der Knabe (sogar ohne Namen), "der Mensch von morgen", einem utopischen Ziel zugewandt. Denn in der Kindheit, so heißt es, hat der Mensch noch eine Spur von Gewissen! "Wer sein Leben gewinnen will, muß es verlieren", könnte man das Evangelium zitieren.

Denn das Verbrechen, das er auf sich geladen hat, führt den Täter, den alten Momun, selbst zur Sühne. Er erschießt den Maral und tötet damit den Enkel – die Natur rächt sich: der Mensch tötet die Marale und wendet sich damit von der Natur ab. Es tötete der Mensch den Menschen, die Weissagung hat sich erfüllt.

Von 1977 gibt es noch eine weitere Novelle, ins Deutsche mit dem Titel *"Der Junge und das Meer"* übersetzt (Pegij pes beguščij kraem morja). Sie spielt wieder in einer noch stammesmäßig vorgeprägten Atmosphäre, diesmal bei dem Volk der Niwchen am Ochotskischen Meer und benutzt wiederum das Material einer alten Legende, um der aktuellen moralischen Problematik historische Tiefe, ja die eigentlich bei Aitmatow stets mitentscheidende menschliche Dimension zu geben.

Aitmatow hat diese Erzählung dem Niwchen-Autor Wladimir Sangi gewidmet, weil er von ihm das Sujet aus der Kindheit Sangis und die Volkslegende der Niwchen (von dem ständigen Kampf der Elemente Erde und Wasser und der Stellung des Menschen zwischen beiden) übernommen hat. In dieser philosophischen Erzählung gibt es absichtlich keine Festlegung auf eine Zeit. Die Menschen leben in Stammesverhältnissen, wenn auch vage von Kaufleuten die Rede ist, die Winchesterbüchsen gegen Felle tauschen. Der Stamm lebt von der Robbenjagd. Zum Zwecke der Einführung eines Kindes in die Jagd vor seiner Initiation begibt sich der Älteste der Sippe, Organ, mit dem Vater des Jungen, Emrajin, und dem Onkel Mylgun im Boot aufs Meer hinaus.

Die Erzählung ist voller Symbolik. Das Meer ist auch die Natur, die Ernährerin der Sippe. Und auf dem Meer überfällt die Jäger Sturm, Regen, Nebel; sie sind orientierungslos den Elementen ausgeliefert. Und Aitmatow schafft ein Gleichnis: seine Erwachsenen kämpfen nicht ums Überleben um jeden Preis. In der Erzählung ist davon die Rede, daß sie alle auf dem Meer furchtbarer Durst plagt, und daß der Rest des Süßwassers für den Jungen aufbewahrt wird. (Hier könnte man Aitmatow historische und ethnographische Freizügigkeit unterstellen, weil er von seinen mittelasiatischen Erfahrungen ausging. Die Niwchen – so Sangi – nehmen niemals Süßwasser mit auf die Jagd.) Aitmatow brauchte aber diese Zuspitzung für sein Sujet. Der Trinkwassermangel ist die scheinbar härteste Prüfung für den Menschen. Deshalb geht auch Organ, der Älteste, erhaben und ruhig, nachts ins Meer, vor sich die Vision, einer Fischfrau, einer Undine, der er folgen will. So stirbt er würdig, weil er auf die Erfüllung seines Lebens hofft. Der zweite, Mylgun, geht ebenfalls ins Wasser, nicht ohne vorher versucht zu haben, durch Aktivität, hastig im Nebel rudernd, einen Ausweg zu finden. Im Gegensatz zu Organ ist er nicht mehr eins mit der Natur, er hadert mit ihr, mit Gott, beschimpft die Elemente (ein Zug, der bei keinem Niwchen zu finden wäre). So stirbt Mylgun uneins mit sich und der Welt, ein "Renaissance-Mensch". Als letzter verläßt der Vater des Jungen das Boot, sachlich, leicht, ein Mensch von atheistischem Geist, der genau weiß, daß sein Sohn die Fortsetzung seiner selbst sein wird. Der Junge überlebt. Erschöpft, aber hartnäckig, folgt er dem Flug der Polareule, die sich auf das Land zubewegt, findet so zum heimatlichen Felsenufer zurück. Durch Einsamkeit, Angst und Todesfurcht ist der Knabe zum Manne gereift, die Natur selbst, "der Wind Organ", "die Wellen Mylgun" und "der Stern Emrajins" haben ihm die sichere Rückkehr ermöglicht.

Diese Erzählung Aitmatows ist in rhythmischer Prosa verfaßt und beschwört die Einheit des Menschen mit der ihn umgebenden Natur.

Aitmatow engagiert sich auch publizistisch, und seine Kritik ist mit den Jahren immer radikaler geworden, nicht allein in bezug auf die sowjetische Gesellschaft. Welches Land, wenn nicht das eigene, meint er wohl mit den Worten: *"Wenn eine Gesellschaft keine tragende Idee, keine Ziele mehr hat, so kann diese Gesellschaft in der Weltpolitik keine schicksalstragende Rolle mehr spielen."*[208]

Zugleich warnt er die Völker der Dritten Welt vor der "Gefahr der Umweltverschmutzung" und der "tödlichen Zerstörung der Natur", die sie an den Rand des Abgrunds führen werde.[209]

Eigentlich ist das eine Warnung vor dem sowjetischen wie vor jedem anderen industrialistischen Entwicklungsmodell. Aitmatow engagiert sich im Kampf um die Rettung des Baikal-Sees, des Sewan-Sees, des Fergana-Tals, des Issyk-Kul-Sees und des Aral-Sees; leidenschaftlich gegen die Vernichtung der Tegene-Ebene durch Braunkohleabbau eintretend, gehört er in die vorderste Linie der sowjetischen Ökologisten.

In einem Gespräch mit dem DDR-Literaturwissenschaftler Heinz Plavius erläutert Aitmatow: *"Vor zwanzig, geschweige denn vor vierzig*

---

208. ders. In: "Weimarer Beiträge" 1977, 11, S. 36.
209. ebda S. 25.

Jahren gab es den Begriff Umweltschutz noch nicht. Niemand hat auch nur im Traum daran gedacht. Wenn man so will, gab es ja mehr als genug Natur: Boden, Fische ... Das Problem als solches bestand noch nicht. Deshalb war der Mensch auch nicht den Zweifeln der Unruhe ausgesetzt, die er heute verspürt. Ohne die Natur, ohne ihre Ressourcen kann er nicht auskommen. Indem er sie benutzt, ist ihm heute schon das Problematische seines Tuns bewußt. Er entsinnt sich in diesem Zusammenhang der Baikalaktion, die zu einer Volksaktion wurde, als die Literatur mit ihren spezifischen Mitteln sich des Problems annahm."*

Aitmatow sagt, man müsse nicht nur ganz allgemein in der Literatur seine Stimme zum Schutz der Natur erheben, sondern sich ganz besonders um den Komplex moralisch-psychologischer Vorstellungen kümmern, der mit der Rezeption der Natur verbunden ist. *"Möge sich der Mensch hüten vor Hochmut gegen die Mutter Natur. Wohin er auch fliegen mag, in welche kosmischen Weiten er auch gelangt, er muß sich dennoch demütig als Sohn der Natur empfinden und sich vor ihr verneigen."*[210]

In seinem literarischen Schaffen nahrt Aitmatow den Glauben an eine bessere Welt aus dem Rückgriff auf die urgeschichtliche Vergangenheit seines Volkes (er ist u.a. der Chefredakteur der "Manas"-Ausgabe des kirgisischen Nationalepos, die derzeit vorbereitet wird) und aus dem Geist der Utopie. Christa Wolf schrieb schon 1971 über ihn: *"Die Radikalität seiner Fragestellung wird Bedeutung haben, und sein produktives Verhältnis zu seiner Zeit."*[211]

Der jüngste Roman, *"Ein Tag länger als Leben"* (I dol' še veka dlitsja den'), wurde von ihm in nur vier Monaten, von Dezember 1979 bis März 1980, geschrieben und trägt ein Epigraph aus einem Klagegesang des X. Jahrhunderts *"Und dieses Buch, es ist mein Körper. Und dieses Wort, es ist meine Seele ..."* Der Titel hat in der Bertelsmann-Ausgabe den Titel in der wörtlichen Übersetzung bewahrt. Er geht auf eine Verszeile Pasternaks aus seinem Gedicht "Hohe Tage", eines seiner letzten, zurück. Die Schlußzeilen lauten in allzu freier Übersetzung Günter

---

210. Č. Aitmatov. Zit. nach: "Literaturnaja gazeta" 1.1.1973. Aitmatows jüngste Sorge galt dem Issyk-Kul-See in Kirgisien. Wie der Aral-See schwindet auch dieser einzigartige See dahin. In wenigen Jahrzehnten ist der Wasserspiegel um fast drei Meter gesunken, und nach wissenschaftlichen Berechnungen werden es in den nächsten Jahren weitere drei bis vier Meter sein. Damit weicht die Uferlinie bis zu einem Kilometer zurück, die Wassertemperatur sinkt um 2 bis 3 Grad. Die Folgen sind gewaltig, denn die Badesaison wird kürzer, der Heilschlamm ist erschöpft, die Schäden für Dampfschiffahrt und Fischwirtschaft sind unübersehbar. Aitmatow will alle Maßnahmen zum Schutz des Sees unter strenge staatliche Kontrolle gestellt wissen, weil nicht allein emotionale Belange, sondern auch internationale Verpflichtungen innerhalb des ökologischen Gleichgewichts damit verbunden sind.
211. Ch. Wolf: Lesen und Schreiben. Bln./DDR 1971, S. 219.

Deickes "Der Tag zieht den Jahrhundertweg / Und die Umarmung will nicht enden." Unter diesem unglücklich gewählten Titel ist das Buch in der DDR erschienen. Besser hieße es "Stillstand der Zeit" oder "Und länger als das Jahrhundert währt der Tag."

Dieser Roman ist wie immer bei Aitmatow geographisch auf einen kleinen Kreis beschränkt: Eine Rangier-Ausweichstation in Kasachstan, mit dem ständigen Motiv der von West nach Ost und von Ost nach West fahrenden Züge. Die Bahnstation hat ein Anschlußgleis zum nahegelegenen Kosmodrom — dort besteht auf der Science-fiction-Ebene ein imaginäres Raumfahrtunternehmen, von woher die Gefahr der Weltkatastrophe in den Raum der Erzählung hineindroht.

Auf dem sowjetischen Schriftstellerkongreß von 1981 mahnte Aitmatow: *"Die Menschheit hat sich schon immer vor dem Weltuntergang gefürchtet, hat schon seit ihren Anfängen versucht, ihn vorauszusehen und darzustellen. In der Bibel in Gestalt der Sintflut, in anderen Büchern in Form von Naturkatastrophen. Doch niemals in der Geschichte konnte sich jemand den Weltuntergang als Selbstvernichtung, als Selbstmord des Menschengeschlechts vorstellen, das in seinen Arsenalen riesige Mengen tödlicher Waffen aufgehäuft hat."*

Und so hofft er auf den Appell der Künstler, *"damit der Mensch emotionale Verarmung, Vertierung und technische Verwilderung vermeide und es nicht wagt, auf den nuklearen Knopf zu drücken, an den alles Leben angeschlossen ist."*[212]

Der Dichter ist zutiefst über die politische Entwicklung in der Welt beunruhigt, und sein neues Buch rührt an die Selbstverständlichkeiten der inneren wie der äußeren Realität. Was machen wir mit der Seele des Menschen? Was wird aus der Machtkonkurrenz hervorgehen, die wir mit den Amerikanern austragen? Die Kritik gibt sich klüglich den Anschein, als habe sie nichts bemerkt.

Es kommt hinzu, daß Aitmatow selbst sich genötigt sah, seinem Roman ein absicherndes Vorwort voranzustellen, das ganz deutlich einen Bruch zu seinem sonstigen Sprachduktus darstellt.

Die Fabel des philosophischen Romans ist überaus schlicht. Sie handelt von nichts als einer Beerdigung. Der Bahnwärter Edige führt eine Karawane von sechs Menschen an, um seinen langjährigen Freund auf dem Stammesfriedhof beizusetzen. In der Retrospektive läuft vor seinem inneren Auge nochmals das ganze Leben ab, seines und das zweier Freunde. Einer war der eben verstorbene Kansangap, der von dem Makel des zu Unrecht als Kulak in die Verbannung geschickten Vaters verfolgt war; für ihn war die Rangierstelle am Ende der Welt der Zufluchtsort. Der andere war der Lehrer Abutalip. Im II. Weltkrieg in

---

212. Č. Aitmatov. Zit. nach: "Sonntag"/DDR 1981, 31, S. 10.

deutsche Gefangenschaft geraten, war er geflohen und hatte bei den jugoslawischen Partisanen gekämpft. Auch ihn hatte das Mißtrauen gegen jeden, der einmal Kriegsgefangener gewesen war, in diese Ausweichstelle abgedrängt, und selbst hier war er nicht vor den Nachstellungen und Verdächtigungen sicher. Als bekannt wurde, daß er seine Geschichte und alte Legenden für seine Kinder aufzeichnete, wurde er erneut verhaftet. Er starb in der Untersuchungshaft, und 1956 konnte Edige seine Rehabilitierung durchsetzen.

Aber bis in die Stille der abgelegenen Station macht sich die bipolare Machtstruktur der Welt, der Kampf um die paritätische Stellung der Sowjetunion auf technischem und militärischem Gebiet bemerkbar. Das ferne Moskau ist der Motor für ein sowjetisch-amerikanisches Raumfahrtunternehmen, das der Erforschung eines Planeten mit dem Ziel dient, seine Mineralvorkommen auszubeuten.

"*Die Staatsinteressen stehen über allem*"[213], heißt es, und "*Jeder Kosmosflug ist ein Weltereignis ... Begreifst Du? Da geht es um unser Prestige in Wissenschaft und Politik.*"

Das Kosmodrom in Kasachstan steht für die Ansprüche der Supermacht, aber auch der Technik, der *Stadt*. Gegenüber dem einfachen Leben bietet das Kosmodrom ein plattes Kontrastprogramm städtischen Fortschritts, das in seiner Abstraktheit die Wertlosigkeit der Sphäre dieses internationalen Konkurrierens zeigt.

Edige, der Bahnwärter, ist sich nicht bewußt, in welchem Grade die von West nach Ost fahrenden Zügen mit ihrem Transport von Zivilisationsgütern seine kulturelle Identität bedrohen. Jedenfalls liegt der Stammesfriedhof jetzt auf dem Gelände des Kosmodroms und ist unzugänglich für den Beerdigungszug! Ein junger Leutnant verweigert der Karawane den Zugang (ähnlich wie in Valentin Rasputins Roman "Abschied von Matjora" der Stausee die Menschen ihres Friedhofs beraubt). Hier in "Postschließfach", wie der Ort jetzt genannt wird, soll ein Wohnkomplex entstehen, ohne daß die Einheimischen gefragt wurden.

Bezeichnend ist der Satz: "*Nimmt man dir Hab und Gut, gehst du nicht zugrunde, überlebst es. Die Seele aber bleibt zertreten, das macht keiner wieder gut.*"[214] Und um die Seele geht es Edige in erster Linie. Er selber kümmert sich darum, daß beim Begräbnis alles nach alter Sitte geschieht. Der Sohn des Verstorbenen, Sabitshan, will die Zeremonie möglichst rasch hinter sich bringen. "*Für die ist alles wichtig, nur nicht der Tod! Wenn ihm der Tod nichts bedeutet, so hat auch das Leben keinen Wert.*"[215] urteilt Edige über ihn und hat damit den entscheidenden

---

213. T. Aitmatow: Der Tag zieht den Jahrhundertweg. Bln./DDR 1982, S. 51.
214. ebda S. 88.
215. ebda S. 36.

Zug im Wesen dieses bürokratischen Emporkömmlings getroffen, der es mit pseudowissenschaftlichen Phrasen bis zum Ingenieur gebracht hat. *"Jawohl"*, so sagt er von sich, *"wir sind nicht irgendwelche kleinen Leute, sondern Träger des Staates."*[216]

Und so schwebt ihm das Ideal vor, die menschliche Tätigkeit mittels Bioströmen von oben total zu lenken. Aber auch dieser kleine Diener der großen Maschine verrät ständig seine menschliche Substanz. Hier eine Schlüsselszene, nachdem der Begräbniszug den Weg zum Friedhof versperrt sieht:

"'Du könntest mir bei einer Unterredung helfen. Wir beide sollten, solange es noch nicht zu spät ist, gleich morgen zusammen zur hiesigen Obrigkeit gehen, in diesem Objekt hier ist doch irgendwer der Alleroberste. Ana Bejit darf nicht der Erde gleichgemacht werden. Das ist immerhin ein Stück Geschichte.'

'Altes Ammenmärchen, begreif doch, Edige. Da werden Fragen im Weltmaßstab entschieden, kosmische Fragen, und wir kommen ihnen mit der Beschwerde wegen eines Friedhofs. Wer braucht den schon? Die kümmert das einen Dreck. Und sowieso läßt uns da keiner rein.'

'Wenn wir nicht gehen, läßt uns keiner rein. Wenn wir es aber fordern, dann schon. Und wenn ja nicht, soll der Chef selber zu uns rauskommen. Er ist schließlich kein Berg, der nicht vom Fleck kann.'

Sabitshan schoß einen gereizten Blick auf Edige. 'Laß die Finger davon, Alter, das bringt nichts ein. Mit mir jedenfalls brauchst du nicht zu rechnen ... Dachtest du vielleicht, daß ich gleich losrenne? Warum eigentlich? Ich habe Familie, Kinder, Arbeit. Wozu soll ich gegen den Wind pissen? Ein Anruf von hier – und ich krieg einen Tritt in den Hintern!'"

Und Edige muß feststellen: *"War Sabitshan etwa einer, von dem man Rat und Hilfe erwarten konnte? ... Aber was hat es eingebracht, daß er verschiedene Kurse besucht hatte in verschiedenen Instituten? Vielleicht hatte man ihn eigens dort so erzogen, damit er würde, wie er nun war? ... Er selber hatte doch diesen Blödsinn von funkgesteuerten Menschen erzählt und in allen Farben ausgemalt. Solche Zeiten werden über uns hereinbrechen, hatte er gesagt! Wenn ihn aber selber schon so ein Unsichtbarer und Allmächtiger über Funk dirigierte ..."*[217]

Je länger der alte Edige darüber nachdenkt, desto deutlicher wird ihm bewußt: *"Ein Mankurt bist du! Ein waschechter Mankurt!"*

Wie schon im "Weißen Dampfer" liefert die Stammesgeschichte die Metapher: Mankurts sind versklavte Kriegsgefangene, die durch eine barbarische Foltermethode ihres Ichs und ihres Gedächtnisses beraubt

---

216. ebda S. 55.
217. ebda S. 386 f.

wurden. Die Unglücklichen kommen im kirgisischen Nationaleops "Manas" vor. Die Sieger zogen ihren Opfern feuchte Kamelhaut über den Kopf und lieferten sie der Sonne aus. Die getrocknete Kamelhaut, Schiri genannt, bildete mit dem Kopfhaar einen festen Panzer. Die Tortur ließ bei den wenigen, die jeweils überlebten, die Erinnerung verlöschen. Der seines Namens und seines Willens Beraubte diente den Siegern als Werkzeug. Nach der alten Überlieferung suchte eine Mutter nach ihrem in der Gefangenschaft vermißten Sohn, der sie – als Mankurt – nicht erkannte und, angestiftet von seinen Herren, mit Pfeil und Bogen erschoß. An der Stätte, wo der Mord geschah, liegt seit Vorzeiten eben jener Friedhof Ana Bejit, der Edige und den Seinen genommen wird.

Edige wird sich nach dem Begräbnis, das anderswo stattfinden muß, nicht mit diesen Begebenheiten abfinden. Er wird nicht nach dem Kafka'schen Beispiel "Vor dem Gesetz", d.h. vor dem Tor stehen bleiben, sondern allein den Gang durch die Behörden antreten, um gegen die Requirierung des Friedhofes zu protestieren. Wie schon für die Rehabilitierung des Lehrers Abutalip wird der einfache Bahnwärter für die Erhaltung der Kultstätte kämpfen.

Sabitshan und den Leutnant beim Kosmodrom, der sich sogar seiner Muttersprache schämt, betrachtet der Alte als Mankurts, freiwillige Mankurts. Das Buch bringt diesen Verlust, ja die Zerstörung der kulturellen Identität direkt mit dem Raumfahrtunternehmen in Zusammenhang, das den bezeichnenden Namen "Parität" trägt, d.h. den sowjetischen Anspruch auf die Rolle als gleichberechtigte Supermacht verkörpert.

Der Prozeß der Zerstörung der kulturellen und individuellen Identität geht in dem Roman gerade von diesem Unternehmen aus, das charakteristisch für die wirkliche Perspektive der russischen Revolution ist. Lenin und seine Schüler wollten Rußland bzw. die Sowjetunion von Anfang an im westlichen Sinne modernisieren, wollten den Westen "einholen und überholen". Und die Anwendung aller tatsächlich oder scheinbar geeigneten Mittel zu diesem Zweck hat wesentlich den tragischen Grundtext der inneren Geschichte der Sowjetunion mitbestimmt.

Die Mentalität des Bahnwärters Edige und seiner Freunde widerspricht Modernisierung, jedenfalls der konkreten unmenschlichen Form, in der sie erfolgt. Die Abschirmung des Kosmos-Unternehmens gegen sie ist typisch für die Logik der zentralen Planung überhaupt, die ja dem globalen Systemwettstreit mit Amerika, mit dem Westen, den Lebensstandard und die Lebensformen der eigenen Bevölkerung unterordnet.

Dies muß man im Auge behalten, wenn man das Vordergrundgeschehen in der eingeflochtenen Science-fiction-Fabel verfolgt. Ganz bewußt behandelt Aitmatow dieses Kosmosthema auf der Ebene gängiger Klischees, als Beinahe-Persiflage, als Parodie. Die Kosmonauten einer sowjetisch-amerikanischen Orbitalstation, die ausgeschickt wurden, um gemeinsam die Energieressourcen eines bestimmten Planeten zu erkunden, nehmen ohne Erlaubnis der Kontrollbehörden Kontakt zu einer Zivilisation auf, die sich auf offenbar kommunistischem Niveau, ohne Staatsmacht und Kriege, zu einer ungleich höheren Zivilisiation entwickelt hat.

Die Kosmonauten sehen in der Erkundung dieser neuen, ökologisch ausgerichteten Formation *in eigener* Regie eine Möglichkeit, die Erde zu retten. Die irdische Zivilisation erweist sich jedoch wegen der vor allem machtpolitisch und militärisch paritätischen Konstellation der beiden Großmächte noch nicht reif für eine Kontaktaufnahme! Das Gleichgewicht der Kräfte, die friedliche Koexistenz, könnte dadurch gefährdet werden! Die paritätische Kommission beschließt, der Weltöffentlichkeit die Existenz dieses Planeten zu verschweigen und den Kosmonauten die Rückkehr zur Erde durch einen Reif von Kampfsatelliten (auch einem Schiri) unmöglich zu machen.

Die Erde begibt sich in Selbstisolation, "damit alles beim Alten bleibt." Wiederum, wie schon bei den Einzelschicksalen auf der Realebene des Romans, hat eine schwer zu durchschauende Machtkonstellation über das Schicksal der Individuen verfügt.

Im Finale des Romans versetzt die in den Himmel schießende Flammensäule startender Kampfraketen Mensch und Tier in Panik. Wohin treibt die Zivilisation? *"Heute sitzen wir alle in einem Boot, von kosmischer Unendlichkeit umgeben"*, sagt Aitmatow auf dem Internationalen Schriftstellerkongreß in Sofia.

"Ich wollte, daß die Leser darüber nachdenken, was über diesem konkreten Leben steht, was über allem, dem gesamten Menschengeschlecht steht, daß sie Menschen sind und daß sie würdig für die Fortsetzung des Lebens auf der Erde kämpfen müssen."[218]

Gegen die internationalisierte Mankurt-Gefahr, gegen den technokratischen Pragmatismus auf allen Ebenen des gesellschaftlichen Lebens steht nur der Abwehrkampf des alten Bahnwärters Edige, der zwar nicht aufgibt, aber noch nicht einmal eine Bürgerinitiative hinter sich hat, nur ein moralisches Prinzip. Aber durch seine Gesamtanlage bietet das Buch eine umfassende Perspektive an. Aitmatow warnt vor der offensichtlichen Diskrepanz von technischem Können und moralischem Handeln. In seiner Konzeption sind die Russen in ihrem Flugleitzentrum nicht besser als die Amerikaner.

Der Schriftsteller klärt über den weltweiten Zusammenhang auf, der

---

218. Gespräch Č. Ajtmatovs mit Irmtraud Gutschke. In: "Sowjetliteratur" 1980, 8, S. 150.

hinter der drohenden Katastrophe wirkt, und er versucht, den "subjektiven Faktor" in allen Dimensionen zu mobilisieren. Die Spanne reicht von der stammesgeschichtlichen Legende bis in die Gegenwart, von der Erde bis in die kosmische Unendlichkeit. Besondere Kühnheit ist es, daß er von seiner ursprünglich im idealen Sinne kommunistischen Position – und ohne diese aufzugeben – bis zu der Frage nach Gott vorstößt, dies auf eine gewissermaßen materialistische, innerweltliche Weise. Das stellt sich bei ihm so dar: *"Mein Vermächtnis aber hinterlasse ich den Jungen, die heute mit mir hierhergekommen sind. Ihnen sage ich, ihnen überantworte ich die Aufgabe, mich hier zu beerdigen. Nur sehe ich nicht, wer über mir das Gebet sprechen wird. An Gott glauben sie nicht, und Gebete kennen sie keine. Niemand weiß, niemand wird je erfahren, ob es einen Gott gibt auf der Welt. Die einen sagen, es gibt ihn, die anderen – es gibt ihn nicht. Ich aber möchte daran glauben, daß es dich gibt und daß du in meinen Gedanken gegenwärtig bist. Und wenn ich mich dann an dich wende mit meinen Gebeten, dann wende ich mich tatsächlich über dich an mich selbst; und in so einer Stunde ist es mir gegeben, zu denken, als würdest zu selbst denken, o Schöpfer. Das ist doch entscheidend! Sie aber, die Jungen, haben nichts dergleichen im Sinn, sie verachten Gebete. Doch was werden sie sich und anderen sagen können in der erhabenen Stunde des Todes? Leid tun sie mir, wie sollen sie das Geheimnis ihres Menschseins erfassen können, wenn es für sie keinen Weg gibt, sich in Gedanken emporzuschwingen, als wäre ein jeder von ihnen plötzlich Gott? Verzeih mir diese Lästerung. Keiner von ihnen wird zu Gott, aber ohne das endet auch deine Existenz. Wenn erst der Mensch die Fähigkeit einbüßt, sich insgeheim als Gott zu begreifen, der für alle so eintritt, wie du für die Menschen eintreten müßtest, dann wird es auch dich, o Gott, nicht mehr geben. Ich aber möchte nicht, daß du spurlos verschwindest."*[219]

Er setzt also letzlich auf die mit der Gattungsnatur des Menschen gegebene Substanz, die sich der Drohung entgegensetzen soll, daß die machtbestimmte Industriezivilisation uns allesamt ihren Schiri überstülpt.

5.5 Protest gegen die Vernichtung der materiellen Kulturwerte
Wladimir Solouchin

Auf dem VI. Schriftstellerkongreß der Sowjetunion im Jahre 1976 hat Fjodor Abramow bekannt, daß die Dorfprosa häufig nicht frei sei von Provinzialität, selbstgenügsamer Beschreibung der Lebensweise dörfli-

---

219. T. Aitmatow: Der Tag zieht den Jahrhundertweg, a.a.O., S. 381 f.

cher Idylle und Pseudo-Volkstümlichkeit. Einer der ersten Autoren, der das Anliegen der Dorfprosa schon in den fünfziger Jahren im Alleingang vertreten hat, ist Wladimir Solouchin. Der analytisch-nüchterne Betrachter der Migrationsprozesse auf dem Dorf ist heute einer der meistgelesenen Autoren der Sowjetunion; auch weil er den Mut zu autobiographisch angereicherter Prosa besitzt. In seinen Betrachtungen *"Huflattich"* (Mat'-mačecha, 1964) spricht er davon, daß er nach wie vor Bauer geblieben und daß seine Bindung an die Heimaterde von Wladimir fest sei wie eh und je.

Dabei hat es seitens der Kritik nie an Angriffen gegen den Dichter gefehlt.[220] Klaus Mehnert nennt ihn den "antiwestlichen Slawophilen", und dies ist auch der Hauptangriffspunkt der offiziösen Kritik. A. Minokin zählt den 1924 geborenen Solouchin zu denjenigen Autoren, die gezeigt hätten, daß die technischen Errungenschaften des modernen Zeitalters in Widerspruch zur sittlichen Welt des Menschen stünden.[221] Minokin unterstellt Solouchin, eine Konfrontation von Natur und städtischer Kultur samt Technik zu schildern, die er für unzulässig hält. *"Solouchin liebt die Erde und mißachtet die zweite Natur"* behauptet er und rügt, daß ihm darin etliche Dichter folgten. Gleichfalls unverständlich erscheint dem Kritiker, daß sich Solouchin für den Naturschutz engagiert, da dieser doch in den Händen des Staates liege und somit kein Anlaß für Alleingänge engagierter Naturschützer gegeben sei.

Sein Buch *"Briefe aus dem Russischen Museum"* (Pis'ma iz Russkogo muzeja, 1966), in dem er über die altrussische Ikonenmalerei schreibt (vgl. auch sein Werk *"Schwarze Bretter /*Černye doski*/* von 1969), zeigt den unvoreingenommenen Betrachter, der sich zu immer tiefer liegenden Schichten einer Ikone vorarbeitet. Damit wurden die in "kulturrevolutionärem" Eifer in den dreißiger Jahren vernichteten Ikoen aufgewertet zu einer Zeit, da sie offenbar gerade wieder "gebraucht wurden". Solouchin behandelt die Ikonenkunst als ein Stück Erbe, das man antreten müsse. Er schildert den Prozeß der Freilegung uralter Farbschichten einer Ikone und ihren enormen kulturhistorischen Wert. Die etablierten Kunstwissenschaftler starteten sofort Attacken gegen Solouchin, denn hier hatte sich ein "Autodidakt" in ihre Gefilde vorgewagt, der offenbar über eine für die Massen verständliche und emotional anrührende Sprache verfügte und zur Rettung der Ikonen und der

---

220. Literaturkritiken zum Werk Solouchins: G. Kučerenko: Posmotrim ob-ektivnej. In: "Oktjabr'" 1967, 3, S. 218. A. Kamenskij: Pospešaja na strelu. In: "Literaturnaja gazeta" vom 21.2.1968, L.Koltunova: Zabota éto gosudarstvennaja. In "Nauka i religija" 1970, 3; I. Ivanova: Čuvstvo otvetstvennosti. In: "Nauka i religija" 1970, 3; P. Kuročkin: Mirovozrenčeskaja putanica. In: "Nauka i religija" 1970, 3; A. Kursanov, V. Pannikov: "Trava-otkliki i kommentarii". In: "Nauka i žizn'" 1973, 1.
221. A. Minokin: Sovremennaja proza o kolchoznoj derevne. M. 1972, S. 92.

Kulturdenkmäler der Vergangenheit aufrief (beim Städte-Neubau allein von Moskau wurden über 400 Architekturdenkmäler zerstört). Eine zusätzliche Note gewann die Veröffentlichung der Skizze "Schwarze Bretter" 1969, weil sie damals als ein Argument in der neu aufgeflammten Slawophilen-Diskussion und die Auseinandersetzung um das National-Russische benutzt werden konnte.

Im weitesten Sinne interessierten Solouchin dabei Gewinn und Verlust von geistigen Werten.

Er schreibt aber auch über scheinbar völlig unwesentliche Themen wie über den Wert des Honigs und der Heilpflanzen (was wiederum Aitmatow so sehr an ihm schätzt) sowie über die *"Dritte Jagd"* (Tret'ja ochota, 1968 – das Pilzesammeln: ein Buch, das an den Entwürfen Aksakows aus dem vorigen Jahrhundert geschult, die gesamte bäuerliche Überlieferung des Pilzesammelns und -verwertens darstellt – einschließlich korrigierender Lesermeinungen. Nach der Jagd auf Tiere – der ersten Jagdform – und der "Jagd" auf Fische ist das Pilzesammeln die vergleichsweise harmloseste Form, weil es keinen Eingriff in eine ausgeprägte Lebensgemeinschaft darstellt. In Solouchins Schilderungen wird der Pilz, das Gras und die Flora überhaupt, zu einem poetisch-naturphilosophischen Erlebnis, das die Betrachter auf dialektische Zusammenhänge in der Natur orientiert. Seine Bücher verbinden lyrische Prosa, wissenschaftlich-populäre Literatur und Publizistik.

Natürlich geht es auch Solouchin um die Schäden, die der Natur durch die Zivilisation zugefügt werden. Er schildert sie beispielsweise in seinem Essay *"Homo sapiens – Reise an den Sewan-See"* (1972). Zuerst ist es ein Bericht über die trostlose Dscheiran-Hochebene, die düster und mit Steinen übersät an eine Mondlandschaft erinnert. Beim Dichter weckt sie die Assoziation: Was, wenn diese Steppe schon die Vorahnung der Bilder unserer zukünftigen Erde wäre?

Danach unternimmt eine Reisegesellschaft, unter ihnen der Erzähler, einen Ausflug an den See, und dabei stellt sich heraus, daß bereits seit Stunden ein lebendiges, gefesselten Lamm im Kofferraum des Pkw liegt. Der Erzähler versucht, die Mitreisenden davon zu überzeugen, daß das Tier freigelassen werden müsse, was ihm natürlich nicht gelingt, da die anderen der Ansicht sind, das Tier käme ohne die Hilfe des Menschen in der freien Natur ohnehin ums Leben. Der Erzähler erhält bei der Abfahrt ein Gastgeschenk und muß feststellen, daß sich in dem Karton frischgeschlachtetes Fleisch befindet.

Der Essay endet ohne weiteren Kommentar, denn menschliche Sensibilität contra konsumorientierte Gleichgültigkeit sind eindrucksvoll gestaltet worden. der DDR-Literaturwissenschaftler Anton Hiersche bemerkt hierzu, daß früher die Szenen des Gastmahls an sich schon die Vorstellung von Überfluß vermittelt hätten, während es Solouchin inzwischen um etwas anderes gehe: die Erkenntnis, daß gedankenlose und überflüssige Tierquälerei *moralisch* zu verurteilen sei, daß man aber darüber hinaus stets die Erschöpfbarkeit der natürlichen Ressourcen im Auge behalten müsse. Das Absinken des Sewan-Sees (in einer Skizze bezeichnet), das seine direkten Ursachen in einer Kette von Kraftwerks-Stufen hat, ist eine Warnung, die auf den Widerspruch zwischen Natur- und Industriekonzeptionen hinweist.

In mehr als einer Erzählung geht Wladimir Solouchin auf die zerstörte Umwelt ein. Bereits 1957, in dem Frühwerk *"Pfade bei Wladimir"* (Vladimirskie proselki) – einem Zyklus von Reiseskizzen, nennt er die Verursacher für das Fischsterben: Tag und Nacht verunreinigten Hunderttausende giftiger Abwasserströme unaufhörlich die hellen Bäche und zerstörten darin jedes Leben.

In seinem Buch *"Die dritte Jagd"* schildert er erneut eine vom Menschen verwüstete Landschaft:

"Wenn ich die großen Waldflächen sehe, wo der Boden zwischen den Bäumen von dem Vieh, das dort frevlerisch weidet, derart zertrampelt ist, daß nicht einmal mehr Gras wächst, geschweige denn Pilze oder junge Bäumchen; wenn ich die riesigen Waldflächen sehe, die mit Ästen, abgebrochenen Baumkronen und Stämmen so versperrt sind, daß kein Durchkommen ist, und all das verfault und den Wald ringsum ansteckt; wenn ich die riesigen Waldflächen sehe, wo die Erde von den Raupen der Traktoren, die die gefällten Bäume abschleppen, zerwühlt und zerstampft ist; wenn ich weiß, daß aber und aber Millionen Kubikmeter Holz bei uns auf den Holzschlägen faulen, ... wenn ich weiß, daß das Bett unserer großen Flüsse, auf denen das Holz geflößt wird, auf einer Strecke von Hunderten und Tausenden Kilometern vollständig mit versunkenen Balken ... bedeckt ist; wenn ich weiß, daß es in Norwegen eine Aktiengesellschaft gibt, die davon lebt, daß sie das Holz herausfischt ... wenn ich weiß, wie ein Kolchosbauer, um einen Zaun zu flikken, ein-, zweihundert junge Fichten fällt ... wenn ich riesige Kiefernhaine sehe, aus deren Bäumen das Harz geschäftig herausgepumpt wird ..."[222]

Solouchin erwähnt in einem Interview mit der DDR-Wochenzeitung "Sonntag"[223] die alte Weisheit, daß der Mensch auf fließendes Wasser und die grüne Erde blicken müsse, um psychisch und physisch gesund zu bleiben. Er könne nicht ohne die Natur leben. Er bilde mit ihr eine Einheit, aus der er hervorgegangen sei und in deren Kreislauf er sich wieder einfüge, er könne sich nicht von ihr lösen.

Die Bewahrung der Natur und der Kulturwerte in Hinblick auf die

---

222. Wladimir Solouchin: Die dritte Jagd. Bln./DDR 1981, S. 157.
223. W. Solouchin Vgl. "Sonntag" DDR 1981, Nr. 47, S. 10.

kommenden Generationen ist für Solouchin das wichtigste Anliegen, das er in ständig neuen Varianten literarisch vertritt.

Sein 1978 veröffentlichtes Büchlein *"Zeit Steine zu sammeln"* (Vremja sobirat 'kamni) enthält vier Skizzen über den gegenwärtigen Zustand von kulturhistorisch wichtigen Landschaften und Architekturdenkmälern, die einer Restaurierung harren. Hier treffen sich Solouchins Ambitionen mit denen Juri Kasakows, der schon 1966 seine Befürchtungen über den Verfall der Einsiedelei von Anschera und des Klosters Solowki im Gebiet von Archangelsk geäußert hatte. Die Kulturdenkmäler bildeten für Solouchin eigentlich nur den Anlaß für ein beharrliches Werben um die Bewahrung der kulturellen Identität seines Volkes – von der Wiederherstellung der künstlerisch-historisch wertvollen Bauten über die Erhaltung der Natur bis hin zur Rückkehr zum orthodoxen Glauben.

Man muß in diesem Zusammenhang daran erinnern, daß noch 1959 Chruschtschow eine neue antireligiöse Kampagne gestartet hatte, die zur Schließung und zum Abbruch von mehr als der Hälfte der noch existierenden Klöster und anderer Kulturdenkmäler führte.[224]

Der letzte Essay des Buches ist ein von Solouchin in Göteborg gehaltener Vortrag *"Zivilisation und Landschaft"*, in dem er behauptet, daß das Volk in das Aussehen einer Landschaft seine Seele und seine Vorstellungen von Schönheit eingebracht habe. Er sagt: *"Der Mensch hat künstliche Stauseen geschaffen und dabei mit einer dünnen grauen Wasserschicht weites Erdreich, wie eine ganze fruchtbare Wiesenlandschaft, die Schilfgebiete an der Wolga, wo Milch und Honig flossen, überflutet... Verwirklicht man die Pläne zur Umlenkung der sibirischen Flüsse nach Mittelasien, so würde in den Niederungen dieser Flüsse eine Landschaft vernichtet, die an Ausmaß einem mittleren europäischen Staat gleichkommt."*

"Das Erhabene verwandelt sich in etwas Beklagenswertes" – sagt er über den Sewan-See.[225] Weiter kritisiert er: *"Allmählich aber stetig, mit einer Verantwortungslosigkeit, die verwundert, bringen wir ein ganzes System zur Lebenserhaltung außer Kurs, weil wir Flüsse vergiften, Wälder abholzen und den Stillen Ozean zugrunderichten."*

---

224. Allein der Bau des Kongreßpalasts in Moskau und des Hotels "Rossija" führte zum Abriß des Zarenpalastes aus dem 16. Jahrhundert, von drei Kirchen aus dem 16. und zwei aus dem 17. Jahrhundert, samt einer alten Zollstation und den inneren Kremlmauern. Damals begann man von den "Russiten" zu sprechen, den Verteidigern der Altertümer und des historisch-künstlerischen Erbes. Es waren Intellektuelle, die ihre geistige Heimat im Klub "Rodina" gefunden hatten und die sich in der "Allrussischen Vereinigung zum Schutz der historischen und kulturellen Denkmäler" ein Podium verschafften. Darüber hinaus war auch das Presseorgan des Jugendverbandes "Molodaja gvardija" ein Stützpunkt für russophile Tendenzen. Wohl nicht zufällig ist von 1964 - 1970, bis die Redaktion aufgelöst wurde, Vladimir Solouchin ihr Chefredakteur gewesen.
225. V. Solouchin: Vremja sobirat' kamni. M. 1980, S. 237, 227.

"Die Landschaft, das ist nicht einfach nur das Antlitz der Erde, sondern auch der Gesellschaft. Ein Wald, in dem Müll herumliegt, ausgefahrene Wege mit eingesunkenen Autos, versandete Flüsse, von Traktoren zerwühlte grüne Wiesen, halbverfallene Dörfer, landwirtschaftliche Maschinen, die unter freiem Himmel verrosten, verunkrautete Felder sagen ebensoviel über die Einwohner aus wie eine häßliche und verwahrloste Wohnung über ihre Mieter."[226]

Und der Schluß des Essays lautet:

"Von uns, die wir heute auf der Erde leben, hängt nicht nur das heutige, sondern auch das künftige Aussehen der Erde ab!"

Solouchin verfolgt mit jedem neuen Buch eine Art Provokation gegen seine Zeitgenossen. Bislang zeigt er aber eher das Talent, "Steine zu werfen" als "Steine zu sammeln", d.h. zu einer Synthese vorzudringen. Er glaubt, den für ihn gangbarsten Weg gefunden zu haben, auch wenn er unter ökologischen Gesichtspunkten unbefriedigend bleibt.

5.6 Sibirien ist kein Erprobungsfeld für Konquistadoren
Valentin Rasputin

Rasputin wurde 1937 in einem Dorf, etwa dreihundert Kilometer von Irkutsk entfernt, geboren. Mit 17 Jahren hatte er noch keine Stadt gesehen. Nach einem Geschichtsstudium und journalistischer Tätigkeit schrieb er seit 1961 vielbeachtete Erzählungen und Kurzromane: *"Geld für Marija"* (Den'gi dlja Marii, 1967), *"Die letzte Frist"* (Poslednij srok, 1970), *"Leb und vergiß nicht"* (Živi i pomni, 1976) — um nur einige zu nennen. Er bekennt, er wollte gerne Förster sein, wenn er nicht Schriftsteller geworden wäre. Er lebt nach wie vor in Sibirien und sagt, dort hielten ihn "das Heimatgefühl und die Gräber seiner Nächsten".[227] Der Publizist Christian Schmidt-Häuer zeichnete 1980 das folgende einprägsame Porträt:

"Der heute 42jährige sibirische Schriftsteller hat im vergangenen Jahrzehnt wie kaum ein anderer für die Rückbesinnung auf traditionelle Bindungen und für eine fast pantheistische Beziehung zur Natur geworben. Anders als Solschenizyn und dessen Anhänger ist Rasputin kein Apostel russischer Religiosität, kein schönfärberischer Prediger der vorpetrinischen Altgläubigkeit. Er steht vielmehr im weltweiten Lager jener, die von Fortschrittsängsten und Wachstumsskrupeln geplagt werden. Wie lebt ein solcher Moralist, der das Engagement für eine 'grüne' Alternative über die konkrete politische Opposition stellt, im Sowjetstaat?

Valentin Rasputin geht seit Jahren durch seinen frühen Ruhm wie zur

---

226. ebda. S. 246.
227. V. Rasputin. Zit. nach: "Sowjetunion heute", 1982, 4, S. 37.

täglichen Arbeit, still, ohne nach links oder rechts zu schauen. Er geht über die sibirischen Märkte, als sei das seine tägliche Arbeit, als habe er eben dort nach dem Rechten zu schauen. Er handelt mit den alten Bäuerinnen in leiser Eindringlichkeit, als wolle er durch seinen Zuspruch ihre private Produktion stimulieren. Er treibt Kaugummi aus Harz auf, eine goldene Wurzel gegen niedrigen Blutdruck, Kräuter, die schon die Sibirjaken in den Städten kaum mehr kennen. Freunde, die ihn besuchen, überhäuft er mit seltenen Naturalien, bis sie sich wie ein wandelndes Reformhaus fühlen. Und nicht wenige Verehrer, die seine Bücher verschlingen, sehen in diesen eine Art literarischer Heilkunde. Rasputin beschreibt die Dörfer, die Menschen, die Bindungen von gestern. Er streift die sozialistischen Errungenschaften nur als unbedeutende Randerscheinungen der älteren Werte und Wahrheiten in der dörflichen Welt. Und dennoch ist er im 60. Jahr der Oktoberrevolution zum Staatspreisträger erkürt worden. In Moskau, Leningrad, Omsk und anderen Großstädten sind seine Dorf-Romane in den letzten Jahren auf die Bühne gebracht worden. Ist sein Talent so spezifisch russisch, daß die Kulturhäuser es unbedingt integrieren möchten?

Heute wohnt er im vierten Stock einer Mietskaserne in der Halbmillionenstadt Irkutsk. Vor der Wohnung steht ein dickbauchiger Sack mit Kartoffeln. Vor der Haustür fließt die Angara. In ihr liegt das ferne Dorf seiner Jugend, an ihr leben und sterben die Dörfer seiner Romane. Inzwischen schreibt Rasputin am liebsten jenseits der Angara, in einer Hütte am Baikalsee. Stunden braucht er dorthin im schaukelnden Bus. Auf die Frage nach Führerschein und eigenem Wagen lacht er königlich, kopfschüttelnd. Zu bunt schon werden ihm viele der alten, mit Schnitzereien verzierten Holzhäuser auf dem Weg von Irkutsk zum Baikal. Er sieht sie als Opfer des Tourismus."[228]

Rasputin wirft ständig globale Fragen des Umgangs mit der Natur auf, er fragt nach dem Sinn des menschlichen Lebens und verschweigt das Tragische nicht. Für ihn sind die Bindungen des Menschen an die Natur gestört, aber nicht gerissen, und deshalb versucht er als überzeugter Moralist ein Programm der Wiedergewinnung der alten Werte auch in der Literatur umzusetzen. Bereits seit 1972 mit der Skizze "Stromauf–Stromab" bis zu der 1982 veröffentlichten Erzählung "Ein Jahrhundert lebe, ein Jahrhundert liebe" (Vek živi, vek ljubi) geht es um den verwahrlosten Boden, um vernichtete Wälder, um den Verlust des ursprünglichen Fischreichtums und andere Einbrüche in den Kreislauf des Lebens.

In einem Gespräch mit Moskauer Studenten erläuterte Rasputin seine ökologischen Bedenken: "Schon lange interessiert mich das

---

228. Ch. Schmidt-Häuer: Das sind die Russen. Hamburg 1980, S. 156.

Schicksal von wissenschaftlichen Entdeckungen. Vor allem beunruhigt mich, wie eigentlich auch alle anderen, das Schicksal des Baikal. Schon heute ist Süßwasser eine ungeheure Kostbarkeit. Der Baikal ist ein Süßwasserreservoir von Weltbedeutung. Dieses Wasser zu behüten ist unsere größte Aufgabe. Wenn wir nicht ökonomische Umsicht walten lassen, werden uns das unsere Nachkommen nicht verzeihen. Die Beschlüsse, die jetzt zur Rettung des Baikals und der Natur überhaupt gefaßt werden, sind sehr wichtig. Schade, daß es sie nicht schon früher, vor zwanzig, dreißig Jahren gegeben hat." Und: *"Sibirien ist nicht denkbar ohne die majestätische Angara – auch um diesen Fluß müssen wir ständig Sorge tragen. Der sibirische Wald bedarf ebenfalls der sorgsamen Hege und Pflege. Kurz, all das sind Probleme des Umweltschutzes, Fragen von gesamtstaatlicher Bedeutung, die das ganze Volk betreffen. Der Schriftsteller kann nicht gleichgültig an etwas vorübergehen, was alle bewegt. Das ist seine Pflicht als Staatsbürger und Literat."*

"Das Problem des Schutzes der Natur", so heißt es weiter, *"wird jetzt global gestellt, es ist aber sehr wesentlich, daß dabei die mehr privaten und menschlichen Probleme nicht vergessen werden."*[229]

Seine Bedenken, meint der Dichter, seien am ehesten in der Figur der alten Darja in "Abschied von Matjora" ausgedrückt, die davon erzählt, daß einer von sieben Brüdern die Stute, mit der sie alle gemeinsam pflügten, für zwanzig Rubel an einen Zigeuner verkauft habe. Ihm, sagt Rasputin, schiene es, als ginge seine Generation in vielem ebenso mit den überlassenen Reichtümern um, ohne an die kommende Generation zu denken.

Und er bekam nur allzu recht in seinen Bedenken. In den siebziger Jahren konnte die Bevölkerung, die am Ob in der Nähe des Nowosibirsker Kraftwerks wohnte, zusehen, wie durch den Staudamm Fische aller Art zugrunde gingen. Das künstliche Meer konnte das echte nicht ersetzen.

Berühmt und angegriffen wurde er wegen seiner "Abschiedsliteratur", seines Requiems für das verschwindende Dorf. Menschen gehen in seinen Werken fort, sterben, sie können zu Unmenschen werden oder sich wie seine Nastjona zu höherer Moralität erheben. Rasputin ist derjenige Autor, der die Gestalten der alten Frauen, der fast Hundertjährigen, zu den eigentlichen Sinnbildern der Menschlichkeit erhoben hat. In einem Alter, als er selbst noch nicht die Vierzig erreicht hatte, beschrieb er das Sterben einer alten Frau ("Die letzte Frist"), getreu seiner Überzeugung: *"Wer oft an den Tod denkt, sündigt weniger"*, oder *"Die Literatur kommt ohne das Tragische, das es im Leben ohnehin gibt, nicht mehr aus."*

---

229. V. Rasputin. Zit. nach: Vestnik MGU, Serija fil. 1977, 3, S. 84.

Dabei erreichen seine letzten Erzählungen von 1982 eine Dimension, die über das Alltägliche auf ein in Natur und Leben wirksames höheres Wesen weit hinausweist, was ihn mit Astafjew vergleichbar macht. Er meint, insbesondere die alten Frauen hätten uns heute noch ein geistiges Vermächtnis zu überliefern. Alles Positive trägt bei ihm matriarchalische Züge.

Rasputin wird häufig als ein Vertreter der an dörflichen Themen interessierten Autorengruppe aufgefaßt. Er selbst äußert, über das Dorf schreibe man mit Herzblut, über alles andere nur mit Tinte. Doch für ihn gibt es die Gegenüberstellung Dorf - Stadt gar nicht direkt, sondern es geht ihm um die dahinterstehenden ethischen Fragen. Er hofft, daß nicht die Vorfälle an sich, die er in den Romanen schildert, die wesentliche Rolle spielen, sondern daß die Emotionen, die beim Leser ausgelöst werden, ihn produktiv beunruhigen mögen.

Die wissenschaftlich-technische Revolution hinterläßt in den Menschen eine Leere, die es durch wiedererweckte Gefühle auszufüllen gelte. Hier hat die dörfliche Prosa ihre Aufgabe. In dem beschleunigten menschlichen Dasein gibt es nur noch zwei Faktoren, die den Menschen zur Einkehr bringen könnten: die Natur und die schöne Literatur. In dem Vorwort, das er der französischen Ausgabe seines Romans "Abschied von Matjora" vorangestellt hat, heißt es:

"Der wissenschaftlich-technischen Revolution, die auch als 'Wille der Epoche' hingestellt wird, entgeht man offensichtlich nicht; aber muß man dabei auch das menschliche Wesen vergessen, das sich zu wiederholten Malen als an diesen Wandel nicht angepaßt, auf ihn nicht vorbereitet erwiesen hat? Muß man jene vergessen, die gleich anderen Generationen vor ihnen ohne Lärm, ohne die Aufmerksamkeit auf sich zu lenken, ihre Zeit schweigender Bauernarbeit leben, als Wesen, die dem Vaterland ergeben und ihm keineswegs unnütz sind?

... So groß und so reich unser Land auch ist, es muß unvermeidlich klein werden unter dem Ansturm des soviel besungenen modernen Menschen. Ich habe nichts mit den Schriftstellern gemein, die, gleichgültig was getan wird, nichts vermögen als auszurufen: 'Oh, wie herrlich das ist. Oh, wie heilsam.' Dorthin, wo alles nur Herrlichkeit und Heil ist, kommen nur die Touristen, nicht die Schriftsteller."[230]

Im Mittelpunkt der Betrachtung soll hier Valentin Rasputins Roman "Abschied von Matjora" (1976) stehen. Die Angara-Insel Matjora wird für den Stausee eines Wasserkraftwerkes geflutet. Ein Staudamm wird das Kraftwerk mit der erforderlichen Wassermenge versorgen. In dem Namen Matjora steckt das Wort mat' = Mutter. Abschied also von der heimatlichen, der mütterlichen Erde. "Die letzte Frist" – der Titel eines

---

230. V. Rasputin. Zit. nach: "Osteuropa" 1978, 9, S. 230.

anderen seiner Kurzromane – könnte durchaus auch über "Abschied von Matjora" oder dem Kurzroman "Leb und vergiß nicht" stehen. Sie dauert für das Dorf Matjora noch einen Sommer lang. "Verbrannte Wälder, überschwemmte Erde – ist der Preis nicht zu hoch?" fragt sich eine der Figuren in Rasputins Roman. Aber nicht allein die materiellen Einbußen schmerzen, eher sind es die Verluste im geistig-seelischen Bereich. Die Grobheit der neuen Administratoren, die über die Umsiedlungsaktion verfügen, beleidigt die Dorfbewohner. Die Zerstörung der Natur geht mit sinnloser Vernichtung aller menschlichen Werte auf Matjora einher. Selbst der Friedhof wird verwüstet. Häuser, sogar wenn sie kulturgeschichtlich wertvoller Besitz der Akademie geworden sind, gehen in Flammen auf. Alles, was das Leben von Generationen in drei Jahrhunderten – isoliert von der übrigen Welt – ausgemacht hat, wird radikal zerstört.

Der Dichter hatte selbst beim Krasnojarsker und Sajano-Schuschenkser Wasserkraftwerk gearbeitet, und sein Heimatdorf ist mit fünf anderen Dörfern zu einer neuen Stadt verbunden worden. Die Bewohner ereilte das gleiche Schicksal wie die von Matjora. Beim Ust-Ilimsker Meer wurden die dörflichen Häuser vor der Flutung niedergebrannt, berichtet Rasputin. Er gibt keine genauen geographischen Hinweise, wo am Bratsker Meer *sein* Matjora gelegen haben mag – es wurden 37 Dörfer dafür überflutet – und es geht ihm ja auch in erster Linie um die Wurzeln des menschlichen Daseins, die dabei rigoros gekappt wurden. Diese Übersiedlung ganzer Dörfer trifft nicht nur ein Dutzend Inselbewohner, sie geschieht überall, in Sibirien, am Don, am Kuban, an der Wolga und im Nicht-Schwarzerdegebiet. Schon in der Skizze "Stromauf – Stromab" hatte er sich damit damit auseinandergesetzt.

Das Thema als solches ist natürlich nicht neu. Nach dem Krieg hatte Alexander Dowschenko seinen berühmten Film "Poem vom Meer" geschaffen.

1961 entstand Boris Polewois Roman "Am wilden Ufer" (Na dikom brege), und bis 1971 arbeitete Wladimir Fomenko an einem Buch über den Wolga-Don-Kanal mit einer ähnlichen Problematik (Pamjat' zemli – in der deutschen Version "Wasser vor den Toren"). Fomenko bewältigt die Übersiedlung der Bewohner aus fruchtbaren Don-Gegenden an die kargen Ufer des neuen Meeres mit der Figur einer energischen Kolchosvorsitzenden an der Spitze. Rasputin dagegen konzentriert sich ganz auf den tragischen Widerspruch zwischen den gigantischen Möglichkeiten der Technik und den verkümmerten moralischen Potenzen im Menschen. Er zerstört damit die vorherrschenden literarischen Klischees. Der Bau des Wasserkraftwerks erscheint nicht aus der Sicht des Gewinns an Elektroenergie und Zivilisation, sondern aus der Sicht derer, die durch den neuen Giganten, der auch "für sie" mitgebaut wird, etwas Unersetzliches – ihr Heimatdorf – verlieren. Das sind nicht nur Häuser und Gärten, es sind vor allem menschliche Beziehungen, Lebensgewohnheiten und Erinnerungen, die nicht zu ersetzen sind. Und mit der abrupten Vernichtung aller früheren Lebensformen wird auch das moralische Klima aus dem Gleichgewicht gebracht.

In einem Interview für die DDR-Kulturzeitung "Sonntag" (1981/47) erläuterte Wladimir Solouchin, der sich Rasputin auf dieser Linie nahe fühlt: Das alte Dorf, das heute verschwinde und das Rasputin in "Abschied von Matjora" gestaltet habe, sei nicht nur eine ökonomische, sondern auch eine soziale und geistige Kategorie gewesen.

Das geistige Klima des Dorfes wurde von einer großen Gemeinschaft getragen. *"Wenn man nun Menschen, die in einem bestimmten Dorf geboren sind, umsiedelt, so reißt man die Wurzeln mit aus, die sie mit der heimatlichen Erde verbinden... Im ganzen Land sind das Millionen von Menschen!"* Es kommt hinzu, daß es ja in Sibirien keine Leibeigenen, sondern freie Bauern gegeben hat, wodurch die traditionelle Lebensweise noch viel fester gefügt ist.

In "Abschied von Matjora" haben die Bewohner keinerlei Einfluß auf die Entscheidungen, ob ihr Gebiet geflutet wird oder nicht. Alles wird von oben, ohne sie entschieden. Auch das neue Dorf, wohin ein Teil der Bevölkerung übersiedelt, "wird von den anderen ausgewählt," die dort nicht wohnen werden. Zu den "zu überflutenden Bürgern" kommen die sogenannten Bevollmächtigten, Leute wie Schuk, Woronzow und die Brigaden, die das Territorium "bereinigen", wobei sie auf dem Dorffriedhof rigoros die Grabkreuze von den Gräbern reißen und vernichten, damit diese später, wenn auf dem zukünftigen Meer die Touristendampfer schwimmen, keine unangenehmen Assoziationen bei den Ausflüglern wecken können. Es scheint, als wäre die Episode symbolisch überhöht. Aber Rasputin erzählte, daß in Irkutsk an der Stelle des ehemaligen Friedhofs ein Kulturpalast errichtet worden sei, so daß das Volk nun auf den Gräbern tanze.

Übrigens enthalten die Namen der Bevollmächtigten bezeichnende Anspielungen. Woronzow heißt in Pawel Nilins Erzählung "Grausamkeit" der Anführer einer Banditenschar, die über die Bauern herfällt. Und Schuk heißt der einstige Leiter des Zentralinstituts für Wasserwirtschaft in Moskau, der Stammvater der sowjetischen Wasserkraftwerke.

Die Fremden – im Roman Rasputins gleichzeitig das Symbol für Feindschaft gegen alles Natürliche – randalieren am Ort, betrinken und prügeln sich. Gegen Ende des Buches stoßen sie bei ihren Aufräumungsaktionen endlich auf Widerstand und zwar durch die Natur selbst. Der "Königslärch" – ein jahrhundertealter Baum, das Wahrzeichen von Matjora – weicht weder dem Feuer noch ihren Äxten, während ringsum das Werk der Zerstörung fortschreitet. Der entwurzelte

Bauer Petrucha zündet selbst sein Haus an, um die Prämie, die er dafür bekommt, in der Stadt zu verprassen. Danach läßt er sich anwerben, um auch die Häuser anderer in Brand zu setzen.

Stark und unerschütterlich steht allein der "Königslärch", "keine Kraft außer der eigenen anerkennend." Solange er steht, steht auch das Dorf. Als die Fremden des Baumes nicht Herr werden, wenden sie sich in ihrem Zorn der in der Nähe stehenden Birke zu und fällen sie. Auch das gehört zu ihrer Philosophie sinnloser Vernichtung, charakterisiert das letztlich Undurchdachte der ganzen Überflutungsaktion. Für den Bratsker Stausee wurde der gesamte Nutzholzbestand "vernünftig" abgeholzt und der Rest überflutet. Das 19. Kapitel seines Romans endet mit diesem Bild:

"Der Königslärch ..., eine Winzigkeit geneigt, schien streng und aufmerksam zum unteren Inselrand zu blicken, dorthin, wo die Matjora-Wälder gestanden hatten. Jetzt sind sie nicht mehr da. Nur auf der Wiese schimmert da und dort das Laubgrün einsamer Birken, und auf den Brandstätten ragen schwarz die spitz verkohlten Stämme. Vergehende Rauchschwaden kriechen tief über die Insel hin; mit gelblichem Strich, als rauchten auch sie, dehnen sich die Stoppelfelder mit ihren verkohlten Rainen, die Wiesen erkalten. Einzig der 'Königslärch', der Aufsässige, Ungebeugte, steht wie eh und je als Herrscher über allem, was ihn umgibt ..."[231]

Die Zerstörungsaktion trifft die Menschen als Opfer. Vor den Augen der alten Frauen werden die Gräber verwüstet — mit der zynischen Frage, ob die Alten nicht vielleicht selbst gerade den Gräbern entstiegen wären. Der Verantwortliche zieht sich mit dem Hinweis auf die Verordnung von oben aus der Affäre und damit, daß "er keine überflüssige Zeit" auf die Nebensächlichkeiten des Bauvorhabens verschwenden könne. Der einzige, der sich über die "Kleinigkeiten", die große Auswirkungen haben können, Gedanken macht, ist Pawel.

Er kann auch nicht ruhig mit ansehen, daß im neugebauten Dorf die Keller unter Wasser stehen, weil eben die Bauleute nicht für sich gebaut haben. Pawel möchte, daß bei der Übersiedlung alles menschlich zugehe, aber seine Versuche bleiben erfolglos. Über all den Großprojekten haben die Administratoren verlernt, sich für "Zweitrangiges" zu interessieren. Opfer im Namen der großen Sache sind also nach wie vor an der Tagesordnung. Auch der einheimische Vorsitzende stellt sich gegen die Alten: "Was notwendig ist, wird gemacht, dich werden wir nicht fragen." Er ist es auch, der in der letzten Szene des Buches auf einem Kutter zu Matjora hinüberfährt, um die wenigen verbliebenen alten Leute, die sich dort festgesetzt haben, abzuholen, weil ihm eine Re-

---

231. V. Rasputin: Abschied von Matjora. Bln./DDR 1980, S. 253.

gierungskommission "auf den Hals kommt." Und sinnträchtig endet diese Aktion im Nebel: die Modernisierung und das alte Rußland verfehlen einander.

Rasputin beschreibt die Konstellation nicht schwarz-weiß. Es sind nicht allein die Leute von "außen", die rücksichtslos Schaden anrichten, sondern auch Einheimische wie Andrej und Sonja, Klawa und Petrucha, die im Dorf zugleich als Schwätzer, Faulenzer und Alkoholiker gelten. Petrucha, der seine und der Mutter Habe angezündet hat, kommt vor das moralische Gericht des Dorfes.

An bestimmten Punkten schließt die Darstellung Elemente des Phantastischen, Märchenhaften, Allegorischen ein. Dreimal erscheint im Roman der "Inselherr" – ein Tier, fast wie eine Katze, ein Phantom, Beschützer der Insel. Er kennt das Schicksal im voraus, sein Erscheinen symbolisiert Leid und Kummer über das Unvermeidliche. Mit seiner Stimme klingt das Buch aus. Das Schicksal der Insel ist besiegelt.

Für die Menschen blieb er unsichtbar. Nur die alte Darja, die über die Fähigkeiten verfügt, allen Dingen ihren eigenen Wert zu lassen und sie doch zu vermenschlichen, hat ihn erkannt. Diese Darja ist zweifellos die bedeutendste Figur im Roman. Über 80 Jahre alt, hat sie die Zeit der Oktoberrevolution erlebt, hat die Kollektivierung überlebt, um jetzt an der wissenschaftlich-technischen Revolution zugrundezugehen. Jedes ihrer Worte ist von Stolz geprägt, ein langes und arbeitsames Leben geführt zu haben. Matjora und seine Traditionen liegen ihr am Herzen, und sie möchte von allem würdig Abschied nehmen. Für sie geht nichts Vergangenes einfach zugrunde, alles lebt in der Gegenwart, und so ist auch ihr letzter Versuch motiviert, am Vorabend der Überflutung noch die eigene Hütte zu weißen, so wie man einen Verstorbenen herrichtet. Natürlich kann sie sich so nur im Bereich des Geistig-Moralischen behaupten. Darja ist die Zentralgestalt. In ihren Wirkungskreis sind alle wichtigen Figuren einbezogen, keine kann sich der von ihr ausgehenden Autorität entziehen: "Die Menschen haben vergessen, wo ihr Platz unter Gottes Augen ist. Er sieht's, wie hoffärtig der Mensch geworden ist."[232] Sie besitzt wertvolle menschliche Eigenschaften wie Wahrheitsliebe und die Fähigkeit, die Menschen und die Natur zu lieben. In sich selbst ruhend ist sie eine ebenso standhafte Figur wie der Königslärch. Ohne Matjora und die heimatlichen Wälder ist für sie kein Leben denkbar. Sie kann sich selbst nicht zum Vergessen der Wurzeln und Traditionen zwingen, die sie an die Vorfahren binden.

Viele dieser Züge der alten Darja hat ihr Sohn Pawel übernommen. Schüchtern und unsicher versucht er die Vorgänge in dem Ort zu verstehen, ohne sich einzumischen. Er ordnet sich unter und erfüllt Aufträge,

---

232. ebda S. 140.

denn er ist nicht so souverän wie Darja. Darjas Enkel Andrej dagegen gibt sich keine Mühe, hinter den Sinn der Vorgänge zu kommen. Er kann nur dümmlich verbreitete Ansichten nachreden. Ihn zieht es an die "Wasserkraftfront". Aber: "Wer keine Erinnerung hat, hat auch kein Leben!" wie Darja an einer anderen Stelle sagt. Es erschüttert sie zu sehen, wie leicht ihr Enkel die Insel verläßt, ohne sich umzuschauen, weil er den Großbauten der Epoche entgegenstrebt, nur um dabeigewesen zu sein!

In dem Roman gibt es mehr philosophische Fragen und Betrachtungen als einfache Antworten. Rasputin artikuliert so etwas wie ein weit verbreitetes geheimes Schuldgefühl gegenüber den Menschen, die durch die moderne Technik aus ihrem Althergebrachten vertrieben werden. Sein Buch wirft die Frage nach dem Verhältnis von Mensch und Natur in einer für die Sowjetunion ungewohnten, anthropologisch überhöhten Sicht auf. Es nimmt nicht wunder, daß der Roman in der sowjetischen Literaturkritik und auch in der DDR nicht einhellig begrüßt wurde.

Die DDR-Literaturhistorikerin Karin Hirdina widersetzte sich dem gesamten Grundgestus des Buches. Die Tendenz sei einseitig und dogmatisch. Alle Schönheit und Würde sei auf der Seite des Alten, während das Neue nur Hasten, Verlust an menschlichen Bindungen und ähnliches sei. Die antizivilisatorische Polemik sei unüberhörbar. Ihr fallen die Distanz zu den Auswärtigen, den Fremden, die Verklärung der lokalen Begrenzung ins Auge. Mit den Traditionen verbinde sich eine fast religiöse Sinnbestimmung des menschlichen Daseins. So erscheint es der Kritikerin dringend notwendig, die antiurbane und antitechnische Sicht Rasputins zu relativieren. Die Widersprüche des Fortschritts kämen nur als Bedrohung der Persönlichkeit, nicht aber auch als Anstoß zur Produktivität heraus.[233]

Anton Hiersche schreibt in den "Weimarer Beiträgen":

"In der scharfen Polemik gegen einseitig auf Technisches, Ökonomisches orientierte Fortschritts-Auffassungen geraten Rasputin einige Gestalten der jüngeren Generation zu schematisch, zu sehr im Gegensatz zu den Älteren stehend. Sein Grundanliegen, den Fortschritt am Menschen zu messen, wird dadurch jedoch kaum verdunkelt."[234]

Dazu noch einmal Valentin Rasputin selbst:

"Ich glaube, daß eine Zeit anbricht, und sie ist nicht mehr weit, wo die Menschen werden einsehen müssen, daß ihnen ein unbeschränkter und unaufhaltsamer Fortschritt nicht dient und daß er kein Fortschritt ist. Dann werden die Menschen selbst beschließen, was gut und was

---

233. Zit. nach "Weimarer Beiträge" 1980, 11, S. 137 f.
234. Zit. nach "Weimarer Beiträge" 1980, 4, S. 21.

von Schaden ist und das Nutzlose vernichten. Wenn sie sich selbst genauer betrachten, so werden sie für Arme, Beine und Kopf diejenige Arbeit finden, die der geistigen und physischen Vervollkommnung des Menschen in bester Weise dienen kann."[235]

In der modernen Literatur der Sowjetunion ist es sehr verbreitet, daß Autoren einander Erzählungen widmen, bzw. einen kritischen Angriff mit einem Werk erwidern. "Abschied von Jatjora" ist auch schon von einem armenischen Autor aufgegriffen worden. Wardges Petrosjan sagt in seinem Roman "Der einsame Walnußbaum" von Rasputin:

"Er schreibt mit seinem Herzblut über den Untergang einer kleinen Insel. Jawohl, einer kleinen, unscheinbaren Insel, aber auf ihr lebten ?00 Jahre lang Menschen, die dort liebten, Kinder bekamen und den Boden bestellten. Das ist ein Schriftsteller! Ist unser Dorf nicht auch eine solche Insel? Eine Insel im Ozean der Welt?"[236]

Rasputin gehört in seinen Intentionen ohne Zweifel zu den Fundamentalisten. Es ist wohl wahr:

"Selten hat einer den landläufigen Vorstellungen von einem sowjetischen Staatspreisträger weniger entsprochen als dieser in den sibirischen Wäldern verwurzelte Einzelgänger" (Christian Schmidt-Häuer).

Doch werden seine und Viktor Astafjews unübliche Betrachtungen allem Anschein nach von Sympathisierenden aus dem Staats- und Parteiapparat gedeckt. Daß sich solche Autoren entfalten können, ist aufschlußreicher als die Kritik an ihnen. Offenbar liegt die Ökologieproblematik auch in der Sowjetunion quer zu den überlieferten Strukturen.

In einem Interview für die schwedische Presse sagte Rasputin:

"Unser Volk ist äußerst erschöpft und gequält. Mir scheint, daß die Russen nicht besser, sondern schlechter leben als die anderen Völker ... Im übrigen sehe ich optimistisch in die Zukunft ... ich weiß, daß viele unser Volk verachten wegen des Alkoholismus, Diebstahls und Schmutzes. Aber das Volk selbst ist im Grunde rein. Natürlich haben die recht, die sagen, daß die Menschen jetzt passiv sind, aber dazu haben wir sie doch gebracht. Die Schriftsteller beginnen, ehrlicher zu sein, hören auf, sich selbst zu zensieren. Die Furcht, das auszusprechen, was man denkt, hat in unserer Generation viel Schaden angerichtet ... Für das Wichtigste in der sowjetischen Literatur der letzten Jahre halte ich, daß die Menschen begonnen haben, sich mit Sittlichem zu befassen, der Suche nach dem Platz des Menschen im Leben."[237]

---

235. V. Rasputin. Zit. nach: "Literaturnaja gazeta" 26.3.1980.
236. W. Petrosjan: Der einsame Walnußbaum. In: "Sowjetliteratur" 1983, 4, S. 11.
237. V. Rasputin. Zit. nach: "Russkaja mysl'" vom 17.6.1982.

5.7 "Je tiefer das Leid, desto näher ist Gott"
Viktor Astafjew

Viktor Astafjews Buch *"Car'-ryba"* (d.h. "Zar-Fisch" oder "Der Königsfisch") von 1976 ist eine besonders originelle Antwort auf die Krise im Naturverständnis der sowjetischen Gesellschaft. Es ist im Westen zu Unrecht wenig beachtet worden, obwohl der Autor – was gerade in diesem Fall signifikant für geistige Veränderungen unter der Oberfläche der Machtstruktur ist – den Staatspreis dafür erhielt.

Wie es zu dem Satz kommt, der als Titel für dieses Kapitel gewählt wurde, wird am besten verständlich, wenn man Astafjews Biographie betrachtet. Sein Freund, der Literaturwissenschaftler Alexander Makarow, der ihn als Schriftsteller entdeckte und ermutigte, schrieb ihm schon 1962 in einem privaten Brief: *"Sie sind gut zu den Menschen, weil Sie Schweres erduldet haben, das sieht man aus Ihren Büchern."* Nach verwandter Logik könnte man sagen, das Leben habe ihn ans Nichts und da hindurch positiv zu Gott geführt.

Der jetzt in Wologda lebende Autor wurde 1924 in einer Bauernfamilie im Gebiet von Krasnojarsk in Sibirien geboren. Als er acht Jahre alt war, ertrank seine Mutter im Jenissei. Er hat dieses Erlebnis nie ganz verwunden, es taucht in vielen seiner Bücher auf. Zwei Jahre später, 1934, heiratete sein Vater erneut, und in die schon vielköpfige Familie zogen Chaos und Streitigkeiten ein. Die Familie lebte in äußerster Armut.

Als Astafjew in die fünfte Klasse kommen sollte, stellte sich heraus, daß es keine Schüler mehr in der Gegend gab. Er begann herumzustrolchen (die sowjetische Enzyklopädie weist ihn deshalb als "Verwahrlosten" aus) und landete schließlich in einem Erziehungsheim. 1938 erlitt er einen schweren Unfall, weshalb er auch ein halbes Jahr in Gips liegen mußte.

Sein Vater holte den noch nicht genesenen Jungen aus dem Heim in die Familie zurück, und Astafjew schreibt, er habe nie verstanden, weshalb er aus dem satten und geordneten Leben des Waisenhauses in das absolute Durcheinander der sich befehdenden Familie zurückkehren mußte. Er sah sich gezwungen, mitzuverdienen, obwohl er nicht gesund war.

1941 beendete er endlich die sechste Klasse und mußte nun versuchen, für seinen Lebensunterhalt selbst zu sorgen. Ein Anlauf, sich als Traktorist ausbilden zu lassen, scheiterte an seinem mangelnden technischen Interesse. Er besuchte dann aber eine Eisenbahnerschule und lernte rangieren.

Nach Kriegsausbruch kam er 1942 als Freiwilliger an die Front und machte den gesamten Krieg bis zum Ende als einfacher Soldat mit. Er wurde mehrmals schwer verwundet. Als er 1945 Deutschland verließ, war er 21 Jahre alt, ohne abgeschlossene Schulbildung und nur in der Lage, in Hilfsberufen zu arbeiten. In seiner ersten Autobiographie sagt er über diese Jahre:

"Ich versuchte mich in den verschiedensten Tätigkeiten, hatte keine Wohnung, keine Kleidung, kein Brot und dann kam auch noch das erste Kind. Die erste Tochter starb. Sie lebte nur ein halbes Jahr lang. Zucker gab es damals nicht. Wir kauften auf dem Markt irgendein Gras, und mit diesem Gras haben wir das Kind vergiftet. Bis auf den heutigen Tag verläßt mich nicht das Gefühl der Schuld, und es wird wohl auch nie vergehen ... Es kamen weitere Kinder – zwei –, ein Sohn und eine Tochter. Ich begann, in einer Gießerei zu arbeiten, eine schwere und heiße Arbeit, um die Familie zu ernähren. Und ich begann wieder in der Abendschule zu lernen."[238]

Seine ersten Erzählungen erschienen 1951; er hat als Kinderbuchautor begonnen. Heute gibt es bereits eine vierbändige Ausgabe seiner Werke. Darunter sind *"Der Diebstahl"* (Kraža, 1966, über die Zeit im Erziehungsheim), dann *"Ein letzter Gruß"* (Poslednij poklon, 1968), lyrische Erinnerungen an die Kindheit im Dorf und die Reverenz an eine strenge und gerechte Großmutter, die innerhalb der geschlossenen Gemeinschaft des sibirischen Dorfes eine große Rolle spielte und vielleicht sein seelischer Halt gewesen ist. Es folgte 1971 die Pastorale *"Schäfer und Schäferin"* (Pastuch i pastuška – über Liebe und Tod im Krieg).

1969 hatte er Leonid Leonow seine Erzählung *"Huflattich"* (Starodub) gewidmet, den ersten Versuch über die ethischen Hintergründe der Mensch-Natur-Beziehung. 1971 – 1978 folgten *"Wegzeichen"* (Zatesi) – das war ein Zyklus von freien Assoziationen, lyrischen Miniaturen im Stile Prischwins; sie gelten demselben Thema, um das letzten Endes das gesamte Werk kreist.

Dabei fürchtet Astafjew die inflationäre Verwässerung:

"In der letzten Zeit wenden sich immer mehr Literaten dem wichtigen, gleichzeitig aber auch 'modernen' Thema des Naturschutzes zu ..., das für den Schriftsteller aus seiner Pflicht als Staatsbürger hervorgeht. Ich für mich selbst habe meine Einstellung natürlich im 'Königsfisch' dargelegt ... Die Frage nach der Erhaltung des Lebens auf der Erde ist die allerschwierigste. Und meine Beziehung dazu ist kompliziert ... Die Natur selbst verändert ihr Wesen. Auch die menschliche Psychologie ändert sich. Ist es gefährlich, daß ein Gespräch über die Natur zur Mode wird?

Die Zahl der Bücher, die so oder anders dieses Thema berührt, beginnt mich zu beunruhigen – das Thema könnte in endlosen Erörterungen und Seufzern ertrinken."[239]

---

238. V. Astaf'ev. Zit. nach: Ja. Janovskij: Viktor Astaf'ev. M., 1982, S. 10.
239. Zit. nach: V. Astaf'ev – Posoch pamjati. M., 1980, S. 214. In der Wochenzeitung "Die

In einem Gespräch mit dem Korrespondenten der Zeitschrift "Voprosy literatury" bekannte sich der Dichter nachdrücklich zum Naturschutz, weil die Hoffnung auf die spontane Einsichtsfähigkeit des Menschen nur vage bliebe. "Ein Nachher gibt es nicht!" zitiert er seinen Kollegen Juri Bondarew und fordert, in der Schule das Fach Naturschutz einzuführen. Er lobt ein Beispiel aus dem Ural, wodurch bekannt wurde, daß man den Verursacher eines Waldbrandes zur Wiederaufforstung des vernichteten Baumbestandes verurteilt hat.

In dem gleichen Interview ist zu lesen:

"Zu beiden Ufern des Jenissei sind die Wälder Hunderte von Werst weit von Brandspuren gezeichnet; selbst die Felsen gegenüber der Stadt Diwnogorsk zeigen verkohlte Stellen. Nachts sieht es aus, als würde sich glühendes Magma durch die Schluchten ergießen, erzählte mir der hier ansässige Dichter Wladlen Belkin. Das sind die Folgen der sogenannten Naherholung und des Tourismus. Leider gleichen die Ausflüge in die Wälder zuweilen Raubüberfällen. Bis vor kurzem war ich Idealist und glaubte, es würde gelingen, diesen Dingen ein Ende zu machen. Ich kenne junge Leute, die die Wälder nicht in Brand setzen und zerstören, sondern Bäume pflanzen. Ich kenne Studenten, die im Sommer mit großem Eifer Restaurierungsarbeiten am Kirillo-Belosersker Kloster ausgeführt haben. Da werden Pionier- und Komsomolwachen eingesetzt, Feuerwehrleute und Jäger mobilisiert und trotzdem lodern die Wälder ... Die verwundete Natur beginnt sich zur Wehr zu setzen – die Wissenschaftler schreiben heute viel darüber –: durch die Enzephalitis-Milbe, durch die Epistarchose bei den Fischen und selbst beim Wild; einige Sträucher, Beerenarten und Bäume wollen nicht mehr tragen. Der Faulbaum im Ural, der hier nur noch mit Äxten und Sägen gepflegt wird, trägt beispielsweise nur noch alle fünf bis sechs Jahre; die alten Faulbeerbäume werden gefällt. Dasselbe geschieht mit den Zedern, die oft durch Motorsägen, Äxte und Keile erbarmungslos vernichtet, durch fahrlässigen und verbrecherischen Umgang mit dem Feuer ausgerottet werden.

Zeit" (1983, Nr. 29 vom 15.7.) wird durch den Moskauer Korrespondenten Christian Schmidt-Häuer folgendes berichtet: "Während einer Abschlußveranstaltung der Winterspartakiade im vollbesetzten Stadion von Krasnojarsk war der Schriftsteller Viktor Astafjew, ein hochangesehener Vertreter der berühmt gewordenen Dorfprosa, programmgemäß ans Mikrophon getreten. Was er dann zehn Minuten lang in die Arena schrie, war allerdings nicht eingeplant: 'Wie lange noch wird man unsere Erde vernichten?' fragte der grüne Sowjet-Autor und steigerte sich dann in immer größere Empörung. 'Der Wald stirbt, die Fische sterben, selbst Sibirien wird schon zugrundegerichtet. Wie lange werden die Baskaken (so hießen die Steuereintreiber, als die Mongolen Rußland beherrschten) noch regieren? Wie lange soll diese Opritschnina (die Büttel Iwans des Schrecklichen) noch herrschen? Der völlig außer Fassung geratene Astafjew wurde schließlich vom Mikrophon weggezogen. Vor weiteren Maßnahmen bewahrte ihn sein Schicksal als Kriegsinvalide und sein Ansehen."

Es ist an der Zeit, unsere Schulden an die Natur zurückzuzahlen, und zwar in großem Umfang."[240]

Indessen zeugt eben der 1976 mit großer Anteilnahme vom Publikum aufgenommene "Königsfisch" von der Überzeugung Astafjews, daß eine Wende nicht appellativ herbeizuführen ist.[241]

Dieses Buch ist nicht eigentlich ein Roman, sondern ein Zyklus von zehn Erzählungen und einem Kurzroman, den der Erzähler in einem Grundstrom naturphilosophischer Prosa zusammenhält. Dabei läßt er sich für alles Raum und Zeit, die Sprache fließt ruhig wie der Jenissei, frei von einem Thema zum anderen springend. Besonders am Anfang und Schluß des Buches gewinnen der Gedankenfluß und die Gefühlswelt des Dichters die Oberhand über den Stoff. *"Die Beziehung zur Natur – das ist der Mensch selbst, sein Charakter, seine Philosophie, seine Seele"*, sagte Sergej Salygin dazu.[242]

Da das Buch bisher nicht ins Deutsche übersetzt wurde, ist es zweckmäßig, es etwas ausführlicher darzustellen. Astafjew führt den Leser an den Unteren Jenissei, an die Stätten der eigenen Kindheit, um die harten Lebensumstände der Fischer und Pelztierjäger vorzuführen.

Solange die Szene noch nicht von den Baggern beherrscht ist, erscheint die Auseinandersetzung mit der Natur (von Beherrschung ist noch nicht die Rede) als harter und grausamer Kampf für die Interessen des Menschen. Er selbst wirkt klein und nichtig in der urtümlichen Landschaft; dennoch ist die Natur verletzlich und schonungsbedürftig.

Der Mensch, der in Sibirien lebt – so die Philosophie des Autors –, braucht nach wie vor besondere physische und moralische Qualitäten. Gedankenlosigkeit und Gleichgültigkeit, ein ignorantenhaftes Siegerverhalten gegenüber der Natur sind fehl am Platze, schlagen auch auf den Menschen und seine sittlichen Werte zurück. Wer rücksichtslos gegenüber der Natur auftritt, ist es auch in bezug auf den Mitmenschen.

Astafjew fragt, gegen wen man eigentlich heute die Natur verteidigen müsse, und er macht nicht allein die wissenschaftlich-technische Revolution und die Unzulänglichkeiten der sozialen Ordnung für den Frevel verantwortlich, sondern in bestimmtem Sinne die conditio humana selbst.

Nach der Einleitung, worin der Autor sein heimatliches Sibirien und die Familiengeschichte seines Bruders und dessen Freundes Akim ins

---

240. Interview mit V. Astafjew. Zit. nach: "Kunst und Literatur" /DDR/Berlin. 1975, 4, S. 379.
241. In einem Artikel: Ponimat', bereč' prirodu, in der Zeitung "Socialističeskaja industria", 1979, 21.7., schreibt Astaf'ev: "Hier wie nirgendswo anders wird mit voller Deutlichkeit klar, daß die Verteidigung der Natur eine zutiefst humanistische Aufgabe ist, wenn man will, dann ist es die Verteidigung des Menschen an sich vor der sittlichen Selbstzerstörung".
242. S. Zalygin: Zit. nach "Pravda" vom 26.1.1977.

Spiel bringt, schlägt das zuerst geschriebene Kapitel "Tropfen" (Kaplja), das diese drei Menschen und ein Kind beim Glück des Fischens zeigt, bereits die Grundstimmung an, die das ganze Buch trägt:

"*Und in dieser paradiesischen Stille glaubst du an Engel, das ewige Heil ..., die Auferstehung der ewigen Güte,*schreibt er, um dann sofort in Gedanken an den Sohn überzuleiten: *"Wenn es doch möglich wäre, die Kinder mit ruhigem Herzen in einer befriedeten Welt zurückzulassen!"* Das ist sein inniger Wunsch, und mit Bitterkeit angesichts der Unendlichkeit von Erde und Weltall meint er: *"Uns scheint nur, daß wir alles, auch die Taiga umgestaltet hätten. Nein, wir haben sie nur verletzt, ihr geschadet, sie zerstampft, zerkratzt verbrannt.*

Die Taiga ist dennoch majestätisch, feierlich, unerschütterlich. Wir machen uns weis, daß wir die Natur lenken und mit ihr machen, was wir wollen. Die Lüge besteht nur, solange du nicht der Taiga Auge in Auge gegenüberstehst, solange du nicht in sie eingehst und durch sie geheilt wirst ... Dann erst empfängst du ihre Macht, ihre kosmische Weite und Erhabenheit."[243]

Die nächsten Kapitel gehören den Porträts einzelner Fischer oder besser gesagt, Fischfrevler. Da gibt es Damka, den verachteten kleinen Mann mit dem Hundenamen, der seinen illegal erbeuteten Fisch, weil er gar nicht schnell genug zu Geld für Alkohol kommen kann, nicht an einen neutralen Dampfer, sondern aus Versehen an das Dienstboot der Fischereiinspektion verkaufen will und sich damit eine hohe Strafe einhandelt.

Dann den Wilddieb Grochotalo, einen ehemaligen Banditen, der seine Strafe abgesessen hat und jetzt Leiter einer Schweinefarm ist (die meisten Wilddiebe haben verantwortliche Funktionen inne). Das Wildfischen hat er von einem Alten gelernt, den er jedoch in Lebensgefahr im Stich läßt. Nun passiert es ihm, daß er, als er mit Mühe einen großen Fisch an Land gehievt hat, vom neuen Fischereiinspektor gestellt und registriert wird.

Ein Frevler aus Leidenschaft ist der Kapitän "Kommandor". Während er den Fischereiinspektor mutwillig irreführt, wird seine einzige, von ihm verwöhnte Tochter an Land von einem "Wilderer auf dem Trocknen", einem Chauffeur, totgefahren. Ein Schicksalsschlag, der Kommandor zu einem gebrochenen Mann macht.

Vier Büroangestellte verbringen ihren Urlaub damit, durch Schwarzangeln einen guten Nebenverdienst zu erzielen. Die einheimischen Wilderer nutzen sie aus, um an modernes Angelgerät und Alkohol heranzukommen, ohne daß sie ihnen im Gegenzug die günstigen Fischplätze

---

243. V. Astaf'ev: Car'–ryba. M. 1980, S. 60f.

verrraten. Bei ihrem ersten Raubzug geraten sie deshalb auch prompt in die Zone des Fischereiinspektors, dessen Strafforderung so hoch ist, daß für die Bezahlung ihre gesamte Ausrüstung draufgeht.

Immer ist der Fischereiinspektor der Gegner. Die Inspektion ist mittlerweile mit besten Booten und Suchgeräten ausgerüstet, aber charakteristischerweise bleiben die Boote der Wilderer, mit immer schnelleren Motoren ausgestattet, ungreifbar.

Neben der Tötung von Fischen mit dem Dreizack, dem Fischspeer und mit Hilfe von Sprengstoff gibt es noch die grausamen Fangmethoden mittels Stellnetzen. An Nylonseilen sind Haken mit 400 – 500 Spitzen befestigt, die mit einer Schicht Ölfirnis bestrichen sind. Durch das Stellnetz werden die Fische direkt auf die Haken zugetrieben und verstümmelt. Selbst die an den Haken verankerten Fische sind durch das Schmieröl ungenießbar geworden. Unmassen von Fischen, heißt es, gingen so zugrunde. Sie werden nicht einmal wie früher an Land eingegraben, sondern wieder ins Wasser geworfen. Trotzdem ist die Verkaufsziffer von solch ungenießbarem Fisch immer noch sehr hoch, so daß der Autor die Käufer vor Fisch mit schwarzblau verfärbten Kiemen warnen muß.

Angesichts dieser Raubangelei fühlt sich der Erzähler, *"als hätte man vor seinen Augen ein kleines Kind gequält oder einer Alten die ins Kopftuch eingenähten letzten Kopeken gestohlen."*

Astafjew ist überaus besorgt, weil sich außer ihm offenbar kaum jemand aufregt. In einer Moskauer Zeitung – so zieht er seine Parallele – sei ein Fall veröffentlicht worden, wonach zwei Moskauer Schüler einen Enterich im Park töteten. Das über die Medien einsetzende öffentliche Gericht hätte keinerlei Effekt gehabt. Am Ob, so schildert er, wurden in dem Haus eines Gerichtsmitarbeiters über hundert getötete Schwäne, die als geschützt gelten, gefunden – deren Federn seien große Mode. Schließlich, so meint er, trügen wir selbst auch Pelze und Fellmützen. Hier in der Taiga sei die Jagd von jeher an der Tagesordnung gewesen und jeder nehme sich, was er brauche. *"Im Norden sind die Menschen nicht zum sorgsamen Wirtschaften bereit."*

Das Kapitel "Die Lilie von Turuchansk" befaßt sich u.a. mit den Konsequenzen der Wasserkraftwerke. "Das Kraftwerk herrscht über den Fluß" und überhaupt über die natürlichen Lebensbedingungen. Sogar das Wasser im Stausee ist von minderer Qualität. Auch erwärmt es sich nicht mehr, und die Menschen haben das Baden aufgeben müssen. Der Autor warnt:

"Niemals wird der Fluß Ruhe haben. Da er für sich selbst keine Ruhe findet, strebt der Mensch mit teuflischer Beharrlichkeit danach, die Natur zu verbessern und zu fesseln. Die Natur kann man aber nicht besiegen: Wasserpflanzen, die im Volksmund "Wasserpest" heißen, haben

eineinhalbtausend Arten entwickelt und auf der ganzen Welt die Wasserreservoire besiedelt, besonders die mit klarem Wasser. Allein in dem Kiewer Stausee wuchern im Sommer 15 Millionen Tonnen der schrecklichen Wasserpest. Wieviel davon es im Krasnojarsker Stausee gibt, weiß keiner."[244]

Astafjew erinnert sich, daß früher jede Familie das Netz zweimal auswerfen durfte und damit der Vorrat für den ganzen Winter gesichert war. "Wir haben selber am Fluß gewirtschaftet, ihn beobachtet und den gierigen Leuten kein Pardon gegeben. Wie werden wir weiterleben?" fragt er. "Immer sorgen wir für die Zukunft! Mit dem Kopf! Und was machen wir mit den Händen? Wer wird gegen die Notwendigkeit und den Nutzen von Millionen und Milliarden Kilowatt streiten? Niemand natürlich! Aber wann werden wir lernen, nicht nur zu nehmen ... sondern auch zu geben, wann werden wir lernen, unser Haus zu versehen wie gute Hauswirte?"[245]

Aber wo sollen die guten Hauswirte herkommen? Sind es die jungen Arbeiter, die kein Interesse an ihrem Beruf haben und mit einem selbstgebastelten Boot auf Raubfang ausziehen? Sie betreiben Wilddieberei und Raubholzen für viele Tausend Rubel pro Saison und scheuen nicht einmal davor zurück, auf den Fischereiinspektor zu schießen!

Natürlich hat man Astafjew der Übertreibung beschuldigt. Und eine Diskussionsrunde der Zeitschrift "Literaturnoe obosrenie" suchte vergebens nach dem "positiven Helden". Den gibt es in diesem Buch nicht, falls man ihn nicht im Autor selbst suchen will. Die Diskutanten forderten ihn in der Gestalt des "Wichrow unserer Tage" (also eines Wissenschaftlers nach Art jenes Helden aus L. Leonows "Russischem Wald"). Aber Astafjew antwortete ihnen, er habe solche Wichrows nicht getroffen, und er könne nur gestalten, was er auch kenne.

Für die Figur Akims, eines jungen sibirischen Jägers, hat er die gesammelte Erfahrung im Umgang mit den Einheimischen benutzt. Akim ist ein Mensch, der durch die Taiga erzogen wurde, die Natur zu achten und sich in jeder Situation zurechtzufinden. Vielleicht ist er auch ein Stück Selbstporträt. Astafjew erzählt, seine eigene Beziehung zur Natur sei wie bei den sibirischen Bauern utilitaristisch gewesen. Die Not der Kinderjahre habe ihn früh gelehrt, Blumen, Gräser, Harze und andere Naturprodukte zu essen und damit die Natur als Ernährerin zu betrachten. Diese Einstellung sei wichtig gewesen, weil sie den Menschen dazu gezwungen habe, sich früh der Natur anzupassen, um sein Überleben zu sichern.

Astafjew idealisiert nicht. Akim ist natürlich auch darin ein Kind der

---

244. ebda S. 260.
245. ebda S. 262 f.

Taiga geblieben, daß er bei der grausamen Tötung von Fischen en masse mitmacht und auch bereit ist, den in Monaten verdienten Lohn auf einmal zu vertrinken.

Der "Traum von den weißen Bergen" ist das Kapitel, das Akim, seinen Moskauer Widersacher und das Mädchen Elja zusammenführt. In Goga sind alle nur erdenklichen Züge zu dem publizistischen Bild eines städtischen Bösewichts vereinigt worden: ein Individualist, ein Frauenverbraucher, sein eigener Gott, der auf der Suche nach Gold ist, um ein für allemal seiner Verpflichtung gegenüber dem Staat und seiner Tochter ledig zu werden. Rücksichtslos jagt er einem Invaliden gegen Schnaps die Tapferkeitsmedaille ab, um sie als Fischblinker zu verwenden. In ebenso skrupelloser Manier eignet er sich auch fremdes geistiges Eigentum an.

Akim, der die Saison der Pelzierjagd von seiner abgelegenen Jagdhütte aus nutzen will, findet dort die lebensgefährlich erkrankte Elja vor. Ohne sein Auftauchen wäre sie zugrunde gegangen. Ihr Begleiter Goga hat wie viele unerfahrene Touristen in der Taiga den Tod gefunden – beim Angeln.

Das Bild, das hier von den beiden Städtern vermittelt wird, ist äußerst kritisch. Der Findigkeit Akims ist es zu verdanken, daß Elja gerettet und per Hubschrauber in die Heimat geflogen wird. Aber in der Zeit, die sie in der Taiga miteinander verbracht hatten, sind beide seelisch gereift und gewachsen.

Schmerz und Klage des Dichters gelten vor allem der Entstellung, die der Mensch sich selbst zufügt, wenn er frevelnd in die Natur einbricht. Vielmehr: es muß schon etwas falsch sein, damit das überhaupt geschehen kann. So ist das Buch eben alles andere als vordergründig naturschützerisch. Die Vielschichtigkeit der Widersprüche scheint auf. Ja, es hat mit der Technik zu tun, und auch mit dem gegenwärtigen Zustand der sowjetischen Gesellschaft. Aber liegt nicht doch etwas dahinter, darunter? Die Gesetze der Taiga waren eindeutig: Was ich brauche, muß ich mir im Kampf beschaffen! Und dies war gleichzeitig die Disposition für Raub und Wilderei in großem Umfange.

Noch schlimmer aber erscheint Astafjew die menschliche Sucht, die Natur mit allen Kräften und um jeden Preis besiegen zu wollen. Er schrieb einmal, daß es in den fünfziger Jahren, als viele Tausend Menschen zum Bau von Bratsk nach Sibirien eilten, in der Literatur oft den Anschein gehabt habe, als habe es vordem in Sibirien gar nichts gegeben und als müsse man deshalb die Unterwerfung des Landes in allen Farben preisen.

Dagegen setzt Astafjew das, was er "sein eigenes Wort über Sibiren" nennt: Die Natur ist eben nicht nur ein ökonomischer Faktor, sondern auch geistige Instanz, und eben das symbolisiert schließlich der Königsfisch als "Titelheld" des Ganzen, dem wir im zentralen Kapitel begegnen. Die Geschichte erinnert ebensosehr an Hemingways "Der alte Mann und das Meer" wie an den alttestamentarischen Kampf Jakobs mit dem Engel des Herrn.

Ignatitsch fängt einen Riesenstör, wie er ihn noch nie im Leben zu Gesicht bekommen hat. Er schafft es nicht, das Tier ins Boot zu ziehen. Bei dem Zweikampf bohren sich die Fanghaken gleicherweise in den Fisch wie in den Menschen, und das Ringen geht im Wasser weiter. Um Hilfe rufen will der Mann nicht, um die Beute nicht mit dem Retter teilen zu müssen. Und so dauert der Kampf zwischen dem "König des Flusses" und dem "König der ganzen Natur" an, weil beide in einer Falle sitzen: "Ein und derselbe Tod bewacht sie." Der Fisch drängt sich vorsichtig, aber fest an den Menschen, fast mit weiblicher Behutsamkeit. In der aussichtslosen Situation ersteht vor dem Menschen die Erinnerung an die Vorfahren und deren Mahnung: wenn man eine Sünde auf sich geladen hat, darf man sich nicht in den Kampf mit einem Königsfisch einlassen, sondern muß ihn freigeben. Ignatitsch hat ein Mädchen verraten. In seiner Todesnot bittet er inständig um Vergebung. Er erlangt ein Gefühl der Schwerelosigkeit, der Befreiung von allen irdischen Sorgen. Als schon alles hinter ihm zu liegen scheint, löst sich der Märchenfisch von ihm und schwimmt tödlich verletzt in der Dunkelheit davon. "Geh fort, Fisch – ich sage niemandem etwas von dir", flüstert Ignatitsch, der durch diese Begegnung verwandelt ist. Er wird Vegetarier.

Eine Rede des Erzählers an sich selbst beschließt das Buch. Auf diesem unüblichen Wege entzieht sich der Dichter dem kollektiven Publikum, zu dem er bisher gesprochen hatte, um zum Individuum und seinen Problemen zurückzukehren.

"Ich finde keine Antwort" heißt das Kapitel, das wieder um die Erinnerung an die Heimat und die Veränderungen, die sich darin vollzogen haben, kreist. Eine Rückkehr ist möglich, aber kein Rückgewinn mehr; die Veränderungen sind gewaltig. Den Markt mit den billigen Lebensmitteln, der ein Teil des sozialen Lebens war, gibt es nicht mehr. Die Erbauer des Wasserkraftwerks haben statt dessen ein Holzverarbeitungswerk zurückgelassen und den Felsen zerstört: " *"Leb wohl, Mana* (das ist der Name des Felsens; die Verf.), *und verzeih uns. Wir haben nicht nur die Natur gequält, sondern auch uns selbst, nicht so sehr aus Dummheit, sondern aus Not."*

Das fertige Kraftwerk ist noch deprimierender als das vorher im Bau befindliche. Damals wimmelte es nur so von Menschen. Jetzt vermittelt die tote menschenleere Betonlandschaft dem einzelnen ein Gefühl der Nichtigkeit. Aus dem Flugzeug kann man auf einen Felsen blicken, dem die Natur ein doppeltes, ein lachendes und ein weinendes Gesicht aufgesetzt hat. Das fesselt den Schriftsteller, während die übrigen Passagiere sich an den Fenstern drängen, um nicht den Felsen, sondern das einförmige Kraftwerk, das Werk ihrer Hände, zu bewundern. Viktor Astafjew liebt die Stadt und die industrielle Fronarbeit nicht. Fortschritt ist für ihn ein dubioser Begriff. Er erwähnt das Volk der Ewenken, das seine Toten seit Urzeiten mit Grabbeigaben bestattet hat. Neuerdings würden den Verstorbenen Alkohol, Transistorradios und Mückenspray auf den Weg ins Jenseits mitgegeben. Welche Emanzipation!

Und die vielen Einbrüche in das ökologische Gleichgewicht wären nicht erforderlich, wenn man ständig den Leitgedanken im Auge behielte, den er als Zitat aus N. Rubzow und dem Werk des amerikanischen Astronomen Harlow Shapley dem Werk voranstellt:

"Wenn wir uns verhalten, wie es sich gehört, werden wir, die Pflanzen und die Tiere noch Milliarden Jahre existieren, weil es auf der Sonne große Vorräte an Energie gibt und ihr Verbrauch sich in hervorragender Weise reguliert."

Das Gefühl der selbst erzeugten Bedrohung drängt sich auf und treibt zur Suche nach einer religiösen Lösung. Man findet diese Tendenz bei vielen Neoslawophilen oder Fundamentalisten. Mit Solschenizyn glaubt auch Astafjew, daß der Nordosten mit seinen noch nicht völlig ausgerotteten Stammestraditionen noch als Ressource der Rettung in Frage kommt. So wie es Aksakow und Chomjakow am Ende des vorigen Jahrhunderts angenommen hatten.

Wozu die Veränderung? "Aber was suche ich denn? Was ist es, das mich quält? Wozu? Ich habe keine Antwort darauf!" Und er zitiert das Buch Kohelet aus dem Alten Testament:

"Alles hat seine Stunde. Für jedes Geschehen unter dem Himmel gibt es eine bestimmte Zeit:
eine Zeit zum Gebären und eine Zeit zum Sterben,
eine Zeit zum Pflanzen und eine Zeit zum Abernten der Pflanzen,
eine Zeit zum Töten und eine Zeit zum Heilen,
eine Zeit zum Niederreißen und eine Zeit zum Bauen,
eine Zeit zum Weinen und eine Zeit zum Lachen,
eine Zeit für die Klage und eine Zeit für den Tanz,
eine Zeit zum Steinewerfen und eine Zeit zum Steinesammeln,
eine Zeit zum Umarmen und eine Zeit, die Umarmung zu lösen,
eine Zeit zum Suchen und eine Zeit zum Verlieren,
eine Zeit zum Behalten und eine Zeit zum Wegwerfen,
eine Zeit zum Zerreißen und eine Zeit zum Zusammennähen,
eine Zeit zum Schweigen und eine Zeit zum Reden,
eine Zeit zum Lieben und eine Zeit zum Hassen,
eine Zeit für den Krieg und eine Zeit für den Frieden."

Daß dieses Zitat der Höhepunkt und die wichtigste Quintessenz des ganzen Buches ist, hat die sowjetische Literaturwissenschaft allerdings kaum beachtet oder verschwiegen. Die Lektüre der Bibel ist in der Sowjetunion noch immer ein Tabu (ein Exemplar ist nur auf dem Schwarzmarkt zu erhalten), also kennen nur Eingeweihte die Quelle. Vielleicht ist sie auch deshalb dem Blick des Zensors entgangen? Daß Astafjew zweifacher Staatspreisträger ist, wäre wohl allein nicht ausreichend, ihm solche Stellen "durchgehen" zu lassen. Aus der Weltsicht des "Predigers Salomo" erscheint alles eitel, was der Mensch in seinem Fortschrittsglauben aufgerichtet hat. Für Astafjew sind solche Errungenschaften wie die Wasserkraftwerke kein Fortschritt. Stärker ist die Reaktion auf das "Einholen und Überholen"-Wollen gegenüber dem Westen nie öffentlich artikuliert worden. Hier hat eine philosophische, kulturelle und geistige Wende von äußerster Tragweite eingesetzt.

Der Dichter mahnt unzweideutig zur Umkehr, vor allem zur Aufgabe der Allmachtsphantasien, zur Annahme der eigenen Ohnmacht gegenüber "Gott – Natur". Ihr Gewissen haben diejenigen, die räuberisch in die Natur einbrechen und sie gleichgültig unter die menschlichen Bedürfnisse zwingen, verloren. Im ganzen Buch vermißt man die Beispiele hegender und pflegender Haltung zur Natur. Astafjew fragt, was der Mensch mit all der Technik erreicht hat. Wird nicht zu vieles, was man als Fortschritt ansieht, zur Gefahr für den Menschen? Wo bleiben die allgemein-menschlichen und sittlichen Werte, wie gewinnt man Neues, ohne das Alte aufgeben zu müssen?

Je tiefer das Leid, desto näher ist Gott! Ganz am Schluß des Buches steht eine offenbar von Astafjew selbst verfaßte Parabel: In eine harmonisch schöne Nacht mit Vogelsang dringt ein Mann mit einem Gewehr ein – voll blinder Leidenschaft im Herzen. Und sein Gewissen schweigt. Er schießt auf den Vogel – die Welt bricht zusammen, doch das Lied der Liebe verstummt nicht.

Einmal, so heißt es, wird ein Landsmann ohne Gewehr kommen, der allen Liedern lauschen wird. Einer, der versteht, wie grausam jener auf den wehrlosen Sänger der Liebe geschossen hat. Ohne daran zu denken, daß in anderen Welten schon der Pfeil auf unser Herz gerichtet ist!

So zu schließen hat nur Sinn, wenn der Autor davon überzeugt ist, daß nur durch die Konversion des Individuums die Welt noch gerettet werden kann. Geschieht das nicht, so ist sie zum Untergang verurteilt.

6. Schlußbemerkungen

Wie auf der ganzen Welt heutzutage von der Zerstörung der natürlichen Umwelt und vom Naturschutz gesprochen wird, so auch in der Sowjetunion. Hier hat ein Umdenkungsprozeß besonders unter der Intelligenz und in erster Linie unter den Schriftstellern eingesetzt. Die Illusion, durch die rasche Entwicklung der Wissenschaft und Technik zur Unabhängigkeit des Menschen von der Natur zu gelangen, weicht der Erkenntnis, daß dieser Fortschritt mittlerweile die Lebensqualität senkt und das Leben auch unserer Nachkommen bedroht.

Die ökologische Krise, durch die Industrialisierung Rußlands ausgelöst und schon zu Beginn des Jahrhunderts von den russischen kritischen Realisten reflektiert, hat sich seit dem Industrialisierungsschub der dreißiger Jahre, als die "Natur im Frontalangriff unterworfen wurde", noch erheblich verstärkt. Das Aufholen im Wettlauf mit den fortgeschrittenen westlichen Industrienationen wurde zum einzigen Maßstab für den Umgang mit der Natur. Die Industrieromane, die diesen Prozeß spiegeln, rechtfertigen häufig den Raubbau großen Stils an der Natur.

Bei einer ganzen Reihe sowjetischer Schriftsteller war die Erfahrung, daß das Land groß und die Natur feindlich ist, der Stimulus für eine Eroberermentalität gegenüber der Natur. Es ging darum, Mittel in die Hände zu bekommen, um die Natur zu "besiegen", wobei jedoch, wie es Sergej Salygin in seinen Romanen schildert, die Seele nicht reifen konnte.

Die erste Phase ökologischer Kritik in den fünfziger Jahren bediente sich meist der Form der publizistischen Skizze. Owetschkin, Trojepolski, Peskow, Tschwilichin und viele andere griffen Verstöße gegen das Naturgleichgewicht auf und schilderten ohne Beschönigung Fälle von Raubbau, zerstörter Erde, vergifteten Flüssen und Meeren, verseuchter Luft usw. und griffen rücksichtslose Leiter von Industrieunternehmen an. Schon seit 1958 hatte die Baikaldebatte, die auch wieder auf den *konkreten* Fall gerichtet war, Schriftsteller und Naturschützer zu einer ad-hoc-Koalition vereinigt, die sich über zwanzig Jahre hinweg in der Presse zu Wort meldete. Zumindest wurde immer wieder versucht, gegen den staatlich verordneten Informationsmangel ein reales Bild der Umweltschädigung zu vermitteln. Damals, 1958, fand auch eine andere Bürgerinitiative statt, die einzig von der Literatur weitervermittelt wurde: Studenten der Leningrader Waldtechnischen Akademie hatten versucht, im Altai eine wissenschaftliche Waldnutzung und den Schutz der Zedern zu betreiben. Ihre Aktion war "zu früh" gekommen und zum Scheitern verurteilt, aber der Publizist und Naturschützer Tschiwilichin hat ihr Engagement festgehalten.

Auf diesen publizistischen Beiträgen über die Lage der Natur und auf dem Dorfe konnte dann in den sechziger Jahren die Dorfprosa aufbauen. Schon dem Schlüsselwerk der "grünen Literatur", Leonid Leonows Roman *"Der russische Wald"* (1953), war 1947 ein publizistischer Beitrag des Autors über den Schutz des "Grünen Freundes" vorausgegangen.

Die sowjetische *Dorfprosa*, auf das engste an die Natur gebunden, ist seit 1966 der wichtigste Zweig der sowjetischen Literatur und zugleich der Ökologiedebatte, die erst in den siebziger Jahren voll einsetzte. Heute bietet sie den Rahmen für eine ökologistische Zivilisationskritik, die Hand in Hand geht mit der Verteidigung überlieferter kultureller Identität. Sie spricht dem russischen Dorf, seinen Menschen und ihren eigenen Traditionen, der Landschaft, die es umgibt, höchsten Wert zu und grenzt es betont von der städtischen Zivilisation und den Urbanisierungsfolgen ab.

Sie ist eng verbunden mit dem Vordringen einer slawopil-fundamentalistischen Strömung, die auf die Verherrlichung der russischen Erde abzielt. Sie lehnt den Westen ab und will mittels einer romantischen Kritik zu den nationalen Wurzeln zurück, um die sowjetische Gesellschaft vor westlicher Überfremdung zu bewahren. In diesem Rahmen ist die ökologische Denkweise auf's engste mit einer kulturellen Restauration verbunden. Beides fällt insbesondere in der Idee des Patrimoniums zusammen. Gerade in der Dorfprosa, in den Werken von Below, Solouchin und anderen, findet eine moralisierende "grüne" Kritik an der Vergeudung des nationalen Reichtums künstlerischen Ausdruck.

Die neue Generation von Schriftstellern in den siebziger Jahren klagt nicht allein über die vielen Verfehlungen, sondern sucht danach, eine *neue ethische Verbindung* zwischen Mensch und Natur zu gewinnen. Bei Solouchin, Rasputin, Salygin, Granin, Astafjew und Aitmatow ist die Natur in die Position des Partners oder sogar des Richters über den Menschen erhoben worden. Und ohne die ökologische Fragestellung kommt heute kaum noch ein ernstzunehmendes Werk sowjetischer Literatur aus.

Viktor Astafjew hat 1976, auf dem Höhepunkt der öko-literarischen Welle, in seinem bedeutenden Roman *"Der Königsfisch"* gezeigt, was alles im Menschen angelegt sein kann und seine Folgen zeitigt. Vielleicht, so fragt er sich in diesem naturphilosophischen Buch über seine sibirische Heimat, liegt die Ursache des Übels doch nicht so sehr in den Umständen als im *im Menschen selbst,* in der Art seines Bewußtseins? Denn schließlich steht hinter all den Wilderertypen die Psychologie des "Sich-alles-erlauben-Könnens" und des "Sich-alles-sofort-vom-Leben-holen-Wollens".

Und gerade, weil Trägheit und Gleichgültigkeit in der Gesellschaft verbreitet sind, werden Berichte über Gewässerverschmutzung und Bodenzerstörung bei den Autoren gleichzeitig als Hinweis auf die Erosion der Werte angelegt. Wir finden bei allen Autoren solche philosophischen Fragestellungen.

Wie das alte Dorf in Valentin Rasputins Roman *"Abschied von Matjora"* einem Stausee und Kraftwerk weichen muß, so benutzt Aitmatow in dem Roman *"Ein Tag länger als ein Leben"* die kasachische Steppe und ihre Bewohner als Symbole für ein friedliches Leben, dessen Weiterführung bedroht ist. Gegen die Logik des weltweiten produktivistischen Systemwettbewerbs, die durch ein sowjetisch-amerikanisches Raumfahrtunternehmen repräsentiert ist, setzt er nur einen alten Bahnwärter mit seinem moralischen Prinzip. Aitmatow warnt hier vor der offensichtlichen Diskrepanz zwischen technischem Können und moralischem Handeln und versucht gleichzeitig, den individuellen Widerstand zu mobilisieren.

Das künstlerische Ausdrucksspektrum dieser Empörung über die Zerstörung der Umwelt ist ungewöhnlich breit, wenn auch einige Themen kaum reflektiert werden. Die Kritik an Atombombenversuchen tritt z.B. nur bei dem ukrainischen Autor Oles Gontschar auf. Doch in dem bereits 1968 verfaßten Roman *"Der Dom von Satschiplanka"* verbindet Gontschar die Aktionen für die Erhaltung des alten Doms mit der gleichzeitig laufenden Initiative für den Einbau von Filteranlagen in die Großbetriebe der Stadt. Die Schönheit des Doms ist für die Städter von gleicher Wichtigkeit wie gesunde Atemluft.

Einen ähnlichen Kampf um die Bewahrung der kulturellen Identität läßt Granin im Roman *"Das Gemälde"* seinen Bürgermeister einer Kleinstadt gegen ein Computerwerk führen. Er wird von den lokalen Verteidigern der Tradition (in Gestalt eines alten Kommunisten) und einem jungen Naturschützer unterstützt. Allerdings ist dessen Aktion gegen das Fällen alter Bäume, das er zu verhindern sucht, indem er sich an einen Baum ankettet, in der Sowjetunion unverständlich – was die Reaktion der Bevölkerung in Granins Roman beweist. Für die Sowjetunion ist nun einmal typisch, daß die Ökologie-Debatte *ohne* eine gesellschaftliche Massenbewegung verläuft, gewissermaßen nur im Bereich der geistigen Auseinandersetzung.

Die Schriftsteller zeigen in ihren Büchern tätiges Mitgefühl mit allen Leidenden, und in diesen Rahmen paßt auch die Ablösung der klassischen russischen Tier- und Jagderzählung zugunsten eines neuen Verhaltens zu den Tieren, die es zu schützen gilt. Vor allem die für Kinder verfaßte Belletristik hat hier eine Vorreiterrolle gespielt, was nicht allein dem "Nischencharakter" der Kinderliteratur zuzuschreiben ist. In der Kindheit sind die Menschen noch am ehesten für die Rettung der Umwelt zu gewinnen.

Die modernen sowjetischen Autoren sprechen heute in ihrer Mehrheit besser, eindringlicher, ehrfürchtiger von der Natur, von der Vergangenheit des Landes, vom "Erbe der Väter" und vom "Vaterhaus" als dem festen Punkt auf Erden. Während auf den Feldern die Kolchoskombinen fahren, sind die Autoren nach wie vor von der Mahd mit der Sense fasziniert. Das ist ihre Intervention für eine "sanfte ökologische Produktion", die gerade noch literarisch vertretbar erscheint, solange die Machtpositionen vom "homo oeconomicus" besetzt sind.

Besonders aber bei Autoren wie Aitmatow, Rasputin und Astafjew ist die Kritik an den Dimensionen der Bedrohung, die von der Industrialisierung ausgeht, grundsätzlicher Art. Aitmatow erinnert an die Seele des Menschen, die verlorengeht, und Rasputin wie Astafjew versuchen, von hier aus christliche Positionen wiederzugewinnen. Die Idee eines ökologischen Pazifismus und Humanismus wird durch die neue Religiosität motiviert.

Die meisten Autoren sind sich heute ihrer umfassenden Verantwortung für die Umwelt und die Welt überhaupt bewußt, und so reißt der Strom ihrer Mahnungen für die Bewahrung der Erde in der Presse und in den Büchern nicht ab. Im Augenblick ist es etwas stiller darum geworden, weil alles Wichtige schon gesagt worden ist. Auch hat die Dorfliteratur seit *"Abschied von Matjora"* kein ähnlich bedeutsames Buch mehr hervorgebracht. Aber die Literatur bleibt Seismograph. Astafjew stellt fest, seiner Erfahrung nach sei die Intelligenz in der Sowjetunion über den aktuellen Zustand der Umwelt viel besorgter als jene Menschen, wie Kolchosbauern oder Waldarbeiter, die direkten Umgang mit der Natur haben. Sergej Salygin hofft auf junge Autoren, die die ökologischen Fragen tiefgreifender, in einer Verbindung von sozialen und wissenschaftlichen Problemen mit den ethischen aufzuwerfen verstehen.

Angesichts eines so düsteren Gesamtbildes, wie es Boris Komarow in seinem Buch von der Umweltzerstörung in der Sowjetunion zeichnet, wird die Literatur nicht schweigen. Die große Tradition, daß die Schriftsteller – vom vorigen Jahrhundert bis in die Gegenwart hinein – die Rolle des Gewissens übernehmen und immer wieder die Leser aus ihren gewohnten Denkweisen herausreißen, wird sich bewähren. Je eindringlicher ihnen das gelingt, desto eher wird auch die Einsicht in die Notwendigkeit des Umweltschutzes in die Ränge der verantwortlichen Bürokratie vorstoßen und weitere Maßnahmen unumgänglich machen.

7. Anhang

Die auf den folgenden Seiten verkürzten Auszüge aus der sowjetischen literarisch orientierten Presse sollen einen ungefähren Überblick darüber verschaffen, welche Themen im Verlauf von zwanzig Jahren immer wieder eine Rolle gespielt und in welcher Weise die Publizisten darauf reagiert haben. Besondere Beachtung fanden die Zeitungen "Literaurnaja gaseta" (im Text L.g.) und "Komsomolskaja prawda" (K.p.).

In der *Verfassung* der UdSSR heißt es:

Artikel 18
"Im Interesse der heutigen und kommender Generationen werden in der UdSSR die erforderlichen Maßnahmen zum Schutz und zur wissenschaftlich begründeten, rationellen Nutzung des Bodens und der Bodenschätze, der Wasserressourcen, der Pflanzen- und Tierwelt, zur Reinhaltung der Luft und des Wassers, zur Gewährleistung der Reproduktion der Naturreichtümer und zur Verbesserung der Umwelt des Menschen getroffen".

Artikel 67
"Die Bürger der UdSSR sind verpflichtet, die Natur und ihre Reichtümer zu schützen".

Über Wald- und Holzwirtschaft

1. Die Zeitung "Komsomolskaja prawda" beschwert sich über das Fällen von 11.000 Nußbäumen, das 1957 ein Kolchos in Kirgisien veranlaßt hat. "Möge der Garten zum Wald werden", lautet die Überschrift des Artikels, der von vielen engagierten Naturschützern, darunter W. Tschiwilichin, V. Nestorenko, V. Kolesnikow u.a. unterzeichnet ist. Sie weisen auf die Erfahrung einer Gruppe von Studenten der Leningrader Waldtechnischen Akademie hin, die im Gorno-Altai-Zedernwaldgebiet einen komplexen Waldtyp errichtet haben, der das ganze Jahr hindurch Gewinn abwirft. (Vgl. *Kedrograd* Kap. 3,6,1).

V. Kolesnikov, A. Savčenko u.a.: Pust' sadom stanet les. "Komsomol'skaja pravda" (d.i. im weiteren Text: K.p.) vom 16.6.1960.
2. *Die Holzfäller* mit den spitzen Federn", nennt V. Moskwin diejenigen, die beim Holzfällen in Karelien mehr Brenn- als Nutzholz ausgegeben haben, um höheren Lohn zu erhalten.
V. Moskvin: Lesoruby s ostrymi per'jami. K.p. vom 27.5.1961.
3. Ein Ingenieur beklagt sich darüber, daß zuwenig Wald aufgeforstet werde. Die Hauptabteilung Forstwirtschaft stimmt zu, daß im Stawropoler Gebiet diese Mängel bestünden. 1961 erfolgte die *Neuaufforstung* nur zu 36%, 1963 zu 23,7%.
A. Rakov: Lesa protiv zasuchi. K.p. vom 11.9.1964.
4. Ein Forstwirt empört sich darüber, daß in den Wäldern des Kaukasus die besten Waldstücke eingeschlagen würden. In Aserbaidschan, Dagestan und Armenien wird das Vieh in den Wäldern geweidet, wodurch der Jungwuchs abgefressen und die Bodendecke zerwühlt werde. Im Kaukasus gebe es kein *Neu*-aufforsten, und sobald die Arbeiter die Verringerung des Holzeinschlags forderten, würden sie von den staatlichen Stellen abgewiesen.
G. Adamjanc: Ne ščepki letjat. K.p. vom 26.5.1965.
5. "Wird es ein Kedrograd geben?" fragte ein Moskauer Student und bezieht sich auf die Artikelserie von O. Wolkow aus dem Jahre 1960 "Rausche, Taiga, rausche". Er berichtet davon, daß die Studenten, die *Kedrograd* aufgebaut haben, durch die industriell geführte Waldwirtschaft vertrieben wurden. Dabei hatten die Studenten bereits einen Gewinn von 80.000 Rubel pro Jahr erwirtschaftet. Der neue Standort, der ihnen für die Fortsetzung ihres Projekts überlassen worden war, erwies sich als ungünstig, weil von stark gelichtetem Waldbestand ein noch höheres Einschlagquantum verlangt worden war. Das hätte bedeutet, daß die Zedernbäume, die erst im Alter von 180 Jahren Samen tragen, bereits im Alter von 140 Jahren gefällt würden. *Der Verantwortliche für diese Maßnahmen ist gleichzeitig Vorsitzender des Präsidiums vom Zentralrat der Allrussischen Gesellschaft für Naturschutz.*
N.N.: Byt' li Kedrogradu? "Literaturnaja gazeta" (im weiteren Text L.g.) vom 2.6.1965.
6. Der Forstwirt Chlatin geht auf eine Flut von Leserbriefen zu dem Projekt "Kedrograd" ein. Er meint, daß seit 1959 eine falsche Waldwirtschaftspolitik betrieben worden sei, die nur die Planerfülung im Auge gehabt habe. "Das Schicksal von Kedrograd und den *Zedernwäldern* ist die Illustration dieser Verantwortungslosigkeit", schreibt er. Kedrograd habe sich gegen den Willen der Volkswirtschaftsbehörden im Altai (Sibirien) entwickelt. Ohne jegliche Unterstützung erzielten die Studenten 1963 einen Reingewinn von

78 000 Rubel. (Die angegebene Zahl weicht von den Angaben in Nr. 5 ab. Vermutlich handelt es sich bei der erstgenannten Zahl um die Durchschnittserträge mehrerer Jahre. G.B.). Dennoch wurde diese einzige Versuchsanstalt für Zedernwald – 1959 gegründet und in vier Jahren mit Gewinn arbeitend – durch die Territorialansprüche der Waldwirtschaft zunichte gemacht. In jedem Jahr würden 10 Mio. m^3 Zedern gefällt, obwohl die Bäume erst im Alter von 300 Jahren einen Ertrag von 70 - 100 kg Nüsse pro ha liefern.
A. Chlatin: Les, čelovek i pila. K.p. vom 27.7.1965.

7. Ein Leser verwundert sich darüber, daß es zwar eine detaillierte Verordnung gebe, wie *Äste* nach dem Holzeinschlag zu verbrennen seien, nicht jedoch, wie man sie weiterverarbeiten könne.
V. Kaludin: V lesu razdavalsja topor drovoseka. L.g. vom 8.7.1965.

8. Ein Sonderkorrespondent der L.g. moniert mangelhafte Arbeitsverfahren beim *Holzeinschlag*. Das Jungholz werde dabei vernichtet, und die Baumstümpfe blieben stehen und verfaulten. Dies alles geschehe in der Komi – Autonomen Sowjetrepublik. Damit solle gleichzeitig dem *Protest von achtzehn Wissenschaftlern,* die sich wegen dieser Methoden an die Öffentlichkeit gewandt haben, mehr Gehör verschafft werden.
E. Kutuzov: Razmyšlenija na lesoseke. L.g. vom 7.9.1975.

9. E. Lopatina fordert Beschlüsse gegen den *Holzraubbau*. Die Karpaten wären bei regulärem Einschlag bereits in 27 Jahren ausgebeutet. Die Schuld daran treffe aber nicht allein das Ministerium für Waldwirtschaft in der Ukraine. *"Die Spur führt nach Moskau!"*
E. Lopatina: Lysejuščie Karpaty. L.g. vom 6.10.1966.

10. Oleg Wolkow mahnt vor systematischer *Waldvernichtung* am Baikal, in deren Folge es bereits Überschwemmungen gegeben hätte.
O. Volkov: Slavnoe more. L.g. vom 6.10.1966.

11. Gleb Goryschin und Jewgeni Kutusow setzen den Streit über den russischen Wald fort. Auf dem I. Allrussischen Kongreß der Forstwirte habe O. Wolkow über die hohen Verluste gesprochen, die dadurch entstünden, weil nur drei Viertel des Holzes verarbeitet würden. 1958 schlug das Korrespondierende Mitglied N. Anutschin vor, bereits 80 Jahre alte Bäume zu fällen. Sofort habe der Raubbau in großem Stil begonnen. Jetzt stehe derselbe Professor auf, um für die Belange der Industrie das *Abholzen* von erstklassigen Bäumen im Alter von nur 100 - 120 Jahren zu verlangen.
G. Goryšin, E. Kutuzov: Spor o russkom lese. L.g. vom 20.8.1966.

12. Zwei Professoren vom Waldtechnischen Institut aus Woronesch verlangen den Schutz der seltenen *Kiefernarten von Pizunda*. In den letzten zwanzig Jahren seien 3071 Bäume zugrunde gegangen, verursacht vor allem durch die zahllosen Wanderer, die den Wald-

boden festtreten. Der Borkenkäfer habe in den letzten fünf Jahren 1 800 Bäume befallen. Die Wissenschaftler schlagen vor, dem Terrain den Status eines Naturschutzgebiets zu verleihen.
P. Položencev: Sosna picundy nuždaetsja v zaščite. K.p. vom 4.4.1967.

13. Im Jahre 1966, so meldet die K.p. vom 8.6.1967, habe es bei Moskau 563 *Waldbrände* gegeben.
A. Slednikov: Les i spički. K.p. vom 8.6.1967.

14. Einem *Eichenwald*, so schreibt der Redakteur einer Brjansker Zeitung, drohe der Untergang, da dort beim Fluß Iput eine Kartonfabrik errichtet werden solle. Ein Drittel des Baumbestandes sei bereits trotz der Proteste der Bevölkerung, der Presse und der Naturschutzorganisationen *gefällt* worden.
V. Kurzov u.a.: Roščiu nado spasti. K.p. vom 16.8.1967.

15. Ein Holzverarbeitungsingenieur fordert die Umwandlung des *Busulukski-Sumpfes* in einen Naturpark. Der bei Kuibyschew gelegene Sumpf stelle eine Oase dar und bilde Schutz gegen die schwarzen Stürme. Der Baumbestand von 100.000 ha sei durch die Erdölerschließungsarbeiten gefährdet, 600 000 ha seien bereits gefällt worden. Damit vergrößere sich auch die Waldbrandgefahr. 1967 habe es über zwanzig Waldbrände gegeben. Wanderdünen breiteten sich über 2 000 ha aus. Der Sumpf gehe zugrunde und Erdöl gerate ins Trinkwasser.
V. Šiškin: Zaščitiť Buzulukskij bor. K.p. vom 25.8.1967.

16. Das Journal "Molodaja gwardija" (1970, 6, S. 266) meldet, daß die Berge in der *Umgebung von Petropawlowsk völlig abgeholzt* seien, so daß die Stadt im Sommer den schmutzigen Wildbächen und im Winter den Lawinen schutzlos ausgeliefert sei.

17. Angesichts der Lage in den russischen Wäldern berichtet der Publizist W. Peskow nahezu mit Euphorie von seiner zwölftägigen Reise in die DDR. Der *Deutsche Wald* stehe für ihn als *Vorbild*. Dort gebe es die volkswirtschaftlich vernünftige Nutzung und eine Neuaufforstung von 80%. Kühe dürften im Wald nicht geweidet werden, und man sehe fast keine Autos im Wald. Ohne Zustimmung des Försters würden nicht einmal Pilze gesammelt. Waldbrände seien dank der "deutschen Disziplin" selten, das Rauchverbot im Walde werde eingehalten, und niemandem falle es ein, im Walde Lagerfeuer anzuzünden oder dort zu zelten. Die Jagd sei staatlich organisiert, und deshalb gebe es auch keine Wilddieberei.
V. Peskov: Nemeckij les. K.p. vom 27.3.1971.

18. 1972 befassen sich mehrere Artikel der K.p. mit *Brandwachen* bei Moskau und Jaroslawl. Am 23.8.1972 äußert sich ein Korrespondent, daß in bezug auf den Waldbestand die Verantwortlichkeit zu

gering sei. Der Verursacher eines Waldbrandes könne nach § 99 StGB zu einer Haftstrafe von bis zu drei Jahren verurteilt werden. Am 24.8. und 30.8.1972 berichtet die Zeitung wieder über Löscharbeiten im Moskauer Wald.
Pressemitteilung der K.p. vom 23., 24. und 30.8.1972.
19. Oleg Wolkow nimmt auch zu den Moskauer Waldbränden Stellung. Er erinnert, daß es 1970 u.a. auch am Baikalsee dreißig Brände pro Tag gegeben habe. Es habe damals an Erfahrung gefehlt. Aber auch gegenwärtig würden Hubschraubereinsätze zwecks *Brandbekämpfung* meist abgelehnt, weil das Monatssoll an Einsätzen der Hubschrauberbesatzungen bereits erfüllt sei.
O. Volkov: Grjanul grom. L.g. vom 14.3.1973.
20. Ob die Enkel noch Zedernzapfen zu sehen bekommen werden, fragt O. Wolkow. Die Zedern brächten nur Nutzen, wenn sie auf lange Jahre nicht eingeschlagen würden. Gefällte 1,5 Mio. m^3 seien nicht wieder herzustellen. Der Minister Timofejew habe aber angeordnet, im Chabarowsker Gebiet (an der Ostgrenze, nahe dem Ochotskischen Meer. G.B.) im Jahre 1973 zusätzlich 262 000 m^3 *Zedern* zu *fällen.*
O. Volkov: Uvidjat li vnuki kedrovuju šišku? L.g. vom 13.2.1974.
21. Einen Appell für eine "kulturvolle" Waldindustrie richtet O. Wolkow an den Minister für Waldwirtschaft und Holzverarbeitung. Damit schließt er sich den Warnungen der Schriftsteller Leonow, Paustowski, Markow, Solouchin und Tschiwilichin an. Der Umgang mit dem Rohstoff Holz sei nahezu fahrlässig. Die Betriebe verbrennen die Holzabfälle, statt sie weiterzuverarbeiten. Beim *Holzeinschlag* würden selbst die geschützten Wälder der ersten Kategorie nicht verschont.
O. Volkov: Čem dal'še v les. L.g. vom 4.12.1975.
22. Der Minister für Holzindustrie W. Timofejew antwortet O. Wolkow, daß man den Wald nicht in eine Schatzkammer einschließen dürfe. Zur Zeit gebe es 55 Mrd. m^3 reife Bestände. Wenn man schon dabei sei, den *Wald einzuschlagen,* könne man nicht plötzlich damit aufhören.
V. Timofeev: Les nel'sja zapirat' v "kladovuju". L.g. vom 5.3.1975.
23. In den letzten Jahren, heißt es, seien in Karelien große Waldbestände durch Planüberfüllung liquidiert worden. Eine industrielle Holzverwertung fand aber nicht statt, wodurch das *Holz im Wald verfaulte.*
K. Lavrent'ev: Kubaturnye derev'ja. L.g. vom 21.5.1975.
24. Tjuschin, ein Mitglied der Allrussischen Gesellschaft für Naturschutz, verlangt den Schutz von *Kedrograd.* Die Zedernbäume würden immer seltener. Mitte der sechziger Jahre wurden alle

Waldnutzungsbetriebe vereinigt, und seitdem habe sich die Lage noch verschärft.

Ju. Tjušin: Kedrograd prosit pomošči. K.p. vom 19.6.1975.
25. Wladimir Tschiwilichin zweifelt an der Behauptung des Ministers für Holzindustrie, daß es überalterte Baumbestände gebe. 1973 hätten im Ural planmäßig 2,02 m^3 pro ha eingeschlagen werden dürfen. Die realen Zahlen lägen jedoch bei 3,26 m^3. Die Besorgnis des Schriftstellers bezieht sich besonders auf die *Wälder der I. Kategorie*, die eine hohe klimaregulierende Funktion besitzen und als Holzlieferanten nur von unwesentlichem Wert sind. 50 000 ha Zedernwald wurden angeblich zu Versuchszwecken gefällt, dagegen nur 3 ha wieder aufgeforstet. Nur auf einem Drittel sind die Pflanzen auch angewachsen. Waldinspekteure versicherten, daß die Moskauer Fichtenwälder in den letzten zwanzig Jahren eineinhalbmal intensiver eingeschlagen worden seien als vorgesehen. Dabei wurde auch die Bodendecke erheblich beschädigt und das Astholz im Walde liegengelassen. "Für fünfzehn Jahre reicht das Holz, danach sind wir schon über alle Berge", zitiert Tschiwilichin ohne direkte Namensnennung und fährt fort: "Der Mann, der diese Worte gesagt und danach Kedrograd zugrunde gerichtet hat, er hat erst unlängst am Fluß Ob 40.000 ha wertvollster Kiefernbestände abgeschrieben und fordert ständig dazu auf, dem wirtschaftlichen Einschlag von Nußbäumen in den Zonen des Gorny Altai, also bei den Wäldern der I. Kategorie, stattzugeben. Die ganzen Jahre hindurch habe dieser Mann seinen Arbeitsstil beibehalten und sei dafür sogar mit dem Titel "*Verdienter Forstwirt*" ausgezeichnet worden.

V. Čivilichin: Tak skol'ko že derev'ev lesu? L.g. vom 2.7.1975.
26. Die Zeitung "Komsomolskaja prawda" berichtet über Waldbrände an der Baikal-Amur-Magistrale (BAM). In den letzten zwei Monaten habe es im Westteil der Strecke mehr als zehn Waldbrände gegeben.

T. Mamaladse: V čas trevogi. K.p. vom 10.7.1975.
F. Štil'mark: Ostorožno tajga! K.p. vom 9.8.1975.
27. Auch aus dem Karelischen Gebiet vermeldet die Presse eine hohe Zahl von *Waldbränden*. Seit aber am Lugowskoje-See Nothütten mit Werkzeug zur Waldbrandbekämpfung errichtet worden seien, habe es dort in den letzten vier Jahren keine Waldbrände mehr gegeben. Der Korrespondent empfiehlt also Ordnung und Sauberkeit als Gegenmittel.

V. Višnevskij: Architektory lesa. K.p. vom 6.9.1975.
28. Der Forstwirtschaftler N. Anutschin kommt in der "Literaturnaja gaseta" zu Wort und nimmt offenbar eine vermittelnde Position ein. Wolkow wirft er vor, die ökonomischen Zweckmäßigkeiten der

Waldwirtschaft zu mißachten. Auf der anderen Seite verlangt er, stabile *Holzverarbeitungsbetriebe* zu schaffen, die auch Holzabfälle verarbeiten könnten. Die Kosten seien vor allem durch den teuren Schwerlasttransport der Baumstämme zu hoch.
N. Anučin: Les na perekrestkach mnenij. L.g. vom 26.11.1975.
29. Ein Leserbrief fordert, daß der geschützte *Artscha-Baum* erhalten bleibe. Er habe sowohl für den Export als auch in seiner Eigenschaft als Ausgangsstoff für die Medikamentenherstellung unschätzbaren Wert. Zur Bestanderhaltung seien in Kirgisien 25 000 ha aus dem Plansoll herausgenommen worden. In Tadschikistan habe der Verfasser jedoch ein ganzes Lager gefällter Artscha vorgefunden.
V. Šečenko, R. Potapov: Les polju-tovarišč. L.g. vom 14.4.1976.
30. V. Zubkov meldet häufige *Waldbrände* im Astrachaner Naturschutzgebiet und damit Verluste von 7.330 ha Baumbestand. Zu den Verursachern gehörten Wilddiebe, die dies zu ihrer Tarnung betrieben, aber auch ein Brigadier, der auf diese Weise das Kolchosland vergrößern wollte.
V. Zubkov: Mež dvuch ognej. K.p. vom 10.6.1976.
31. Nach Angaben von J. Schaporew wird durch Waldarbeiter nicht weniger Holz vernichtet, als durch Waldbrände. *Jährlich brennen 200 bis 300 000 km^2 – ein Gebiet etwa von der Größe der BRD.*
Ju. Šaporev: Počemu ne somknulis' krony. L.g. vom 12.1.1977.
32. Aus dem Kurganster Gebiet kommen Leserbriefe, die berichten, daß der Sowchosdirektor heimlich und offen Wald einschlagen lasse. Alle seine Machinationen seien staatlicherseits gedeckt.
L. Lochmatova: I perom i toporom. K.p. vom 18.10.1977.
33. Ein Mitglied der Akademie der Wissenschaften, A. Isajew, kritisiert, daß die *Holzvorräte* in der Taiga um zwei Drittel geringer seien als angenommen. Am Baikalsee würde außerdem zu wenig aufgeforstet. Seit 1961 sind 2,5 Mio. ha besten Baumbestandes gefällt worden, die Stämme aber habe man im Wald liegengelassen, wodurch sie verfaulten und im Wald tote Zonen entstanden.
A. Isaev: I u tajgi est' predel. L.g. vom 27.1.1979.
34. Eine Studentin von den Naturschutzbrigaden der Leningrader Universität kritisiert den jährlichen *Weihnachtsbaumverkauf*. In Moskau würden auf ungesetzlichem Wege jährlich 300.000, in Leningrad 112.000 Weihnachtsbäume verkauft. Dennoch hat allein Leningrad eine ungedeckte Nachfrage nach 490.000 Bäumen. Nur zufällige "Kunden" treffe es, wenn sie bei der ungesetzlichen Baumbeschaffung im Wald erwischt werden und 5-10 Rubel Strafe zahlen müßten.
G. Belaja: Eločka iz pod poly. K.p. vom 27.12.1979.
35. Die Zeitung "Sowetskaja kultura" (13.11.1983) weiß folgendes über

die Verwendung des "heiligen Baumes", *der Zeder,* zu berichten: Jährlich würden in Tomsk (Sibirien) eineinhalb Mio. m^3 Zedern gefällt. Davon gingen 100.000 m^3 an die Bleistiftfabriken, 168.000 m^3 würden zu Brettern, 155.000 m^3 zu Bergbauvertäufungen, 80.000 m^3 zu Telegrafenmasten, 250.000 m^3 zu Verpackungsmaterial und als Heizmaterial verwendet, 600.000 m^3 würden in Sägewerken verbraucht.
N.N.: Zavetnoe derevo. Sovetskaja kul'tura vom 13.11.1983.
36. Professor A. Isajew kritisiert, daß nur 60 % der Biomasse des Waldes verarbeitet werden könnten. Das übrige werde verbrannt. Eindeutig sei hier das ökonomische und das ökologische Verständnis auf der Strecke geblieben, zumal die Forstwirtschaftsbetriebe nach gefällten Festmetern bezahlt würden. Isajew stellt fest: wenn die Neuaufforstung nicht ernsthafter betrieben wird, *reichen die Waldvorräte in der Sowjetunion nur noch für fünfzig Jahre.*
Rundtischgespräch der Zeitschrift "
EKO" aus Nowosibirsk. 1982, 3, S.157.

Zur Lage in den Naturschutzgebieten

Die Sowjetunion besitzt 137 staatliche Naturschutzgebiete, Naturschutz- und Jagdwirtschaften sowie sieben Nationalparks; auf einem Terrain von 9,7 Mio. ha etwa 0,37 % der Fläche des Landes. 14 Gebiete der höchsten Schutzkategorie mit besonderer Bedeutung unterstehen direkt der Hauptabteilung Naturschutz im Landwirtschaftsministerium in Moskau, die übrigen administrativ und finanziell den einzelnen Republiken. Die Einrichtung von Nationalparks ist relativ neu, ihrem Charakter nach sind sie nicht Vollschutzgebiete, sondern eher mit den deutschen Naturparks vergleichbar. Die Auskünfte über Naturschutzgebiete und Nationalparks im folgenden Text widersprechen sich häufig, weil die Grenzen fließend sind. Die Nationalparks liegen im Kaukasus, im Nord-Ural und im Baltikum; weitere sind am Baikalsee und auf der Halbinsel Kamtschatka geplant.

1. Im Teberdinsker Wildgehege seien, so heißt es, Diebe und Rowdies am Werke. Von den einhundert Seen träfe man mittlerweile nur noch in zwei Seen Fische an.
V. Voinov: Zapovednye pni. K.p. vom 2.2.1961.
2. Korrespondenten loben das hohe Engagement für den *Naturschutz in Litauen.* Es gebe 151 staatliche Naturschutzgebiete, und der Tierbestand habe sich erheblich vermehrt. Im Büro des Naturschutzko-

mitees treffe man gewöhnlich niemanden an, weil alle Mitarbeiter zum Einsatz gegen die Wilddiebe im Gelände unterwegs seien.
G. Dolmatovskij, G. Kornilov, A. Zorkin: Tvoja zemlja. L.g. vom 11.9.1962.
3. In einem Leserbrief geht es um die Wiederherstellung von *Askanija Nowa*. (Das Schutzgebiet liegt in der Ukrainischen SSR, es umfaßt 11.000 ha und wurde 1956 auf dem Terrain eines schon seit 1898 bestehenden Schongebietes errichtet. Vom Charakter her ist es ein Dendropark mit 150 Baumarten. Neben dem Prschewalski-Wildpferd werden Gnu, Strauß, Zebra und andere Arten gehalten. G.B.) Nicht mehr die wissenschaftliche Forschungsarbeit, sondern die Tieraufzucht für den Schirmherrn, die Akadamie der Landwirtschaftswissenschaften, habe Vorrang. Ein Stellvertretender Minister konnte den Mitarbeitern deshalb mitteilen: das Prschewalski-Wildpferd hat keinerlei volkswirtschaftliche Bedeutung, deshalb brauche es auch nicht mehr gezüchtet zu werden. Im gesamten Naturschutzpark gibt es nicht einmal einen Tierarzt.
5.000 ha Land aus einem Areal mit seltenen Gräsern, das dem Aufenthalt der Pantenhirsche diente, wurde an die Landwirtschaft abgegeben. Die Tiere, aus deren Geweihen wertvolle Medikamente hergestellt werden, mußten daraufhin fortziehen. In letzter Zeit seien aber erneut 6.000 ha Naturschutzparks unter den Pflug genommen worden.
B. Dunaevskij: Vozrodit' slavu Askanie. K.p. vom 15.1.1965.
4. *Waldwirtschaftsbetrieb oder Naturschutz* lautet die Frage, die in der Presse ständig auftaucht. Im Maikoper Naturschutzgebiet wurden die Wisente auf 400 Stück reduziert. Die Gesamtfläche wurde durch Holzeinschlagforderungen der Hauptverwaltung seit 1951 über zwei Drittel eingeschränkt.
K. Golgovskaja-Kotov: Lespromchoz v zapovednike? K.p. vom 2.2.1965.
5. Als Antwort auf die Klagen über die Zustände im *Teberdinsker Wildgehege* (Das Naturschutzgebiet, im Kaukasus 1936 begründet, umfaßt 83.200 ha. G.B.) meldet der Leiter der Hauptabteilung Jagdwesen, daß der Naturpark unter die allgemeine staatliche Kontrolle gestellt worden sei. Willkürlicher Waldraubbau sei ausgeschlossen, weil das Gebiet aus der Planerfüllung herausgenommen worden sei.
A. Kondratenko: Zelenet lesam Kavkaza! K.p. vom 1.4.1965.
6. *"Naturschutzgebiet oder Touristenzentrum?"* lautet die Frage von zehn Schriftstellern, darunter A. Achmatowa, W. Kawerin, V. Katajew, die sich damit gegen die Einbeziehung des Puschkin-Naturparks und des Museums in ein Touristenzentrum wenden. Für ei-

nen derartigen Dienstleistungskomplex könne mit Leichtigkeit ein anderer Standort gefunden werden, ohne daß die "nationalen Wallfahrtsstätten" darunter zu leiden hätten.
A. Achmatova u.a.: Zapovednik ili turbaza? L.g. vom 13.5.1965.

7. *"Askanija-Nowa"* an der Wende! heißt es zwar, weil die Ukrainische Akademie der Wissenschaften mittlerweile die Kontrolle übernommen und weitreichende Verbote erlassen hat. Dennoch hat sich in der Praxis die Lage nicht geändert. Für die Vögel ist kein Futter vorhanden, so daß sie fortziehen müssen. Die Unterkünfte für die exotischen Tiere sind dermaßen schlecht, daß bereits eine Epidemie ausbrach. Ein neues Gebäude, vermeldet der Korrespondent, sei aber nicht für die Antilopen, sondern für den Aufenthalt der Kühe gebaut worden. Nach wie vor wird im Naturschutzgebiet das Gras gemäht und der Boden zertreten.
B. Dunaevskij: Askanija na povorote. K.p. vom 21.9.1966.

8. Die wissenschaftlichen Mitarbeiter des *Kaukasus-Nationalparks* empören sich darüber, daß der Park verwahrlost sei. Wilderer treiben darin ihr Unwesen. In dem 1924 gegründeten Naturschutzgebiet in der Nähe von Sotschi sei mit Billigung der Behörden und Naturschutzorganisationen in den letzten Jahren der Waldkahlschlag vollzogen worden.
G. Golgovskaja: Sokrovišča zapovednogo lesa. K.p. vom 25.10.1967.

9. Naturschützer fordern, daß die Wälder der *Losinoj-Insel* bei Moskau zum Schongebiet erklärt werden.
G. Kalinin u.a.: Doroga k tenistym dubravam. K.p. vom 13.1.1973.

10. Das Naturschutzgebiet *"Sinie gory"*, 1925 als Naturschutzgebiet deklariert, befindet sich in bedauernswertem Zustand. Die Waldwirtschaftsbetriebe hätten, so heißt es, Raubbau an Holz betrieben. Auf dem Schbatschje-See befassen sich dreihundert Leute mit Wildfischerei. Die Seen seien leergefischt und das Wild dezimiert worden. Die gesamte Gegend bietet einen trostlosen, verwilderten Eindruck. Die Sanatorien seien derart schlecht ausgestattet, daß sie nicht einmal über eine Kanalisation verfügten. In siebzehn Fällen sei durch Touristen ein Waldbrand verursacht worden. Ein Glasherstellungsbetrieb, der giftige Dämpfe in die Umwelt entläßt, sei dann nur noch das Tüpfelchen auf dem i.
A. Aldanov/Semonov: Skazka s grustnym koncom. L.g. vom 18.4.1973.

11. N. Rejmers setzt sich im Journal "Nasch sowremennik" unter der Überschrift "Sowohl Tempel als auch Werkstatt" mit dem Zustand der *Naturschutzgebiete in der Sowjetunion* auseinander. Dabei

stellt sich heraus, daß es Zeiten gab, wo sogar die Naturparks geschlossen waren und "wirtschaftlichem Nutzen" dienen mußten. 1951 gab es laut Rejmers 128 Naturschutzgebiete mit 12.500.000 ha Fläche. Ein Jahr später waren es nur noch 40 mit einem Flächenanteil von 1.465.668 ha. So fielen den Forderungen nach ökonomischem Vorrang die geschützten Wälder zum Opfer, Hirsche, Elche und Eber wurden verkauft. Ein weiterer Faktor, der das Leben in den Naturschutzgebieten negativ beeinflußte, war der Touristenstrom, der nicht nur Unruhe und Störung für die Tierwelt brachte, sondern auch häufig Waldbrände verursachte. zwei Mio. Besucher seien eine unzumutbare Belastung, zumal die Organisation sowjetischer Nationalparks nicht mit denen der USA vergleichbar sei. Würden in den USA 80 – 100 Dollar pro ha Nationalpark aufgewandt, so seien es in der UdSSR nur 0,15 bis 0,35 Rubel, also zweihundertfünfzigmal weniger. Im Yellowstone-Nationalpark seien 3.500 bis 3.650 Staatsangestellte und 2.900 Spezialisten beschäftigt. In der Sowjetunion dagegen hätte der größte Naturpark weniger als 300 Mitarbeiter. Rejmers fordert eine größere Differenzierung in dem Status der Naturschutzgebiete. Diejenigen, die unberührte Natur aufweisen, sollten auch vorrangig Forschungszwecken dienen, während die Nationalparks der Erholung und Bildung der Besucher erschlossen werden könnten. Der Verfasser verschweigt nicht, in welch hohem Maße es zur Durchsetzung seiner Ideen notwendig wäre, das Ressortdenken zu überwinden. Zweiundzwanzig leitende Institutionen verfügten derzeit über die Naturschutzgebiete, und darüber hinaus gäbe es noch die zentrale Einrichtung "Hauptverwaltung Natur" im Landwirtschaftsministerium.

N. Rejmers: I chram i masterskaja. In: "Naš sovremennik" 1973, 9, S. 137 ff.

12. Berichte über den *Ilmen-Naturpark* liefert der Filmpublizist Viktor Koltschin. In den letzten zwanzig Jahren wurden 80.000 m^3 Bäume gefällt. (Der "Ilmen-Naturpark", wie er auch heißt, wurde 1920 eröffnet und umfaßt im Südural, in der Nähe der Stadt Miass ein Territorium von 30.380 ha. Neben zahlreichen Reliktpflanzen besitzt das Terrain einzigartige geologisch-mineralogische Vorkommen von über 200 Mineralien. G.B.) Nach 1970 waren in dem geschützten Gebiet allein neun Organisationen aus der Stadt Miass am Werk, um Bäume zu fällen. Inzwischen sei zwar der Holzeinschlag verboten worden, es gebe aber neue Probleme wegen der Touristenströme per Bus und Bahn durch das Naturschutzgebiet. Die nächsten Bedrohungen entstünden durch eine Trassenführung für die örtliche Gasleitung quer durch den Nationalpark und eine Skisprungschanze im Naturschutzgebiet. Allein im Sommer habe es

18 große Waldbrände und mehrere kleine gegeben, die durch Touristen verursacht worden seien.
V. Kolčin: Il'menskie samocvety. In: "Naš sovremennik" 1973, 12, S. 129 ff.
13. Mehrere Wissenschaftler schreiben darüber, daß der *Kaukasus-Nationalpark* durch die Rodung von Tausenden Hektar Waldbestand in Gefahr sei. Der seit 1924 bestehende Naturpark solle schließlich durch Kürzung der Geldmittel zugrunde gerichtet werden.
V. Geptner u.a.: Doroga naskvoz' i navylet. K.p. vom 10.1.1974.
14. Oleg Wolkow schließt sich dieser Kritik über den Kaukasus-Nationalpark an. 262.000 ha Boden seien seiner Meinung nach vernachlässigt worden. Die allgemeine Aufsicht im Terrain sei mangelhaft, so daß Waldwärter einen Hirsch, ein Wächter einen Bären schießen konnte. Dieser Vorfall wurde im nachhinein mit wissenschaftlichen Begründungen vertuscht. Die erfahrenen Forstwirte verlassen den Park, während die Wilddieberei immer mehr um sich greift. Im Naturschutzgebiet gebe es sogar eine eigene Station zur Herstellung von Souvenirs, zu der man Wolkow den Zutritt jedoch verwehrt habe. Der Direktor und sein Stellvertreter hätten weder gegen den Schlendrian, noch gegen den Bau einer neuen Autobahn im Naturschutzgebiet etwas einzuwenden. Protestieren würden allein die Angestellten.
O. Volkov: Skol'ko stoit olen'? K.p. vom 10.1.1974.
15. Eine Mitarbeiterin des *Uman-Naturparks* bittet um Hilfe, weil dem Park durch den Ansturm von täglich 2.000 Besuchern (darunter vielen randalierenden Jugendlichen) der Untergang drohe. Die Redaktion der Zeitung empfiehlt *Komsomol-Kontrollposten als Gegenmittel.*
V. Ignatév und 27 andere: Ostorožno-piroda! K.p. vom 23.7.1974.
16. In der *Mariiskér ASSR* wurde nach einem Brand der 1968 erst eröffnete Naturpark geschlossen. Im Artikel wird erwähnt, daß in der Sowjetunion mit *103 Naturschutzgebieten* etwa nur *0,3%* des Territoriums erfaßt seien, in Japan dagegen 6%.
M. Melik-Karamov: Zemlja zapovednaja. K.p. vom 26.4.1975.
17. "Die Leute zu kulturvollem Verhalten im Naturpark zu erziehen", verlangt die Presse. Durch die vielen Besucher werde in den geschützten Gebieten die *Bodendecke zerstört* und brauche 20 − 25 Jahre zur Regenerierung. Ein Angestellter des Naturparks auf der Krim habe den Touristen erlaubt, aus dreißig Jahre alten Bäumen Spazierstöcke zu schnitzen. Bei einem Reliktbaum erklärte er: *"Das ist der letzte Baum dieser Art, nehmen Sie sich ein Zweiglein zur Erinnerung mit."*
T. Bek: Turistom byt' ne prosto. K.p. vom 31.5.1975.

18. Über Mißwirtschaft im Naturschutzgebiet *"Tigrowaja balka"* der Tadschikischen Republik, weiß die K.p. zu berichten. (Das Naturschutzgebiet wurde 1938 auf einem Gebiet von 52.000 ha begründet. Zu den geschützten Tierarten gehören Warana, Fasane, Dscheiran-Antilopen, Kobras und viele Vogelarten. G.B.) Der Kolchos hatte weite Landteile vereinnahmt und die schweren Landmaschinen zerstörten die Bodendecke. In den See fließe mit giftigen Chemikalien verseuchtes Wasser, demzufolge die Fische zugrunde gingen. Ein Fünftel des Naturschutzgebietes sei außerdem durch Brände vernichtet worden.
A. Illeš/E. Černov: Sledy nevidannych zverej. K.p. vom 17.9.1976.
19. Ein Sonderkorrespondent meldet aus dem Süden des Ussuri-Gebiets aus dem Bezirk Chasan, daß der Naturpark *"Kedrowaja pad"* zerstört worden sei. Das Naturschutzgebiet wurde 1916 auf einem Terrain von 17.896 ha errichtet. Die Forscher untersuchen einen seltenen Waldbestand von Nadelhölzern, Eichen und Linden. (Tierarten wie der Leopard, die Bengalische Katze, der Fleckenhirsch u.a. Arten werden gehalten. G.B.). Es heißt nun, daß die Edelhirsche und andere seltene Arten zugrunde gegangen seien, weil zu viele Touristen aus Wladiwostok angereist kämen. Das Naturschutzgebiet erhalte auch keinerlei staatliche finanzielle Zuwendungen.
E. Mežennaja: Kedrovaja pad'-zaezžij dvor? K.p. vom 7.5.1977.
20. Klagen kommen auch aus dem Naturschutzgebiet *Buzulukski bor"*. Die Buzuluker Heide, ein natürliches Kiefernmassiv auf der Fläche von 111.700 ha zwischen Kuibyschew und Orensburg wurde vor einhundert Jahren als ein natürlicher Schutzwall gegen die Steppe eingerichtet. Sechstausend Jahre alte Fichten halten den Bodenbelag fest. Seit Jahren wird dort im Gebiet nach Erdöl gebohrt, und trotz des Verbots begannen 1954 die Holzeinschlagarbeiten. Die Verstäubung giftiger Chemikalien tötete alle nützlichen Insekten, während die Parasiten mittlerweile dagegen resistent geworden sind. Von den 111.000 ha Fichtenwald seien nur noch 20.000 ha übriggeblieben.
V. Zacharov: Tuči nad borom. K.p. vom 1.7.1977.
21. Die *"Literaturnaja gaseta"* meldet, *"Askanija-Nowa"* sei erneut *in schwieriger Lage*. Auto- und Touristenströme zerstörten den Park, Hirten führen ihre Herden durch die Anlagen, und die Tiere verursachen durch das Aufwühlen der Bodendecke erheblichen Schaden. Die Erosionsgefahr nimmt damit zu. Daß "Askanija-Nowa" gerettet werden muß, fordern auch Leserbriefe, in der L.g. am 8.2.1978. Dazu wäre allerdings erforderlich, das Gebiet aus der

Obhut des Instituts für Tierzucht an die Akademie der Wissenschaften zu übergeben.

N. Argunova: Askanija – Nova vosstanovit' i bereč'. L.g. vom 12.10.1977.

22. Der *Alma-Ata-Naturpark* gilt als einer der besten. (Er liegt in der Kasachischen SSR im Gebiet von Alma-Ata mit einer Fläche von 89.537 ha. Der 1931 gegründete Naturpark besitzt neben den Schongebieten für den "singenden Sand", vor allem Fichtenwälder, Aprikosen- und Apfelsorten, subalpine und alpine Wiesen. G.B.) Die dort durchgeführten Forschungen sind allerdings weit von der Praxis entfernt. Die Leitung des Naturparks ist in erster Linie an der eigenen Ruhe interessiert und läßt den Wissenschaftlern volle Freiheit in ihren Arbeiten. Auf diese Weise existiert nicht einmal ein Kartenwerk über das Gebiet oder eine Inventarliste.

K. Elkin: Nauki zabytye tropy. K.p. vom 11.5.1978.

23. Oleg Wolkow äußert sich über den *"Pfad des Wilddiebs"*, der offenbar durch das Kaukasische Naturschutzgebiet führt. Wolkow behauptet, schon mehrfach in den Jahren 1970 – 1976 die dortigen Zustände in der Presse aufgegriffen zu haben, ohne daß sich seitdem etwas verändert hat. Die Mißbräuche geschehen vor aller Augen. Ein Waldwärter, der im Park eine dreißigköpfige private Viehherde entdeckt hatte, wurde mit anderen Kollegen entlassen. Acht erschossene Wisente wurden gefunden. Zu den Verlusten bei seltenen Tierarten gehören: 1.000 Hirsche, 500 Wisente, 150.000 Exemplare kleinerer Tiere. Diese Zahlen würden in den amtlichen Berichten allerdings verschwiegen.

O. Volkov: Tropa brakon'era. L.g. vom 6.2.1980.

24. Das schlechte *Benehmen der Touristen* im Naturpark von Aksautsk veranlaßt einen Leser nach der Ausgabe von Verhaltenspässen für jeden Besucher des Naturparks zu rufen.

V. Gneušev: Posle turistov! K.p. vom 22.3.1980.

Probleme mit dem Boden und der Melioration

1. *"Wer soll den Boden heilen?"* fragt K. Koschewnikowa, denn in ihrem heimatlichen Woronesch-Gebiet sind mehr als 500.000 ha Land durch Erosion zerstört worden. Ein Spezialinstitut hat die 1962 begonnene Kampagne zur Neulandgewinnung an Hängen und Flußufern nicht stoppen können, weil die Wissenschaftler immer noch Angriffen wegen des mißglückten Versuchs der Feldgraswirtschaft (Trawopolnaja-System, G.B.) ausgesetzt waren.

Es heißt, daß es auch am Don große schluchtenartige Auswaschungen des Ackerbodens gebe. Pläne zur Rettung stünden allerdings nur auf dem Papier, denn die Anweisung zur Anlage von Waldschutzstreifen wurde bislang nur von drei Kolchoswirtschaften befolgt.
K. Koževnikova: Komu lečit' zemlju? K.p. vom 23.6.1964.
2. In der Burjatischen Landschaft führte der Raubbau am Wald zu Erosionen. 1951 − .1959 gab es allein *sieben große Überschwemmungen,* die einen jährlichen Verlust von vier Mrd. Rubel verursachten.
S. Chlatin: Čelovek i pila. K.p. vom vom 27.7.1965.
3. Boris Moschajew hielt sich im Sommer 1965 bei den Mokschansker Schwemmwiesen auf und stellte fest, daß der Irschinsker See wegen falscher Meliorationsmaßnahmen um zwei Meter abgesunken ist. Die Wiesen sind überwuchert oder nur noch ein feuchter Schilffleck. Wegen der "Groschenökonomie", wie er es nennt, hätten die Melioratoren gegen den gesunden Menschenverstand gehandelt und auf sechs bis sieben Kilometer den Wasserspiegel der Seenkette gesenkt. Die Folge war, daß die Marschwiesen vom Sand zugeweht wurden. Durch Umpflügen der Wiesen und Vernichtung "störender" Waldstreifen entstanden Hunderte Kilometer ausgewaschener Erde. Schon seit 1934 gebe es ein Gesetz, das *Marschpflügen verbiete,* aber die gleichen Wissenschaftler, die damals das Gesetz geschaffen haben, verlangten 1961 das Unterpflügen von 100.000 ha Marschwiesen. Das Pflügen wurde zumindest auf 70.000 ha gegen die Empfehlungen eines wissenschaftlichen Rates durchgeführt. Moschajew versichert, 1962 − 1965 mehrfach in der Öffentlichkeit gegen diese Praktiken aufgetreten zu sein, jedoch bisher ohne Erfolg.
B. Moschajew: Uvaženie k zemle. L.g. vom 3.2.1966.
4. Zwei kirgisische Korrespondenten erwähnen, daß in ihrer Republik 24.000 km^2 Boden *nach einem falschen System bewässert* worden seien. Die Hälfte des Wassers versickere, was zur Versalzung der Böden geführt habe.
V. Glazev/Dergačev: Arterii pašni. K.p. vom 26.3.1966.
5. 1971 wurde ein starkes *Erdbeben* im Nördlichen Kaukasus verzeichnet, ausgelöst durch den Abbau von Erdöl und Erdgas.
D. Bilenkin: Priroda prisposablivaetsja k čeloveku. In: "Junost'" 1976, 4, S. 100 f.
6. Die *Flüsse* Tega und Nerechta *verlandeten* und es gebe kein Wasser für die Viehherden. Die artesischen Brunnen seien erschöpft.
S. Zakrutin: Počemu melejut reki? In: K.p. vom 29.6.1976.
7. Angeregt durch S. Salygins Kritik an der Überschwemmung fruchtbaren Ackerlandes, erläutert R. Kowaljow, ein Landwirtschaftsex-

perte, daß der Boden die entscheidende Komponente der Biozenöse darstelle. Noch vor zwanzig Jahren entfielen in der Sowjetunion *pro Kopf* der Bevölkerung *1.06 ha Ackerland*. Jetzt seien es 0,86 ha und im Gebiet von Kemerowo (Sibirien) nur 0,44 ha. Der Boden werde verdorben, entartete und sei für die Landwirtschaft absolut unbrauchbar.
Rundtischgespräch der Zeitschrift „EKO" 1982, 3, S. 165 f.

8. Der Redakteur der Zeitschrift „EKO", A. Aganbegjan, bemerkt, daß in Sibirien bei der gewaltigen Ausbeutung der Naturreichtümer jährlich etwa zwei Mrd. m^3 Boden bewegt würden. Die Kohleausbeute im Becken von Kansk-Atschinsk betrage 350 Mio. Tonnen pro Jahr, und *die erforderliche Abtragung der Bodendecke* (1 Mrd. m^3) *nehme planetarischen Umfang an*.
Prof. Galasi vom Limnologischen Institut am Baikal stimmte ihm zu und erklärte, daß seiner Kenntnis nach für 1 Mrd. Tonnen der erwähnten Kohle 3 — 4 Mrd. Tonnen Boden bewegt werden müßten.
S.o. dass., S. 155 f.

Gewässerverschmutzung

1. Der Fischbestand in der Wolga ist bedroht. Beim Zufluß der Pionerka in die Wolga trieben Massen nach Erdöl, Petroleum und Kreosot stinkender Fische an. *"Von Stalingrad bis Astrachan stinkender Fisch"*. Auf 550 km sei der Fischfang unmöglich geworden. Das 1949 einsetzende Fischsterben habe 1951 Massencharakter angenommen. 1954 waren schon 30% aller Fische tot. Schuld daran waren offensichtlich mehr als 30 Industrieunternehmen, die ungereinigte Abwässer ablassen. Die Betriebsleiter könnten sich mit dem Hinweis auf "ehrlich bezahlte Strafgelder" weiteren Nachforschungen entziehen. Untersuchungen über das Ausmaß "geheimzuhaltender" Abwässer sind unmöglich. Das Finanzministerium mußte 300 Mio. Rubel an die Geschädigten zahlen. Die Kama und die Untere Wolga werden mittlerweile zu toten Gewässern und das Niveau des Kaspischen Meeres sinke. Die Wissenschaftler hätten trotz mehrfachen Protestes in der Presse nichts erreichen können.
I. Egorov: Spasti volžskuju rybu. L.g. vom 30.6.1956.

2. Der Donez ist am Rande der Verschmutzung: Der Fluß ruft um Hilfe! Millionen Kubikmeter Abwässer gingen in den Nord-Donez, Verursacher seien eine Zuckerfabrik und ein Werk für synthetische Fettsäuren. Der Fluß Kalmius sei bereits tot, es gebe darin weder Fi-

sche noch Frösche. Der Fluß Kasennyj Torez führe dem Donez totes Wasser mit überhöhtem Salzgehalt zu. Bei Donezk rieche der Fluß nach Ammoniak, während in Charkow kein unabgekochtes Wasser getrunken werden dürfe.

In der gleichen Nummer der Zeitung bemerkt Swonkow, ein Mitarbeiter der Akademie der Wissenschaften, daß die Flüsse Tschusowaja, Oka, Kama, Tom ständige *Auffangbecken für die Industrieabwasser* von Kombinaten der Zelluloseindustrie, der Chemischen- und der Erdölverarbeitung seien. Ins Wolgabecken gelangten täglich 7 Mio. m^3 Abwässer. Den Wissenschaftler beunruhigt auch die Absenkung des Wasserspiegels der artesischen Brunnen um 35 – 40 cm.

E. Demin: Reka zovet ny vyručku! K.p. vom 27.4.1960.

3. N. Owsjannikow, 1. Stellvertretender Vorsitzender der Staatlichen Kommission für Wasserwirtschaft, beklagt einen zu hohen Wasserverbrauch und ungereinigte Industrieabwässer. Im Krasnojarsker Gebiet seien 66 der Fischaufzucht dienenden Flüsse verloren. 29 Flüsse sind es im Gebiet von Irkutsk, wo der Schaden durch Sinkstämme und Flößerei noch vervielfacht würde. Das Ochtimsker Chemische Kombinat ließe täglich 102 Tonnen Glyzerin, 360 t Speisesalz, 52,8 t Essigsäure, 18,9 t Phenol und 2.496 t Chloride in die Luppa einfließen.

N. Ovsjannikov: Živaja voda. K.p. vom 28.11.1962.

4. Am 19.12.1962 findet sich in der Presse die Mitteilung, daß das größte *Atomkraftwerk* bei Moskau gebaut werde. Die täglich anfallenden Abwässer von 1.200.000 m^3 würden durch eine 28 km lange Leitung in den Moskwa-Fluß geführt.

5. Ein Ingenieur moniert, daß der Fluß *Jausa* bei Moskau mit einer Schicht von Petroleum, Farben und giftigen Chemikalien bedeckt sei. Fisch gebe es natürlich nicht mehr darin.

V. Gorelev: Vopros o živoj vode. K.p. vom 12.3.1963.

6. Ein Leser warnt vor der Verschmutzung der Wolga durch *giftige Chemikalien,* zumal in den betreffenden Betrieben die Ziffern für den Produktionsausstoß erhöht wurden.

V. Lukjanenko: Beregi čistye vody. K.p. vom 27.3.1964.

7. Die Gefahren für den Aralsee in der Usbekischen Sowjetrepublik beschäftigen die Presse bereits sehr früh und bis auf den heutigen Tag. Der Untergang drohe, so heißt es, wenn das Wasser vom Amu-Darja in die Kaspi-See geleitet würde. Der Aralsee werde nur durch zwei Zuflüsse gespeist, und der Armu-Darja sei ohnehin schon einer der schmutzigsten Flüsse. Dieses Wasser töte sogar die vor zwanzig Jahren angesiedelten Bisamratten. Seit 1964 gebe es weder Bisamratten noch Fisch, denn das Wasser weise einen für

Fisch viel zu hohen Salzgehalt auf, und die traditionellen Laichgebiete seien inzwischen auch ausgetrocknet.

    B. Bezrukov/Dadabaev: Sumerki nad Aralom. K.p. vom 16.9.1965.

8. Der Publizist E. Stawski äußert seine Bedenken bezüglich des Asowschen Meeres. "Wieviel Zeit benötigt man, um aus einem reinen Meer einen schmutzigen Wasserbehälter zu machen? Sehr wenig! Es genügen Motore, Netze, Boote, Kraftwerke und Industriebetriebe". Ins *Asowsche Meer* geraten jährlich *6 Mrd. m³ Abwasser*. Deshalb gebe es auch keinen guten Speisefisch mehr. Die Wilderer hätten ihre Netze auch während der Schonzeit der Fische aufgestellt. Sobald sie entdeckt würden, könnten sie in ihren Booten, die mit zwei starken Motoren ausgestattet seien, entfliehen. Die Kolchosbauern arbeiteten im Kolchos nur für ganze drei Rubel im Monat, während sie ihren eigentlichen Verdienst durch Fischverkauf erworben. Ein Kilogramm Fisch bringe bei der Sammelstelle einen Gewinn von 25 Kopeken. Im freien, privaten Verkauf allerdings vier Rubel. Die Verantwortlichen – das ist Stawskis Meinung – hätten den Fischfang im Asowschen Meer längst zugunsten des Fischfangs im Indischen Ozean aufgegeben.

    E. Stawskij: Vokrug Azovskogo morja. L.g. vom 5.10.1965.

9. Drei Korrespondenten, darunter der Schriftsteller Permitin, kritisieren, daß die Mehrzahl der Betriebe *an der Unteren Wolga mehr als 10 Mrd. m³ ungereinigter Industrieabwässer* in den Fluß ablassen. Von 38 Betrieben arbeiteten 20 ohne jegliche Reinigungseinrichtungen, und mehr als 200 Arten toxischer Gifte gerieten auf diese Weise in den Fluß, was zum Massensterben der Fische bei Jaroslawl, Gorki, Kasan, Kuibyschew und Wolgograd geführt habe. Eine meterdicke Abwässerschicht wird festgestellt. Die Inspektoren seien unfähig, die Angelegenheit in Griff zu bekommen. Ein typisches Beispiel sei dafür der Gerichtsprozeß gegen den Leiter des Kirow-Chemiewerkes, der für die "Julikatastrophe" an der Wolga verantwortlich gewesen sein soll. Dabei hatte gerade dieser Betrieb 175.000 Rubel für Filteranlagen investiert.

    A. Permitin u.a.: Volžskij jadopad. K.p. vom 15.2.1966.

10. Der Fluß Serdoba versandet und ist durch die städtischen Abwässer verunreinigt. Die Antwort auf diese Mitteilung erfolgt dann am 4.6.1967 durch den Stadtsowjet von Pensa. Geld für einen entsprechenden *Staudamm*, der mehrere volkswirtschaftliche Probleme gleichzeitig lösen könnte, sei nicht vorhanden. 300.000 Rubel wurden inzwischen für alle Arten von Provisorien ausgegeben. In der Presse gab es Angebote, wonach die Arbeiter in freiwilliger und unbezahlter Arbeit einen derartigen Damm errichten wollten. Sie sind

daran interessiert, weil sie selber bei Niedrigwasser ihre Arbeitsstellen nicht erreichen können.
A. Isaev u.a.: Reka dolžna žiť. K.p. vom vom 23.4.1967.
11. Der Leiter der Fischwirtschaft von Tjumen schreibt über das Ob-Irtysch-Staubecken und seine Folgen für die Fischwirtschaft. Es drohe der gleiche *Ruin der Fischbestände* wie an der Wolga, der Kama und dem Dnjepr. Auch gegen den Beschluß werde nach wie vor das Stammflößen fortgesetzt. Über 100 Fischteiche seien schon verloren. Pro Schiff würden täglich 20 kg Ölprodukte ins Meer abgelassen. In den Tjumen-Fluß gelangen täglich 30.000 m^3 Zyanidwasser, Chrom, Nickel und Erdöl über die zulässige Norm. Deshalb spricht man im Volke bereits von einem "Ob-Irtysch-Giftwasserfall". 5 Mio. m^3 ungereinigter Abwässer gingen dort täglich in das Flußwasser ein. Besondere Schäden entstünden durch die ständig undichten Erdölleitungen.
V. Birke: Ryba iščet gde čišče. K.p. vom 2.8.1967.
12. Der Zustand der Kama in der Russischen Sowjetrepublik beunruhigt ein Mitglied der Allrussischen Gesellschaft für Naturschutz. Die anhaltende Verschmutzung durch Abwässer habe das Flüßchen Oskolez in ein Schmutzrinnsal verwandelt. Auf Leserbriefe hin wurde 1963 von dem Bezirkskomitee aus ein Auftrag zur Gewässerreinigung vergeben. Von der Verschmutzung seien aber nach wie vor Tschusowaja und Pyschma betroffen. Aus dem gesamten Gebiet von Perm fließen die Abwässer in die Kama, da keinerlei Kanalisation vorhanden sei. Täglich lassen die Betriebe 1.258.000 m^3 *Chemieabwässer in den Fluß Kama*. In Perm gibt es Hunderte von Betrieben, die ohne Kläranlagen in Funktion sind. Auch darf nicht vergessen werden, daß die Kama einen der Zuflüsse zur Wolga bildet.
B. Rjabinin: Kama molit o poščade. L.g. vom 13.11.1968.
13. Ein Professor der Geographie gibt zu bedenken, daß für die Reinigung von Abwässern sechsmal mehr Wasser benötigt werde; sobald aber das Brauchwasser ohne Vorreinigung in die Flüsse gegeben werde, sogar vierzig- bis sechzigmal mehr Wasser. Dabei *nehme* der Grad der *Gewässerverschmutzung* ständig *zu*.
N.N.: Spor u podnožija gory Zmejki. L.g. vom 5.9.1973.
14. Orenburger Korrespondenten melden, daß der Fluß Ural durch die giftigen Abwässer der Städte Orsk und Orenburg am Umkippen sei. 1967 sind infolge hoher Giftmengen aus Nowotroizk die Fische ausgestorben. Täglich gelangten 575.000 m^3 Industrieabwässer in den Fluß. *Nicht ein* einziger Orenburger *Betrieb verfüge über Filtervorrichtungen*. Der vor zwei Jahren in Angriff genommene Bau der Filter sei um weitere fünf Jahre vertagt worden, weil die Fachleute

für die technische Umrüstung fehlten. Die Phenolkonzentration in den Abwässern liegt aber derzeit einhundertfünfzig bis dreihundertmal über der zulässigen Norm. Die Proteste der Gesundheitsbehörden führten nicht zur Schließung des Werks. Die Strafe, die der Fischereibetrieb für den Werksdirektor erwirkt hatte, wurde von 50 auf 10 Rubel herabgesetzt. Gleichzeitig erhielt er allerdings eine hohe Prämie für die vorzeitige Inbetriebnahme des Werkes.
V. Kulagin/Cernjaev: Ložka jada. K.p. vom 24.7.1970.

15. Um die *Ostsee* als Sammelbecken für Abwässer geht es in einem Artikel, in dem mitgeteilt wird, daß über 200 Flüsse der Ostsee Abwässer mit überhöhter Konzentration an Phosphor, Ammoniak, DDT und Blei zuführen. Trotz der Konvention von Gdansk aus dem Jahre 1973 müsse man heute mehr von der Verunreinigung als von Regulierung reden.
L. Vajl': Segodnja i zavtra jantarnogo mora. L.g. vom 25.12.1974.

16. Ein Bericht aus dem Gebiet von Archangelsk macht deutlich, daß die Ursachen für das Fischsterben eindeutig im katastrophalen Zustand der Gewässer zu suchen sind. Der Bau des Wolga-Ostsee-Kanals habe den Fluß *Scheksna* in ein stehendes Gewässer verwandelt, weil durch die Überflutung der Baumbestände im Stausee eine Verschmutzung der Gewässer und Sauerstoffarmut verursacht worden sind. Der FLuß Tschusowaja ist durch Erdölrückstände, Holzabfälle und Phenol *vergiftet*. Ein Jahr später erfolgten Alarmmeldungen über Verschmutzungen aus Abfällen der Viehzuchtbetriebe. Der größte Verursacher, eine Spanplattenfabrik, wird noch vergrößert und der Wasserverbrauch für die Produktion verdoppelt. Ein Arbeiter aus dem Schekinsker Wasserkraftwerk hatte einen Abfall des Wasserspiegels im Stausee von 1,5 Metern verursacht. Als Folge davon gingen die Fische zugrunde. Einziger Vorwand für diese Handlung war die Planerfüllung im Bereich der Elektroenergie. Der Verfasser meint: die *Liste der Schandtaten sei endlos,* und der Fluß sei in einigen Jahren ein totes Gewässer.
A. Echalov: Poklon reke i lesu. Archangel'sk 1977, S. 49 f.

17. V. Kusmin schreibt, daß trotz ständiger Warnungen die *Flüsse* immer mehr *verschmutzten*. Die Gründe dafür lägen nicht zuletzt in den psychologischen Barrieren seitens der Verbraucher, in falschen ökonomischen Stimuli oder der fehlenden Projektkontrolle. Selbst die besten Anlagen könnten die Abwässer nur zu 80% filtern, aber bei vielen neuen Betrieben seien keine vorgesehen, weil sie die Produktionskosten verteuerten. Prämien gebe es aber nur für die Senkung der Produktionskosten.
V. Kuz'min: Pust' zapretjat drugim! L.g. vom 2.8.1978.

18. In Westsibirien werden die Gewässer zunehmend verunreinigt.

Lecke Zementleitungen und Benzinfässer laufen aus. In Nischnewartowsk fließt Benzin in den Fluß. Bei dem Fluß Sobi (im Naturschutzpark der Nenzen) mußte ein Erdölverarbeitungsbetrieb 1 Mio. *Rubel Geldstrafe* zahlen. Die Erdölarbeiter von Samotlow hatten die geniale Idee, 6 Mio. Rubel einzusparen, indem sie die ungereinigten Abwässer direkt in den Fluß leiteten.
A. Miščenko: Neft' i ryba. K.p. vom 17.8.1978.

19. Zwei Wissenschaftler haben die *"Mär vom fischefressenden Ungeheuer"* untersucht und sind zu folgenden Resultaten gekommen: Im Pleschtschejew See (in nordöstlicher Richtung von Moskau) handele es sich nicht um ein Ungeheuer, sondern eine 15 cm dicke Schicht von Erdölrückständen, wodurch die Fische zugrunde gegangen sind. Wurden in früheren Zeiten jährlich 100 t Fisch gefangen, so seien es derzeit nur noch 40 t. Die Fische wiesen Krebsgeschwülste auf, die durch Insektizide ausgelöst wurden, mit denen man versucht hatte, Mückenlarven zu bekämpfen. Ein Besuch im Chemiewerk ergab, daß die biologische Reinigung der Abwässer zwar durchgeführt wurde, daß aber dennoch die Ölschicht auf dem See frisch war. Zu allem Übel ließen auch die Bootsbesitzer Öl ins Wasser abfließen. Eine Rettung für den See gebe es nicht!
M. Kabakov: Čudovišče Pleščeeva ozera. L.g. vom 20.6.1979.

20. Der Fluß Wachsch in Tadshikistan werde allmählich zu einer Bedrohung. Früher habe der Fluß bei den regulären Überschwemmungen die Felder mit Mikroorganismen angereichert. Jetzt würden durch die verschiedensten Arten der Naturregulierung, Autostraßen, Wasserkraftwerke u.ä. die inzwischen salzhaltigen Felder nicht mehr ausgeschwemmt. DDT und Kunstdünger geraten in hohen Dosierungen in den Wasserkreislauf und damit in den Amu-Darja, den Aralsee und die Wachsch. Auf dem Boden des Stausees liege der Schlamm, der von den Feldern heruntergespült worden sei. Fachleute vom Wasserkraftwerk halten trotz dieser Mängel am Mythos von der *billigen Elektroenergie* fest, die wichtiger als der Boden sei.
P. Volin/Fajnberg: Mertvyj ob-em. L.g. vom 24.12.1980.

21. "Lebenswasser" nennt es der Dichter Juwan Schestalow und muß doch feststellen, daß das *Wasser im Ob*, einem der großen sibirischen Flüsse, zunehmend schlechter wird. 24 Mio. m^3 Industrieabwässer zeitigten ihre Wirkung. Der Fluß ist inzwischen für den Fischfang ohne jede Bedeutung, und sogar die Fischaufzuchtgebiete am Tom seien inzwischen vernichtet worden.
J. Šestalov: Živaja voda. L.g. vom 17.6.1981.

22. In einem Artikel von Andrej Nikitin geht es noch einmal um den *Pleschtschejew-See*. Im Frühjahr 1979 hatte der Verfasser schon in

der Presse auf die Gefahren für die Wasserversorgung hingewiesen, sobald ein großes Chemiekombinat dort seine Tätigkeit aufnehmen würde. Durch mangelhafte Meliorationsarbeiten begann der See zu verlanden. Durch einen Damm im Fluß Weksa wurde versucht, den Wasserspiegel zu heben. Die Befürchtungen des Autors konnte das Ministerium 1979 nur bestätigen. Zwei Jahre später wurde durch das Naturschutzgebiet am See eine Straße gelegt, der Wald abgeholzt und das Flußbett der Weksa begradigt. Ein Teil der Nebenarme wurde bei dieser Aktion mit Beton zugeschüttet. Die Marschen und die Laichgebiete für Fische wurden zerstört. Fisch gab es ohnehin nicht mehr, nur noch Blau- und Grünalgen.

Der Phosphorgehalt des Sees ist um das Zehnfache gestiegen, und das gesamte Ökosystem des Sees, das bislang selbstregulierend funktionierte, steht inzwischen "auf des Messers Schneide". Zehn Meter unterhalb der Seeoberfläche beginnt schon die tote, sauerstofffreie Zone. Der See ist ohne Zu- und Abflüsse, der Zustand wird immer bedrohlicher werden, wenn durch die Industrie nicht mehr 4,5, sondern 20,7 Mio. cm^3 pro Jahr entnommen werden. Auch ist geplant, den See mit sämtlichen nicht verwertbaren Abfällen aus der Industrie zu füllen. Unberücksichtigt bleibt die Katastrophe, die im Falle eines Dammbruches entstehen könnte. 1967 haben Expertisen ergeben, daß im See für Industriezwecke zu wenig Wasser vorhanden ist. 1970 wurde deshalb der Bau eines zweiten Chemiegiganten untersagt, nichtsdestoweniger wird gegenwärtig der dritte fertiggestellt. 1975 hat man das Naturschutzgebiet an das Chemiekombinat übergeben und damit den Bock zum Gärtner gemacht, denn das Kombinat betreibt einen unvorstellbaren Raubbau an allen Naturschutzobjekten. Der Verfasser fordert, nach neuen Wegen für das Ableiten der Industrieabwässer zu suchen und den See unberührt zu lassen, um ihm eine Möglichkeit der Regeneration zu geben.

A. Nikitin: Plesčeevo ozero (Nadeždy i real'nost'). L.g. vom 24.6.1981.

23. M. Iwin teilt mit, daß der *Lagoda-See* bei Leningrad Entropieerscheinungen aufweist und durch Erdöl, Lignin, Zelluloseabfälle u.ä. stark verschmutzt ist.

M. Ivin: Avgust-šery. In: "Zvezda" 1981, 8.

24. Die "Literaturnaja gaseta" berichtet unter dem Titel "Die Plombe" über Vorfälle, nach denen 1979 aus einem Betrieb für synthetische Waschmittel in der Stadt Sumgaitsk große Mengen ungefilterter und giftiger Industrieabwässer in das Kaspische Meer geleitet wurden. Nach vielen erfolglosen Verhandlungen erreichte die staatliche Inspekteurin für Wasseraufsicht die Stillegung der Produktion

und die *Plombierung der Abwasserleitung.* Nachdem das Verbot der Weiterführung der Produktion seitens des Betriebes mehrfach durchbrochen worden war, stellte man die Verursacher vor Gericht. Außerdem wurden Reinigungsanlagen installiert. Im Bericht wird deutlich, daß hier allein die Initiative und Durchsetzungskraft der Ingenieurin Wunder bewirkt hat.
E. Agaev: "Plomba". L.g. vom 6.12.1982.

Vom Zustand der Flüsse und Meere

1. Das Schicksal des *Kaspischen Meeres* interessiert A. Tschertin, und er stellt fest, daß durch den Niveauabfall des Wasserspiegels der Bau eines Wehrs erforderlich sei, das den nördlichen Teil des Meeres abriegelt und den Wasserspiegel um zwei Meter heben könnte.
A. Čertin: Sud'ba Kaspijskogo morja. K.p. vom 15.6.1959.
2. Zu den frühen Warnern gehört auch das Mitglied der Allrussischen Naturschutzgesellschaft, Juri Teplizyn. Die Verlandung des Kaspischen Meeres kostet jährlich 50 Mio. Rubel. Durch die geplante *Umlenkung eines Teils der nördlichen Flußläufe nach dem Süden* gehen im Gebiet des Petschora-Stausees 1,4 Mio. ha Ackerland und 8.800 Gehöfte auf dem Grunde des Stausees verloren. Die Abholzungen der Wälder im Quellgebiet der Flüsse Kama Wytschegda und Petschora zerstören die gesamte Wasserbilanz. "Das Risiko mit den geplanten Projekten einzugehen, heißt bewußt die Ordnung in der Natur zu zerstören, Chaos hineinzutragen und die Ökonomie des Landes vor Schwierigkeiten zu stellen, deren Last unabsehbar ist." Das Projekt fordere, im Jahre 1962 noch 177 Wasserkraftwerke zu bauen. Es stehe ganz außer Zweifel, daß die künstlich geschaffenen Wasserreservoire Einfluß auf die meteorologischen Bedingungen nehmen würden. In dem Einflußbereich verändern sich Temperatur und Luftfeuchtigkeit, die Windaktivität nimmt zu; Stürme können auftreten. Die Ufer drohen unterspült zu werden, und eine Versumpfung und Vermoorung des Gebiets sei voraussehbar. *Das Projekt kostet 2 Trillionen Rubel Kapitalinvestitionen. Das seien sechsmal mehr, als alle Projekte seit der Oktoberrevolution gekostet haben.*
J. Teplicyn: Ostorožno – priroda! In: "Naš sovremennik" 1963, 3, S. 93 f.
3. Ist der Dnjepr wunderbar? fragt T. Schewtschenko und berichtet, daß der Wasserstand im Kiewer Stausee 101,5 m betragen solle. Er wird jedoch konstant auf 103 m gehalten, wodurch das Meer ver-

alge. Offenbar wurde auch beim Bau des Kanewsker Wasserkraftwerks der gleiche Fehler wiederholt, und man beachtete die technischen Vorgaben nicht. Um die Durchlässigkeit des Dnjepr zu erhalten, gelte es, das Wasser in Kanew zu heben und im Kiewer Meer zu senken. Der Wissenschaftler Topatschewski meint deshalb: "Das Gefährliche besteht darin, daß wir, die Mängel kennend, nicht damit aufhören können. *Das Gesetz der Trägheit ist stärker als der Verstand!*" Leider höre man nicht auf die Wissenschaft, schließt der Bericht.

T. Ševčenko: Čuden Dnjepr? L.g. vom 15.2.1967.

4. Im Jahre 1969 geht die Diskussion bereits auch schon um den *Balchasch-See,* der in der Kasachischen Sowjetrepublik gelegen ist.
Nach einem Einleitungsartikel von E. Stawski, worin er darauf verweist, daß man die beim Aralsee gemachten Fehler wiederhole, heißt es, daß jährlich 120 t Staub in den Balchasch gelangen. Der Fluß Ili sei durch das Wasserkraftwerk von Kaptschagaisk abgesperrt. Der See, der ein östliches Salzwassergebiet und eine westliche Süßwasserzone aufweist, dient der Elektrizitätsversorgung der Stadt Alma-Ata. Der Minister für Fischwirtschaft mache keinen Hehl daraus, daß für ihn der See *bereits verloren* sei.

E. Stavskij: Sud'ba Balchaša. L.g. vom 19.11.1969.

5. Auch 1970 befaßt sich die Presse immer noch mit dem *Balchasch.* R. Sedych, der Leiter von Hydroprojekt, bezeichnet den Schriftsteller Stawski als Panikmacher, der auf Gerüchte hereingefallen sei. In seinen eigenen Ausführungen muß der Leiter von Hydroprojekt die kritisierten Zustände dann allerdings auch bestätigen. Auf der gleichen Zeitungsseite kommt der Biologe Prof. Sludski zu Wort und bestätigt, daß es seinerzeit, als man das Kaptschagaisker Wasserkraftwerk baute, nicht einmal einen Abnehmer für Elektroenergie gegeben habe. Eine kleine Station mit einem Kaskadensystem zur Ausnutzung des Wildwassers aus den Bergen hätte vollauf gereicht und wäre ökologisch vernünftig gewesen.
Wozu diese Maßnahmen, so fragt er, wenn man die *negativen Erfahrungen* am Sewan, am Kaspischen Meer und am Unterlauf des Syr-Darja schon gemacht hat?

R. Sedych: Sem' raz otmer'! L.g. vom 11.2.1970.

6. Als "Falschmeldung" qualifiziert auch der Stellvertretende Minister für Energiewirtschaft Stawskis Artikel, muß dann aber bei der Darlegung der Fakten indirekt Stawskis Enthüllungen des Falls bestätigen. Die Antwort der Redaktion an den Minister ist deshalb kurz. Aus inzwischen bekannt gewordenen Berichten seien die staatlichen Stellen bereits eineinhalb Jahre früher als die Bevölkerung alarmiert gewesen, ohne daß entsprechende Maßnahmen eingelei-

tet wurden. Die Untersuchungen der Ingenieure hätten sämtlich *Stawskis Artikel bestätigt.*
A. Aleksandrov: Sud'ba Balchaša. L.g. vom 18.2.1970.
7. Noch im gleichen Jahr wird die Diskussion um den Balchasch weitergeführt, wobei die Leserschaft den Schriftsteller Stawski einmütig unterstützt. Das gesamte *Projekt* wird *angezweifelt.* Zum ersten Male wird auch publik, daß mit dem Plan die Schaffung einer zweiten Tourismuszone am Balchasch verbunden werden sollte. Die Wissenschaftler sind der Ansicht, daß die Auffüllung des Staubeckens unbedingt auf 9 − 10, möglicherweise sogar auf 13 Jahre terminiert werden soll. Das Ministerium der Kasachischen Sowjetrepublik habe inzwischen eine Expertenkommission bestellt.
Leserbriefe: Balchaš možno spasti. L.g. vom 25.3.1970.
8. Der Korrespondent meldet, der nördliche *Donez* werde endlich reingehalten. Das Gebiet sei zur *Naturschutzzone* erklärt worden. Damit sei der Betrieb von Motorbooten untersagt, was allerdings unter der Bevölkerung Proteste ausgelöst habe.
V. Čerkasov: Spor na reke. K.p. vom 17.7.1970.
9. Stawski berichtet, daß er von einem Bezirkssekretär eingeladen worden sei, um nach seinen Artikeln über das Asowsche Meer "frei von überflüssigen Emotionen bei der Propagierung der inzwischen getroffenen Maßnahmen mitzuwirken." Stawski behauptet allerdings, daß die *Zustände am Asowschen Meer noch schlimmer* seien, als erwartet, obwohl sich inzwischen Tausende um die Rettung bemühten. Der Meeresspiegel sinkt trotzdem weiter ab. Er schlägt auch vor, in diesem Gebiet Sanatorien zu errichten, damit die einheimische Bevölkerung eine Existenzgrundlage fände und sich nicht mit Wilddieberei befassen müßte.
E. Stavskij: Ėkonomija bez ėmocij. L.g. vom 14.3.1973.
10. Der Minister für Fischereiwesen schreibt, daß in einigen Orten am Schwarzen und Asowschen Meer der *Bau der Kläranlagen* noch zu langsam vorankomme. Besonders schlimm stehe es um das Asowsche Meer, während die Kurorte am Schwarzen Meer noch einen Ausgleich bieten könnten. Der Salzgehalt des Asowschen Meeres habe 1975 schon 18,3 p.m. (normal 9 − 10) betragen, und es werde zu wenig Süßwasser zurückgeführt. Bei optimalen Bedingungen könne die Fischerei 90.000 t Edelfisch liefern, 1975 waren es nur 5.700 t. Es sei jedoch geplant, bis 1980 keine Abfälle mehr ins Meer zu leiten.
I. Nikonorov: Lekarstvo dlja morja. L.g. vom 10.3.1975.
11. 1977 wird der Streit in der Presse um das *Verbot* privater *Motorboote* auf den Gewässern weitergeführt. Diese naturschützerische

Maßnahme ist natürlich unter Bootsinhabern wie unter Wilddieben äußerst unpopulär.

G. Borovikov: Išču parus. L.g. vom 12.1. und 21.12.1977.

12. Vom *Versiegen des Talas-Flusses* nach dem Bau des Kirower Staubeckens schreibt ein Korrespondent.

I. Šaporev: Kak delili reku. L.g. vom 23.3.1977.

13. I. Gerassimow behauptet, daß ein weiteres Absinken des *Aral-Sees* entscheidende ökologische und sozial-ökonomische Folgen nach sich ziehen würde. Er nennt darunter das Aussterben der Fische, Versalzung, Verstärkung des Kontinentalklimas bis zu Winderosionen. Die klimatischen und hydrologischen Folgen wären finanziell überhaupt nicht abschätzbar.

I. Gerasimow: Spory o more. L.g. vom 20.12.1978.

14. Der Erste Stellvertretende Minister für Melioration und Wasserwirtschaft äußert sich zu diesem Artikel Gerassimows und behauptet, daß die Ursache für das *Absinken des Aral-Sees* in der Wasserentnahme für volkswirtschaftliche Zwecke liegt. Er verspricht eine Reparatur der Bewässerungskanäle und ergänzt, daß man einer Kommission aufgetragen habe, Maßnahmen gegen die Wind- und Wassererosion vorzuschlagen.

I. Poladzade: Resonanc-Spory o more. L.g. vom 23.1.1980.

15. Ein Mitarbeiter der Rostower Universität schreibt über das *Asowsche Meer*, daß es dort inzwischen zehnmal weniger Fische gebe als früher. Der Salzgehalt und damit auch das Vorkommen von Quallen nähmen zu. Wenn die verantwortlichen Ingenieure keine Lösung fänden, dann hätte man in fünfzehn Jahren ein neues Kara-Bugas-Salzmeer. Jetzt solle zusätzlich Frischwasser eingeleitet werden, da das Meer nicht mehr über die nötige Selbstreinigungskraft verfüge. Eine Maßnahme, die auch für den Sewan anstände.

J. Ždanov: Portret morja. L.g. vom 18.6.1980.

16. Ein ganzes Buch befaßt sich mit dem Zustand des *Onega-Sees*. Samoilow behauptet, es gebe am Onega-Ufer kein Werk, das soviel Abwasser in den See leite wie das Baikal-Zellulose-Kombinat. Das vor vierzig Jahren erbaute Werk arbeitet noch mit veralteter Technologie und verbraucht zuviel Wasser. Nach Protesten der Öffentlichkeit habe man Mitte der siebziger Jahre mit der Rekonstruktion begonnen, die einen geschlossenen Wasserkreislauf, weniger Abwässer und biologische Kläranlagen vorsähen. Der Verfasser behauptet aber, in den achtziger Jahren werde der Onega-See in den Forschungen des Limnologischen Instituts an die erste Stelle rücken. *Die Ergebnisse* der Berechnungen über Folgen einer möglichen Verlagerung von nördlichen Flüssen nach dem Süden wären für Onega und Ladogasee, wie auch für den Newa-Fluß *ernüchternd*.

Würde dem Onega Wasser entzogen, so müßte das den Mineralhaushalt des Ladoga empfindlich treffen. Bei einer Flußumleitung in den Süden käme ein Gewinn von lediglich 3,5 km^3 Wasser für die Bewässerung zustande. Für einen echten landwirtschaftlichen Effekt wären aber 60 km^3 erforderlich. Die ersten Warnungen in der Presse habe es schon 1975 gegeben. Anfang der achtziger Jahre sei nun erneut eine Kampagne zum Schutz der Nördlichen Meere gestartet worden. Genaue Forschungen seien erforderlich, weil ansonsten sogar die Wasserversorgung für Leningrad gefährdet sei. Das Problem, daß durch die Flußumlenkungen in Leningrad Überschwemmungen ausgelöst werden könnten, sei bislang nicht in Erwägung gezogen worden. Bei diesem Zukunftsprojekt ginge auf jeden Fall der Onega, der reinste Trinkwassersee der Sowjetunion, zugrunde. Das reine *Trinkwasser für Bewässerungszwecke zu nutzen,* wäre angesichts der prekären Trinkwassersituation in der Sowjetunion *ein Verbrechen.*

G. Goryšin, L. Reginja, A. Samojlov: Onega segodnja i zavtra. Leningrad 1981.

17. Wegen des umstrittenen Projekts der *Flußumlenkung* kommt es zu einer Diskussion zwischen dem Projektingenieur I. Gerardi und dem Ökonom V. Perewedenzew. Der erstere drängt auf sofortigen Baubeginn und verspricht, kein Ackerland zu überschwemmen und keine Wasserkraftwerke zu bauen. Die verlorenen 7.000 t Edelfisch pro Jahr würden durch Graskarpfen im neuen Kanal ersetzt. Zumindest sind auf dem Papier 27.000 t davon geplant. Für den gefährdeten Aral-See stände dann im Jahre 2.000 Wasser zur Verfügung. Gerardi verteidigt das Projekt, Wasser aus dem Ob beim Zusammenfluß mit dem Irtysch zu entnehmen und es durch die Niederungen von Syr-Darja und Amu-Darja im Süden zu lenken. Mittels eines 2.200 km langen Kanals durch die Tugaisker Niederungen werde das Wasser schließlich die Wüsten Kasachstans und Mittelasiens erreichen. Sein Opponent weist auf die Differenzen hin, die sich bei den laufenden Beratungen der Wissenschaftler und Funktionäre ergaben, weil die Wissenschaftler in der Mehrzahl behaupteten, daß das *Kanalprojekt keinerlei wissenschaftliche Grundlage* habe. "Ernsthafte hydrologische und ökologische Bedenken" werden angemeldet. Schon 1979 habe Prof. Aganbegjan erklärt, daß die Kosten zu hoch seien. Auf zehn Jahre müßte man rechnen, daß pro Jahr und Hektar eine Bewässerung für 1.000 Rubel erfolgen müsse, damit sich das Ganze rentiere. Das setze für 1.000 m^3 Wasser auch einen Reinertrag der Landwirtschaft von 100 Rubel pro Hektar voraus. Allerdings hätten sich dann nur die reinen Baukosten, nicht der Unterhalt des Kanals amortisiert. Aber selbst

die besten Baumwoll-Sowchosen erzielen derzeit nur einen Reingewinn von 8 − 50 Rubel pro ha. Der Bau des Kanals würde sich weder in zehn, noch in dreißig Jahren amortisiert haben. Baukosten in Höhe von 14 − 20 Mrd. Rubel seien vorgesehen.
I. Gerardi, V. Perevedencev: "Proekt veka" s raznych toček zrenija. L.g. vom 10.3.1982.

18. Der Ökonom P. Oldak warnt davor, Großprojekte wie die geplante Umleitung der sibirischen Flüsse ohne ökologische Kenntnisse in Angriff zu nehmen. *"Wir benehmen uns wie die Barbaren, dafür sind unsere Ambitionen aber phantastisch"*, sagt er.
"Das traurige Beispiel des Sewan hat uns nichts gelehrt, das des Baikal auch nicht. Und so wird es bleiben, bis endlich die ökologischen Belange an die erste Stelle treten können."
P. Oldak: Rundtischgespräch der Zeitschrift "EKO" 1982, 3, S. 186.

Das Ringen um den Baikal-See − ein sowjetisches Modell für den Umweltschutz

Die Rettung des Baikal-Sees vor dem "Umkippen" hat wie kein anderes Umweltproblem in der Sowjetunion eine Pressekampagne ausgelöst, die von allen Tageszeitungen über Jahrzehnte geführt wurde. Diese Diskussion, die lokale Umweltschützer, Wissenschaftler und Schriftsteller zusammenführte, war gleichzeitig ein gesellschaftspolitischer Affront gegen das Ministerium für Zellulosewirtschaft. Einmal angelaufen, ließ sich dieser Meinungsaustausch nicht stoppen, und aus den Reportagen in den Zeitungen tritt ein realistisches Bild der Zustände hervor, gegen welche sich die von den Regierungsstellen mit großem Propagandaaufwand betriebenen Umweltschutzmaßnahmen letztlich in ihrer Effektivität als "Potemkinsche Dörfer" erweisen.

Nach 22 Jahren urteilt einer der engagiertesten Wissenschaftler Dr. G. Galasi vom Limnologischen Institut:

"Die Frage nach dem Schicksal des Baikal" wurde mit großer Verspätung zu Recht erhoben. Damals, 1958, sprach man in großen Zusammenhängen kaum von Naturschutz. Wenn es einzelne Stellungnahmen gab, so berührten sie dem Wesen nach nicht die Grundlagen, die zum Schutz und der Erhaltung der Natur dienten. Die 'Literaturnaja gaseta' zog einen breiten Kreis von Spezialisten an, diente als Anstoß und zwang die Gesellschaft dazu, sich ernsthaft mit den Problemen des Naturschutzes zu befassen." (L.g. vom 3.9.1980).

1. Am 21.10.1958 erschien in der "Literaturnaja gaseta" ein "Brief zur Verteidigung des Baikal", verfaßt von einer Gruppe Irkutsker Wissenschaftler und Schriftsteller, die Folgen für den Baikal befürchteten, wenn das Flußbett der Angara vertieft würde, um den Wasserstand für das Kraftwerk zu sichern.
2. Der Irkutsker Autor, Franz Taurin, teilt 1961 mit, daß der geplante Bau eines Zellulosewerkes das Wasser am Baikalsee erheblich verunreinigen würde. Schon damals setzte er sich für den globalen Schutz der Baikalzone ein, was er 1980 wie folgt begründet:
   "*Es ist wichtig, daß es einen unberührten Ort gibt und daß der unaufhaltsame Strom der Zivilisation, der alles auf seinem Wege umgestaltet,* wenigstens einzelne Inseln unberührter Natur übrigläßt. *Solche Orte müssen bleiben, an denen die menschliche Seele und die Natur in Fühlung kommen können. Das ist sowohl für den einzelnen, als auch für das ganze Volk überaus wichtig.*" Dieser Vorschlag wurde aber als undurchführbar von einer Effektivitätskommission zurückgestellt.
   F. Taurin: Bajkal dolžen byt' zapovednikom. L.g. vom 25.8.1980.
3. Der Direktor des Limnologischen Instituts der Sibirischen Akademie der Wissenschaften warnt vor der Errichtung des Zellulosekombinats. Dadurch würden jährlich mehr als 20.000 t mineralischer und mehr als 3.500 t organischer sowie 1.300 t anderer Schadstoffe in den Baikal abgeleitet. Er spricht von einer Tagesmenge von 0,5 Mio. m^3 Industrieabwässer. Ein weiteres Problem stelle sich durch die Absenkung des Wasserspiegels um das Eineinhalbfache, wodurch die Uferböschungen freiwürden und eine enorme Erosion das Ufergelände zum Einsturz bringen könnte. Er wendet sich strikt *gegen den Kombinatsbau* und fordert dessen Verlegung in die Gegend des Bratsker Wasserkraftwerks.
   G. Galazij: Bajkal v opasnosti. K.p. vom 27.12.1961.
4. Von 1963 stammt die Skizze des Schriftstellers Wladimir Tschiwilichin (veröffentlicht in der Zeitschrift "Oktjabr"). Es ist die umfassendste Darstellung aller mit dem Baikal verbundenen ökologischen Probleme. Als Tschiwilichin diese Skizze 1980 in seinen Band "Svetloe oko" aufnahm, fügte er Nachworte, datiert auf die Jahre 1968 und 1980, hinzu. Der Autor berichtet, welchen Angriffen er seitens zentraler Stellen ausgesetzt war, indem man ihn der Inkompetenz beschuldigte. Deshalb zitiert er auch die Ansicht eines Wissenschaftlers, der ihm – unterstützt durch zahlreiche Augenzeugenberichte – wissenschaftliche Glaubwürdigkeit nachweist.
   "*Beim gegenwärtigen Stand der technologischen Kenntnisse ... darf man kein Werk am Fluß Selenga und am Baikal* errichten, weil

es in wenigen Dutzend Jahren den Baikal in ein totes Meer und die Landschaft in eine sibirische Wüste verwandelt, aus der alles Lebendige, einschließlich der Menschen fliehen würde."

Seit dem Februar 1965 nahm das Interesse am Baikal sprunghaft zu und bezog die Öffentlichkeit mit ein. Der bekannte Schriftsteller und Naturschützer Oleg Wolkow wandte sich gleich in drei Artikeln an die Verantwortlichen. In "Nebel über dem Baikal" wirft er ihnen vor, mit veralteter Technik in dem Kombinat (BZBK) Kord produzieren zu wollen, der überall auf der Welt bereits synthetisch hergestellt werde.

O. Volkov: Tuman nad Bajkalom. L.g. vom 6.2.1965.

5. Sechs Wochen später spricht sich erneut eine Gruppe von Schriftstellern – L. Sobolew, S. Sartakow, F. Taurin, F. Graubin und V. Gluschtschenko – gegen das Kombinat aus. Dagegen verwahren sich die Wirtschaftsfunktionäre mit Hinweisen auf die volkswirtschaftliche Bedeutung (L.g. vom 10.4.1965). Komarow vermerkt in seinem Buch, daß zweifelsohne das strategische Interesse hier im Vordergrund gestanden habe. (a.a.O., S. 13).

L. Sobolev u.a.: V. zaščitu Bajkala. L.g. vom 18.3.1965.

6. Deshalb wehrt sich Oleg Wolkow mit dem Artikel "Der Nebel hat sich nicht aufgelöst" mit wissenschaftlicher Akribie gegen die Verharmlosungsversuche der Bürokratie. Zwei Tage darauf (L.g. vom 15.4.1965) erscheint der Aufsatz des Wissenschaftlers Trofimuk, der erneut auf die Gefahren für den Wasserhaushalt hinweist und verlangt, daß eine *Abwasserleitung* bis hin zum Fluß Irkut installiert wird. Dieses Projekt fand stereotyp bis 1980 immer wieder seine Verteidiger, es wurden sogar billigere Varianten ausgearbeitet, und 1980 heißt es deshalb nicht mehr, das Projekt sei zu teuer, sondern – es wäre ein schlechtes Vorbild für andere Betriebe. Aber der Wissenschaftler äußert auch kritische Bedenken bezüglich des zweiten großen Selenginsker Zellulosekombinats, das errichtet werden soll. Er behauptet, Probleme gebe es – außer durch das begrenzte Rohstoffaufkommen – durch die Tatsache, daß mitten durch das Werksgelände eine Zone noch aktiver Erdbeben führe, die in jedem Jahr aufträten. Tschiwilichin bringt dafür ausführliche Belege (a.a.O., "Svetloe oko", S. 133). Die ungenügend gereinigten Abwässer, das ist das letzte Argument, würden die Laichgebiete des Lachs in der Selenga und im Baikal gefährden.

O. Volkov: Tuman ne rassejalsja. L.g. vom 13.4.1965.

Nun setzt in der öffentlichen Diskussion eine gewisse Ruhe ein, die Komarow veranlaßt, von einer *"Nachrichtensperre"* zu sprechen (a.a.O., S. 12).

7. Der Autor A. Blinow, berichtet über seinen Besuch im Selenginsker

Werk und die *Mängel bei der Abwässerreinigung*. Offenbar gelingt es aber, die Kritiker des Projekts zu beschwichtigen. Der Autor Oleg Wolkow darf im Werk die leicht gelblich gefärbten Abwässer besichtigen, worüber er dann in den "Lehrstunden des Baikal" (L.g. vom 11.10.1967) berichtet. Es gab zwar Befürchtungen, daß die Rohstoffbasis – Holz – nicht gesichert sei, da zuviel beim Flößen verlorengehe, aber Wolkow zeigt sich optimistisch, wenn er schreibt: "Wir sind in der Lage, mit der Verschmutzung der Flüsse und Seen Schluß zu machen." Eine Ansicht, die durch Leserbriefe der Anwohner nicht bestätigt wird. Der Ingenieur Gorin (L.g. vom 15.12.1967) teilt mit, daß auch gereinigte Abwässer von 50 Mio. m^3 eine akute Gefahr darstellten, und verlangt deshalb den Abwasserstop für den Baikal. W. Tschiwilichin fügt in seinem Nachwort von 1968 (a.a.O., S. 130) resignierend hinzu: "Die Sache ist die, *daß die Kombinate weitergebaut werden und die Katastrophe fast unvermeidlich ist.*"

8. Die "Komsomolskaja prawda" veröffentlicht dann eine Reportage ihrer Sonderkorrespondenten, die die Aufgabe verfolgen, eine Reihe von *Sonderfestlegungen von ∠K* und Ministerrat, den Baikal betreffend, zu überprüfen. Der Bericht klingt stellenweise grotesk. Es wird geschildert, daß die Betriebsleitung in den höchsten Tönen die Reinheit der Abwässer pries, in denen sich sogar Fische tummelten. Leider waren die Demonstrationsaquarien gerade auf einer Ausstellung in Irkutsk. Die Journalisten scheuten den Weg zur Ausstellung nicht, wo sie dann erfuhren, daß zwar die Aquarien noch vorhanden seien, die Fische darin aber längst zugrunde gegangen wären. Der Ausstellungsdirektor bezeichnete die sauberen Abwässer als "Propagandaschwindel". Die Zeitungsleute fanden aber noch weitere Angriffspunkte. Im Zellulosekombinat sei am 21.1.1970 ein Schaden in der Abwasserleitung entstanden, worauf mehr als 20.000 m^3 Industrieabwässer in den Baikal geflossen seien. Insgesamt fand die Baikalkommission für 1967 über 500, für 1968 über 540 und 1969 sogar 1.186 solcher Havarien heraus. Bei der näheren Untersuchung zeigte sich dann, daß die Störungen den Normalfall bildeten. Die Kordproduktion, so hieß es, sei immer noch Zufallssache und die Tagesproduktion betrage bei gleicher Schadstoffbelastung der Abwässer entweder 226–420 Tonnen oder 144–445 Tonnen. Da die Filteranlagen auf einen gleichmäßigen Ausstoß programmiert sind, kommen laufend Havarien vor. 1961 veranlaßte das Ministerium für Melioration die Herabsetzung der Norm für den Schadstoffgehalt der Abwässer. Das Kombinat, das dem Ministerium für Papierindustrie unterstellt sei, habe jedoch seine eigenen Normen. Die Korrespondenten berichten

auch darüber, daß 1966 in der staatlichen Abnahmekommission ein Arzt gegen die Inbetriebnahme gestimmt habe. Der Betrieb wurde dann auch ohne seine Unterschrift in Gang gesetzt. 1968 verfügte deshalb der Minister Timofejew, daß die Stelle des Arztes in der Kommission ein ihm genehmer, allerdings auch nicht kompetenter Mitarbeiter einnehmen solle. Das Ministerium für Melioration protestierte gegen diese Eigenmächtigkeit und veranlaßte, daß der Arzt wieder in die Kommission aufgenommen wurde. Abermals unterschrieb er die Expertise nicht, weil die von ihm beim ersten Mal gerügten Mängel nicht beseitigt worden waren. In dieser Aktion bewies der Arzt Gofmann einen seltenen Mut zum Alleingang.

Im Bericht ist auch davon die Rede, daß die Grundsubstanzen für die Reinigungsanlagen nur unzureichend vorhanden seien. Tonerde müsse aus der Ukraine, dem Ural und dem Moskauer Gebiet beschafft werden. Somit werde mit der angeblich schadstofffreien Abwasserreinigung etwas versprochen, das nirgendwo durchführbar wäre. Die gleichen Mängel beträfen auch das Selenginsker Kombinat.

Die Forschungsergebnisse des Labors hätten erbracht, daß bei einer Schadstoffkonzentration von 1:100 in den Abwässern der Felchenfisch zugrunde geht. Die werkseigenen Schadstoffkonzentrationen lägen aber wesentlich höher. Sorgen bereite der Betriebsleitung auch die Grubenanlage für feste Abfallstoffe. Seit 1970 arbeitet das Werk nur mit halber Kapazität, aber die Gruben für giftige Abfälle sind in 2–3 Jahren überfüllt. Sie waren seinerzeit nur auf zehn Jahre konzipiert worden in der Hoffnung, daß inzwischen modernere Abfallbeseitigungsverfahren gefunden würden. Bei allen diesen Fehlleistungen nimmt es doch wunder, daß Mitte 1967 eine Expertenkommission von Gosplan sich äußerte, es gebe keine Verschmutzung durch Abwässer, und die Mitarbeiter des Limnologischen Instituts verbreiteten nur Gerüchte.

V. Gončarov/U. Jurkov: U Bajkala. K.p. vom 11.8.1970.

9. Als weitere Diskussionsthemen tauchen der Waldraubbau in der Baikalzone und der übermäßige Tourismus auf, der dem Gelände erheblichen Schaden zufügt. 1973 wurden seitens der Verantwortlichen in der Regierung "zeitweilige Regelungen für den Naturschutz des Baikal und seiner natürlichen Ressourcen" getroffen. Wenige Jahre später stellte eine Baikal-Sonderkommission der Akademie der Wissenschaften in ihrem Bericht fest, daß sich fast der gesamte *Baikalsee am Rande des Umkippens* befinde. Das empfindliche ökologische Gleichgewicht des Sees, der 1.700 unikale Lebewesen aufweist, war schon im Anfangsglied seiner Nahrungs-

kette, dem einmaligen, winzigen Epischura-Krebs gestört worden. Es erwies sich, daß dieser Krebs mit seinen hervorragenden Eigenschaften als biologischer Wasserfilter in den ungenügend gereinigten Abwässern nicht lebensfähig war.

22 Jahre nach dem ersten "Baikal-Auftritt" setzte die "Literaturnaja gaseta" eine Effektivitätskommission ein, die durch Umfragen und Expertisen den Zustand und damit den Effekt der Maßnahmen überprüfen sollte. Der Bericht unter der Rubrik "Baikal 80" fand sich in den Nummern vom 5.3. 1980, 25.5.1980 und 3.9.1980, Während F.Taurin behauptet, daß mit dem Ressortdenken der Ministerien Schluß gemacht worden sei und daß ein Machtwort der Regierungsstellen unter Umständen letztlich doch einige Fehler verhindern half, berichtet O. Wolkow von seinem Aufenthalt im Baikal-Naturschutzgebiet, wo trotz der Idylle "rauchende Schlote, Flößstämme, faulende Baumstämme an der Mündung und Ölflecke auf dem See" nicht zu übersehen seien.

Auch die Leserbriefe der Einwohner sind durchweg kritisch. Die Bewohner von Baikalsk leiden unter der schlechten Luft, was bislang in der Presse aber nicht mitgeteilt wurde. Ein Monteur schildert Rauchschwaden in 32 Metern Höhe und eine Sodaschicht auf den Bäumen, ähnlich dem Rauhreif. Augenzeugen stellen fest, daß nach wie vor der geschlossene Wasserkreislauf in den Betrieben nicht funktioniert und daß Abwasser in den Baikal fließt. Die Reinigungsanlagen können mittlerweile nicht einmal mehr den Touristen demonstriert werden, da sie zu unregelmäßig arbeiten. Die Normen für die Schadstoffkonzentrationen sind 2−3mal höher als im Projekt vorgesehen. Die Wasserschutzinspektion müsse deshalb häufig in Aktion treten und die Schließung ganzer Produktionskomplexe veranlassen. Mit den geltenden Normen, so meinen die Ingenieure, könne unmöglich eine optimale Reinigung erreicht werden. Der Stellvertretende Minister für Melioration und Wasserwirtschaft bestätigt: die Verschmutzung des Sees durch Abwässer habe sich 1979 gegenüber 1978 nicht verringert, besonders was den Anteil von Phenol und säurehaltigen Stoffen betreffe. Letztere überstiegen die Norm um das 2−4fache. Erschwerend kämen noch die Stadtabwässer hinzu. W. Sokolow und O. Wassiljew von der Sibirischen Akademie der Wissenschaften schreiben: *"Die Zeit ist nicht mehr fern, wo wir in den europäischen Teil des Landes nicht mehr Erdöl, sondern Süßwasser pumpen werden, das dann teurer sein wird als Erdöl."* Alle bisherigen Maßnahmen, sagen sie, seien unzureichend gewesen.

In der Diskussion kommen auch Wissenschaftler zu Wort, die eine Umrüstung der Kombinate und die Einführung einer weniger giftigen Produktion fordern. Der Direktor des Instituts für Zytologie und Genetik, D. Beljajew, äußert, daß die Abwässer beider Kombinate hohe mutagene Effekte in der Erbfolge der Fische aufwiesen. Der Minister für Fischwirtschaft ergänzte: "Wir züchten Jungfische, und die Industrie bringt sie um." Die Fische im Bereich der Abwasserzonen wiesen zu 46% Anomalien auf. Die Zahl der Renken hätte sich zwar erhöht, der Geschmack sei allerdings wesentlich schlechter und das Gewicht niedriger. Leser berichten, daß das Einzelstammflößen fortgesetzt werde; die Mündungen einiger Flüsse seien mit Stämmen derart verbarrikadiert, daß der Fisch die Laichgebiete nicht mehr erreichen könne. Am Ufer lagerten auf siebzig Kilometer hin 150.000 m^3 Holz. Probleme gebe es auch mit dem Wasserkraftwerk an der Angara. Ohne Rücksicht auf die Fischbestände werde der Wasserspiegel willkürlich gesenkt oder erhöht, wodurch der Fisch zugrunde gehe. Die ökonomische Rechnung Fisch contra Energie falle natürlich zugunsten der letzteren aus.

Neue Bedrohungen treten für den See durch die Zunahme der Verschmutzung des Seegebietes durch Motorboote, Waldbrände und das Projekt eines Blei–Zinkbergwerkes am Fluß Cholodnaja auf, das neue Vergiftungsquellen für den See darstellt. Der Baikal bleibt Thema in der Presse, und Oleg Wolkow formuliert 1980: *"Die positive Bedeutung der Baikal-Kampagne besteht darin, daß sie in den Menschen die Sorge um die Unversehrtheit der Natur geweckt, zur Revision des reinen Nützlichkeitsdenkens ihr gegenüber geführt und mit dem weitverbreiteten Gerede von der Unbesiegbarkeit der Natur Schluß gemacht hat. Ein tiefgreifender Umschwung hat sich vollzogen, der gute Ergebnisse gebracht hat. So hat sich überall der Gedanke im Bewußtsein festgesetzt, daß es notwendig sei, gegen die Verschwendung von Naturschätzen und gegen kurzsichtiges Eingreifen in die Natur nicht nur am Baikal, sondern überall zu kämpfen!"*
Vgl. "Sowjetunion heute", 1981, 4, S. 41.

10. In der Diskussion der Zeitschrift "EKO" aus Nowosibirsk spielt der Baikal natürlich auch eine Rolle. Professor A. Aganbegjan, Chefredakteur und Ökonom, behauptet, daß der *Kampf* darum, kein Zellulosekombinat neu zu bauen, keine Industrieabwässer in den Baikal zu leiten, *"mit einem Mißerfolg* geendet" habe. Das Zellulosekombinat sei ökonomisch äußerst uneffektiv und der Standort ungünstig. Superreines Wasser sei für die Produktion nicht erforderlich und der Holztransport über weite Strecken hin unökonomisch. Als einziger Erfolg sei zu werten, daß mittlerweile Reinigungsanlagen in alle Betriebe eingebaut würden, was vorher nicht Norm war.

Das Einzelstammflößen sei eingestellt, 200 Filteranlagen in den Betrieben sorgten für eine bessere Luftqualität, die Experimente mit Insektenvertilgungsmitteln seien beendet worden, um die Vögel zu schonen.
Professor Galasi befriedigen die Ergebnisse allerdings immer noch nicht. Selbst die besten Reinigungsanlagen sonderten seiner Meinung nach 90-95% der organischen Stoffe aus, was auf die Fauna der Flüsse schlechte Auswirkungen hat. "Und so muß man feststellen", sagt Galasi, "daß bei allen Methoden, die von der Holzverarbeitungsindustrie und dem Zellulosekombinat angewandt werden, bei allen Methoden, die es zum Schutz des Baikals gibt, *dieser einmalige See entgegen den Regierungsbeschlüssen auch weiter verschmutzen wird.*" Vier große Kombinate sind in Aktion, die ihre Schadstoffe ablagern, und man könne behaupten, *"daß die Interessen einzelner Ministerien über die staatlichen Interessen, die den Schutz des Baikal verordnet haben, obsiegen werden!"*
Rundtischgespräch der Zeitschrift "EKO", 1982, 3, S. 171.
11. Am 13.10.1971 befragte die "Literaturnaja gaseta" die Ministerien für Holzwirtschaft, Melioration und Papierwirtschaft nach ihren Maßnahmen und erhielt befriedigende Zwischenberichte.
12. Die Korrespondentenberichte von M. Podgorodnikow und K. Trawinski vermelden Erfolge, weil das Einzelstammflößen durch Landtransport ersetzt wurde. Spezialtrupps sind dabei, die Gewässer von Sinkstämmen zu reinigen. Bedauerlicherweise seien allerdings die *Normen für Schadstoffanteile* in den Abwässern erneut gesenkt worden, was auf die Fischfangquote Auswirkungen habe. Die Zahl der eingegangenen Renken habe sich nämlich in den letzten fünf Jahren erhöht.
M. Podgorodnikov, K. Travinskij: Bajkal segodnja. L.g. vom 5.4.1972.

Naturschutz und Arbeit in der Öffentlichkeit

1. W. Peskow schildert, daß es im Gebiet von Woronesch die sog. *"Grünen Patrouillen"* (das sind örtliche Gruppen von Schülern oder Betriebsangehörigen, die in den "Grünen und Blauen Patrouillen" durch direkte Maßnahmen versuchen, die Parks und Wälder reinzuhalten und Umweltsündern im Wald und an den Gewässern das Handwerk zu legen. G.B.) gegeben habe, die den Wilddieben die Netze abnahmen, bekanntmachten, wo Raubbau getrieben wurde, und die den Waffenbesitz kontrollierten. Diese Initiative

wurde allerdings durch die ablehnende Haltung der örtlichen Leitungen zunichte gemacht.
V. Peskov: Plata za vystrel. K.p. vom 9.10.1960.
2. In Swerdlowsk bei der Zeitung "Na smenu" wurde ein *"Rat für Naturschutz"* gegründet.
Mitteilung der K.p. vom 10.9.1960.
3. K. Koschewnikowa konstatiert, daß ein Gesetz über den Naturschutz bereits vier Jahre in Kraft sei, aber offenbar nur Rentner und Pioniere (das sind die politischen Organisationen für die Schüler der ersten 7 Schuljahre, danach können sie in den Kommunistischen Jugendverband – Komsomol – übernommen werden. G.B.) interessiere. Viel verbreiteter ist dagegen die Ideologie: *"Für unser Jahrhundert reicht es noch!"*
K. Koževnikova: Komu lečit' zemlju. K.p. vom 23.5.1964.
4. Aus dem Saratowsker Gebiet meldet sich ein Leser zu Wort und teilt mit, daß in seinem Gebiet *2.000 Bäume gefällt* wurden, obgleich für den neu anzusiedelnden Betrieb ausreichend Baugrund vorhanden war. Auf die empörten Proteste der Bevölkerung antwortete ein Bulldozerfahrer: "Wissen Sie, wir sind kleine Leute, *man hat es uns befohlen, und nun roden wir!"*
M. Kuchtarev: Ostanovis'! K.p. vom 25.5.1965
5. Im Februar 1966 fand in Gorki der IV. Allrussische Kongreß der *"Gesellschaft für Naturschutz"* statt. (Die "Allrussische Gesellschaft für Naturschutz" wurde 1924 in Moskau gegründet und war zunächst auf Moskauer Wissenschaftler beschränkt. Die Gesellschaft gewann aber bald an Mitgliedern aus allen Bevölkerungsschichten und Landesteilen. Die gegenwärtigen Angaben über Mitgliederzahlen schwanken stark, für 1965 wurden in der Russischen Sowjetrepublik 10 Mio. Mitglieder angegeben, davon zwei Drittel Schüler. Andere Angaben nennen für das gesamte Land 16 Mio. bis zu 40 Mio. Mitglieder. G.B.). Die über 600 Delegierten verlangten ein für die gesamte Sowjetunion verbindliches Naturschutzgesetz.
Folgende Mängel wurden angesprochen: Unzureichender Schutz des Bodens; nicht allein durch Bauprojekte, auch durch Erosion gingen jährlich Flächen im Wert von 35 Mrd. Rubel verloren. In den Wäldern würde 3–4mal mehr Holz geschlagen als die Norm vorsehe. Das Astholz verfaule im Wald. 79 Mio. ha Wald würden nach dem Kahlschlag nicht wieder aufgeforstet und seien verloren. Die verbreitete Überzeugung von dem unbegrenzten Reichtum der Ressourcen entspreche nicht mehr den Tatsachen, und man müsse sich von der Idee der Beherrschung der Natur lossagen. Die Mitglieder der Gesellschaft setzen sich vorwiegend aus den Kreisen der *Pioniere und Rentner* zusammen. Zwei Drittel davon seien

Schüler, Studenten nähmen fast keinen Anteil. Es wird zugegeben, daß die Gesellschaft nur einen *fiktiven* Kontrollauftrag gegen Verstöße ausüben könne, da die Verursacher von Schäden auch jeweils ein staatliches Organ hinter sich hätten, wodurch sie abgesichert seien. 1964 wurden z.B. über 50.000 Verstöße gegen die Fischfangverordnung gemeldet. Das verhängte Strafmaß fiel jedoch geringer aus als der Marktpreis für die illegal erworbene Beute.
E. Lopatina: Da opjat' v ee zaščitu. L.g. vom 15.2.1966.

6. Der Schriftsteller Ilja Fonjakow kritisiert, daß man bei *Akademgorodok* (Wissenschaftlerstädtchen in der Nähe von Nowosibirsk, in Sibirien gelegen. G.B.), an den Ufern des Obsker Meeres, ein neues Werk errichten wolle. Eine Stadt wie Akademgorodok, die sich nach besonderen Bauplänen in die Natur einfügt, dürfe nicht durch Kesselhäuser und Wohnblocks verunziert werden. Nach sechsmaligem Veto habe die Gesundheitsinspektion dem Werksbau zugestimmt, nachdem es gelungen war, die Kommissionsmitglieder von der Harmlosigkeit der Produktion zu überzeugen. Der Autor ist allerdings der Ansicht, daß es genügend Ausweichobjekte für den Betrieb gegeben hätte.
I. Fonjakow: V okrestnost'jach bol'šogo goroda. L.g. vom 15.3.1967.

7. Kritik wird an einem Buchtitel geübt, dessen Verfasser, I. Zykow, tendenziös den *Waldraubbau verteidigt*. Das Buch, so heißt es, verzerre die Realität in der Waldwirtschaft und sei schädlich.
L. Dement'eva: A ščepki vse letjat. K.p. vom 20.6.1967.

8. Der Vorsitzende des Ministerrats der Georgischen Sowjetrepublik stellt fest, daß es um den *Naturschutz in Georgien gut* bestellt sei. Jährlich würden 15.000 ha Wald aufgeforstet und die "Gesellschaft der Freunde der Natur" zähle 1.300.000 Mitglieder.
G. Džavachišvili: Opyt Gruzii. L.g. vom 8.7.1970.

9. Sergej Obraszow berichtet, wie er einen Film über *Kinder und Tiere* gestaltet habe. Nach einem Aufruf, ihm über die Beziehungen von Kindern zu Tieren zu schreiben, habe er über 4.000 Kinderbriefe erhalten. Darunter seien auch solche gewesen, in denen Erwachsene geschildert wurden, die das Lieblingstier des Kindes getötet und damit dem Kind ein schweres Trauma zugefügt hatten.
S. Obrazcov: Mal'čik na del'fine. L.g. vom 9.8.1972.

10. Wladimir Tschiwilichin *zieht* in dem Artikel "Skizze und Leben" *Bilanz* über die Effektivität örtlicher *Kritik*. Im Tjumen-Gebiet, einem westsibirischen Erdölzentrum, seien inzwischen 57 Flüsse gereinigt worden. Dennoch treffe man, so meint er, bedauernswerte Un-

kenntnis der Natur und voreilige Naturausbeute an. Er erwähnt, daß am Ob-über 1 Mio. Zedernbäume gefällt worden seien. Das wäre ein Einschlag in den Waldbestand der I. Kategorie und eine Planerfüllung auf sieben Jahre im voraus. Die Proteste der Altai-Bezirkskommission hätten gegen die Holzfällerpläne nichts ausrichten können.
V. Čivilichin: Očerk i žizn'. K.p. vom 6.4.1973.

11. Ein Biologe fordert die Komsomolzen dazu auf, an der BAM-Strecke zu Naturschützern zu werden und *"Grüne und Blaue Patrouillen"* einzurichten.
T. Gagina/Skalon: Stan' časovym prirody. K.p. vom 19.7.1974.

12. 1924 wurde der "Bund der Naturschützer" gegründet und hatte 1929 15.000 Mitglieder. Mittlerweile sei er zu einer *"Allrussischen Gesellschaft für den Naturschutz"* mit 26 Mio. Mitgliedern angewachsen.
Sojuz vo imja prirody. Mitteilung der K.p. vom 29.11.1974.

13. Als *"eine Mode für die Wilddieberei"* kennzeichnet F. Schtilmark vom Zentralrat der "Gesellschaft für Naturschutz" daß am Ob Kappen und Muff für Damen aus Schwanenfedern verkauft werden. Die Jagd auf Schwäne sei zwar verboten, aber nach einem "reziproken Gesetz der öffentlichen Meinung" habe gerade dies seinen besonderen Reiz. Für die Herren gäbe es Mützen aus Biberfell zu Unmengen, während der letzte Schick jeder Neubauwohnung ein Eisbärfell sei. Überflüssig zu erwähnen, daß der Abschuß von Eisbären seit zwanzig Jahren verboten ist.
F. Štilmark: Moda po brakon'erski. K.p. vom 22.2.1975.

14. Tausende von Leserbriefen gingen bei der Redaktion ein, als sie die Rubrik "Mensch und Natur" (čelovek i priroda) einführte. Der Arzt Sidorenko meint, das Problem Ökologie stehe nach wie vor auf der Tagesordnung. Langwierige Schäden an der Natur seien zu wenig beachtet worden. Erst in den letzten Jahren hätte weltweit ein "Boom" gesellschaftlichen Interesses an den Störungen im biologischen Gleichgewicht eingesetzt. Der beschwichtigende Charakter der öffentlichen Kampagne hänge deshalb mit der ausgelösten Panik zusammen. Die Hauptverursacher der Umweltverschmutzung seien Kraftwerke, Buntmetallurgie, Erdölgewinnung und die Autos. Ein Leser glaubt, daß die Vorstellung davon, daß die Abwasserreinigung zu teuer werden würde, irreal sei. Die Veröffentlichung schließt mit einem Ruf nach internationalen ökologischen Projekten und der Einführung des Faches "Ökologie" in der Schule.
Ekologija – neizbežen li krizis? K.p. vom 29.3.1975.

15. Lobenswerte Initiativen werden auch erwähnt. In Astrachan an der

Wolga hätten Kinder Fische von den überschwemmten Wiesen in den Fluß zurückversetzt und damit Millionen von *Fischen gerettet.*
V. Vyžutovič: Dva berega. K.p. vom 23.7.1975.
16. An der Biostation der MGU (der Moskauer Staatlichen Universität) fänden *Arbeitseinsätze für Naturschutz* und 5-Tage-Lehrgänge statt. Einundzwanzig Studenten ließen sich dafür ausbilden, wie man am wirksamsten gegen Wilderer vorginge.
N. Rožnova: Lesnaja škola. K.p. vom 26.9.1975.
17. K. Koschewnikowa lobt die *ökologische Erziehung* in Estland. Sie berichtet von einer "Vogelschule", in der die Kinder alles über Vögel erfahren und selbst kleine Aufgaben im Vogelschutz übernehmen können. Es gab einen Zwischenfall, als der Leiter eines Pionierlagers Armeehubschrauber kommen ließ, die Krähennester in den Bäumen zerstören sollten. Die Kinder retteten heimlich die Vögel. Immer häufiger, so heißt es in dem Bericht, sei folgendes Verhalten anzutreffen: ein Traktorist, der die Schutzstreifen mit Jungwald unterpflügte und vom Förster daraufhin zur Rede gestellt wurde, antwortete: "Unser Land ist reich – für unser Jahrhundert reicht es!"
K. Koževnikova: Nazad k prirode – vpered k prirode! L.g. vom 10.3.1976.
18. Der wissenschaftlich-technische Rat der "Allrussischen Gesellschaft für Naturschutz" veröffentlicht die Beschlüsse seiner Lipezker Tagung. In der RSFSR gebe es 3 Mio. kleiner Flüsse, die durch falsche Melioration, Uferpflügen, Industrieabwäser u.ä. vernachlässigt seien. Deshalb fordern die Naturschützer *Informationen* über den wahren Zustand der Natur, ein Gesetz zur Regulierung kleiner Flüsse und staatliche Kontrolle über dessen Durchführung.
Vesti iz Lipecka. K.p. vom 5.6.1976.
19. Der Präsident der Akademie der Pädagogischen Wissenschaften, Stoletow, gab ein Interview zu Fragen der *Ökologie in der Schule.* Seiner Ansicht nach wird das Fach Biologie in der Schulpraxis immer noch unter der unmodernen Devise der "Naturunterwerfung" gelehrt. Außerdem gebe es noch viel zu viel sinnlosen Lehrstoff. Vorbildlich seien seiner Meinung nach die "Stunden der Naturbetrachtung" gewesen, die der ukrainische Pädagoge Suchomlinski durchgeführt habe, der damit der pädagogischen Praxis um ein bis zwei Jahrzehnte voraus gewesen sei.
V. Stoletov: Podrostok i priroda. K.p. vom 3.7.1977.
20. An der Moskauer Universität fand eine wissenschaftliche Studentenkonferenz zum Thema *"Der Schuß"* statt. Dabei stellte sich heraus, daß der *Kampf gegen die Wilddiebe* immer noch Menschenleben kostet. Wildern werde als "schlimmes soziales Übel" bezeich-

net, und die Begeisterung der Studenten, dagegen anzugehen, sei ungebrochen. In fünfzig Städten arbeiteten 66 Gruppen nunmehr seit siebzehn Jahren gegen die Wilddiebe. Die Studenten fanden heraus, daß die Wilddieberei eine gesetzmäßige Erscheinung sei und in den letzten Jahren noch zunehme. Jährlich wurden durch die Studentenbrigaden über 200.000 Wilddiebe festgenommen und Felle im Werte von Millionen Rubel sichergestellt. Die Studenten stellen vierhundertundfünfzigmal mehr Wildfrevler auf frischer Tat als die staatlichen Inspektoren (das wird damit erklärt, daß die Studenten unabhängig von der örtlichen Bevölkerung seien). Ein Fischereiinspektor betreut einen 12.000 ha großen See, das seien allein 250 km Ufer. Die staatlichen Stellen, so heißt es, ignorierten aber bislang die Arbeit der Studenten auf diesem Sektor.

L. Grafova: "Vystrel" v zaščitu prirody. K.p. vom 14.7.1977.

21. Juristische Fragen bei der *Ausbeutung der Naturressourcen* werfen zwei Wissenschaftler auf. Kein Ministerium, so behaupten sie, könne die Naturvorräte komplex betrachten, sondern immer nur eng *ressortmäßig*. So herrsche utilitaristisches Herangehen, wobei die Fischfangquoten und Fangregeln von ein und demselben Ministerium festgesetzt würden. Damit sei dann die Planerfüllung der Fischfangbrigaden zu Beginn der Saison am 20.3. schon meist zu 280% erfüllt. Die 120 Naturschutzgebiete lägen immer noch im Kompetenzbereich von siebenundzwanzig Ministerien, und die Erarbeitung eines einheitlich gültigen Naturrechts für die gesamte Sowjetunion sei deshalb dringend erforderlich.

V. Muntjan/Ju. Šemšučenko: Ekologija i pravo. L.g. vom 10.8.1977.

22. Ein Leser lehnt die Errichtung von *Tiergärten* völlig ab. Er verweist auf die Tiere in der Freiheit und die großartigen Informationsmöglichkeiten, die durch die Medien gegeben seien. Es sei gewiß sinnlos, schreibt er, die Tiere in kleinen Boxen schmutzig und gleichgültig dahinvegetierend zu sehen. Außerdem seien das Einfangen und der Transport der Tiere mit hohem Risiko verbunden.

E. Višnevskij: Ne choču idti v zoopark. L.g. vom 2.8.1978.

23. Der Schriftsteller W. Fainberg und Professor O. Kolbasow verlangen die strengste Kontrolle über die *Einhaltung ökologischer Bestimmungen*. In fünfzehn Republiken gibt es insgesamt nur sechs Komitees für Naturschutz. Die RSFSR habe z.B. kein solches. Aber auch die wenigen Komitees seien nicht unabhängig, sondern müßten sich immer den "politischen Gegebenheiten" unterordnen. Die Betriebe zögen es vor, Strafen zu zahlen, gäben diese bereits vorher in den Plan mit ein, so daß der Staat, d.h. der Steuerzahler, die Bußgelder zahlen müsse. Selbst im kleinen würde der Naturschutz

nicht beachtet. Niemand kümmere sich z.B. darum, welch tödliche Gefahr die Hochspannungsleitungen für Vögel darstellen oder daß man beim Mähen der Wiesen von der Mitte aus beginnen müsse, damit die darin lebenden Tierarten flüchten können.
V. Fajnberg/O. Kolbasov: Brakon'ery ponevole! L.g. vom 30.8.1978.

24. Ein Schüler teilt mit, daß er als Schulaufgabe über die Sommerferien die Aufgabe erhielt, *Insekten* zu fangen. Die vorgegebene Anzahl für alle Moskauer Schüler betrug 3,5 Mio. Stück. Nach dem Vorweisen in der Schule zu Ansichtszwecken wurden die Insekten fortgeworfen.
Ein Entomologe spricht sich daraufhin in der Zeitung gegen diesen Unsinn aus und meint, daß die Lehrer vernünftigerweise Lehrbücher mit einschlägigen Abbildungen verwenden sollten.
S. Rusanov: Začem ěto nužno? L.g. vom 20.12.1978.

25. Ein Korrespondent berichtet, daß die Studenten von Donezk beschlossen hätten, nach dem Vorbild anderer Universitäten *Naturschutztrupps* aufzustellen. Die Universitätsleitung beobachtete diese Initiative mit Mißtrauen. Entgegen den Anordnungen des Rektors gingen die Studenten in den Semesterferien in einen Naturpark arbeiten. Zwei Dozenten, die Sympathie für die Sache der Studenten bekundeten, wurden verwarnt. Die Ambitionen der Studenten wurden bald zum "Schlachtfeld persönlicher Reibereien" unter der Professorenschaft. Der Leiter des Zoologischen Lehrstuhls war u.a. mit Recht beleidigt, als er in der Presse öffentlich als Wilderer bloßgestellt wurde. Die Studenten hatten während ihres Einsatzes Hunderte von Wilddieben gefaßt. Im Gegensatz zu allen Maßnahmen der Universität wurde die Initiative der Studenten nicht nur vom Zentralrat, sondern auch von der Bezirksleitung für Naturschutz ausgezeichnet.
N.N.: Pustye zatei. K.p. vom 13.2.1980.

26. W. Peskow eröffnet die Diskussion für die Durchsetzung einer Aktion zum *Schutz der Tierwelt*. Er fordert die Leser dazu auf, Briefe mit Meldungen über Mißbrauch der Tiere und jegliche Verfehlungen auf diesem Gebiet an die Zeitungsredaktion zu senden. Er nennt einige Beispiele wie: die hohe Vogelsterblichkeit, weil die Tiere durch die "Todesfallen" der Freileitungen zugrunde gingen. Bei einem Kontrollgang habe er selbst 311 tote Adler vorgefunden. Er verlangt die Reparatur der veralteten Elektroleitungen und die Verlegung von Flugplätzen aus dem Migrationsgebiet der Vögel.
V. Peskov: Okno v prirodu. K.p. vom 6.3.1980.

Probleme mit Fischdieben

1. Strenge Strafen für die *Wilddiebe auf der Wolga* fordert P. Frolow und schildert Vorfälle aus dem Alltag seiner Fischereiinspektion. Die Wilderer fischten mit langen Kapron-Schleppnetzen in den verbotenen Laichzonen. 750 m Netzwerk konnten beschlagnahmt werden. Bei der Kollision des Inspektorboots mit einem vom Wasserkraftwerk stellte sich heraus, daß die Wilderer von dort stammten und sogar mittels der Starkstromkabel wertvollen Fisch erbeutet hatten. Im laufenden Jahr habe es fünfzig Zusammenstöße des Fischereiinspektors mit den Wildanglern und dabei zwölfmal Anschläge auf das Leben des Inspektors gegeben. Der Verfasser fragt: was sind Strafen von 500 Rubeln, wenn allein die Ausbeute an Fisch 2.000–5.000 Rubel ausmacht?
P. Frolov: Piraty na Volge. K.p. vom 10.9.1960.
2. Ein Aspirant der Moskauer Universität kritisiert,. daß es im Baikal immer weniger Renken gebe. 1942 habe der Fang 913.000 Zentner, im Jahre 1959 aber nur noch 31.000 Zentner ergeben. Schuld daran seien nicht allein die Fischdiebe, sondern auch die Fischerei-Kolchosen, die *Planerfüllung mit Jungfisch* betreiben. 389 Wilderer seien im letzten Jahr gestellt worden.
V. Baraev: Omul'-ryba Bajkal'skaja. K.p. vom 30.9.1960.
3. Der Ministerrat beschloß einige *Maßnahmen gegen Wilderer*, da diese inzwischen überhandnähmen. 46 neue Bezirksinspektoren wurden eingestellt, 90 Kontrollposten besetzt und die Fischer zum freiwilligen Kontrolldienst aufgefordert. Neben der Erhöhung des Strafmaßes wurde auch eine Verordnung erlassen, die den Handel mit Frischfisch untersagt.
Piraty na Vol'ge. K.p. vom 8.12.1960.
4. Peskow berichtet, daß eine Jungengruppe mit Hacken auf Fischfang ausgezogen sei. Sie verfügten über ein ausgeklügeltes Gruppenwarnsystem, dank dessen sie *im Naturschutzgebiet fischen* könnten und dennoch unangreifbar seien. Peskow bezeichnet es als ungewöhnliches Ereignis, daß die Jungen die Fischer, die sie stellen wollten, mit Steinen in die Flucht schlugen. Für den erbeuteten Fisch erhandelten die Jungen auf dem Markt Wodka und Zigaretten.
V. Peskov: Vystrel u plotiny. K.p. vom 7.6.1964.
5. In den letzten drei Jahrzehnten hätten sich die *Fischbestände* im Kaspischen Meer auf die Hälfte *verringert*.
V. Zanozin: Spinoj k Kaspiju. K.p. vom 7.6.1964.
6. Maßnahmen zur Hebung des Fischbestandes wurden von der Usbekischen Sowjetrepublik schon vor Jahren beschlossen. Die Ver-

ringerung des Wasserspiegels im Aral-See führt zur Versandung des Syr-Darja und Amu-Darja. Das Absinken des Wasserspiegels auf ein Drittel bewirke auch die *Verringerung der Laichplätze* für Fische.
N. Polivin: O chorošem otnošenii k rybe. L.g. vom 16.10.1965.
7. Um das Asowsche Meer geht es in einem Artikel der "Literaturnaja gaseta", der sich auf eine Kampagne aus den vorhergehenden Nummern der Zeitung beziehen kann (vgl. Juni 1955, Januar 1962, Oktober 1956, November 1956 und 1961, Juli 1960 und September/Oktober 1965). Seit zwei Jahren sei der Fischbestand erheblich zurückgegangen, die Planauflagen seien aber die gleichen geblieben. Deshalb würden 80–90% des Fanges nur Heringe ausmachen, die allenfalls als Viehfutter Verwendung fänden. Jedes Mitglied des Fischereikolchos bekomme hohe Prämien, dennoch sei die *Wildfischerei als zweiter Beruf* verbreitet.
M. Zaborskij: Kakoe že ono Azovskoe more? L.g. vom 13.11.1965.
8. W. Peskow berichtet, 1961 habe ein Wissenschaftler den unvernünftigen *Fischraubbau* kritisiert und dafür einen Verweis erhalten, weil er die Interessen des Landes mißachte. Derselbe Wissenschaftler habe nun vor zwei Jahren wieder gemahnt, jährlich nicht mehr als 500.000 Zentner Fisch zu fangen. Das Ergebnis läge aber immer noch bei 1.200.000 Zentnern.
V. Peskov: Legkaja ryba. K.p. vom 16.2.1966.
9. Ein Korrespondent meldet, daß der Fisch im Asowschen Meer zugrunde ginge, wenn keine Maßnahmen ergriffen würden. Die Fischer forderten Fangpausen, aber der Plan ist Gesetz, und deshalb müßte sogar *in den Schutzzonen gefischt* werden.
E. Jakovlev: Tjulka protiv osetra. K.p. vom 23.2.1966.
10. Der Schriftsteller W. Fomenko fragt, wieso nach allen Pressekampagnen und sogar dem Auftreten M. Scholochows auf dem Parteitag immer noch keine Verbesserung der Lage im Asowschen Meer eingetreten sei. Die vom Fischereiminister Ischkow vertretene Ansicht könne er nicht teilen, da der Minister 1956 und 1961 schon dasselbe gesagt habe. Der Fischbestand sei katastrophal gesunken und wenn nötig, müßte der *Fischfang* im Asowschen Meer total *eingestellt werden*. Die Ursachen für den Zustand seien aber die gleichen wie vor zehn Jahren. Eine Staumauer verbarrikadiere die Fischzüge, die Fischaufzucht sei mangelhaft (zu geringe Beckenhöhe und zu hohe Wassertemperaturen). Die Tatsache, daß 97% der Jungfische eingehen, sobald sie ins Freie gesetzt werden, führten neben der Fischwilderei zu den Einbußen
V. Fomenko: Razgovor o more ne okončen. L.g. vom 17.5.1966.
11. Über eine *Verringerung der Fischbestände im Ob* heißt es, daß das

Nowosibirsker Wasserkraftwerk mit der Staumauer den Fischen den Weg zu den Laichgründen versperre. Hohe Verluste entstehen auch durch Erdölvergiftung, Wilderei und die Tatsache, daß Jungfische (ein Fünftel der Ausbeute) nicht wieder ins Wasser zurückgesetzt werden.

N. Samochin: O čem molčit ryba?! L.g. vom 19.4.1967.

12. Ein Korrespondent berichtet, daß es 1969 am Asowschen Meer ein *Massensterben von Fischen* gegeben habe. Von den Feldern war eine Schicht Kunstdünger ins Meer geweht und die Fische waren daran zugrunde gegangen.

V. Lykov: Ochota na Tugoroslych. L.g. vom 12.8.1970.

13. Die "Iswestija" vom 24.7.1970 meldet, daß der Kapitän eines Baggerschiffs ohne Lizenz den Störfang betrieb. Er erhielt eine Gefängnisstrafe von fünf Jahren.

14. Aus dem Gurjewsker Gebiet wird die Gefangennahme einer Gruppe von *Fischdieben* mitgeteilt. In den Jahren 1969/70 seien 1.395 Fälle von Wilddieberei bekanntgeworden. Davon sind 129, im Jahre 1969 und 1970 sogar nur 55, vor Gericht behandelt worden. Vierhundert Fischereiinspektoren mit 41 Autos und 35 Motorbooten hätten den Kampf gegen ein ganzes Artel von Fischdieben aufgenommen.

V. Mussalitin: Reka v osade. K.p. vom 9.6.1971

15. Die Höchststrafe für den ungesetzlichen *Störfang* wurde 1970 von 200 auf 100 Rubel reduziert.

E. Agaev: Kaspij – vzgljad realista. L.g. vom 3.8.1971.

16. Über 181 *Raubfischereivergehen*, in deren Folge 16 Personen Strafen von 2–5 Jahren Freiheitsentzug erhielten, sind Thema der Presse.

V. Vyžutovič: Dva berega. K.p. vom 23.7.1975.

17. Ein Mitglied der Geographischen Gesellschaft äußert sich über den staatlich propagierten Naturschutz, um dann festzustellen, daß die gesamte BAM-Strecke nur von einem Waldinspektor, einem Fischereiinspektor und Jagdmeister geschützt werde.

V. Sungorkin: Stan' časovym prirody. K.p. vom 7.1.1979

18. In der "Literaturnaja gaseta" findet sich ein Brief, in dem darüber Klage geführt wird, daß die *Jagdinspektoren* einen schweren Stand hätten. Die Wilddiebe seien grundsätzlich moderner ausgerüstet, denn sie verfügten über Autos, Hubschrauber, "Dienst"wagen und -boote. Nach wie vor hätten die studentischen Brigaden bei der Ergreifung von Wilddieben 450mal mehr Erfolg als die einheimischen Inspektoren.

M. Podgorodnikov: V lesu bez svidetelej. L.g. vom 4.7.1979.

19. N. Samochin berichtet, es gebe in Nowosibirsk ein Fischaufzucht-

institut und ein entsprechendes Forschungsinstitut – nur keinen Fisch. Im Nowosibirsker Bezirk würden jährlich 40–50 Zentner, im Altai 11.000 Zentner Fisch gefangen. Die größten Feinde seien *Fischdiebe*, die mit den modernsten Ausrüstungen arbeiteten. Damit könnten sie auch den staatlichen Fischereiunternehmen den Fisch "vor der Nase wegschnappen." N. Samochin: Gosudarynja rybka. L.g. vom 23.1.1980.

20. Die Zeitung "Sovetskaja kultura" (5.6.1982) meldet, daß 1980 im Kuibyschewer Gebiet 6.496 *Fischdiebe* zur Verantwortung gezogen wurden. 1.253 Netze und 9.051 kg Fisch wurden beschlagnahmt. 170.000 Rubel Strafgelder wurden verhängt. Jagdfrevel wurde mit 20.000 Rubel Strafe geahndet. Allein in Krasnojarsk habe man 11.587 Fischdiebe auf frischer Tat ertappt.

Berichte aus dem Jagd(un)wesen

1. Auch der *Zobel* muß geschützt werden, lautet die Forderung eines Jagdführers. Der Preis für ein Zobelfell betrage 400–800 Dollar, wobei die dunkler gezeichneten Felle eindeutig als die wertvolleren gelten. Das hatte zur bevorzugten Jagd auf diese Tiere geführt. Ju. Lukjanov: Sobol' prosit zaščitu. K.p. vom 9.7.1960.
2. W. Peskow berichtet, daß *Gewehre* in der Sowjetunion billig sind und in großen Mengen hergestellt werden. In der RSFSR seien allein 750.000 Gewehre registriert, die reale Zahl läge jedoch bei mehreren Millionen. Die Wilddiebe sind deshalb nicht nur auf das beste bewaffnet, sondern auch wesentlich mobiler durch moderne Boote und PKW.
V. Peskov: Plata za vystrel. K.p. vom 9.10.1960.
Dieser Artikel zog eine Flut von Leserbriefen nach sich. Vor allem meldeten sich die Inspektoren, deren Leben durch die Wilderer ständig bedroht ist. Andere fordern allerdings die Hälfte der Beute für sich selbst. Im Kuibyschewer Gebiet (K.p. vom 10.9.1960) gab es pro Jahr 1.044 Fälle von Wilddieberei. Von den rund eintausend Fällen wurde nur ein einziger gerichtlich verfolgt.
3. Ein Leser beklagt sich darüber, daß die Förster einen schlechten Ruf hätten. Vor allem zeigten ständig weniger Menschen an dieser Tätigkeit Interesse. Die Ursache dafür läge in der *mangelhaften* Versorgung und *Ausrüstung*. Schließlich könnte die Tatsache, daß *vier Erwerbsjäger auf 10 Mio. ha Revier, ohne Pferd, Auto oder Gewehr*, leben, wohl auch keine Ausbeute an Fellen ergeben.
V. Sucharevič: Človek na ochote. L.g. vom 2.2.1961.

4. In mehreren Artikeln wird von Peskow die *Wolfsjagd* geschildert.
   V. Peskov: "Lebed'" atakuet volkov. K.p. vom 24.3.1963, 19.5.1963.
5. "Planmäßige Wilddieberei" nennt der Direktor der Alma-Ata-Waldversuchsstation die Tatsache, daß das Ministerium für Landwirtschaft der Kasachischen Sowjetrepublik erlaubte, *200 Marale zu schießen*. Bei der Jagd wurden natürlich mehr als 200 Tiere getroffen und die übrigen aus dem Gebiet vertrieben. Die Leitungen hätten diesen Vorfall jedoch sanktioniert, obwohl jedes Tier im Gehege der Lieferant von zehn wertvollen Geweihen werden kann.
   R. Čaban: Brakon'erstvo po planu. K.p. vom 31.7.1965.
6. In Kostroma wurde eine *Krähenplage* durch Hubschraubereinsätze, von denen mit schweren Gewichten die Krähennester zerstört wurden, eingedämmt. Pädagogen rechtfertigen öffentlich diese Maßnahmen und ein Mitarbeiter des Flughafens erklärte: *"Was können wir schon machen, wir führen nur Aufträge aus!"*
   K. Koževnikova: Ljudi i pticy. K.p. vom 21.7.1966.
7. Der Wildhüter W. Deschkin klagt darüber, daß die *Lage der Erwerbsjäger sehr schlecht* sei. Die Entlohnung sei zu gering, zumal von den Jägern zusätzlich die Einsamkeit im Wald in Kauf genommen werden müsse. 1925 habe es 250.000 Jäger gegeben, die hauptberuflich in diesem Metier arbeiteten. Jetzt seien es nur noch 100.000, aber mit wesentlich schlechterer Qualifikation. 1961 wurden durch den staatlichen Ankauf dreißig Millionen Felle erworben. 1965 waren es schon vier Millionen weniger.
   V. Dežkin: Čem dal'še v les. K.p. vom 17.6.1967.
8. Ein Korrespondent aus Irkutsk teilt mit, daß am Baikalsee zwei Edelhirsche gebraten worden sind. Die *Wilderer* wollten die Miliz bestechen, was ihnen jedoch nicht gelang. Es hätten aber auch zwei Wilderer, als Milizleute getarnt, in diesem Gebiet gejagt. Es fand ein zehn Tage dauernder Gerichtsprozeß statt.
   L. Filipčenko: Vokrug izjubra. K.p. vom 17.8.1967.
9. Der schon bekannte Waldhüter Deschkin schreibt, daß die Förster nur 45% ihrer Selbstkosten erstattet bekämen. Die Ausrüstung sei mangelhaft. Während 1937 noch 90% der Jäger über ein Transportmittel verfügten, seien es jetzt nur 25–30% der Jäger.
   V. Dežkin: Ochotnik ili zagotovitel'. K.p. vom 26.9.1967.
10. W. Trawinski gibt zu bedenken, daß der Bestand an Wild möglicherweise rasch zurückginge, wenn alle registrierten Sportjäger die Saison nützen würden. Im Saporoscher Gebiet sind es immerhin 5,5 Mio. *Jäger*. In Usbekistan wurden 1962 66.153 t Munition verkauft. Zudem müsse aber davon ausgegangen werden, daß unter

den Besitzern von Jagdwaffen 75% nicht als Sportjäger registriert sind.

V. Travinskij: S ruž'em ili kinoapparatom. L.g. vom 11.10.1967.

11. Der Jäger Matow berichtet, es gäbe derzeit in der Sowjetunion ebensoviel Zobelfelle wie im 17.Jahrhundert. Jährlich gingen bis zu 60 Mio. Felle in die Auktion.

V. Matov: Otčego zamolkli lesa. L.g. vom 10.1.1968.

12. Unterschiedliche Resonanz fand unter den Jagdliebhabern ein Vorschlag von Trawinski, die *Jagd* nur noch klassisch, *mit Pfeil und Bogen* zu betreiben. Ein Jäger äußert, es sei mit der Abschaffung der Gewehre bei der Jagd allein nicht getan, denn die Wilddieberei sei an sich schon eine parasitäre Erscheinung, die "besonders im Milieu der Jagdgesellschaften verbreitet sei." 1965, so führt er an, seien in Belorußland 67% der Wilddiebe Mitglieder von Jagdgesellschaften gewesen, wobei sie selbst bei Aufdeckung strafbarer Taten ihre Mitgliedschaft in diesen Jagdgesellschaften nicht einbüßten.

V. Romanov: Odnogo zapreta malo. L.g. vom 7.2.1968.

13. Die "Komsomol'skaja pravda" vom 3.4.1968 opponiert gegen die *Dezimierung der Bären* durch devisenbringende Intourist-Jäger.

14. Bogdanow, Mitarbeiter der Hauptverwaltung des Ministeriums für Jagdwesen und Naturschutz, erläutert, warum die *Wilddieberei* eine schlimme soziale Erscheinung darstellt. Er selbst habe beobachtet, daß in der Ukraine Hobby-Jäger einige Stunden lang Tiere *aus Hubschraubern* geschossen hätten.

V. Bogdanov: Zapros s ochotnič'ej troppy. K.p. vom 11.11.1972.

15. In Aserbaidschan gibt es immer häufiger Verstöße gegen die Jagdverordnungen. Im Naturschutzgebiet auf der Insel Bull wurden *Antilopen getötet*. Für jedes Tier mußte eine Strafe von 500 Rubel gezahlt werden. Die Verantwortlichen duldeten aber nicht nur diesen einen Vorfall, sondern ließen noch weitere fünfzehn Tiere töten. Diese Verantwortlichen wurden allein im Jahre 1972 in zwölf Fällen von der Presse als Wilderer bezeichnet. Außerdem hatten sie Holz und Düngemittel aus staatlichen Beständen veruntreut.

P. Volin: Dolgoterpenie do kakich že por! L.g. vom 26.9.1973.

16. Um *"Hirsche in der Sackgasse"* geht es in einem Artikel der K.p. In der Nähe der Stadt Norilsk behindert eine Gasleitung in 1,5 Meter Höhe über eine Strecke von dreihundert Kilometer hinweg den Durchzug der wandernden Hirsche, so daß diese in den Stadtverkehr geraten. Wissenschaftler machen deshalb bereits seit Jahren Eingaben, allerdings ohne Erfolg, weil keine Institution Geld für die Schaffung von Durchlässen bewilligen will.

A. Roslov: Oleni v zapadne. K.p. vom 23.1.1974.

17. Jäger kommen zu Wort und versuchen, die Mär vom Wolf als "Sani-

täter" zu zerstreuen. Die Wölfe hätten 1946 immerhin 100–120.000 Tonnen Fleisch gefressen. Deshalb sei auf die *Wolfsjagd* zu gehen, "eine schöne und interessante Jagd." Diese Begeisterung teilt R. Smirnow nicht, der bereits früher (L.g. vom 5.3.1975) geschrieben hatte, daß die angegebenen Verluste durch Wölfe die Kolchosen in sehr unterschiedlicher Weise treffen würden. Die Viehhirten meldeten Verluste an Schafen von 41 bis zu 789 Tieren. Vor den Feiertagen pflegt die Quote immer besonders hoch zu sein. Der Wolf habe seiner Ansicht nach noch immer eine selektierende Funktion unter den Tieren, was man an dem schlechten Zustand der Herden bei den Nenzen feststellen könne, seitdem dort die Wölfe ausgerottet wurden.

Ne sanitary – piraty! L.g. vom 2.7.1975.

18. Gleich drei Leser, darunter auch Wolkow, melden sich zu Wort, als es um die *verbotene Jagd am Sennyj-See* geht. Die Tiere wurden dort mit Autoscheinwerfern gejagt, viele Abschüsse blieben geheim, weil die Presse sich vor den einen oder anderen Wilddieb stellte, nur weil er "Verdienste" aufzuweisen hätte. Es gebe, so heißt es, im Lande zu viele Gewehre, die nicht registriert seien, und manche Bürger besäßen davon sogar zwei oder drei Stück. Diesen Fakten müsse man ins Auge sehen und die Gewehre nur noch über Jagdgesellschaften vergeben.

A. Molčanov u.a.: Vole ljudej povlastno. L.g. vom 18.12.1976.

19. Empörung über die modernen *Jagdsitten* äußert W. Saposchnikow. Ganze Jagdkollektive gingen mit Bussen ins Gelände. Eine große Zahl von Enten wurde bei einer solchen Jagd nach "strategischem Plan" geschossen. Ein Jäger tötete 73 Enten. Der Autor habe sich gegenüber dem Leiter der Jagd gegen dieses "organisierte Marodeurtum" ausgesprochen und sei belehrt worden, daß die Jäger wie überall ihre Norm erfüllten und die Jagd ihnen zur Erholung diene.

V. Sapožnikov: Operacija "Kotel" L.g. vom 4.8.1976.

20. *"Ritter oder Wilderer?"* fragt die Zeitung und meint damit Funktionäre, die aus 150 Metern Höhe vom Hubschrauber aus auf eine Herde Schneeziegen Jagd machen. Auf Tschukotka fielen 40–50 Edelhirsche diesen Wilderern zum Opfer. Seltene Tiere, wie Schneehammel, wurden gleich zu 600 Exemplaren abgeschossen.

N. Železnov/Christoforov: Vystrel s neba. L.g. vom 22.2.1978.

21. Am 4.8.1978 meldet die "Komsomolskaja prawda", daß bei einer Tigerjagd in Primore im Jahre 1961 110 Tiere getötet worden seien, 12 davon unerlaubt.

22. Die "Frankfurter Rundschau" berichtet aus der Zeitung "Moskowski Komsomolez" folgendes: "Die *Liebe* der Russen *zu exoti-*

schen Tieren läßt die Leitung des Moskauer Zoos derzeit über besondere Tierschutzmaßnahmen nachdenken. Papageien und seltene Schlangen nahmen Tierfreunde schon oft mit nach Hause. Ohne viel Aufhebens brachte ein findiger Russe per Taxi einen ausgewachsenen Damhirsch weg. Verschwunden ist auch eine vierzig kg schwere Schildkröte. Ein Königspinguin wurde dem Zoo freiwillig zurückgegeben. Die kurzzeitigen Besitzer wollten ihn streunend draußen vor dem Zoo gefunden und mit der U-Bahn in ihr rettendes Heim geschafft haben." Elefanten und Nilpferde entgehen offenbar nur deshalb der Aufmerksamkeit, weil sie nicht in einen Bus passen, kommentiert die Zeitung.
Liebe zu exotischen Tieren. In: Frankfurter Rundschau vom 17.7.1978.

23. W. Dedkow, der Leiter der örtlichen Jagdwirtschaft, wirft erneut das für Tjumen brisante Problem qualifizierter Jäger auf. 1939 arbeiteten in Sibirien 3.500 Erwerbsjäger, 1979 aber nur noch ganze 32 Personen. Er stellt auch die Verdienstmöglichkeiten vor: ein Jäger verdient jährlich 837 Rubel, ein Fischer 2.200 und ein Waldarbeiter 3.700 Rubel.
V. Dedkov: Ochotnik menjaet professiju. K.p. vom 22.5.1979.

24. Eine Ortszeitung aus Schuschenskoje rief alle Erwerbsjäger des Bezirks dazu auf, "für die Gewährleistung der Souvenirindustrie" *Tierbälge abzuliefern*. Für einen Auerhahn werden 6,50 Rubel, eine Krähe 1,50 Rubel, ein Streifenhörnchen 50 Kopeken, für Adler und Eule 5 Rubel bezahlt. Wer Bälge im Werte von 150 Rubel abliefert, bekommt eine kostenlose Abschußgenehmigung für Huftiere.
V. Zinukov: Pjaterku za orla. L.g. vom 23.1.1980.

25. Die Antwort auf diese Meldung findet sich am 9.4.1980 in der "Literaturnaja gaseta". Die Hauptabteilung für Jagdwirtschaft und Naturschutz hat dem in Krasnojarsk dafür verantwortlichen Funktionär wegen seiner Initiative eine strenge Rüge erteilt und alle Instanzen unter Kontrolle genommen, die ausgestopfte Tiere anfertigen.

26. Eine besondere Art "wissenschaftlicher Jagd" hat die Korrespondentin W.Schubina entdeckt. In einem nicht näher bezeichneten geschützten Revier mit wissenschaftlicher Aufgabenstellung befaßten sich die wissenschaftlichen Mitarbeiter damit, die Tiere abzuschießen und auf dem Markt zu verkaufen. Der Miliz gelang es, eines der dem Laboratorium gehördenden Autos zu kontrollieren und dabei 2.000 kg Fleisch sicherzustellen. Es handelte sich dabei um *Antilopenfleisch*. Die Wissenschaftler erhoben gegen die Requirierung Protest, weil das erstklassige Fleisch zu den Feiertagen auf dem Markt hohe Gewinne gebracht hätte.
V. Šubina: Ochota po naučnomu. L.g. vom 30.1.1980.

27. Die "Iswestija" (11.3.1982) berichtet von der katastrophalen *Vergeudung* von Produkten der Tierzuchtbetriebe. In Jakutien verderben Fleisch und Felle in der Taiga, weil der Ablieferungspreis zu niedrig ist. Pro Saison würden 70.000 Hirsche getötet, 50.000 nur angeschossen. Für 1981 sei ein Verlust von 300.000 Hirschen in der RSFSR gemeldet worden.

Mißbrauch der Chemie

1. Die "Komsomolskaja prawda" vom 6.10.1963 fordert die Erhöhung der Mineraldüngerproduktion.
2. "Chemie – Fortschritt und Ästhetik" – unter diesem Motto ruft ein promovierter Chemiker dazu auf, mehr chemische Düngemittel zu verwenden. Er geht sogar so weit, Dichter und andere Künstler dazu aufzufordern, in ihren Werken *"Mineraldünger zu besingen."* Ju. Ždanov: Chimija – progress – estetika. L.g. vom 27.2.1964.
3. Die Presse meldet die Bekämpfung der Mäuse im Moskauer Gebiet mittels giftiger Chemikalien von Flugzeugen aus.
V. Ljašenko: Ne tol'ko po vorob'jam. K.p. vom 1.12.1966.
4. Ein Wildhüter befindet sich im Konflikt. Im Usmansker Sumpfgebiet nördlich von Woronesch wird im nördlichen Teil des Naturparks die biologische Schädlingsbekämpfung, im südlichen Waldwirtschaftsgebiet allerdings die chemische Bekämpfungsmethode angewandt. Im Norden hätte man zwar die besseren Erträge, die Mitarbeiter im südlichen Teil bestünden aber darauf, ihren Plan der *"chemischen Waldbearbeitung"* erfüllen zu müssen.
V. Dežkin: Problema veka. K.p. vom 23.12.1966.
5. Der Bericht über ein Forum von Wissenschaftlern, die sich mit dem Schaden befassen, der durch die *Pestizide* verursacht wird (in der K.p. vom 16.3.1967), ist sehr aufschlußreich. "Vögel und Tiere anderer Arten sterben, das Wasser wird vergiftet, der Boden, in den die giftigen Stoffe geraten, – die Lebensmittel – alles das wird zunehmend zur Bedrohung für den Menschen." Die Wissenschaftler I. Rappoport und B. Weprinzew verlangen die Veröffentlichung des amerikanischen Buchtitels "Der schweigsame Frühling" auch in der Sowjetunion, damit mehr über die Auswirkungen dieses Giftes bekanntwürde. 70 Mio. ha Boden würden ständig mit giftigen Chemikalien behandelt, und die Zahl steige ständig. Während Rappoport vor allem genetische Bedenken äußert, behaupten andere Wissenschaftler, daß die Information über die Folgen selbst unter Fachleuten unzureichend sei. Auf einer Ausstellung in Sokolniki

habe man DDT in der modernsten Ausführung ausgestellt, ohne die Besucher auf die Gefährlichkeit der Anwendung durch Laien hinzuweisen. Die giftigen Chemikalien könne man nicht nur auf "Naturschutzausstellungen" kaufen, die Mittel sind zudem ohne jegliche Kennzeichnung über die Verwendung, Dosierung und Gegenanzeigen. In völlig unzureichender Weise wird an einer sog. alternativ-biologischen Schädlingsbekämpfung gearbeitet. In der gesamten Sowjetunion tragen nur sieben Wissenschaftler – so steht zu lesen – die Verantwortung für die Anwendung chemischer Mittel. Nach dem Verweis auf den Vorfall bei Kurbskie gari (Jaroslawl), als 1966 ein ganzes Rudel von Hirschen an Butyläther starb, mit dem das Gebüsch behandelt worden war, folgt der Zusatz, daß diese Tatsache selbst in der wissenschaftlichen Fachpresse verschwiegen worden sei. Die Teilnehmer forderten die Diskussion solcher Vorfälle auf höchster Ebene.
6. Eine Pressemeldung (L.g. vom 1.8.1970) behauptet, daß in der Estnischen Sowjetrepublik der Gebrauch von DDT untersagt sei.
7. Gegen den Mißbrauch der Chemie im Wald wendet sich ein Korrespondent und behauptet, daß die Methode, Laubbäume mit Entlaubungsmitteln zu behandeln, sehr verbreitet sei. Die Bäume gingen danach zugrunde, mit ihnen auch alles Lebendige ringsum. Es habe keinen Wert, wie gutgläubige Menschen fordern, die Tiere vor jeder chemischen Behandlung des Waldes daraus zu vertreiben, denn die Bäume und Tiere gingen ohnehin zugrunde, weil beim Stäuben der Pestizide vom Hubschrauber aus keinerlei Parameter Beachtung fänden. Die Beauftragten würden zwecks "Ausrottung bis zur Wurzel", eher *zuviel* als zu wenig *giftige Chemikalien* verstreuen.
P. Arkad'ev: Chimija i biosfera. L.g. vom 6.7.1977.

Betriebe und Naturschutz

1. Einen Verweis erhält der Direktor eines Makejewsker Betriebes vom Ministerium für Buntmetallurgie, weil er auf die Zuweisung von Investitionen für Filteranlagen bestanden hatte. Das Glaswerk von Lisitschansk hatte bereits achtmal Strafen gezahlt, bis endlich durch die Proteste der Öffentlichkeit *Filteranlagen* eingebaut werden mußten.
V. Demin: Reka zovet na vyručku. K.p. vom 27.4.1960.
2. Ein elektrochemischer Betrieb in Tadschikistan vergiftet Erde, Luft und Wasser.
V. Ljašenko: Ne tol'ko po vorobo'jam. K.p. vom 18.7.1967.

3. Der Leiter der Abteilung Waldwirtschaft stellt fest, im Kusbas hätten von 225 Industriebetrieben nur 35 *Abwasserreinigungsvorrichtungen installiert.*
Počemu melejut reki. K.p. vom 13.9.1967.
4. Am 30.9.1972 fordert die Presse, die Moskauer Fabriken müßten gegen die Luftverunreinigung endlich Filteranlagen einbauen.
Dychanie bol'šogo goroda. K.p. vom 30.9.1972.
5. Gehäufte Beschwerden gibt es über ein Zementwerk in Neberdschajew. Strafe sei schon einmal für die Vernichtung von 612 ha Wald gezahlt worden, jetzt sei aber erneut auf 600 ha Schaden an den Bäumen entstanden. Die Bäume gingen durch die Zementablagerungen zugrunde. Die Zementwerker fahren auf vollen Touren mit der Begründung, daß das Land *Zement* brauche und die Schicht von dem Zementstaub, die sich auf den Bäumen ablagere, eher wie Mineraldünger wirken würde. Die installierten Filteranlagen erwiesen sich als völlig wirkungslos. 1973 wurden neue Öfen sogar ohne die Genehmigung der Hygieneprüfer in Gang gesetzt.
V. Monastyrev: Posle štrafa. L.g. vom 27.7.1973.
6. Beschwerden über *Bitumenschwaden* in der Stadt Akademgorodok verraten, daß an den Ufern der Angara ein Asphaltwerk errichtet wurde, das bei ungünstiger Witterung die Abgase nach Irkutsk und Akademgorodok abläßt. Alle Forderungen der Wissenschaftler nach Verlegung des Betriebes blieben ohne Erfolg.
Rundtischgespräch der L.g.: Spor u podnožija gory Zmejki. L.g. vom 5.9.1973.
7. Nicht alle Betriebe im Gebiet Kulunda haben Filteranlagen. Am Burlinsker See wurde bislang Kochsalz gewonnen, aber 1980 sei das nicht mehr möglich, weil der Schlamm für gesundheitliche Zwecke nicht mehr verwendbar sei. Das Kukutschinsker Sulfatwerk habe bei der Ausbeutung des Sees ein zweimal schnelleres Tempo vorgelegt, so daß die Vorräte wahrscheinlich vorzeitig erschöpft sein werden.
G. Gorbunov: Klad ne sklad. K.p. vom 13.1.1976.
8. In Charkow verunreinigen zwei große Schornsteine ohne Filteranlagen die Luft. Der Betrieb zahlt die Bußgelder aus dem Staatshaushalt.
V. Cekov: Černyj uzor v sinem nebe. K.p. vom 15.12.1976.
9. Einen Fall "beispielloser Schlamperei" in der Leitung schildert ein Korrespondent aus Krasnojarsk. 1975 gingen bei tagelangem Ausfall der Reinigungsanlagen im Kraftwerk die *Abwässer in die Uchtoma.* Die Schuld daran wurde auf die Arbeiter und Brigadiere abgewälzt, während die Betriebsleitung auf der Zeugenbank Platz

nahm. Die Direktion wurde zu 16.500 Rubel Strafe verurteilt, die sie an den Fischereibetrieb zu zahlen hatte.
A. Miščenko: Neft' i ryba. K.p. vom 17.8.1978.
10. Boris Rjabinin berichtet in seinem Skizzenband "Operation Tsch." (Moskau 1976) über verschiedene *Schadensfälle*. Er schildert einen Ural-Bergfluß, dessen Wasser nicht mehr als Trinkwasser zu brauchen ist. Der Zufluß Meschewaja utka ist tot, weil sich durch große Holzfälleraktionen zuviel Holz im Fluß gesammelt habe. Eine Kupferhütte und ein Chromwerk reinigen ihre Abfälle nur zweimal, so daß die Felsen und das Flußwasser orange eingefärbt sind. Durch das SUMZ-Werk, das die Reinigung nur zu 25% durchführt, gehen die Bäume der Umgebung zugrunde. Bereits 1969 hat es eine Aktion der örtlichen Presse gegeben, die nach den Verursachern fahndete. Forst- und Asbestbetriebe seien damals die Hauptschuldigen gewesen, aber Abhilfe war kaum möglich. Viele der Betriebe arbeiten mit 100 Jahre alten Betriebsausrüstungen und müßten z.b. den ganzen Fluß als Kläranlage mit einbeziehen. Das betreffe u.a. einen Betrieb für Emaillegeschirr. Auch bei den Metallgußbetrieben sind immer noch Dampfmaschinen an der Tagesordnung. Der Schriftsteller berichtet, daß ein Betrieb Arsen in einer Konzentration von 800% über der Norm in den Fluß leitete, so daß Naturschützer und Hygiene-Verantwortliche in gleicher Weise Alarm schlugen. Die mangelhafte Ausstattung mit Reinigungsanlagen geht in den Betrieben der Buntmetallurgie konform mit einem immer höheren Produktionsausstoß, denn die Norm wurde inzwischen um das Dreifache erhöht. Der betroffene SUMZ-Betrieb gilt dennoch als vorbildlich und wurde als "kulturvollster" ausgezeichnet, was in der Praxis bedeutet, daß nun auch Rekonstruktionsmaßnahmen genehmigt werden.
Der Kampf um den reinen Fluß Tschusowaja – so Rjabinin – habe elf Jahre gedauert. Dennoch – zu einer Fahrt auf der Tschusowaja müsse man sich noch heute mit Trinkwasser versehen.
11. Der Publizist Anatoli Pristawkin beschwert sich in einem Artikel "Lehrstunden aus der Natur" darüber, daß bei der Überflutung von Landstrichen für den Bratsker Stausee Millionen m³ *Wald unter Wasser* gesetzt wurden. Die schon erkannten Fehler wurden dann beim Ust-Iljimsker Wasserkraftwerk wiederholt und es sei fraglich, schreibt er, ob man für Bogutschansk daraus gelernt hätte.
Große Schäden wurden durch den Bratsker Holzwirtschaftskomplex verursacht, der ohne Abwasserreinigungsanlage gebaut wurde. Dadurch sei der Fluß Wychorewka und ein Teil der Angara verschmutzt, was sich nicht nur auf den Fischfang auswirke, sondern zur totalen Verseuchung bis zu toten Zonen geführt habe. Auf

sechzig Kilometer hin sei das Wasser in der Angara durch Industrieabwässer ungenießbar, denn schon 1970 wären 15.018 t organischer Industrieabfälle in den Wychorewka-Fluß geleitet worden.
A. Pristavkin: Uroki s prirody. In: "Znamja" 1981, 2, S. 123 ff.
12. Jewgeni Worobjow kritisiert in seiner Reportage "Schatten vor Rauch" die *Bratsker Zustände*. Nicht nur die Abgase und Schadstoffe einer Unmenge von Autos, Hubschraubern und Motorbooten belasten die Stadt, sondern die Luft sei mitunter auch derart gefährlich, daß das Glas der Fensterscheiben matt und brüchig würde. Von 622 schädlichen Abgasquellen der Stadt stammten aus dem Aluminiumkombinat allein 147. Beteiligt an der Verschmutzung seien auch das Zellulosekombinat und das Holzverarbeitungskombinat. 1.400 t Spanabfall würden nicht weiterverarbeitet, sondern verbrannt. Bei rationeller Ausnutzung könnte zweimal mehr Wärmeenergie daraus genutzt werden. Hinzu kommt, daß die Betriebe offenbar gänzlich ohne Filteranlagen arbeiten und auch an Sonntagen das Gas in die Erholungsgebiete ausströmt. Das Aluminiumkombinat habe außerdem mit sehr sonderbaren technischen Schwierigkeiten zu kämpfen, die es bei der supermodernen Ausrüstung eigentlich nicht mehr geben dürfte. Während des Elektrolysevorganges bildeten sich auf den offenen Wannen Gasschichten, die den technischen Vorgang verlangsamten. Deshalb nähmen die Arbeiter Stangen und rührten die Oberfläche des Wannengemischs auf. Damit verbrauchten die Arbeiter täglich 6.800 Birkenstangen, die sie direkt aus der umgebenden Taiga beschafften. Das sind etwa 2,5 Mio. Stangen pro Jahr. 1976 sei beschlossen worden, wegen der gefährlichen Abgase die Bevölkerung der betroffenen Gebiete umzusiedeln. 1981 waren aber erst zweihundert Familien umgezogen.
E. Vorob'ev: Ten' ot dyma. L.g. vom 17.6.1981.
13. Die Antwort auf diesen Artikel findet sich ein halbes Jahr später auch in der "Literaturnaja gaseta". Der Stellvertretende Minister für Buntmetallurgie behauptet, daß für das Aluminiumkombinat 15–17 Mio. Rubel ausgegeben worden seien, die entsprechende Folgen für den Naturschutz haben würden. Die Reinigungsanlagen würden ständig verbessert.
Die Schadstoffbelastung für die Werktätigen und die Einwohner lägen in der zulässigen Norm, und eine Belästigung käme durch schlechte Witterungsverhältnisse zustande. Das Ministerium behauptet, seine allseitigen Bemühungen um eine Verbesserung der Lage fortsetzen zu wollen. Eine Kommission wurde eingesetzt, die die Ursachen für das Waldsterben erforschen soll.
Die Redaktion merkt an, daß zahlreiche Leser mit den Antworten

nicht zufrieden seien. So berichtet eine Leserzuschrift von Rußschwaden über dem Gelände und von Abwässern, die ohne Reinigung in den Fluß Wychorewka geleitet würden und den Fisch absolut ungenießbar machten.
L. Kozlov: Otvet na "Ten' ot dyma." L.g. vom 27.1.1982.
14. Die Zeitschrift "EKO" berichtet, daß immer noch in Sibirien Betriebe in Funktion sind, die vor Jahrzehnten errichtet wurden. Das Kusnezker Metallurgische Kombinat sei trotz totaler Abnutzung nicht renoviert worden. Das wirke sich natürlich auch auf die Arbeitskräftesitutation in Gestalt einer hohen Fluktuation aus. "In Sibirien", so heißt es, "ist durchweg noch die *Vorkriegsausrüstung der Betriebe in Funktion.*" Wenn ein neuer Betrieb errichtet wird, bestehe zwar die Absicht, einen veralteten dafür zu schließen (z.B. das Kokskombinat von Kemerowo), aber es dauere lange, bis der alte Betrieb stillgelegt werde. Häufig verunreinigten dann der alte und der neue Betrieb gemeinsam die Luft. Während der Bau eines neuen Kombinats im Gange sei, stelle sich oft ein Produktionsdefizit heraus, das nur durch die Weiterführung der Produktion im veralteten Betrieb kompensiert werden könne.
Rundtischgespräch der Zeitschrift "EKO" 1982, 3, S. 173.

Über Kraftwerke und Stauseen

1. Um Probleme mit dem Wasserkraftwerk geht es am Irtysch. Ein Staudamm am Buchtaminsker Meer verlegt den Fischzügen den Weg. Der Verfasser fordert die Ausnutzung von Wind- und Sonnenenergie und der Kraft von natürlichen Wasserfällen.
M. Injušin: Vody Irtyša. L.g. vom 3.2.1962.
2. Sergej Salygin äußert sich in seiner Funktion als Kandidat der Technischen Wissenschaften über das *Nischne-Obsker Wasserkraftwerk*. Er stellt zwei Projekte vor, von denen er sagt, daß weder Technik noch Wissenschaft vertragen könnten, wenn Ziele zu Gesetzen gemacht würden. Das Unternehmen Hydroprojekt plane 113.000 km^2 Wiesen zu überfluten. Das Geographische Institut protestiert dagegen mit dem Hinweis auf den wertvollen Bodenfonds. Abgesehen von dem Schaden für Wald, Landwirtschaft und Fischerei träten unabsehbare klimatische Folgen auf.
S. Zalygin: Lesa, zemli, vody. L.g. vom 26.6.1962.
3. Den Vorstellungen Salygins schließt sich ein Leser an. Auf den 12 Mio. ha Boden, der für die Überflutung abgeschrieben worden sei, stünden 170 Mio. m^3 *Wald*. Die Arbeiter seien dabei, dieses

jetzt wertlose Holz zu vernichten und zu verbrennen, da es kostenlos sei. Man schreibe aber in der Zeitung über Wilderer. Deshalb müsse die liberale Haltung in bezug auf gesellschaftliches Eigentum und seine Vergeudung Unwillen erregen.

I. Vasilevskij: Cena zemli. L.g. vom 21.8.1962.

4. Die Nebeneffekte des *Wasserkraftwerks an der Kama* beunruhigen einen Ingenieur aus Kazan. 60.000 ha erstklassigen Bodens wurden überschwemmt. Im Zusammenhang mit dem Nischne Kamsker Wasserkraftwerk wurden 86 Kolchosen in Mitleidenschaft gezogen. Die Bewohner aus 95 besiedelten Orten mußten umziehen.

Der Verantwortliche aus dem Landwirtschaftsministerium machte sich wegen des verlorengegangenen Bodens Gedanken und schlug vor, durch Sumpftrockenlegung 18.000 ha, durch Bewässerung 28.000 ha zu erhalten. Er forderte auch die Leistungseinschränkung des Wasserkraftwerks auf 1.100.000 kWh.

Ein Mitarbeiter des Hydrologischen Instituts konstatiert: *Wir verlieren den meisten Boden durch Wasserkraftwerke.* An der Kama ging mehr Boden verloren als vorgesehen, und beim Bau werden zu viele Fehler gemacht. Aufgrund der Proteste aus der Bevölkerung werde das Wasser im Staubecken um zwei Meter niedriger gehalten als vorgesehen, weil man den Boden retten wolle. Er erhebt die Forderung nach dem Bau von Wärmekraftwerken.

Ž. Mindubaev: Voda i zemlja. K.p. vom 10.2.1967.

5. Ein Geograph, Professor Wendrow, äußert sich besorgt über die *Trinkwasserversorgung* in der Sowjetunion. Jeder sowjetische Einwohner sei in der Perspektive schlechter mit Trinkwasser versorgt als die Amerikaner. Nur 12% der Trinkwasserreserven lägen im dicht besiedelten Teil des Landes. Der Professor meint, bislang habe man sich über die Folgen der Gewinnung von Elektroenergie durch die Flüsse keine Gedanken gemacht. Zuviel Boden sei schon dadurch verlorengegangen. Er ist davon überzeugt, daß *"bald die in den Ebenen stationierten Wasserkraftwerke und Staubecken moralisch veraltet sein würden und man sie wieder trockenlegen müßte."* Am Ende des Jahrhunderts seien Amu-Darja und Syr-Darja erschöpft. Deshalb dürfe auf keinen Fall das Nischne-Obsker Staubecken geschaffen werden.

S. Vendrov: Ekologija i ekonomija. L.g. vom 17.6.1970.

6. Der Schriftsteller I. Fonjakow kritisiert, daß mit dem Bau des Ust-Iljimsker Wasserkraftwerks zuviel Wald auf dem Grunde des Stausees verschwand. Statt der geplanten 5 Mio. m^3 seien es inzwischen 7 Mio. m^3. Die Gebiete sind ohne Kahlschlag geflutet wor-

den, und in Bratsk schwimmen deshalb die Bäume im Stausee an der Oberfläche.
I. Fonjakov: Volna nad kronami. L.g. vom 31.7.1974.
7. Boris Rjabinin berichtet von einer neuen Variante der Stauseen bei Nischni Tagil und Kirowgrad. (vgl. "Očerk" 1980, Moskau 1981). Der Streit begann mit Eingaben der Naturschützer gegen das staatliche Projekt. Wegen des Wassermangels für die Betriebe im Ural sollten zwei neue Stauseen geschaffen werden. Es ging dabei um das *Abholzen* von 400 ha uraltem Baumbestand und die Überflutung eines Teils der Naturschutzgebiete im Mittelural. Das Swerdlowsker Kanalbauinstitut wies alle Proteste der Naturschützer mit der Begründung zurück, daß die Gelder bereits genehmigt seien und folglich gebaut werden müsse. Von einem Autodidakten wurde daraufhin ein zweites Projekt entwickelt, das eine optimale Variante unter Beachtung aller ökologischen und tektonischen Bedingungen darstellte. Der Mann durfte sein Projekt zwar einer Expertenkommission vorstellen, gebaut aber wurde nach der ersten Variante.
B. Rjabinin: Poisk varianta. In: "Očerk" 1980 – Moskau 1981, S. 233 f.
8. Professor A. Isajew schreibt in der Zeitschrift "EKO" auch über die Wasserkraftwerke als ein Beispiel für "Kurzsichtigkeit". Die Effektivität werde zwar in Stromkosten ausgedrückt, *die ökologischen Folgen seien aber unbezahlbar.* Die Kraftwerksbauten am Bratsker Meer, bei Ust Iljimsk, Sajano-Schuschensk, Bogutschansk und am Mittel-Jenissei hätten überall den Wald unter Wasser gesetzt, ohne daß man daran gedacht habe, daß für den Bau der Komplexe auch Nutzholz benötigt werde. Im Normalfall müßte sechs Jahre vor Baubeginn der Wald gerodet werden. Das Krasnojarsker Wasserkraftwerk habe die fruchtbaren Böden am Ob überschwemmt und niemand habe daran gedacht, welche ökologischen Folgen das nach sich zieht. Das Wasser ist durch das Kraftwerk auf eine Strecke von 150 km aufgeheizt und beeinträchtigt das Klima. Nebel und größere Kälte, erhöhte Korrosion, starke Verschmutzung des Jenissei und verlangsamte Selbstreinigung der Flüsse sind nur einige Folgen.
Rundtischgespräch der Zeitschrift "EKO" 1982, 3, S. 161. f.

8. Literaturverzeichnis

8.1 Allgemein-ökologische Fragestellungen

Adabašev, I.: Sotvorenie garmonii. Moskau 1981.
Agurskij, Michail: Russian Isolationism and Communist Expansion. In: Russia 1982, 5—6, S. 127 f.
Agurskij, Melik (ders.): Die sozial-ökonomischen Systeme der Gegenwart und ihre Aussichten. In: A. Solschenizyn u. a. Stimmen aus dem Untergrund. Darmstadt 1975, S. 77 f.
Anučin, V.: Osnovy prirodopol'zovanija. Moskau 1978.
Arab-Ogly, E.: Demografičeskie i ekologičeskie prognozy. Moskau 1978.
Atomkraftwerke und Umweltzerstörung in der DDR, ČSSR, Polen, der SU und Jugoslawien. In: Sozialistisches Osteuropakomitee. Info 42, Hamburg 1980.
Babaev, A. u. a.: Ökologische Aspekte der Kernenergetik. In: Gesellschaftswissenschaften. Akademie der Wissenschaften. Moskau 1980, 4, S. 250 f.
Bannikov, A.: Po zapovednikam Sovetskogo Sojuza. Moskau 1966.
Bannikov, A.: Wissenschaftliche und globale Probleme der Gegenwart. In: Gesellschaftswissenschaften. s.o. Moskau 1975, 3, S. 191 f.
Barabanov, V. (Herausgeber): Voprosy ekologii i ochrana prirody. Leningrad 1981.
Bestushew-Lada, I.: Die Welt im Jahr 2000. Freiburg 1984.
Bestužev-Lada, I.: Okno v buduščee: sovremennye problemy social'nogo prognozirovanija. Moskau 1970.
Bezljudov, A.: Ostorožno-priroda. Minsk 1978.
Bilenkin, D.: Priroda prisposablivaetsja k čeloveku. In: Junost' 1976, 4, S. 100 f.
Bilenkin, D. u. a.: V poiskach ekologičeskogo soznanija. In: Novyj mir 1979, 1.
Biolat, Guy: Ökologische Krise? Berlin (DDR) 1974.
Birnbacher, Dieter: Ökologie und Ethik. Stuttgart 1980.
Blagosklonov, K. N., Inozemcev, A. A., Tichomirov, V. N.: Ochrana prirody. (Hochschullehrbuch). Moskau 1967.

Blinkov, V.: Ochrana prirody. Moskau 1971.

Bobrov, R.: Besedy o lese. Moskau 1979.

Buchholz, Erwin und Gert: Rußlands Tierwelt und Jagd im Wandel der Zeit. (Abhandlungen zur Agrarforschung Europas). Gießen 1963.

Buchholz, Erwin: Die Waldwirtschaft und Holzindustrie der SU. München-Bonn-Wien 1961.

Buchholz, Erwin: Naturschutz in der SU. In: Osteuropa-Naturwissenschaften 1959, 2, S. 138 f.

Busch-Lüty, Christiane: Zur Umweltproblematik in sozialistischen Systemen. (Ideologie und Realität) In: Aus Politik und Zeitgeschichte (Beilage zu "Das Parlament") 1981 Bd. 27, S. 18 f.

Bush, Keith: Umweltprobleme in sozialistischen Ländern. In: Osteuropäische Rundschau 1973, 1−2.

Chatschaturow, T. S.: Ökonomische Probleme der Ökologie. In: Gesellschaftswissenschaften. Moskau 1978, 10, S. 1019 f.

Dahm, Helmut: Ökologie und wissenschaftlicher Kommunismus. Berichte des Bundesinstituts für Ostwissenschaftliche und Internationale Studien. Köln 1980, 13.

Doležal, N./Korjakin: Das sowjetische Kernenergieprogramm. In: Osteuropa (A) 1980 (11), 1981 (1). (Aus: Kommunist 1979, 14).

Dulov, A.: Prirodnye uslovija i proizvodstvennye sily Rossii v 18.−19. vv. In: Voprosy istorii. Moskau. 1979, 1, S. 39 f.

Dulov, A.: Čelovek i priroda na Rusi v 14.−17. vv. In: Priroda 1976, 12.

EKO: UdSSR − Ökologische Unruhe. Eine Diskussion über Umweltfragen in Sibirien. In: Osteuropa (A) 1982, 11. (Aus: EKO, Novosibirsk 1982, 3).

Fedorenko, N., Lemešev, M., Rejmers, N.: Social'no-Ekonomičeskaja effektivnost' ochrany prirody. In: Priroda 1980, 10.

Fedorenko, N., Rejmers, N.: Sbliženie ekonomičeskich i ekologičeskich celej v ochrane prirody. In: Priroda 1981, 9.

Fedorov, E.: Der Friede als Vorbedingung zur Erhaltung der Natur. In: Gesellschaftswissenschaften. Moskau 1982, 1, S. 205 f.

Fedorov, E.: Ekologičeskij krizis i social'nyj progress. Leningrad 1977.

Fedorov, E.: Man and Nature (The ecological crisis and social progress). Moskau 1980.

Fedorov, E.: Ochrana okružajuščej sredy v SSSR − sostavnaja čast' social'no-ekonomičeskoj programmy KPSS. Moskau 1979.

Fedorov, E., Novik, I.: Problemy vzaimodejstvija čeloveka s prirodnoj sredoj. In: Voprosy filosofii 1972, 12, S. 58.

Fjodorow, E.: Die Wechselwirkung zwischen Natur und Gesellschaft. Berlin (DDR) 1974.

Fedoseev, N., Timofeev, T. (Herausgeber): Social'nye aspekty ekologičeskich problem. Moskau 1982.

Frolov, I.: Ekologičeskie problemy NTR i ich rešenie pri socializme. Moskau 1976.

Frolov, I.: Nauka i gumanističeskie idealy v rešenii global'nych problem. In: Voprosy filosofii 1979, 6, S. 116 f.

Galeeva, A., Kurok, M. (Herausgeber): Ochrana prirody. Sbornik dokumentov 1917–1978. Moskau 1979.

dies. Sbornik dokumentov 1917–1981. Moskau 1981.

Galeeva, A.: V seminarach po problemam ekologii. Moskau 1980.

Gerasimčuk, A.: Čelovek i priroda. Kritika religiozno-idealističeskoj interpretacii ekologičeskich problem. Kiev 1981.

Gerasimov, I.: Metodologičeskie problemy ekologizacija sovremennoj nauki. In: Voprosy filosofii 1978, 11, S. 61 f.

Gerasimov, I.: Nužen general'nyj plan preobrazovanija prirody našej strany? In: Kommunist 1969, 2, S. 68 f.

Gerasimov, I., Doskač, A. u. a.: Priroda i obščestvo. Moskau 1968.

Girusov, E: "Obščestvo-piroda". Moskau 1976.

Glagow, M.: Umweltgefährdung und Gesellschaftssystem. München 1972.

Goldman Marshall, I.: Umweltzerstörung und Umweltvergiftung in der Sowjetunion. In: Glagow, s.o. S. 73 f.

Goldmann, M. I.: The Spoils of Progress: Environmental Pollution in the Soviet Union. Cambridge 1972.

Goldman, M. I.: Grenzen des Wachstums im Kommunismus? In: Technologie und Politik. Hamburg 1975, Nr. 2.

Grotzky, J.: Umweltschutz und Umweltschäden in der jüngsten sowjetischen Diskussion. In: Osteuropa. 1984, 7, S. 511 ff. und (A) S. 345 ff.

Gudožnik, G.: NTR i ekologičeskij krizis. Moskau 1975.

Harich, W.: Kommunismus ohne Wachstum. Reinbek 1975.

Heuler, W., Scheer, J.: Atomprogramm und Energiepolitik in der Sowjetunion. In: Frankfurter Hefte 1982, 2, S. 22 f.

Höhmann, H., Seidenstecher, G., Vajna, Th.: Umweltschutz und ökonomisches System in Osteuropa. Drei Beispiele: Sowjetunion, DDR, Ungarn. Stuttgart 1973.

Israel, Ju.: Damit Himmel, Erde und Wasser rein bleiben. In: Gesellschaftswissenschaften. Moskau 1980, 3, S. 210 f.

Janickij, O.: Städtische Lebensweise und Ökologie. In: Gesellschaftswissenschaften. Moskau 1979, 4, S. 241 f.
Kachaturova, T.: Obščestvo i priroda. Moskau 1981.
Kalinin, V., Fomičev, A.: Ekologija v kontekste global'nych problem. In: Voprosy filosofi. 1982, 1, S. 152 f.
Kapica, P.: Naučnyj i social'nyj podchod k rešeniju global'nych problem. In: Voprosy filosofii. 1977, 1.
Kapica, P.: Eksperiment. Teorija. Praktika. Moskau 1981.
Kvaša, A.: Demografičeskaja politika v SSSR. Moskau 1981.
Kelley, D., Stunkel, K., Kenneth, R., Wescott, R.: The Economic Superpowers and the Environment. San Francisco 1976.
Kim, M.: Obščestvo i priroda. Moskau 1981.
Kiselev, N.: Ob-ekt ekologii i ego evoljucija. Kiev 1979.
Klesova, E.: Priroda i čelovek. Minsk 1979.
Kolbasov, O.: Sovetskoe zakonodatel'stvo ob ochrane prirody za 40 let. In: Izvestija Leningradskogo un-ta. Leningrad 1958, 1.
Kolbasov, O.: Ochrana prirody. In: Sovetskoe gosudarstvo i pravo. 1972, 2.
Kolotınskaja, E.: Pravovaja ochrana prirody v SSSR. Moskau 1962.
Komarov, B.: Uničtoženie prirody. Frankfurt 1978. Dass. dt:
Komarow, B.: Das große Sterben am Baikalsee. Reinbek 1979.
Kovalev, A.: Vzaimodejstvie prirody i obščestva. Moskau 1980.
Kovda, V.: Velikij plan preobrazovanija prirody. Moskau 1952.
Laptev, I.: Teoretičeskie osnovy ochrany prirody. Tomsk 1975.
Lejbin, V.: "Modeli mira" i obraz čeloveka. Kritičeskij analiz idej Rimskogo kluba. Moskau 1982.
Linnik, Ju.: Kniga prirody. Petrozavodsk 1978.
Lipickij, V.: Čelovek, priroda, vospitanie. Moskau 1977.
Los', V.: Čelovek i priroda. Moskau 1978.
Los', V.: Vzaimootnošenija meždu čelovekom i prirodoj kak global'naja problema. In: Voprosy filosofii. 1982, 5, S. 128 f.
Lukašev, V., Lukašev, K.: Naučnye osnovy ochrany okružajuščej sredy. Minsk 1980.
Mandel, William: Soviet ecology movement. In: Science and Society. New York 1972, 4, S. 385 f.
Manin, Ju.: Ekologičeskie problemy epochi naučno-techničeskoj revoljucii. Minsk 1977.
Manin, Ju.: NTR i ekologizacija proizvodstva. Minsk 1979.
Marej, A.: Sanitarnaja ochrana vodoemov ot zagrjaznenij radioaktivnymi veščestvami. Moskau 1976.
Medwedjew, Sh.: Bericht und Analyse der bisher geheimgehaltenen Atomkatastrophe in der UdSSR. Reinbek 1970.

Medwedjew, Sh.: Der Fall Lyssenko. Reinbek 1971.
Medwedjew, Sh.: Es gibt auch in der UdSSR eine Antikernkraftbewegung. In: Bild der Wissenschaft. 1980, 6, S. 104 f.
Mitrjuškin, K., Šapošnikov, L.: Progress i priroda. Moskau 1978.
Motylev, V.: Prognozy "Rimskogo kluba": real'nost' i proročestva. In: Voprosy ekonomiki. 1977, 4.
Muraško, M.: Pläne zur Umverteilung der Wasservorräte. In: Sowjetunion heute. Köln 1982, 4, S. 25 f.
Naučno-techničeskaja revoljucija i čelovek. (Red. V. Afanas'ev) Moskau 1977.
Nauňo-techničeskij progress, priroda i čelovek. Moskau 1977.
Nikitin, D., Novikov, Ju.: Okružajuščaja sreda i čelovek. Moskau 1980.
Novikov, R.: Osnovy obščej ekologii i ochrana prirody. Leningrad 1979.
Novikov, R.: Die sozialistische Gemeinschaft und die internationalen Aspekte des Umweltschutzes. In: Sowjetwissenschaften. Gesellschaftswissenschaftliche Beiträge. Berlin (DDR) 1978, 2, S. 183 f.
Novye idei v geografii. Bd. 3. Ekologija i ekonomija. Moskau 1977.
Novye idei v geografii. Bd. 4. Geografičeskie aspekty ekologii čeloveka. Moskau 1979.
Obščestvo i prirodnaja sreda. Moskau 1981.
Ökologiediskussion in Osteuropa. In: Osteuropa-Info (Berlin), 1984, Nr. 57/58.
Oldak, G., Darbanov, D.: Der Mensch und seine Umwelt. In: Sowjetwissenschaft. Gesellschaftswissenschaften. Berlin (DDR) 1973, 12, S. 1328.
Oldak, P.: Sovremennoe proizvodstvo i okružajuščaja sreda. Novosibirsk 1979.
Olschowy, Gerhard: Naturschutz ist Umweltschutz. In: Umschau aus Wissenschaft und Technik 1978, 8, S. 337 f.
Osnovy prirodopol'zovanija. Minsk. 1980.
Ochrana vodnych resurcov. Moskau 1980.
Pivovarov, Ju.: Sovremennaja urbanizacija. Moskau 1976.
Poklon reke i lesu. Archangelsk 1977.
Priroda, civilizacija, čelovek. Leningrad 1978.
Priroda i obščestvo. Moskau 1968.
Problemy social'noj ekologii. Moskau 1976.
Pryde, Ph.: Conservation in the Soviet Union. Cambridge 1972.
Rejmers, N., Štilmark, F.: Osobo ochranjaemye prirodnye territorii. Moskau 1978.

Riklefs, R.: Osnovy obščej ekologii. Moskau 1979.

Sacharow, Andrej: Wie ich mir die Zukunft vorstelle. Zürich 1968.

Schmid, Karin: Umweltschutz in der Sowjetunion. (Bundesinstitut für Ostwissenschaftliche und Internationale Studien) Köln 1971.

Schmidt-Häuer, Ch.: Dunkle Flecken auf der "Atomsonne". In: Die Zeit. Nr. 32 vom 5.8.1983 S. 7.

Singleton, F.: Environmental misuse in the Soviet Union. New York 1976.

Sinjakov, Ju.: Naturschutz (Die Sowjetunion heute und morgen). Presseagentur Novosti. Moskau 1983.

Ščerbina, V.: Ekonomičeskie aspekty vzaimodejstvija čeloveka i prirody. In: Vestnik LGU. Leningrad 1976, 17, S. 18 f.

Social'nye problemy ekologii i sovremennost'. Moskau 1978.

Society and the environment: a Soviet View. Moskau 1977.

Sokolow, W.: Die Naturschutzbewegung der Studenten. In: Gesellschaftswissenschaften. Moskau 1978, 2, S. 244 f.

Taraskevič, G.: Razumno ispol'zovat' lesnye bogatstva. In: Kommunist. Moskau 1963, 16, S. 85 f.

Tabakov, A.: Programm-Bajkal. In: Sowjetunion heute. Köln 1982, 3, S. 49 f.

Trofimov, P., Romanov, V.: Socialističeskoe prirodopol'zovanie. Minsk 1981.

Tschajanow, A.: Reise meines Bruders Alexej ins Land der bäuerlichen Utopie. Frankfurt a. M. 1981.

Tschudnow, W.: UdSSR-Umweltschutz. Moskau 1975.

Tugarinov, V.: Priroda, civilizacija, čelovek. Leningrad 1978.

UdSSR – Umweltschutz wird immer dringlicher. In: Osteuropa (A). 1980, 7, S. 435 f.

Upravlenie prirodnoj sredoj. Moskau 1979.

Urlanis, B.: Global'nye problemy narodonaselenija i različnye podchody k ich rešeniju. In: Voprosy filosofii. 1979, 10.

Vogeler, Jan: Alternative Lösungsvorschläge aus westlicher und östlicher Sicht. In: Globale Probleme aus der Sicht von Ost und West. Dortmund 1981. (Manuskriptdruck.)

Volkov, G.: Ekologičeskij krizis i socialističeskoe prirodopol'zovanie. In: Kommunist. Moskau 1976, 12, S. 34 f.

Volgyes, I.: Environmental Deterioration in the Soviet Union and Eastern Europe. New York 1974.

Zachlebnyj, A.: Škola i problema ochrany prirody. Moskau 1981.

8.2 Primärliteratur zu den behandelten künstlerischen Texten

Abramov, Fedor: Sobr. soč. v 3-ch tomach. Leningrad 1982.
Abramow, Fjodor: Alka. Berlin-Weimar 1978.
Abramov, Fedor: Babilej. Leningrad 1981.
Abramov, Fedor: Poslednjaja ochota. Moskau 1973.
Abramov, Fedor: Sosnovye deti. Moskau 1970.
Abramov, Fedor: [Interview] Sotvorenie novogo russkogo polja. In: Naš sovremennik 1980, 7, S. 181 f. (dt. In: Osteuropa (A) 1982, 7, S. 353).
Afonin, Vasilij: Pojma. In: Junost' 1976, 3.
Afonin, Vasilij: Poslednjaja osen'. Moskau 1976.
Afonin, Vasilij: Povesti i rasskazy. Moskau 1979.
Agranovskij, Anatolij: A les rastet. Moskau 1973.
Als die Wale fortzogen (Anthologie). Berlin (DDR) 1979.
Aitmatow, Tschingis: Romane, Novellen, Erzählungen in zwei Bänden. Berlin (DDR) 1975.
Aitmatow, Tschingis: Der Junge und das Meer (Pegij pes beguščij kraem morja). München 1978.
Aitmatow, Tschingis: Ein Tag länger als ein Leben (I dol'še veka dlitsja den'). München 1981.
dass. Der Tag zieht den Jahrhundertweg. Berlin (DDR) 1982.
Ajtmatov, Čingiz: V soavtorstve s zemleju i vodoju. Izd. 2, Frunze 1979.
Aitmatow, Tschingis: Alles geht alle an. In: Sowjetwissenschaft. – Kunst und Literatur. Berlin (DDR) 1981, 7, S. 681 f. (Aus Voprosy literatury 1980, 12).
Aitmatow, Tschingis: Die Literatur – mein Leben. In: Kunst und Literatur. Berlin (DDR) 1982, 1, S. 52 f. (Aus: Literaturnaja gazeta vom 8.4.1981).
Aitmatow, Tschingis: Interview mit Irmtraud Gutschke. In: Sowjetliteratur. Moskau 1980, 8, S. 148 f.
Aitmatow, Tschingis: Ziel – Harmonie. Interview mit L. Nowitschenko. In: Sowjetliteratur. Moskau 1974, 2, S. 145 f.
Ajtmatov, Čingiz: Kirpičnoe mirozdanie ili energija mifa. Interview. Literaturnaja gazeta vom 29.3.1978.
Aitmatow, Tschingis: Gespräch. In: Kunst und Literatur. Berlin (DDR) 1977, 2, S. 129 f. (Aus: Voprosy literatury 1976, 8).
Ajtmatow, Tschingis: Interview mit Heinz Plavius. In: Weimarer Beiträge (DDR) 1977, 11, S. 20 f.

Alexejew, Michail: Brot ist ein Hauptwort. In: Sowjetliteratur. Moskau 1964, 12, S. 52 f.

Alexejew, Michail: Die Geheimnisse des Kirschweihers. (Višnevyj omut). Berlin (DDR) 1980.

Alekseev, Aleksandr: Choždenie ot Bajkala. Moskau 1976.

Arbuzov, Aleksej: Izbrannoe v 2-ch tomach. Moskau 1981.

Astaf'ev, Viktor: Sobr. soč. v 4-ch tomach. Moskau 1980.

Astafjew, Viktor: Ilja Werstjakow. (Pereval). München 1978.

Astaf'ev, Viktor: Car'-ryba. Moskau 1980.

Astafjew, Viktor: Die Möglichkeit ausschöpfen. (Interview mit M. Michajlow). In: Kunst und Literatur. Berlin (DDR) 1975, 4, S. 374 f. (Aus Voprosy literatury 1974, 11).

Astaf'ev, Viktor: Sopričastnyj vsemu živomu. In: Naš sovremennik. 1973, 8, S. 166 f.

Basargin, Ivan: Akimyč-taežnyj čelovek. Moskau 1972.

Belov, Vasilij: Cholmy. Moskau 1979.

Below, Wassili: Frühlingsnacht. Berlin (DDR) 1982.

Belov, Vasilij: Putešestvie v buduščuju knigu. In: Naš sovremennik. 1979, 10, S. 111 f.

Belov, Vasilij: Lad. Moskau 1982.

Belov, Vasilij: Rasskazy o vsjakoj živnosti. Moskau 1976.

Below, Wassili: Sind wir ja gewohnt. (Privyčnoe delo). Berlin-Weimar 1966.

Below, Wassili: Zimmermannsgeschichten. München 1974.

Bitov, Andrej: Dni čeloveka. Moskau 1976.

Bitov, Andrej: Voskresnyj den'. Moskau 1980.

Bočarnikov, Vasilij: Nelidovskij ključ. Moskau 1976.

Bočarnikov, Vasilij: Liričeskie novelly. In: Neva. Leningrad 1976, 6, S. 78 f.

Bondarev, Jurij: Rede auf dem VII. Schriftstellerkongreß der UdSSR. In: Literaturnaja gazeta vom 8.7.1981, S. 4.

Bondarev, Jurij: Zemnoj dom. [Interview]. In: Literaturnoe obozrenie. Moskau 1982, 1, S. 9 f.

Brjusov, Valerij: Sobr. soč. v 7-i tomach. Moskau 1973.

Bunin, Ivan: Sobr. soč. v 9-i tomach. Moskau 1965.

Dvoreckij, Ignatij: Trassa. Leningrad 1978.

Esenin, Sergej: Sobr. soč. v 5-i tomach. Moskau 1962.

Filonenko, Ivan: V sosnovom krasnom boru. Moskau 1979.

Fomenko, Wladimir: Wasser vor den Toren. (Pamjat' zemli). Berlin (DDR) 1973.

Gerassimow, Sergej: Am See. In: Sowjetliteratur. Moskau 1970, 11, S. 10.

Gončar, Oles': Tvoja zarja. Moskau 1982.

Gontschar, Oles: Tronka. In: Sowjetliteratur. 1964, Heft 6 und 7.

Gontschar, Oles: Das Ufer der Liebe. In: Sowjetliteratur. Moskau 1977, Heft 7 und 8.

Gontschar, Oles: Der Zyklon. In: Sowjetliteratur. Moskau 1971, 1, S. 74 f.

Hontschar, Olesj: Der Dom von Satschiplanka (Sobor). Reinbek 1970.

Hontschar, Olesj: Das Wetterleuchten. Kiew 1976.

Gor, Gennadij: Vol' šebnaja doroga. Leningrad 1978.

Gor'kij, Maksim: Sobr. soč. v 30-i tomach. Moskau 1951.

Gorki, Maxim: Unbekannte Erzählungen. Berlin 1955.

Goryšin, Gleb: Onega segodnja i zavtra. Leningrad 1981.

Goryšin, Gleb: Povesti i rasskazy. Leningrad 1976.

Goryšin, Gleb: Star i mlad. Moskau 1978.

Goryšin, Gleb: Zapon'. Leningrad 1980.

Granin, Daniil: Sobr. soč. v 4-ch tomach. Leningrad 1978.

Granin, Daniil: Das Gemälde. Berlin (DDR) 1981.

Granin, Daniil: Der Garten der Steine. Berlin (DDR) 1976.

Granin, Daniil: Die Rückfahrkarte. In: Sowjetliteratur. Moskau 1977, 5, S. 58 f.

Granin, Daniil: Zähmung des Himmels. (Idu na grozu). Stuttgart 1963.

Granin, Daniil: Literatura − moja žizn'. In: Literaturnaja gazeta. 1981, 20.5.

Granin, Daniil: Wissenschaftlich-technische Revolution, Persönlichkeit, Literatur.[Rede auf der Sitzung des Schriftstellerverbandes der RSFSR in Novosibirsk. In: Kunst und Literatur. 1978, 11, S. 1123 f.

Iskander Fasil: Das Sternbild des Ziegentur. München/Zürich 1973.

Katajew, Iwan: Der Poet. Das Herz. Berlin (DDR) 1969.

Kazakov, Jurij: Dlja čego literatura i dlja čego ja sam? In: Voprosy literatury 1979, 2. (dt. In: Kunst und Literatur. 1979, 8, S. 837).

Kasakow, Juri: Larifari. Frankfurt/M. 1971.

Kasakow, Juri: Der Duft des Brotes. Stuttgart 1965.

Kazakov, Jurij: Severnyj dnevnik. Moskau 1973.

Kazakov, Jurij: Svečečka. In: Naš sovremennik 1974, 6, S. 2 f.

Kazakov, Jurij: Vo sne ty gor'ko plakal. In: Naš sovremennik 1977, 7, S. 111 f.

Kim, Anatolij: Četyre ispovedi. Moskau 1978.
Kim, Anatolij: Solov'inoe echo. Moskau 1980.
Kokonin, Lev: Desjatyj den' otpuska. Moskau 1979.
Kolychalov, Venjamin: Gulkaja parallel'. In: Sibirskie ogni. 1976, 5.
Konovalov, Grigorij: Predel. Moskau 1975.
Korinetz, Juri: Das ganze Leben und ein Tag. Weinheim/Basel 1980.
Kowal, Juri: Polarfuchs Napoleon III. Stuttgart 1975.
Koz'ko, Viktor: Dve povesti. Minsk 1977.
Krasnov, Petr: Po pričine duši. In: Družba narodov 1981, 7.
Krasnov, Petr: Saškino pole. Moskau 1978.
Krupin, Vladimir: Živaja voda. In: Rasplata. (Sammelband). Moskau 1982.
Kuprin, Aleksandr: Sobr. soč. v 9-i tomach. Moskau 1972.
Kuprin, Alexander: Der Strom des Lebens. Berlin (DDR) 1973.
Kuranov, Jurij: Pereval. Moskau 1973.
Leonow, Leonid: Der russische Wald. Berlin (DDR) 1960.
Leonov, Leonid: Literatura i vremja. Moskau 1967.
Leonov, Leonid: O bol'šoj ščepe. In: Ostprobleme, 1965, 17, S. 537. (Aus: Literaturnaja gazeta, 1965, Nr. 40).
Leonow, Leonid: Das Universum nach dem Schema Dymkows. In: Sowjetliteratur. 1980, 2, S. 97 f.
Lipatov, Vil': Samoletnyj kočegar. Moskau 1975.
Markov, Georgij und Eduard, Šim: Vyzov. In: Teatr. 1980, 5 S. 20 f.
Martschenko, Wjatscheslaw: Bind einem Vogel die Flügel. (Poslednij nonešnij deneček). Berlin (DDR) 1980.
Marčenko, Vjačeslav: Ravnovesie. Moskau 1973.
Matewosjan, Hrant: Die Büffelkuh. Aus: Erlesenes 2. Berlin (DDR) 1975.
Mel'nikov, V.: Trudnaja sud'ba ozera Nero. In: Naš sovremennik. 1979, 12. S. 101 f.
Možaev, Boris: Izbr. proizv. v 2-ch tomach. Moskau 1982.
Možaev, Boris: Lesnaja doroga. Moskau 1973.
Možaev, Boris: Uvaženie k zemle. Moskau 1979.
Možaev, Boris: Živoj. Moskau 1977. Dt: Boris Moshajew: Die Abenteuer des Fjodor Kuskin. Frankfurt/M. 1981.
Možaev, Boris: Zapach mjaty i chleb nasuščnyj. Moskau 1982.
Možaev, Boris: Zemlja diktuet. In: Literaturnaja gazeta. 1965, 20.5.
Možaev, Boris: Zemlja i ruki. Eksperimenty na zemle. Moskau 1964.

Nagibin, Jurij: Chazarskij ornament. In: Literaturnaja Moskva. Bd. 2. Moskau 1956, S. 380 f.

Nagibin, Juri: Ein Prophet wird verbrannt. Berlin (DDR) 1979.

Nagibin, Jurij: Rasskazy. Bd. 1 (1946—1960). Moskau 1980.

Nagibin, Jurij: Sobr. soč. v 4-ch tomach. Moskau 1980.

Nagibin, Jurij: Literaturnye razdum'ja. Moskau 1979.

Nosow, Jewgeni: Es rauscht der Wiesenschwingel. In: Die negative Giselle. Berlin-Weimar 1975.

Nosov, Evgenij: I uplyvajut parochody. Moskau 1975.

Nosov, Evgenij: Moja Džomolungma. Kišinev 1983.

Paustovskij, Konstantin: Sobr. soč. v 8-i tomach. Moskau 1967.

Paustowski, Konstantin: Begegnungen mit Dichtern. Weimar 1970.

Peskov, Vasilij: Lesnye glaza. Moskau 1979.

Peskov, Vasilij: Pticy na provodach. Moskau 1982.

Peskov, Vasilij: Rečka moego detstva. Moskau 1979.

Petrosjan, Wardges: Der einsame Walnußbaum. In: Sowjetliteratur. Moskau 1983, 4, S. 7 f.

Prišvin, Michail: Izbr. proizv. v 2-ch tomach. Moskau 1972.

Prišvin, Michail: Doroga k drugu. Moskau 1957.

Prišvin, Michail: O tvorčeskom povedenii. Moskau 1969.

Prišvin, Michail: Nezabudki. Moskau 1969.

Prochanov, Aleksandr: Mesto dejstvija. Moskau 1980.

Prochanov, Aleksandr: Želteet trava. Moskau 1974.

Rasputin:, Valentin: Abschied von Matjora. München 1977. dass. Berlin (DDR) 1980.

Rasputin, Valentin: Ganz man selbst sein. [Interview]. In: Kunst und Literatur 1977, 5, S. 528 f. (Aus: Voprosy literatury 1976, 9)

Rasputin, Valentin: Leb und vergiß nicht. Berlin (DDR) 1977. dass. In den Wäldern die Zuflucht. München 1976.

Rasputin, Valentin: Vek živi-vek ljubi. Moskau 1982.

Rjabinin, Boris: Pomogi rodnoj zemle. Čeljabinsk 1976.

Rjabinin, Boris u. a.: Dialog o prirode. Sverdlovsk 1977.

Rekemtschuk, Alexander: Der Fluß ist ein Spiegel. (Skudnyj materik). Berlin (DDR), 1977.

Rubcov, Nikolaj: Zvezda polej: Moskau 1967.

Safronov, Viktor: Priezžij. In: Volga, 1976, 9, S. 84 f.

Sapožnikov, Vladimir: Povest' o poslednej ochote. In: Sibirskie ogni. 1977, 3.

Sbitnev, Jurij: Koster v beloj noči. Moskau 1975.
Skalon, Andrej: Na bugre. Moskau 1976.
Skalon, Andrej: Živye den'gi. Moskau 1974.
Sobolev, Igor': Bajkal-sinee more. Moskau 1980.
Solouchin, Vladimir: Izbr. proizv. v 2-ch tomach. Moskau 1974.
Solouchin, Wladimir: Briefe aus dem Russischen Museum. München 1972.
Solouchin, Wladimir: Die dritte Jagd. Berlin-Weimar 1981.
Solouchin, Wladimir: Ein Tropfen Tau. München 1961.
Solouchin, Vladimir: Homo sapiens. In: Naš sovremennik 1972, 9,S. 134.
Solouchin, Wladimir: Lerne bei ihnen, bei der Birke und der Eiche. (Mat'-mačecha). Stuttgart 1972.
Solouchin, Wladimir: Schwarze Ikonen. Salzburg 1978.
Solouchin, Vladimir: Med na chlebe. Moskau 1978.
Solouchin, Vladimir: Kameški na ladoni. Moskau 1982.
Solouchin, Vladimir: Trava. In: Olepinskie prudy. Moskau 1973.
Solouchin, Vladimir: Vremja sobirat' kamni. Moskau 1980.
Solouchin, Vladimir: Slovo živoe i mertvoe. Moskau 1976.
Solov'ev, Viktor: Djatlov šedevr. Petrozavodsk 1974.
Stavskij, Eligij: Kamyši. Leningrad 1975.
Tkačenko, Anatolij: Ozero begloj vody. In: Oktjabr'. 1976, 6, S. 8 f.
Tkačenko, Anatolij: I sever i jug. Moskau 1976.
Tkatschenko, Anatoli: Tretet ein, die ihr leidet. Berlin (DDR) 1982.
Troepol'skij, Gavriil: Soč. v 3-ch tomach. Voronež 1978.
Troepolski, Gawriil: Weißer Bim Schwarzohr. Berlin-Weimar 1973.
Tschechow, Anton: Dramatische Werke. Zürich 1968.
Vasil'ev, Boris: Ne streljajte v belych lebedej. In: Junost'. 1973, Heft 6 und 7.
Veresaev, Vikentij: Sobr. soč. v 5-i tomach. Moskau 1961.
Volkov, Oleg: Čur-zapovedano! Moskau 1976.
Volkov, Oleg: Slučaj na promysle. Moskau 1980.
Volkov, Oleg: Enisejskie pejzaži. Moskau 1974.
Volkov, Oleg: V konce tropy. Moskau 1978.
Volkov, Oleg: V tichom kraju. Moskau 1976.
Voznesenskij, Andrej: Achillesovo serdce. Moskau 1966.
Voznesenskij, Andrej: Vypusti pticu. Moskau 1966.

Voronin, Sergej: V ožidanii čuda. Leningrad 1968.
Černičenko, Jurij: Nauka i zemledelec. In: Novyj mir. 1981, 7, S. 137 f.
Černičenko, Jurij: Ozimyj klin. In: Naš sovremennik. 1975, 12.
Černičenko, Jurij: Pro kartošku. In: Naš sovremennik. 1978, 6, S. 112 f.
Černičenko, Jurij: Russkij Černozem. Moskau 1978.
Čivilichin, Vladimir: Izbrannoe v 2-ch tomach. Moskau 1978.
Čivilichin, Vladimir: Po gorodam i vesjam. Moskau 1976.
Čivilichin, Vladimir: Svetloe oko. Moskau 1980.
Čivilichin, Vladimir: Zemlja v bede. Moskau 1970.
Jašin, Aleksandr: Izbr. proizv. v 2-ch tomach. Moskau 1972.
Jaschin, Alexander: Ich schenke Vogelbeeren. In: Sowjetliteratur. Moskau 1966, 9.
Šadrin, Adichan: Beluga. In: Moskva 1976, 7, S. 121 f.
Šadrin, Adichan: Poučitel'naja istorija. Moskau 1977.
Škljarevskij, Igor': Revnost'. Moskau 1974.
Škljarevskij, Igor': Ten' pticy. Moskau 1976.
Šugaev, Vjačeslav: Angara. Moskau 1977.
Schukschin, Wassili: Gespräche bei hellem Mondenschein. Berlin (DDR) 1979.
Schukschin, Wassili: Kalina Krasnaja. Berlin (DDR) 1981.
Šundik, Nikolaj: Izbr. proza v 2-ch tomach. Moskau 1979.
Zalygin, Sergej: Sobr. soč. v 4-ch tomach. Moskau 1980.
Zalygin, Sergej: Literaturnye zaboty. Moskau 1972.
Salygin, Sergej: Am Irtysch. Frankfurt 1966.
Salygin, Sergej: Die Kommission. In: Sowjetliteratur 1977, 1–3.
Salygin, Sergej: Republik Salzschlucht. Berlin (DDR) 1970.
Salygin, Sergej: Literatur und Natur. In: Kunst und Literatur 1980, 10, S. 1074 f. (Aus: Pravda vom 10.3.1980).

Sekundärliteratur zum künstlerischen Text

Aitmatow, Tschingis: Der Tag zieht den Jahrhundertweg. (Diskussion). In: Weimarer Beiträge (DDR), 1981, 11, S. 93 f.

Vgl auch: Schröder, Ralf: Verantwortung für die Zukunft. In: Sinn und Form. (DDR) 1982, 3, S. 669 f.

Akimow, N.: Was aber ist Dorfprosa? In: Kunst und Literatur. 1982, 10, S. 1050. (Aus: Neva. 1982, 1).

Alekseev, V. A.: Russkij sovetskij očerk. Leningrad 1980.

Anašenkov, Boris: Ètot prostoj složnyj čelovek. Moskau 1977.

Andreev, Jurij: Čelovek, priroda, obščestvo v sovremennoj proze. Leningrad 1981.

Andreev, Jurij: Priroda i ljudi. In: Oktjabr' 1981, 2, S. 199 f.

Andreev, Jurij: V poiskach zakonomernosti. Leningrad 1978.

Arutjunov, L. N.: Nacional'nyj mir čeloveka. In: Izobraženie čeloveka. Moskau 1972, S. 175 f.

Astaf'ev, Viktor: O krasote prirody – o krasote čeloveka. Rundtischgespräch. In: Literaturnoe obozrenie. 1976, 10, S. 50 f.

Janovskij, N.: Viktor Astaf'ev. Moskau 1982.

Niva, Ž.: K voprosu o novom počvenničestve. (Moral'nyj i religioznyj podtekst "Carja-ryby" V. Astaf'eva). In: Odna ili dve russkich literatury? Lausanne 1981, S. 136 f.

Atarov, N.: Čelovek iz glubiny pejzaža. In: Naš sovremennik. 1972, 12, S. 103 f.

Baldauf, Helmut: Schriftsteller über Weltliteratur. Berlin-Weimar 1979.

Bank, Natal'ja: Nit' vremeni. Moskau 1978.

Beitz, Willi(Herausgeber): Sowjetliteratur heute. Gespräche, Essays, Interviews. Halle/Leipzig 1980.

Beitz, Willi: Einführung in die multinationale Sowjetliteratur. (Autorenkollektiv). Leipzig 1983.

Belaja, G.: Čelovek-priroda-obščestvo v interpretacii sovremennoj prozy. In: Sovremennaja sovetskaja literatura v duchovnoj žizni razvitogo socializma. Moskau 1980. S. 250 f.

Belaja, G.: Večnoe i prechodjaščee.)Čelovek i priroda v interpretacii sovetskoj prozy). In: Literaturnoe obozrenie 1979, 2, S. 11 f.

Beleckij, A.: Izobraženie živoj i mertvoj prirody. In: Izbrannye trudy po teorii literatury. Moskau 1964.

Tessmer, B.: Mensch, Natur und Gesellschaft in der Prosa Vasilij Belovs und Valentin Rasputins. In: Zeitschrift für Slawistik. Berlin (DDR). 1983, 2, S. 194 f.
Bočarov, Anatolij: Beskonečnosť poiska. Moskau 1982.
Bočarov, Anatolij: Ekzamenuet žizn'. In: Novyj mir. 1982, 8, S. 3 f.
Bočarov, Anatolij: Ekologičeskaja proza "anti-enteernaja". In: Novyj mir. 1981, 8.
Bočarov, Anatolij: Trebovatel'naja ljubov'. Moskau 1977.
Borovikov, Sergej: Perekrestok tradicii. Moskau 1979.
Buchancov, N.: Ispytanie žizn' ju. Moskau 1974.
Buchancov, N.: Pered likom materi-prirody. In: Don, 1982, 6.
Daronjan, Sergej: Približenie k geroju. In: Literaturnoe obozrenie. 1973, 7, S. 63 f.
Dedkov, I.: Vozvraščenie k sebe. Moskau 1978.
Eljaševič, Arkadij: Die Sowjetliteratur der siebziger Jahre. In: Kunst und Literatur. 1979. 11, S. 115 f. (Aus: Zvezda, 1979, 3).
Elsberg, Jurij: Literatura-priroda- kuľtura. In: Kontekst 1972, Moskau 1973, S. 260 f.
Eselev, Nikolaj: Pisateli – zemleprochodcy. Moskau 1972.
Eventov, V. (Herausgeber): V načale semidesjatych. Leningrad 1973.
ders.: V seredine semidesjatych. Leningrad 1977.
ders.: V konce semidesjatych. Leningrad 1980.
Faščenko, V.: Charaktery i situacii. Moskau 1982.
Fed', Nikolaj: Formula sozidanija. Moskau 1977.
Filjuškin, S.: Problema ochrany prirody v chudožestvennoj proze poslednych let. In: Literaturnaja gazeta. 1977, 16.3.
Garifullina, N.: Bim! (Polemičeskie zametki o knigach na temu ochrany prirody). In: Prostor. Alma-Ata, 1981, 9, S. 193 f.
Gedejko, Valerij: Postojanstvo peremen. Moskau 1978.
Gladkovskaja, L.: Išču v prirode krasotu. In: Eventov: V seredine semidesjatych. Leningrad 1977.
Plotkin, L.: Nravstvennyj poisk geroev Daniila Granina. Moskau 1981.
Guliev, Gasan: NTR, Literatura, Geroj. In: Znanie. Serija – literatura. 1977, 5.
Hiersche, Anton: Die russisch-sowjetische Dorfprosa. (Fragen ihrer Tradition). In: Zeitschrift für Slawistik. Berlin (DDR) 1982, 4, S. 568 f.
Hiersche, Anton: Sowjetische Dorfprosa – ein literarisches Phänomen des entwickelten Sozialismus. In: Weimarer Beiträge (DDR). 1980, 4, S. 6 f.
Hiersche, Anton: Sowjetliteratur und wissenschaftlich-technische Revolution. Akademie-Verlag (Berlin/DDR) 1976.
Hiersche, Anton, Kowalski, Edward (Herausgeber): Was kann denn ein Dichter auf Erden. Berlin-Weimar 1982.

Karpenko, V.: Gde oni Vichrovy našich dnej. In: Komsomol'skaja pravda. Moskau 1978, 13.12.

Kasper, Karlheinz: Multinationale sowjetische Erzählung (1945—1975). Akademie-Verlag (Berlin/DDR) 1978.

Kasack, Wolfgang: Die russische Literatur 1945—1982. Arbeiten und Texte zur Slawistik. 28. München 1983.

Kasack, Wolfgang: Lexikon der russischen Literatur ab 1917. Stuttgart 1976.

Kirsten, Utz: Einige Aspekte zur Erfassung der Mensch-Natur-Darstellung in der schöngeistigen Literatur. In: Die Naturproblematik in der realistischen Literatur. Bd. 1. In: Wissenschaftliche Zeitschrift der Wilhelm-Pieck-Universität Rostock. 1975.

Kirsten, Utz: Mensch und Natur in künstlerischer Sicht. Rostock 1978.

Klitko, Anatolij: Glubina fokusa. Moskau 1981.

Kolesnikova, G.: Ot žizni k chudožestvennomu vymyslu. Moskau 1982.

Kovskij, Vadim: Preemstvennost'. Znanie. Serija literatura. 1981, 5.

Kovskij, Vadim: Zakon edinstva. In: Novyj mir. 1980, 8, S. 215 f.

Kowalski, Edward/Lomidse, G.: Erbe und Frben. Berlin-Weimar 1982.

Kratkaja literaturnaja enciklopedija. 9 Bde. Moskau 1962—1978.

Kuzmenko, Jurij: Sovetskaja literatura včera, segodnja, zavtra. Moskau 1981.

Kuz'mičev, Igor': Stremjas' k soglasiju s prirodoj. In: Neva, 1980, 12, S. 176 f.

Kusnezow, Felix: Moderne sowjetische Prosa. Berlin (DDR) 1980.

Kuznecov, Feliks: Samaja krovnaja svjaz'. Moskau 1977.

Laptev, Ivan: Priroda, žizn', čelovek. In: Naš sovremennik. 1972, 8, S. 2 f.

Laptev, Ivan: Mir ljudej v mire prirody. Moskau 1978.

Lavrov, V.: Čelovek, vremja, literatura. In: Čelovek na zemle. Leningrad 1981, S. 99 f.

Čivilichin, Vladimir (Herausgeber): Uroki Leonova. Moskau 1973.

Lichačev, Dmitrij: Zametki o russkom. In: Novyj mir. 1980, 3, S. 10 f. (dt. In: Sowjetliteratur 1981, 2, S. 5 f.).

Lipin, Sergej: Skvoz' prizmu čuvstv. Moskau 1978.

Ludwig, Nadeshda (Herausgeber): Handbuch der Sowjetliteratur (1917—1972). Leipzig 1975.

Margunin, A.: Sovremennye aspekty problemy "čelovek i priroda". In: Koncepcija ličnosti v literature razvitogo socializma. Moskau-Erevan. 1980.

Mehnert, Klaus: Über die Russen heute. Stuttgart 1983.

Meichel, Johann: Zur Entfremdungs- und Identitätsproblematik in der Sowjetliteratur der sechziger und siebziger Jahre. Slawistische Beiträge. 151. München 1981.

Metčenko, Aleksandr: Otkrytie mira i mir chudožestvennych otkrytij. In: Moskva. 1977, 5 und 10.

Metčenko, Aleksandr: Večnyj zov i pozyvnye veka. In: Moskva. 1972, 4, S. 209 f.

Michajlov, A./Michajlov, Al: Debjuty semidesjatych. In: Voprosy literatury. 1981, 4, S. 81 f.

Michajlov, Oleg: Rodina i literatura. In: Volga, 1967, 11, S. 159 f.

Michajlov, Oleg: Vernosť. Moskau 1974.

Mif-Fol'klor-Literatura [Sammelband]. Leningrad 1978.

Minokin, M.: Sovremennaja sovetskaja proza o kolchoznoj derevne. Moskau 1977.

Motjašov, Igor': Zemlja v nasledstvo. In: Detskaja literatura. Moskau 1980.

Bogatko, Irina: Jurij Nagibin. Moskau 1980.

Nikol'skij, Viktor: Priroda i čelovek v russkoj literature 19 veka (50-60-e gody). Kalinin 1973.

Novičenko, L.: Socializm-čelovek-priroda-kak poetičeskaja tema sovetskoj literatury. In: Kontekst 1973. Moskau 1974. S. 231 f.

O chudožestvenno-dokumental'noj literature. Ivanovo 1979.

Ognev, Aleksandr: Russkij sovetskij rasskaz 50—70 ch godov. Moskau 1978.

Pankin, Boris: Essays. Berlin (DDR) 1976.

Pankin, Boris: Strenge Literatur. Berlin (DDR) 1982.

Pankin, Boris: Slušaj golos krasoty. In: Molodaja gvardija, 1964, 2, S. 273 f.

Erinnerungen an Konstantin Paustowski. Leipzig/Weimar 1978.

Perevedencev, V.: Urbanizacija v trech rakursach. In: Družba narodov. 1976, 9, S. 206 f.

Perrett-Gentil, Yves: Der Kolchosbauer in der heutigen Dorfliteratur. In: Osteuropa 1978, 9, s. 794 f.

Pevnev, Fedor: V glubine Rossii. Moskau 1977.

Pisateľ i žizn' [Sammelband]. Moskau 1981.

Poklon reke i lesu. (Sammelband). Archangelsk 1977.

Podzorova, Nina: Korni i pobegi. Moskau 1979.

Pošataeva, A.: Čelovek i priroda. In: Živoe edinstvo, Moskau 1974.

Pristavkin, A.: Urok predannyj prirode. In: Znamja, 1981, 2, S. 123.

Prišvin i sovremennosť. Moskau 1978.

Zotov, I.: Čelovek i priroda v tvorčestve M. Prišvina. Moskau 1982.

Prochorov, Evgenij: Pafos graždanstvennosti. In: Novyj mir. 1981, 2, S. 224 f.

Hiller, B.: Zur Poetik Rasputins. In: Zeitschrift für Slawistik. Berlin (DDR) 1983, 2, S. 187 f.

Für und wider "Abschied von Matjora" von Valentin Rasputin. In: Weimarer Beiträge 1980, 11, S. 130 f.

Die Prosa Valentin Rasputins — Rundtischgespräch — In: Kunst und Literatur 1977, 9 und 10. (Aus: Voprosy literatury, 1977, 2).

Thun, Nyota: Dialog mit Valentin Rasputin. In: Sinn und Form (DDR). 1980, 1, S. 197 f.

Janovskij, Nikolaj: Zaboty i trevogi Valentina Rasputina. In: Sobesednik. 1. Moskau 1981.

Romenec, Michail: Problema gumanizma v sovremennom russkom rasskaze. Charkov 1969.

Rubaškin, Aleksandr: Prjamaja reč', Leningrad 1980.

Rubcov, Aleksandr: Die künstlerische Praxis unter dem Aspekt der Ökologie. In: Kunst und Literatur 1980, 4, S. 339. (Aus: Iskusstvo 1979, 5).

Rundtischgespräch: Zum Phänomen Dorfliteratur. In: Weimarer Beiträge 1980, 4, S. 80 f.

Sacharov, Vsevolod: Obnovljajuščijsja mir. Moskau 1980.

Sovetskaja literatura (Tradicii i novatorstvo) Vyp. 2, Leningrad 1981.

Sovremennye problemy sovetskoj literatury. Minsk 1980.

Sovremennoe literaturnoe razvitie i problema preemstvennosti. Leningrad 1977.

Sowjetliteratur heute. (Herausgegeben von G. Drohla) München 1979.

Ssachno, Helen von: Der Aufstand der Person. Berlin 1965.

Ssachno, Helen von: Geschändete Erde. Süddeutsche Zeitung vom 20.1.1981.

Ssachno, Helen von: Tendenzwende in der Sowjetliteratur. Aufnahme des WDR vom 7.3.1982.

Starikova, Jekaterina: Der soziologische Aspekt der heutigen Dorfprosa. In: Kunst und Literatur 1973, 1, S. 43 f. (Aus: Voprosy literatury 1972, 7).

Stavskij, Eligij: Masštabami strany. In: Zvezda. 1981, 7, S. 117.

Steininger, A.: Literatur und Politik in der Sowjetunion nach Stalins Tod. Wiesbaden 1965.

Struve, Gleb: Geschichte der Sowjetliteratur. München 1957.

Suchomlinski, Wassili: Mein Herz gehört den Kindern. Berlin (DDR) 1974.

Suchomlinski, Wassili: Vom Werden des Staatsbürgers. Berlin (DDR) 1975.

Surganov, Vsevolod: Čelovek na zemle. Moskau 1981.

Sverstniki [Sammelband]. Moskau 1980.

Svirskij, Grigorij: Na lobnom meste. 1946—1976. London 1979.

Terakopjan, L.: Pafos preobrazovanija. Moskau 1978.

Trefilova, G.: Mensch und Natur in der sowjetischen Literatur. In: Kunst und Literatur 1982, 9, S. 1140 f. (Aus: Voprosy literatury 1981, 12).

Urban, Adol'f: Filosofičnosť chudožestvennoj prozy. In: Zvezda, 1978, 9, S. 209 f.

Vom Ich-Gewinn zum Welt-Gewinn. (Aktuelle Diskussion der Sowjetliteratur) Leipzig 1977.

Witte, Georg: Die sowjetische Kolchos- und Dorfprosa der fünfziger und sechziger Jahre. Slavistische Beiträge 163, München 1983.

Ziegengeist, Gerhard u. a.: Multinationale Sowjetliteratur — Kulturrevolution — Menschenbild — Weltliterarische Leistung (1917—1972) Berlin-Weimar 1975.

Čajkovskaja, Ol'ga: Priroda i vremja. In: Novyi mir. 1965, 10, S. 202 f.

Čelovek i priroda v sovremennoj proze. (Mežvuzovskij sbornik naučnych trudov. Permsk. un-ta.) Syktyvkar 1980.

Černaja, N.: Nravstvenno — filosofskij aspekt temy "Čelovek i priroda" i uslovnaja obraznosť. In: Realističeskaja uslovnosť v sovremennoj sovetskoj proze. Kiev 1979. S. 117 f.

Jakimenko, Lev: O chlebe, zemle i našej literature. In: Literatura i sovremennosť Sb. 5, Moskau 1964, S. 109 f.

Janovskij, N.: Čelovek i priroda. In: Na vstreču buduščemu. Bd. 2, Moskau 1965. S. 109 f.

Šatalova, L.: Čelovek i priroda v sovremennoj sovetskoj proze. Kišinev 1980.

Šatalova, L.: Zaščitniki zemnoj biosfery. Kišinev 1979.

Yanov, A.: The Russian New Right. Berkeley 1978.

Zienkivič, L.: Na zaščitu prirody. In: Družba narodov. 1966, 3, S. 235 f.

Zemljanskij, Anatolij: Oduševlen'ja. Moskau 1977.

Zolotusskij, Igor': Čas vybora. Moskau 1976.

Zubareva, E.: Priroda i nravstvennosť. In: Detskaja literatura. Moskau 1976. S. 109 f.

PERSONENREGISTER

Abramow, F. 65, 66, 71, 74-76, 92, 93, 101
Afonin, W. 71
Agranowski, A. 22, 23, 47, 92
Agurski, M. 11, 12
Aitmatow, Tsch. 14, 16, 92, 139-149, 177, 178
Aksakow, S. 88-90, 151
Arbusow, A. 120
Arsenjew, W. 40, 93
Astafjew, V. 13-15, 70, 156, 163-174, 176, 178

Below, W. 67, 70-74, 78, 79, 99, 115, 176
Bianki, W. 40, 90
Bitow, A. 63, 66
Bondarew, J. 16, 18
Brjussow, W. 25

Doleschal, N. 23, 24
Dorosch, J. 49, 76
Druta, I. 33, 37
Dworetski, I. 119

Ehrenburg, I. 31

Gerassimow, S. 117, 118
Gontschar, O. 122-128, 177
Gorki, M. 27, 28, 30, 39
Goryschin, G. 112, 113, 181, 205
Granin, D. 10, 16, 32, 109, 128-132, 177

Ibrahimbekow, R. 66
Iskander, F. 48
Iwanow, L. 49, 50

Jaschin, A. 71, 77
Jessenin, S. 14, 28, 29

Kapitsa, P. 21, 23, 24
Karawajewa, A. 31
Kasakewitsch, E. 31
Kasakow, J. 71, 82-84, 100, 153
Katajew, I. 30
Katajew, V. 31
Kim, A. 68, 82
Klujew, N. 28, 29
Klytschkow, S. 28, 29
Kolychalow, V. 111
Komarow, B. 20, 24, 58, 116, 178, 208
Konstantinowski, D. 113
Kopelew, L. 13
Kowal, J. 104
Krasnow, P. 66, 95, 101
Krupin, W. 80, 81
Kuprin, A. 25-27

Leonow, L. 32, 41-46, 52, 53, 112
Lichonossow, V. 67
Lyssenko, T. 47, 48

Majakowski, W. 31, 90, 110
Malyschkin, A. 31, 64
Martschenko, W. 117
Matewosjan, H. 104, 105
Medwedjew, R. 13
Medwedjew, Sh. 23, 47
Mitschurin, I. 47
Moshajew, B. 56, 57, 193

Nagibin, J. 82, 93, 94
Nekrassow, N. 29

255

Nikonow, N. 96
Nossow, J. 66, 71, 77, 78

Olescha, J. 30
Owetschkin, V. 49, 50, 58

Panfjorow, F. 29
Paustowski, K. 33-38
Pawlenko, P. 32
Peskow, W. 59-61, 182, 213, 219-221, 223
Petrosjan, W. 70, 163
Platonow, A. 30
Prischwin, M. 33, 35, 38-41
Prochanow, A. 17

Rasputin, V. 13-15, 68, 70, 71, 118, 134, 145, 154-163
Rekemtschuk, A. 81
Rytcheu, J. 107

Sacharow, A. 13, 21
Safronow, V. 80
Salygin, S. 14, 15, 17, 22, 46, 49, 67, 74, 132-139, 167, 175, 178, 233
Sbitnjew, J. 80
Schadrin, A. 115
Schaginjan, M. 31, 32
Schestalow, J. 105-107, 199
Schim, E. 104, 119
Schkljarewski, I. 111
Scholochow, M. 22, 54, 136
Schtscherbak, J. 119
Schukschin, W. 31, 66, 68, 69, 98
Schundik, N. 100

Semjonow, G. 79
Skalon, A. 97, 98
Sladkow, N. 90
Solouchin, V. 89, 149-154, 159, 176
Solschenizyn, A. 13, 154
Ssachno, H. von 11, 42, 72
Stawski, E. 113-115, 196, 202, 203
Strugatski, A, B. 121
Suchomlinski, W. 91

Tendrjakow, W. 95, 101
Timirjasew, K. 25
Tkatschenko, A. 84-87, 97
Trifonow, J. 110
Trojepolski, G. 49, 57, 58, 102-104
Tschajanow, A. 29
Tschechow, A. 26, 28
Tschernitschenko, J. 46, 48-51, 54
Tschiwilichin, W. 13, 51, 53-55, 184, 207, 215
Tschukowski, K. 25
Twardowski, A. 29

Wasiljew, B. 98
Weressajew, V. 25
Wolkow, O. 62, 181, 183, 190, 192, 208, 209, 211, 226
Woronin, S. 80
Wosnessenski, A. 110

Yanow, A. 13

SACHREGISTER

Abwässer 18, 35, 37, 60, 95, 113, 118, 126, 194-197, 207, 209-212, 230-232
Aralsee 115, 142, 195, 204, 221
Askanija Nowa 92, 124, 187, 188, 191
Asowsches Meer 20, 22, 113, 114, 196, 203, 204, 221, 222
Atomenergie 21, 23
Atomunfälle 23, 123

Baikalsee 10, 24, 62, 117, 118, 142, 143, 155, 156, 175, 181, 183, 185, 206-213, 220
Balchasch-See 202, 203
BAM 51
Berichterstattung 10, 22, 175, 206

Dorfprosa 10-13, 30, 50, 65-73, 76-78, 88, 129, 149, 157, 176

EKO 22, 134, 186, 194, 206, 212, 233, 235
Eroberung der Natur 17, 28, 32, 39, 43, 83, 171, 175, 217
Erosionen 19, 54, 57

Filtervorrichtungen 125, 126, 196, 213, 229, 230-232
Fischereiinspektion 115, 116, 169, 218, 220, 222

Gewässerverschmutzung 28, 57, 59, 60, 152, 194-201, 209, 231

Industrialisierung 24, 25, 29, 30, 32, 88, 178

Industrieromane 31, 32
Issyk-Kul-See 142, 143

Jagd 90, 96, 97, 100, 216, 223-228
Jagderzählungen 79, 80, 83, 89, 93-98

Kaspisches Meer 20, 47, 200, 201, 220
Kedrograd 52, 53, 113, 179, 180, 183, 184
Kinderliteratur 90, 91, 101, 103, 104, 109
Kulturdenkmäler 41, 125, 150, 153

Melioration 28, 57, 58, 127, 135, 192-194
Meschtschora 35, 59, 61, 94
Militär.-industr. Komplex 24

Naturschutz 36, 41, 53, 58, 78, 87, 100, 110, 111, 113, 119, 165, 180, 183, 197, 213, 219, 222
Naturschutzgebiet 43, 62, 81, 182, 185, 186, 192, 203, 220
Naturschutzgesellschaft 180, 214, 215, 217
Naturschutzgesetze 44, 214

Ob 113, 199, 221
Ökologisches Bewußtsein 9, 15, 21, 22
Ökologische Krise 17, 18, 175
Ökologische Kritik 10, 22, 88, 175
Ökologische Prosa 11, 14, 41

Onega-See 204, 205

Pestizide 52, 53, 59-61, 191, 213, 228, 229
Raubfischerei 26, 37, 53, 115, 168, 169, 188, 196, 215
Rote Liste 91

Sewan-See 63, 142, 151
Sibirien 55, 133-136, 167
Skizzenliteratur 49-51, 54, 59, 62, 152
Slawophile 12, 150, 151, 176
Stalinsche Pläne zur Naturveränderung 24, 47
Systemwettbewerb 12, 24, 30, 145, 147, 175, 177

Tiererzählung 14, 88, 92, 93, 99-106, 178

Umleitung sibirischer Flüsse 14, 133, 134, 153, 201, 205, 206
Urbanisierung 64, 66, 69

Waldbrände 27, 76, 112, 182-185
Waldraubbau 26, 27, 36, 44, 45, 53, 55, 56, 76, 131, 152, 160, 166, 179-186, 210, 231, 233
Waldschutz 27, 41, 47, 137
Wasserkraftwerke 54, 62, 133, 134, 156-158, 169, 197, 201, 202, 212, 222, 233-235
Wilddieberei 94, 95, 100, 116, 169, 192, 218-226
Wiss.-techn. Revolution 10, 12, 16, 75, 114, 120, 157
Wüste 34, 35, 47

Zedern 52, 53, 56, 180, 181, 183, 186, 216